缠中说禅

教你炒股票

陷阱论与交易心理建设

培 峰◎著

中国宇航出版社
·北京·

图书在版编目（CIP）数据

教你炒股票：陷阱论与交易心理建设 / 培峰著. -- 北京：中国宇航出版社，2020.6
ISBN 978-7-5159-1781-8

Ⅰ. ①教… Ⅱ. ①培… Ⅲ. ①股票交易－基本知识 Ⅳ. ①F830.91

中国版本图书馆CIP数据核字(2020)第062447号

责任编辑　田芳卿　　封面设计　宇星文化

出版发行　中国宇航出版社

社　址　北京市阜成路8号　　邮　编　100830
(010)60286808　　(010)68768548
网　址　www.caphbook.com
经　销　新华书店
发行部　(010)60286888　　(010)68371900
(010)60286887　　(010)60286804(传真)
零售店　读者服务部
(010)68371105
承　印　三河市君旺印务有限公司
版　次　2020年6月第1版　　2020年6月第1次印刷
规　格　787×1092　　开　本　1/16
印　张　23.5　　字　数　464千字
书　号　ISBN 978-7-5159-1781-8
定　价　69.00元

前　言

交易市场如战场！两者之间具有高度的同构性。

战争，是敌我双方的对抗。交易市场，可以说是多空双方的激烈对抗。图形，就是交易市场多空双方对抗留下的痕迹。

战争中，攻城略地全靠士兵冲锋陷阵。交易市场，以资金为介质，多空双方都试图战胜对方并获取更大的利益。

战争以不败为第一要义，进而追求全面胜利。交易以保证资金安全为首要前提，在此基础上追求最大利益。

战争中，一方可能溃败，就像交易市场上的大趋势行情，多方或者空方完全占据压倒性优势。战争双方也可能展开旷日持久的拉锯战，就像交易市场上的横盘震荡，有些大震荡一横盘就是好几年，这种情况一点也不稀奇。

战争中，即使你胜利 100 次，只要一次失利，就可能全军覆没。如同当年楚汉争霸中，项羽连战连捷，最终却自刎乌江。交易市场上，不管你盈利多少倍，只要一次不慎，就可能导致全盘皆输。这种例子比比皆是，特别是当一个人的交易风格较为激进的时候。反之亦然，无论你在战争中失利多少次，只要有一次胜利，就有可能彻底翻身，成为胜利的一方。如战国时期，燕国连下齐国 72 城，险些将齐国灭亡，而齐国最终以火牛阵一战败燕，顺利实现光复。交易市场上，转小败为大胜的例子更是不胜枚举。

交易市场与战场具有高度同构性，因此，对于交易者而言，借助对战争兵法的理解，由此理解交易市场，是大有裨益的。

《孙子兵法》说："凡战者，以正合，以奇胜。故善出奇者，无穷如天地，不竭如江海。"这里的"正"指的是用兵常法，反映了指导战争的一般规律。"奇"是指用兵的变法，反映了指导战争的特殊现象。

《孙子兵法》又说："战势不过奇正，奇正之变，不可胜穷也。奇正相生，如循环之无端，孰能穷之哉。"可见，把握好战争中的"正"与"奇"，便能"使必受敌而无败者"。

交易市场也存在"正"与"奇"的辩证思维。缠论技术分析的核心内容，可以归结为级别、走势类型以及买卖点 3 个核心要素，它们是缠论关于交易市场中的"正"法。关于"奇"的方法，缠中说禅并没有过多介绍，但其有所涉及。

例如，缠中说禅在“教你炒股票”中说：“喜好，就是交易者的死亡陷阱。在这个市场中，想要生存，就要杜绝一切喜好。所谓的庄家，通常根据你的喜好而陷你于死地。”缠中说禅还说，能清楚地认识市场中的陷阱只是第一步，更进一步则是你需要学会利用这种陷阱来盈利。当你要买股票的时候，空头陷阱就是你买入的绝佳机会；当你要卖股票的时候，多头陷阱就是你卖出的绝佳机会。在这个市场中，永远都不缺乏买在最高点的人，也永远都不缺乏卖在最低点的人。在市场中，你的行为就如同一个修炼上乘武功的过程，最终是否成功，还是要落实到每个人的智慧、秉性、天赋、勤奋上来！

可以说，陷阱，就是缠中说禅关于市场的“奇”法。在把握级别、走势类型、买卖点等缠论“正”法的基础上，再把握住陷阱这个“奇”法，可以大大提高市场中的胜算率。

学习并掌握、利用陷阱，可以分为两个步骤。

首先要识别陷阱。一个标的物的趋势发展过程，绝对不是一帆风顺的，而是伴随着很多的陷阱，这就如同战场。战场上的陷阱多了去了，所谓“兵者，诡道也”，其中充满了伪装、诡诈、诱敌深入等各种“奇”法。交易中，如果能够识别陷阱，就能有效避免被洗出局。例如，在上证指数2019年初开启的一波上涨中，行情真正启动前，曾经有过一个陷阱。陷阱之后，指数开启了一波轰轰烈烈的上涨，如图1所示。如果在制造陷阱的时候被洗出来，真是太遗憾了！

图1　上证指数2019年1月29日前后60分钟走势图

其次，利用陷阱。可以说，陷阱之后，通常都是行情高潮。很多大的获利机会，都是从陷阱中生出来的。所谓“无风不起浪”，一波大趋势中，毫无疑问会有大资金进出，这些资金有时候能大到短期内控制盘面走势的效果。控盘的主力资金，如果它费尽心机地挖陷阱，可以毫无疑问地说背后一定有阴谋，否则干吗费尽力气去挖陷阱？

可以肯定地说，挖陷阱的过程中，会有很大一部分交易者跳入坑中，这是人性的贪嗔痴慢疑使然。少了对手方，争夺不那么激烈了，后面的行情也就大概率顺利展开了。

下面看个例子，图 2 中的国元证券，构筑一个震荡陷阱之后，股价快速拉升。如果跳入陷阱，后面行情启动后也没有及时应对，是不是就错过了很大的机会？

图 2　国元证券 2019 年 1 月 31 日前后日线走势图：空头陷阱

由此可以看出，深入探讨陷阱是非常有必要的，这也是撰写本书的主要目的。本书着重在缠论“正法”的基础上，对“奇”的方法做一个深入的探索，希望能够对广大交易者提升交易水平有积极的作用。

本书主要分以下几个部分。

正篇。所谓“假必依真”。没有真，就没有假；没有正，就无所谓奇。所谓“奇”，无非就是利用人们固有的思维惯性，诱导人们犯错误。无论战场还是商场，莫不如是。正篇围绕“级别、走势类型、买卖点”等缠论技术分析的关键要素展开，着重介绍常规的交易方法。

奇篇。这是本书着重探讨的核心内容。所谓“以正合，以奇胜”，“奇”法，往往是战场上制胜的关键。例如，秦赵长平之战中，如果不是秦国出奇谋，离间赵国君臣，使得赵王换掉老将廉颇，启用“纸上谈兵”的赵括，也不会有那样一场极为惨烈的、影响战国格局走向的战役。那场战役，往深远处说，对中国历史走向的影响都很大。如果延续秦赵对立的格局，中国不一定能形成大一统的局面，也难有后面的封建统一王朝。

心理篇。关于陷阱的判断和操作，往往带有极高的“涉险”成分，因此，心理承受能力差的人，是绝对不适合做这种高风险交易的。这如同高空走钢丝，只有心理强大的人，才能够驾驭那种平衡运动。又如同蹦极运动，唯有敢涉险者，才能够领略那种自由落体的奇妙感觉。强大的心理承受能力，是交易者必不可少的素质。往大了说，交易的本质就是敢于直面风险。如果过不了心理关，是无法从事交易这个行当的。

实战篇。自 2018 年下半年起，笔者曾利用本书提到的“正”法与“奇”法跟踪指数。笔者在分析文章里多次指出，2018 年那一轮下跌的目标位，就是 2400 点上下。在 2018 年底发布的文章——“2018 年收官，2019 年展望”中，笔者利用缠论的核心理念，指出市场极有可能在 2019 年一季度见底，随后迎来一波大反弹，深证成指的第一目标位是 10527 点。实际上，非常巧合，上证指数那一轮下跌的止跌位恰好出现在 2440 点，而深证成指那一轮上涨的高点就在 10541 点，前后仅相差 10 余点。

本书实盘部分，收录了笔者从 2018 年至 2019 年 12 月前后的行情周评以及市场杂谈。其中 2018 年 9 月之前的实盘分析已经发表，详见拙著《教你炒股票：缠论精解与实战应用》一书。本书将余下的部分汇集整理，供读者参考。

市场上关于技术分析的资料琳琅满目，但关于交易陷阱以及交易心理的内容鲜有著述。这是交易中非常重要的内容，必须加以重视，本书正是对该领域的一次积极探索。由于这是一个全新的领域，加之笔者才学方面的局限，因而难免存在疏漏，希望广大读者本着学习和探索的态度批评指正，也希望读者能够提出一些建设性意见。

此外，交易陷阱主要是针对交易者的行为模式设计的，可以说，普通交易者有什么样的行为模式，就会产生或者逐渐演化出什么样的陷阱。由于这个原因，本书涉及的陷阱类型，并不能涵盖所有的交易行为模式，因而也不可能穷尽所有的陷阱形式。从这个角度来讲，本书只能算是抛砖引玉，为读者提供一个思考和探索的角度，相信大家在探索过程中一定能够有所得。

目　录

第一章

正篇：基本概述

第一节　对技术分析的反思

一、几个例子

世间所谓的理论，都有其假设前提，就是假设这个前提是正确的，然后沿着一定的逻辑路线，推导出一系列的所谓结论。这些假设的前提，都是抽象出来的理想化模型，很多时候，理论的有效性都是值得商榷的。

例如，欧几里得几何学的假设前提，就被当作是常识的、无需争论的定义系统以及公理系统。下面拿出几条供大家体会。

（1）点是没有部分的（A point is that which has no part）。换言之，点只占有位置而没有大小，即点的长度 d=0。

大家都知道，线段是由点构成的。有人会问，如果点没有大小，如何构成线段，线段可是有长度的呀？如果讨论这些，整个几何学的基础就崩塌了。所以在欧氏几何里，这些问题无需讨论，被认为是不证自明的。

（2）线段只有长度而没有宽度（A line is breadless length）。

同样，大家都知道，面是由线构成的。如果线段只有长度，没有宽度，那么哪儿来的面积？但如果这个定义不明确，那么整个几何学的基础也就崩塌了。所以在欧氏几何里，这个问题也被认为是常识。

（3）面只有长度与宽度（A suface is that which has length and breath only）。

在人们的常识里，体积是由面组成的。如果面没有高度，例如一个长方体，每个截面都没有高度，那么，长方体的高度从何而来？如果面没有高度，整个世界都成二维的了。但这个定义必须被当做常识来看待，否则欧氏几何就没法成立，人类就没法生活了。

再比如，西方经济学中，有所谓的“经济人”假设。“经济人”的意思为理性经济人，也可称为“实利人”。“经济人”就是以完全追求物质利益为目的而进行经济活动的主体，任何人都希望以尽可能少的付出获得最大限度的收益，并为此不择手段。

大家都知道，事实并非如此。比如雷锋，就是一个“毫不利己、专门利人”的人。有一些做公益、做慈善的人，其善举也并非是为了获利。庙里的和尚，如果纯粹追求经济利益，就不会出家了。在当下生产力并不是十分发达的情况下，大部分人都符合“经济人”的特质，但一些比较富裕的国家，在生产力发展到一定程度的时候，就不尽然了。

虽然如此，但我们仍要做出“经济人”的假设，否则整个西方经济学将不复存在，那些经济学家提出的调节宏观经济的手段，也就成了“戏论”。

世间所有的理论，都是依据其假设前提，按照逻辑路线进行推导的。只是百姓日用而不知，少有人真正怀疑过这些假设前提的真实性，于是大家都稀里糊涂地过活。

二、技术分析的三大假设

同样道理，关于交易的技术分析理论也是如此。技术分析理论有 3 大假设前提。

第一个假设：市场行为反映一切。这是技术分析的基础。技术分析者认为，市场中，投资者在决定交易行为时，认为市场走势已经充分反映了影响市场价格的各种因素。因此，只要研究市场交易行为，就能把握市场状况，无需关心影响市场的背后因素。

第二个假设：价格呈趋势变动。这是技术分析最根本、最核心的因素，因此，“趋势”概念是技术分析的核心。根据物理学中的动力法则，趋势的运行将会持续，直到产生反转现象为止。

第三个假设：历史会重演。这是从人的心理因素方面考虑的。投资无非是一个追求利润的行为，不论昨天、今天或明天，这个动机都不会改变。在这种心理状态下，人类的交易行为将趋于一定的模式，从而导致历史不断重演。

上面是技术分析的 3 个前提。依据此前提，才能够推导出一系列的结论。

例如，对于第一个假设，交易者完全可以忽略影响市场走势的基本面因素，把精力集中到对图形的研究上。反正图形走势涵盖一切，研究别的反而有滞后性，对交易有何意义？对于第二个假设，价格以趋势演进，这种趋势反映在图形上，有其自有的特征，交易者只需要研究图形走势即可。对于第三个假设，历史会重演，那些典型的技术形态，例如双重底、双重顶等，都是特定心理博弈的结果。过去的价格变动方式，未来可能不断发生，基于此，投资者可以利用统计分析的方法，从历史走势中发现一些有规律的图形，设计出一套有效的操作模式，那么今后的操作就方便多了。

三、对三大假设的反思

技术分析的 3 个假设前提，首先就值得交易者深入反思。如果不能深入反思，变成唯技术派，交易就会出现偏颇。

对于第一个假设，可以认为，市场行为能够反映大多数信息，但说反映一切信息，就过分了。但凡在市场中待过一段时间的交易者，对于这条假设的前提都会持有疑问。

所谓“一切”，至少包括过去和未来的信息。说走势包含过去的信息，勉强说得过去，毕竟它们属于已经发生的事情。但这一点也不尽然，财务报表有可能造假，更有甚者，已经发布的财务报表信息，还有可能去追溯和调整。已经拟定好的计划会调整，会根据现实情况进行改动，甚至全盘取消和否定。对于这种情况，市场怎么反映？

说走势包含未来的信息，更是牵强。未来还没发生，如何反映。如果真能反映未来的信息，那么市场上就没有“爆雷”、没有“黑天鹅”这一说了。有句名言：“你永远无法知道明天的太阳是否从西边升起。”糊涂人可能对这句话不置可否，一笑了之，但细想确实如此。如果现实中发生了如小说《流浪地球》中描绘的场景，如果太阳熄灭了，要让地球停止转动，人类在地表安装发动机，把地球推离太阳系，那么太阳还怎么从西边升起呀？谁也没办法绝对准确地预测未来，这是关于未来的描述中最正确的说法。说“走势能够反映未来的信息”，肯定是片面的。

实际上，勉强可以说，市场行为能够反映大多数信息，但这绝对不是必然的。因此，交易分析没有技术面不行，但单纯依靠技术分析，是远远不够的。在分析系统中，加入其他独立的因素，比如基本面或者资金管理系统，就是非常必要的。把其他的面，如基本面、资金管理等，与技术面结合起来，构成一个综合的决策系统，能够有效提高决策的质量。

对于第二个假设，说价格呈趋势变动，也是很片面的。有过几年技术分析经验的人可能会发现，事实上市场大多数时候并不沿着趋势的方向变动，趋势只是局部范围内的个别现象。或者，即便市场沿着趋势的方向变动，其内部往往也会出现随机漫步式的调整，这种调整通常难以测度。更有甚者，现实中突然飞出“黑天鹅”事件，可能导致趋势瞬间发生逆转，这种情况其实已经多有发生。

所谓趋势，就是方向性。与之相对的，就是无方向，随机漫步。注意，这两种情况必然是既对立又统一地存在。没有无方向性，如何确认方向？而对于无方向性的随机漫步，谁能指望在其中交易能够盈利？实际上，只有在市场趋同度较高的时候，趋势才会发生。当市场趋同度由高变为低的时候，趋势就戛然而止了。如图 1-1 所示的走势，市场一开始走出了明显的趋势性行情，但随即趋势停止，陷入无方向的随机漫步。这个时候，若再用趋势的思维去操作，就会陷入被动。

对于交易老手而言，最大的恐惧恐怕就在于“黑天鹅”事件了。前面盈利 100 次，有可能一次输光，其中最大的原因就是“黑天鹅”事件。“黑天鹅”事件往往是趋势难以反映的，比如图 1-2 所示的这只股票，在第一个跌停之前，单纯从趋势的角度来讲，

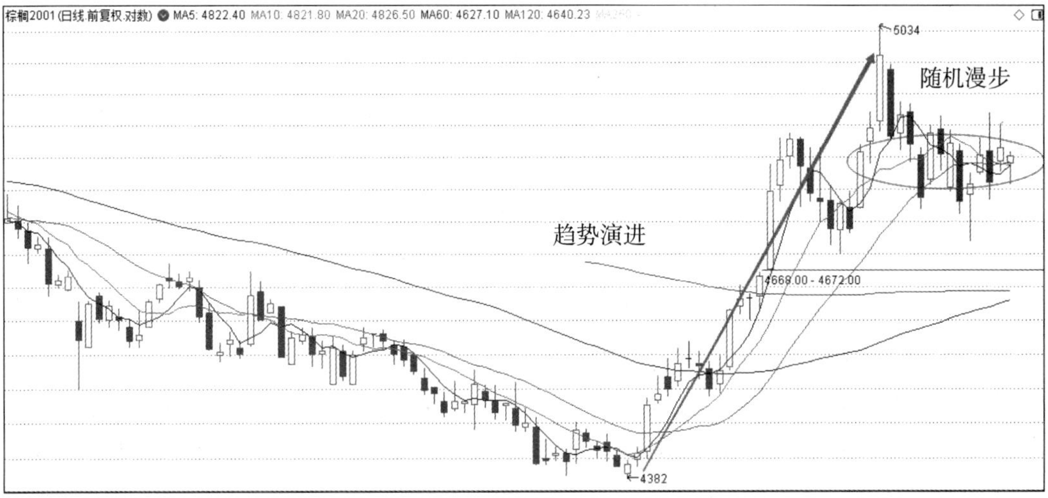

图 1–1　棕榈油 2019 年 7 月前后日线走势图

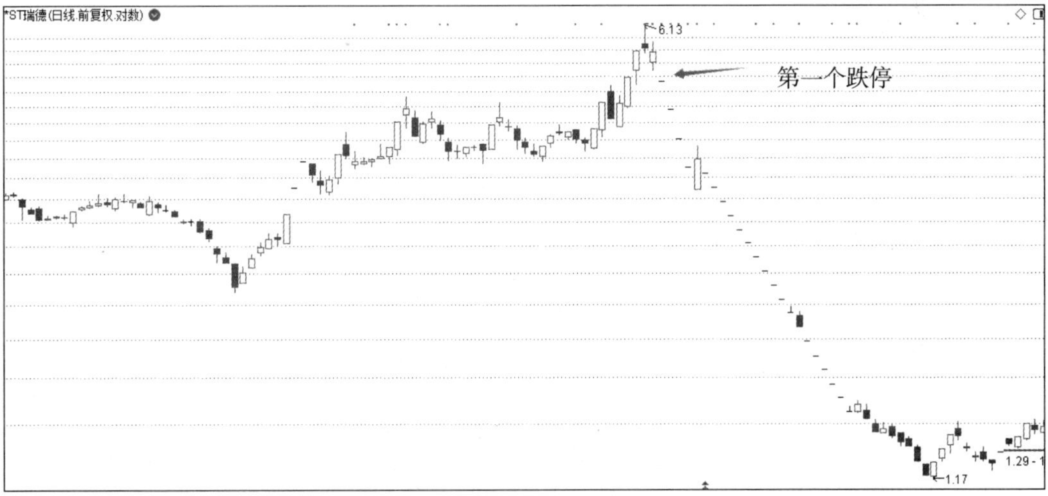

图 1–2　奥瑞德（600666）2019 年 4 月前后日线走势图

买入或持有是没有问题的。但爆出“黑天鹅”事件之后，股价就连续跌停，根本不给退出的机会。如果是单纯的趋势交易者，遇到这种情况，就要吃大亏了。

对于交易者而言，只需要知道市场有时候会以趋势的方式演进就够了。趋势往往能够反映到图形上，这就使得大多数普通交易者有了依据。对于普通交易者而言，能把握的只有趋势，所以做交易应以趋势为主，但仍需要加入其他因素，比如成本控制系统、买入系统等，以便综合地把握趋势。比如，买入要尽量买在上涨趋势的启动阶段，防止上涨趋势突然停止。比如，一段趋势中，尽可能找机会做差价，降低持仓成本，防止趋势突然转折，自己却因不断加仓抬高成本导致出现巨大亏损。

对于第三个假设，说历史会重演，但“重演”绝对不会是简单的重复。历史上，所有的可能性都存在过，或者说都可能会存在。说历史会重演，等于什么也没说。经典图形之后的行情发展，实际上既和当时的市场环境有关，也与该品种所属板块的整体走势有关。更有甚者，还和投资者的操作如大资金的控盘相关，否则就不会有什么陷阱了。注意，很多陷阱就是根据普通交易者心里所谓的“历史会重演”来构造的。

交易者要清楚，无论历史是否会重演，你能把握的只有当下的市场。当下重演了，就是重演了，若没有重演，也不要幻想着它会重演。因此，操作的重点在于当下的应变，这也是操作中交易者需要重点修炼的地方。经常有很多人看到趋势就急忙冲进去，然后开始做梦，憧憬未来。实际上趋势并没有按照历史展示的方式去走，而是突然发生转折，和自己的预期大不相符，于是立刻陷入手忙脚乱的被动境地。如图 1-3 所示的股票走势，日线底部走出双重底，随后大阳线突破颈线并站稳。按照技术分析理论，市场是会走出一波上涨行情的，但随后上涨趋势戛然而止，哪里有什么历史重演！

图 1-3　东百集团（600693）2019 年 7 月前后日线走势图

四、结论

从上面的分析中可以得出结论，技术分析的 3 大假设前提不是绝对的，因此，单纯的技术分析不是万能的。但没有技术分析也不行，技术图形可以看作是多空双方博弈的战场。一场战争，战场的情况是最直观的判断依据。但战场情况有时候也会骗人，下面是一个有说服力的经典案例。

齐魏马陵之战中，齐军进入魏国境内纵深地带，魏军尾随而来。针对魏兵蔑视齐军的实际情况，齐军军师孙膑认真研究了战场地形条件之后，定下“减灶诱敌，设伏聚歼”

的作战方针，制造齐军士卒在魏军追击下大批逃亡的假象，然后在马陵这个地方设伏。齐军利用有利地形，选择一万名善射的弓箭手埋伏于道路两侧，规定夜里以火光为号，一起向追击的魏军放箭。孙膑还让人把路旁一棵大树的皮剥掉，在上面写上“庞涓死于此树之下”的文字。

庞涓率领魏军连续三天追击齐军，见齐军退却避战，又天天减灶，武断地认定齐军士气涣散，士卒逃亡过半，于是命令部队丢下步兵和辎重，只带着一部分轻装精锐骑兵，昼夜兼程追赶齐军至马陵。庞涓见剥了皮的树干上写着字，但看不清楚，就叫人点起火把照明。字还没有读完，齐军便万弩齐发，给魏军以迅雷不及掩耳的打击。魏军顿时惊恐失措，大败溃乱。庞涓智穷力竭，眼见败局已定，遂忿悔自杀。齐军乘胜追击，连续大败魏军，前后歼敌十万余人，并俘虏了魏军主帅太子申。

孙膑在马陵之战所用的策略，便是《孙子兵法》“始计篇”所说的“能而示之不能，用而示之不用”，以及“兵势篇”所说的“以利动之，以卒待之”等虚实原则。此战彻底削弱了战国中期魏国的霸主地位，改变了战国的整体格局走向。

同样，单纯依靠技术分析，就如同庞涓在战场中看到齐军“避战减灶”，就“丢下步兵和辎重，只带一部分轻装精锐骑兵”一样满仓杀入，也是极容易陷入市场主力精心构筑的陷阱中的。

因此，必须在技术分析中加入其他控制因素，这样才能够综合决策，提高决策的质量。

第二节　缠论概述

一、缠论简介

缠论是ID名为“缠中说禅”的当代奇人基于股票二级市场创立的投资理论。

缠论以二级市场最基本的确定性——任何走势都会结束，即“走势必完美”为基础，以几何思维为主导，从最小级别的分型、笔、线段入手，逐层定义出各个级别的中枢以及走势类型，将看似纷繁复杂的走势进行了非常严密的推导。缠论不同于道氏理论、波浪理论、江恩理论等其他传统的技术分析理论，完全不涉及上帝式的臆测，实现了对走势的完全分类，是目前唯一采用数学方法进行证明的交易理论。

据说缠中说禅在20世纪90年代初参与资本市场，凭借其创立的投资理论，以及对市场的洞察力，对人性的深入把握，以0成本投入，十几年内赚得亿万身家。

2005年，缠中说禅利用该理论体系，神奇地推断出“上证指数将在998点附近见到历史大底，之后会有一轮波澜壮阔的大牛市”这一具有预见性的结论，如图 1–4 所示。

2007 年 10 月，上证指数创出历史新高 6124 点之后不久，缠中说禅断言股市已经见顶并全面转空，如图 1–5 所示。他也曾预言 2007 年美国次贷危机将爆发，并断言次贷危机会扩散到全球，引发大规模的金融海啸，级别堪比 1929 年的世界金融危机。这些推断都得到了时间的验证。

图 1–4　上证指数 2007 年前后周线走势图

图 1–5　上证指数 2007 年前后周线走势图

由于缠中说禅创立的投资理论——“缠论”逻辑推理严密，内涵丰富，可操作性强，更由于其本人在投资市场取得了令人瞠目结舌的成就，使得无数投资者废寝忘食，日夜参研缠论。缠论也被投资者奉为“金手指”，缠中说禅本人被无数粉丝尊称为“缠师”，追捧者趋之若鹜。坊间更流传出“自从一看缠理论，不看投资糟粕书”的说法。

缠论确实是交易理论的集大成者，如果投资者能够深入学习，正确理解，进而能够通达，那么在市场中长期生存并不是什么困难的事情。可惜的是，除了少数有一定交易基础的人能够正确把握，进而运用该理论之外，更多的人则是陷入技术分析的漩涡。有人被线段搞晕了，有人陷入对绝对买卖点的追求中不能自拔；有人整天在区间套中晃悠，不见清净，唯见缠缚；有人则张口闭口就是1分钟走势图，甚至是分时图，只见树木，不见森林。

笔者研究、使用缠论多年，有些深刻的体会与大家分享：缠论以技术分析为主，但绝不是单纯的技术分析。缠论技术分析是“屠龙刀”“倚天剑”，但在使用的过程中，必须有一套刀法、剑法，使用者必须有较强的内功，才能使用好这刀剑。缠中说禅曾经说过，“功夫在诗外”。在使用该理论的过程中，盘面和技术分析之外的东西，其重要性丝毫不亚于盘面因素。绝大多数追随者往往只专注于技术分析的内容，忽略了缠论中许多非常关键的盘外因素，而这些盘外因素有时往往对交易结果起到了决定性的作用。因此，关于缠论的系统理念，有必要在概述部分尽可能厘清，这样，投资者在学习和实践的过程中，既能提升对技术分析内容的认识，同时也不忘记以系统的眼光去观察和操作，这样才能够尽量减少“以偏概全”的错误概率。

二、数学原则

缠论开篇，曾提到一个“数学原则”的问题。

缠中说禅说，没有任何一个程序可以使得所选的股票最终都能百分之百地盈利。任何一种情况，都不能保证所选股票百分之百地上涨。更有甚者，确定会上涨的股票，突然就开始下跌了，从而使得介入变成了套牢。技术分析系统也不例外，同样存在失效的风险。因此，有效降低投资程序失效的概率，就成了头号难题。而这个问题，可以用数学中的乘法原则有效地解决。

假设3个互相独立的程序，其失效率分别为30%、40%、30%，这都是很普通的并不出色的程序。那么由这3个程序组成的程序组，其失效率就是30%×40%×30%=3.6%。也就是说，按照这个程序组操作100次，只会出现不到4次的异常。可以看出，利用这个数学原则，可以有效降低投资中单一决策程序失效的概率。

缠论在讲解这一原则时，选择了“基本面、技术面、比价关系”等3个子系统作为案例，构建了综合过滤系统。

1. 基本面

一般意义上的基本面分析，着重对影响证券价格及其走势的各项因素进行分析，以此决定购买何种证券及何时购买。基本面分析的假设前提是：证券价格是由其内在价值决定的，价格受政治、经济、心理等诸多因素的影响而频繁变动，很难与价值完全一致，但总是围绕价值上下波动。基本面分析派认为，理性的投资者应根据证券价格与价值的关系进行投资决策。

传统意义上，影响证券价格以及走势的基本面因素主要包括以下几个方面。

（1）宏观经济状况。基本面分析派认为，从长期和根本上看，股票市场的走势和变化是由一国经济发展水平和经济景气状况决定的，股票市场的价格波动在很大程度上反映了宏观经济状况的变化。股票市场的变动趋势大体上与经济周期相吻合，在经济繁荣时期，企业经营状况好，盈利多，其股票价格也会上涨。经济不景气时，企业收入减少，利润下降，也将导致其股票价格不断下跌。但是，股票市场的走势与经济周期在时间上并不是完全一致的，通常来说，股票市场的变化会领先于宏观经济的变化，因此股票指数被称作是宏观经济的“晴雨表”。

例如，道琼斯指数能够维持年线级别的上涨，无疑跟美国二战后建立的超级大国地位有直接关系。如图 1–6 所示。

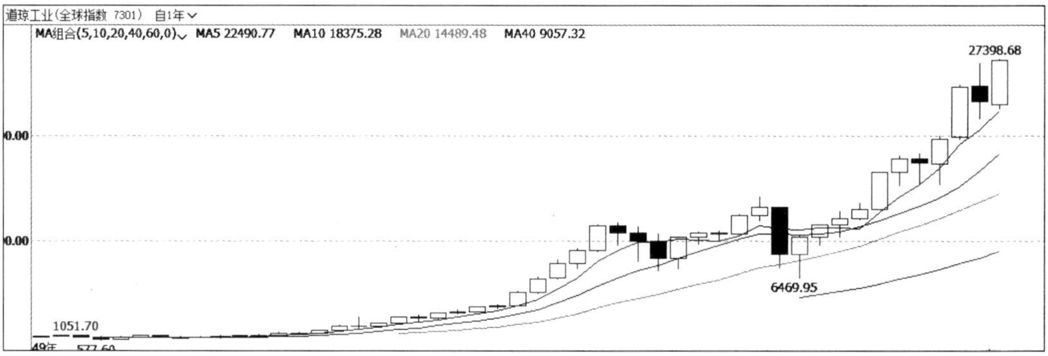

图 1–6 道琼斯指数年线图

（2）产业政策。产业政策是国家制定的引导国家产业发展方向、推动产业结构升级、协调国家产业结构，使国民经济健康可持续发展的政策。产业政策主要通过制定国民经济计划、产业结构调整计划、产业扶持计划、财政投融资、货币手段、项目审批来实现。产业政策是政府为了实现一定的经济和社会目标而对产业的形成和发展进行干预的各种政策的总和。一般认为，产业政策支持的行业企业在股市中会有所表现。

例如，2018 年底，中央政府关于“金融供给侧改革”的产业政策以及科创板的推出，曾引发证券类股票大幅度上涨，如图 1–7 所示。

（3）货币政策。货币政策也就是金融政策，是指中央银行为实现特定经济目标而采用的各种控制和调节货币供应量和信用量的方针、政策和措施的总称。货币政策的实质

图 1–7　证券板块指数周线走势图

是国家根据不同时期的经济发展情况，对货币供应采取“紧”“松”或“适度”等不同的政策趋向，运用各种工具调节货币供应量来调节市场利率，通过市场利率的变化来影响民间资本投资，进而影响宏观经济运行的各种方针措施。货币政策有四大工具，包括法定存款准备金率、公开市场业务和贴现政策、基准利率等。一般认为，货币政策会影响股票市场的资金量，对股价造成一定的影响。如中国央行历次降低存款准备金率，通常会对股票市场有正面影响。

（4）区域政策。广义的区域政策，是以政府为主体，以协调区域经济发展为对象，为弥补市场在空间范围配置资源失灵而采取的相应对策的总称。从覆盖内容上看，包括区域经济政策、区域社会政策、区域环境政策、区域政治政策、区域文化政策等。在研究经济问题时所说的区域政策，是一种狭义的概念，即与经济发展相关的区域经济政策。一般而言，区域政策支持的相关板块或者企业，其股价往往会受到积极的影响。

例如，2017 年 4 月 1 日，国务院决定设立雄安新区，并定性为“千年大计，国家大事”，立刻引发该概念板块的股票连续大幅上涨，如图 1–8 所示。

（5）企业品质。对于具体的个股而言，影响其价格高低的主要因素在于企业本身的内在品质，包括财务状况、经营情况、管理水平、技术能力、市场大小、行业特点、发展潜力等一系列因素。企业品质的变化，会导致股价产生剧烈波动。例如，曾经的白马股长生生物，因假疫苗事件，致使该股从 20 几元的价格一路断崖直下，如图 1–9 所示。

（6）政治因素。政治因素是指对股票市场发生直接或间接影响的政治方面的原因。如国际政治形势、政治事件、国家关系、重要政治领导人的变更等，都会对股票市场产生巨大的、突发性的影响。

图 1-8　雄安新区概念板块指数日线走势图

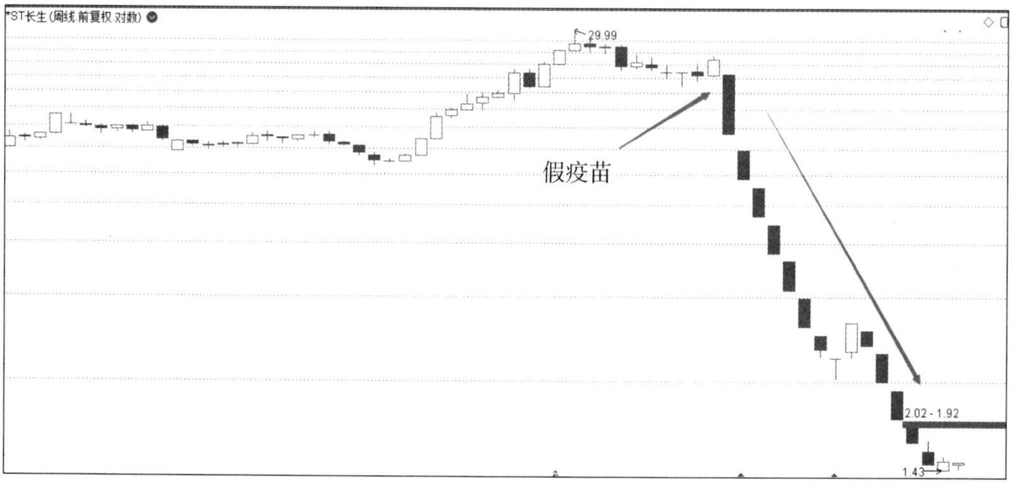

图 1-9　长生生物（002680）周线走势图

例如，2016 年 6 月，英国公投退出欧盟，从而点燃了人们的避险情绪，导致黄金类股票跟随现货黄金价格出现大幅度拉升，如图 1-10 所示。

上面列举了几个非常重要的基本面因素，它们通常都会对股价造成重大影响。缠论中所指的基本面不仅仅包括这些。例如，缠中说禅曾经说，“中国国航（601111）李总当兵出身，不会让自己的股票长期跌破发行价这么没面子”“2005 年人民币放开后，由于资源价格的全球化升势及人民币升值，国内实业将会出现很大的困难，而虚拟市场由于对资本具有吸纳作用，将大有改观，很可能会出现一个至少是大 X 浪级别的行情”，等等。这些也是重要的基本面，需要交易者对市场的参与者、对人性有更多的了解才可能精通。

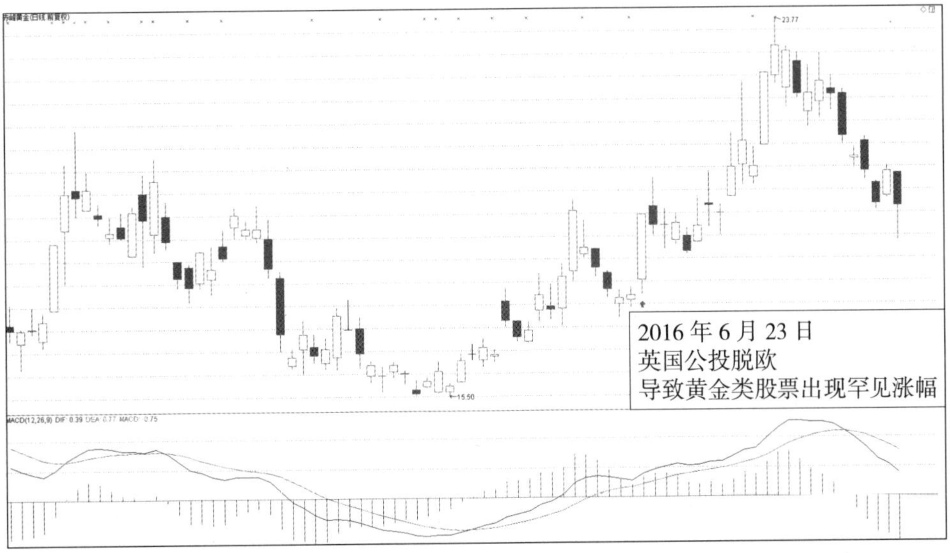

图 1-10　2016 年 6 月 23 日英国公投脱欧前后黄金板块指数日线走势图

2. 技术面

缠论通篇主要以技术理论的构建与实证分析为主，使用的最主要的工具就是 K 线图，其主要的分析思路是完全分类。关于完全分类，主要有两个维度。

第一个维度是级别。所谓级别，是指从最低层面的分笔成交入手，按照缠论的走势中枢、中枢的延伸、中枢的扩展、走势类型的定义等规则自然生长出来的对于走势的分类方法。

第二个维度是走势类型。走势类型是建立在级别之上的，将某级别走势完全地划分为上涨、盘整以及下跌 3 种类型，并研究这 3 种类型的内在结构与转化方式。

另外，缠论技术分析以均线系统、成交量、MACD、布林线等 4 类技术指标作为完全分类级别以及各级别走势类型的辅助分析方法。在“教你炒股票”系列文章中，缠中说禅对均线系统、MACD 指标以及布林线指标有较为详尽的论述，而对成交量指标所述不多，但也有一定的涉及。

由于基本面变化并不是那么频繁，交易中每天面对的主要是盘面短期的变化，因而技术面在缠论中占据了最大的篇幅，也是综合过滤系统中最重要的子系统。技术分析这个子系统贯穿对平均指数的分析以及具体投资操作的全部过程。特别是对于没有什么消息来源的中小散户来讲，从量价关系也即多空博弈的轨迹上获得的信息是最为重要的。

本书正篇部分，将主要介绍缠论技术分析系统，此处先按下不提。

3. 比价关系

缠论中虽然提出了比价关系这个概念，但相关的论述并不系统，只是零星散见于

“教你炒股票”系列文章以及某些答疑中。这里主要以“教你炒股票”系列文章中的描述为依据，尝试推断比价关系的内涵以及应用，供读者参考。

首先列出“教你炒股票”系列文章中对比价关系的论述。

任何一只股票都不是独立的，在整个股票市场中，都处在一定的比价关系中，这个比价关系的变动，也可以构成一个买卖系统。这个买卖系统是和市场资金的流向相关的，一切与市场资金相关的系统，都不能与之独立。

对于散户来说，最终能战胜市场、获得超越市场的回报的，只有在乘法原则下的技术面操作。技术面是3个独立系统里的一个，另外两个，例如比价关系与基本面，可以配合决定你的介入种类。但当介入到一个品种后，技术面在操作上就起着决定性的作用。为什么？因为其他的面，变化的频率都没有技术面高。像基本面，其大致是有一定的稳定性的，不可能天天都是奇点、断裂点。比价关系也一样，一种比价确立后，就基本保持稳定了，不可能天天都变化。所以这种变化少的系统，不需要花太多精力去研究，而技术面显然不同。

一个最合理的投资方案。

一、用最大的比例，例如70%，投在龙头企业（可能是2家）中，然后把其他30%分在最有成长性（可能是两三家）的企业中。注意，在实际操作中，如果龙头企业已经在基本面上显示必然败落，那当然就选择最好的替代者，依次类推。

二、只要这个行业顺序不变，那么这个投资比例就不变，除非基本面出现明显的行业地位改变的迹象。一旦如此，就按等市值换股。当然，如果技术面把握得好，完全可以在较大级别卖点卖掉被超越的企业，在其后的买点再介入新的龙头企业。

三、这就是本ID理论的独门武器了，充分利用可操作的中枢震荡（例如日线、周线等），把所有投资成本变为0，然后不断增加可持有的筹码。注意，这些筹码可能是新的有成长价值或被低估的公司。

四、没有第四，如果一定要说，就是密切关注比价关系，从比价关系中发现其中低估的品种。这里的比价关系，就是市值与行业地位的关系。

以上这个策略，就是基本面、比价关系与技术面3个独立系统完美的组合。

其次是缠中说禅答疑中关于比价关系的论述。

网友问：第二点所谓的市场比价系统，是不是指市场当下的热门。比如前一阶段炒作的银行股、大盘股，现在炒作的二线蓝筹和非蓝筹股，是不是这个意思?

缠中说禅回答：不是，市场个股之间有比价关系，这是市场的整体结构。要把握这一点，必须对市场的总体结构有所把握。比价关系的变动是最重要的。

散户千万别买中国联通，否则后果自负。除非你是以中线的心态持有，能等到中国移动回归的那一天，否则根本没必要买中国联通。一种通过所谓预期消息拉升同行业、同板块、同概念的选股票的方法，这就是比价关系选股。

目前，4 元以下的非 ST 三线股基本没有了，前一段说对 5 元上下的股票发动最残酷的进攻，很快也没有进攻对象了。三线股的行情已经进入值得反思的阶段，除了真有题材与业绩支持的，其他已经进入短线的压力阶段，可以持有等卖点，但已经没必要追高介入，特别是那些业绩特差的。三线股上台阶后，其他股票就显示出其价值。板块轮动结束后，三线垃圾股的价格上来了，那么比价关系下，其他的优质潜力股就意味着低估，就意味着又有了炒作的理由。

根据缠中说禅原文描述，结合笔者的理解，这里尝试着给比价关系下一个定义：所谓比价关系，是指同一个市场的不同阶段中，在同一时间点上不同板块、不同个股之间的价格对比，或者不同市场之间在同一时间点上的价值对比。

在同一个市场内，这个比价主要分为 3 种类型，一是不同板块之间的价格对比，二是同板块不同个股之间的价格对比，三是不同板块不同个股之间的价格对比。当然，也可以将视野放大，将比价关系的概念扩展，在全球不同市场之间做比价，例如将英国股市与德国股市乃至菲律宾股市进行比价分析等，这就是不同市场之间的比价关系。

从比价关系的定义中可以看到以下几点。

首先，用于比价的品种之间必须具有可比性。很显然，上证指数和个股之间是无法进行比价的，因为这是局部和总体的关系。花瓣之间可以做对比，但把花瓣和 1 朵花做对比，显然是不合适的。股票市场与黄金现货走势之间也是难以进行比价的，因为它们的属性完全不一样。黄金与美元指数这两种负相关的品种，更是无法比价。

其次，用以对比的板块或者个股可以是多个，但至少是两个，否则无法进行对比。标的本身的当下走势是无法和历史走势做比价的。不同的当下，所处的环境不一样，因而一般情况下不能进行比价研究。例如，2007 年前后的钢铁类股票走势和 2014 年的钢铁类股票走势是无法进行对比的，这两个时间段内，二者所处的国内外宏观经济环境以及行业环境完全不可同日而语。同样道理，互联网泡沫时代的网络科技类股票和现在已经回归理性的该类股票，也是无法进行比价研究的，这是典型的“刻舟求剑”的做法。

从表现上看，比价效应导致的最直接结果就是板块轮动，热点扩散。这里可以用市场上流传的“猪槽理论”来做个形象的比喻。美国一位投资大师给自己的投资秘诀打了个比方：一个猪槽同一时间只能容纳几头猪吃食，选到的股票就像在猪槽前争抢吃食的猪。等一头猪差不多吃饱了，也就是说股票价格没有涨升空间后，就该离开了；这时另一头饥饿的猪——股票价格有充分上涨空间的猪，就挤了进来。他将这个秘诀戏称为“猪槽理论”。

实际上，这个所谓的“猪槽理论”有个隐含的前提，那就是“猪槽里有食料”。一个没有足够食料的猪槽，是不会吸引足够多的猪去进食的。其次，所有的猪都是好猪，而不是病猪或者生命垂危的猪，那些猪应当早已被人工选择出去了，或者说即便没有被选择出去，也没有能力在猪槽里的食物吃完之前挤进去。

投资者利用所谓的“猪槽理论”进行投资，一方面要密切关注猪槽里食料的变化情况，判断猪槽里的食料何时被填满，何时被消耗殆尽；另一方面要观察每头猪的位置情况以及情绪，看看下一头挤到猪槽旁边的猪究竟是哪一头。

需要强调的是，市场中长期趋势性变化是利用比价系统的前提，没有这种中长期的趋势性变化，研究比价关系系统没有什么实际的操作价值。为什么呢？

首先，如果市场处于盘整之中，虽然也可以进行比价，但其实是无意义的。盘整，意味着散乱，意味着无迹可寻，意味着不可测。以规律性、有迹可循、可测量的眼光来对待不可测的市场，逻辑前提上存在错误。采用这种做法，无论你多么努力，都是无法成功的，只能让自己变得筋疲力尽，进而怀疑理论，最终变成随机漫步理论的追随者。

其次，这种趋势性变化必须是中长期的，不能是短期的。这里所谓的短期，主要是指日线以下的趋势性变化。从走势的绝对分类看，任何级别都可以划分为趋势与盘整两种走势类型。另外，日线以下级别上涨中，也存在着热点轮动效应，但是这个热点轮动是极难把握的，或者说是难以长期把握的。“常在河边走，哪有不湿鞋。”人的精力、体力、注意力以及反应速度和个人情绪等，往往具有一定的变化曲线，如果在你落入低谷的时候做反几次，那么往往会出现得不偿失的结果。

出现比价效应的根本原因，是在市场出现中长期趋势性变化的时间周期内，投资标的的相对无限性与市场资金的相对有限性之间的矛盾。市场资金是活跃的，其嗅觉也是敏锐的，在一波中长期趋势性运动开始的时候，大量资金往往最先涌入到那些开始呈现出潜力的品种中来。或者说，大量资金涌入的地方，往往最先表现出趋势性。当该品种或者该类品种的潜力被充分挖掘之后，资金就要寻找新的投资标的，于是新的热点被挖掘出来，新的概念被创造出来，随之相关品种的趋势性上涨也逐渐展开……这种运动往往会持续，直到整个市场趋势性变化的末端。

从市场趋势性变化的内因来看，出现中长期的趋势性变化，往往是经济基本面出现了整体向好的迹象。反过来也可以说，只有经济基本面出现了整体向好的迹象，市场才可能出现趋势性的变化。一般来讲，作为实体经济的“晴雨表”，市场都会领先于实体经济。而在实体经济的发展过程中，各产业的发展往往不是同步的，而是表现出一种传递性。这种传递性映射到市场上，就会出现比价效应，从而不断重复“均衡－不均衡－均衡”的循环往复变化过程。

利用比价系统，最主要的目的是在整体市场格局呈现中长期趋势性变化的情况下，发现估值较低的市场、板块或者个股，从而配合选择介入的品种。例如中长期上涨过程中，周线级别上涨格局不变的情况下，一个品种或者板块日线级别上涨结束的时候退出，在其他品种或者板块日线级别上涨开始的时候或者上涨过程中介入；或者在中长期下跌的过程中，在周线级别下跌格局不变的情况下，一个品种或者板块日线级别下跌结束的时候回补，在其他品种或者板块日线级别下跌开始的时候或者下跌过程中卖出；或者在全球整体经济格局处于中长期趋势性变化的过程中，利用不同国家股市涨跌的不同步性，在不同的时间买入或者卖出不同的品种。利用这种方式操作，借助不同市场、板块以及个股之间的轮动效应来做高抛低吸的操作，可以实现利润相对最大化的目标。

那么，如何利用比价关系来选择介入的品种呢？

利用比价关系选股，第一步，就是要确定市场大级别的走向是否是趋势性变化。这一步，其目的是确定“猪槽”里是否有足够的食料，以及能否保证源源不断的食料供应。市场大级别的走向反映在技术面上，首先是大盘的中长期走势类型，这个“中长期”至少是周线级别以上，这是板块轮动的土壤。没有这个中长期的趋势性运动，市场就没有足够的时间与空间产生充分的轮动效应。反之，正是板块轮动效应的存在，才导致了市场中长期的趋势性上涨。如果没有充分的板块轮动，市场也很难出现中长期趋势性上涨所需要的时间以及空间。市场是否出现中长期趋势性变化，可以用前面说的基本面方法进行判断。当然，也可以利用缠论的方法，对市场周线以上级别的走势类型进行完全分类，进而把握中长期走势类型及其转折点。

利用比价关系进行选股，第二步，是要去掉那些没有什么上涨空间的板块或者品种。这一步，目的是要排除那些体质较弱的病猪或者生命垂危的猪，确保选中的猪都是健康的，有足够的能力挤到猪槽前面进食。有些行业，其发展空间是有限的，这种行业的企业，注定没有周线甚至月线以上级别的中枢上移，除非企业转型。因此，应当远离那些注定没有周线甚至月线以上级别中枢上移的行业。这些行业的企业，走势最终都是某级别的中枢震荡。

一波牛市中，大多数股票都能翻倍，那么首先要去掉那些不能翻倍的个股。这里就涉及基本面分析与整个世界经济的综合判断，这个分析判断是至关重要的。当然，如果你实在不擅长此道，那么就分散资金于不同板块的不同个股之中。例如，选择 3 个或者 5 个不同板块、不同品种的标的，这样操作，你押中优质股票、避开那些没有上涨空间的股票的概率就会变大，也不至于一旦选择错误，就踏空整个牛市。

当然，这里所说的分散不能是无限度的，所谓“过犹不及”。如果你只有10万块钱，却要选择20只标的进行投资，那显然是无法取得超额回报的。风险管理理论强调分散风险，把鸡蛋放到不同的篮子里，但这个分散也是有限度的。过分分散会让你疲于应对，难以做到面面俱到。

如果前两个步骤都做完了，第三步就是针对个股的比价关系进行选股或者换股操作了。这一步用“猪槽理论”来做比喻，就是要观察各猪的位置情况以及情绪，看看下面挤到猪槽旁边的猪究竟会是哪一头。这里详细说说观察的方法。

一般情况下，在一波趋势性运动中，走势的级别与均线系统通常有一个大致的对应关系。根据趋势的定义，一个趋势往往包含两个以上逐次向上或者向下的中枢。根据经验，某级别趋势中，这些中枢对应的支撑或者压制均线大致都是相同的。如果对应的支撑或者压制均线不一样，那么走势的级别往往就值得怀疑了。

图1-11是上证指数2014年10月到2015年4月期间的日线走势图。从图上可以看到，日线级别上涨一直受到20日均线的支撑。一旦20日均线被跌破，可能就意味着前面日线级别的上涨结束，调整开始。周线级别的上涨，则非常明显地受到60日均线的有力支撑。

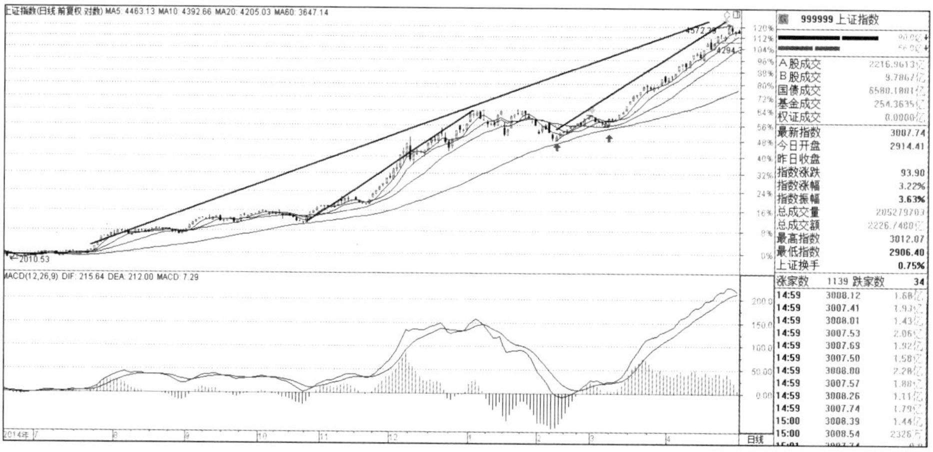

图1-11　上证指数2014年10月到2015年4月期间日线走势图

由于趋势具有上面所说的特性，因此可以利用均线系统来判断不同品种之间的比价关系。注意，由于在最小分析级别之上的任何级别走势类型都是大级别套小级别的，所以这里必须强调是均线系统，单条均线的分析意义不大。

再者，均线系统的设置，一定要根据实际走势来确定，也就是选定的均线系统参数，一定要和实际已有的走势相吻合，这个道理和分析级别的选择是一样的。理论上，交易者可以选择任何级别作为分析级别，但有的级别往往能够更加清晰地描述走势，因此要根据走势情况量体裁衣。

例如，在 2014 年 7 月到 2015 年 6 月这一年多的上涨行情中，可以选择 5 日、10 日、20 日、60 日均线构成均线系统。从图 1–12 中也可以看到，这个均线系统和实际走势是特别吻合的。

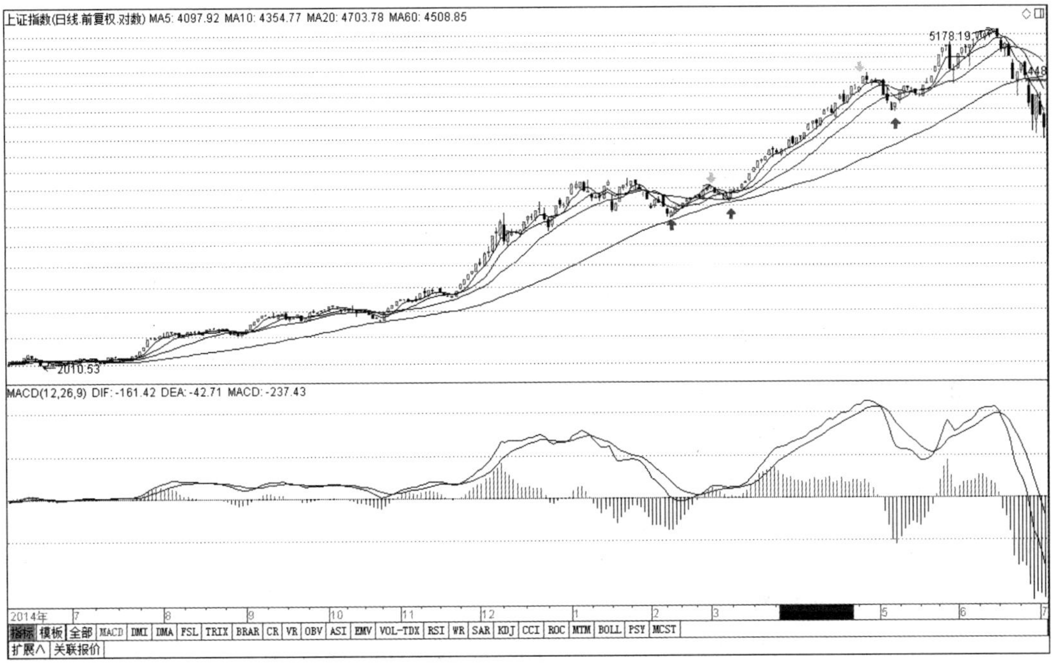

图 1–12 上证指数 2014 年 7 月到 2015 年 6 月期间日线走势图

技术分析的核心思想是分类，级别、走势类型都是不同的分类方法，而强弱也是一种分类方法，下面以上涨为例来解释这个问题。这里再次提醒，只有走势出现中长期趋势性运动的时候，分析比价关系才有意义，而这个中长期的趋势性运动，对于上涨来讲，其均线系统总体上一定是多头排列的，对于下跌来说，均线系统总体上一定是空头排列的。

以图 1–12 为例，图中利用 5 日、10 日、20 日、60 日均线作为均线系统来衡量大盘走势。注意，大盘只是反映个股涨跌的平均数，个股之间肯定是有强弱差别的。利用上面所说的均线系统，可以将市场上所有的股票按强弱情况分为 5 类。为方便起见，这里以 P 代表个股价格，以 MA 来代表均线。

第五类：P>MA5

第四类：MA5>P>MA10

第三类：MA10>P>MA20

第二类：MA20>P>MA60

第一类：MA60>P

从上面的分类可以看出，个股强度从上到下依次递减。由于前面的第一步以及第二步基本确定了整体市场处于中长期趋势性上涨，并且排除了那些上涨空间有限的品种，那么所剩的股票，一般来讲，在牛市结束的时候都会有相当的涨幅，这就是运用比价关系的基础。一般来讲，个股从较弱的类别向较强的类别发展，都要经历一个反复折腾的过程，这个折腾的时间就为轮动操作提供了可操作的空间。在强势股票小级别涨势开始疲软的时候卖出，在次强势或者次次强势买力开始展现的时候买入，如此循环往复，轮动操作。

上面说的是对个股利用比价关系进行轮动操作。对于板块而言，有两种方法。一种是将板块指数看做个股来进行比价，操作方法与个股的操作方法类似。另一种方法，是将板块内部所有股票的品种数相加，而后取其平均数，并将这个平均数作为板块强弱的分类指标，从中发现板块轮动的痕迹。

上面就是笔者关于比价关系的思考。按照缠论的说法，这个比价关系可以作为综合过滤系统的一个子系统加以运用。

4. 结论

根据乘法原则，将基本面、技术面以及比价关系结合起来，构成一个综合的过滤系统并长期使用，能够有效提升决策的质量。

3个子系统中，技术面可以深入学习缠论技术分析的内容。可能学习缠论技术分析内容时会有曲折，会有疑惑，但只要坚持反复学习，最终还是能够掌握的。对于比价关系，上面简单说了一些笔者个人的心得体会，读者可以借鉴。

对于基本面，普通的投资者可能会觉得难以捉摸。其实很多基本面信息都是常识，生活中只要留心，多加思考，还是能够有所得的。比如，房地产市场狂飙突进的那些年，很基础的常识，就是房地产相关股票至少不会表现太差。另外，与盖房子相关的水泥、钢铁等建筑材料，表现也不会太差。再比如，国际局势如果日渐紧张，黄金类股票的表现应该不会太差。有句老话说，“枪炮一响，黄金万两”，局势动荡会显示出贵金属的保值特征。国家政策明确向某些产业或者地区倾斜，必然有相关的配套措施予以支持，至少相关的股票不会太差。这些都是常识，只要留心，分析起来并不是什么难事。

对于实在不想操心基本面的，还有一个懒办法，当你选择一只股票的时候，首先要看看大盘的走势怎么样，整体市场强度如何，这里是将整个大盘指数代替对宏观经济情况这一基本面的研究了。奠定现代技术分析理论基础的道氏理论，开篇明义地强调：“股票的价格平均指数反映了市场的变化。”既然上述基本面普遍反映在价格平均指数中，那么当然可以用该指数的走势来部分地或者暂时地代替基本面分析。平均指数是市场合力的结果，也是市场走势的综合反映，如果平均指数强，那么个股走强的概率当然就大一些。如果平均指数弱，或者出现单边下跌走势，倾巢之下无完卵，大家选中的个股逆势走强的概率当然就会小很多。对于A股市场来讲，平均指数就是指上证指数、深证成指、中小板指数、创业板指数等。

将这个综合的决策系统贯彻到你的介入、等待、退出等每个决策程序中去，长期坚持下来，你会发现交易会变得很轻松，而且结果也会好很多。

三、交易的格局

缠中说禅“教你炒股票”系列文章主要以1分钟级别来分析市场走势，这往往使投资者误以为学习缠论，利用缠论交易，就是要能够把握市场分分秒秒的波动，不断做小趋势，从而逐渐积累利润。这种认识是不正确的。

首先，缠中说禅采用小级别进行分析，主要是为了方便讲解。大级别的走势类型往往是稳固的，例如，日线趋势一旦形成，往往会延续几周甚至几个月的时间。长期不变的走势类型，无法让每日解盘的缠中说禅天天都有文章可写。

其次，各级别在走势结构上是同构的。在小级别上解盘，是为了让大家更多地学习走势类型的分解以及买卖点的把握，从而更快地学习理论，绝不是倡导所有人都去短线操作。频繁短线操作，是典型的过度投机，其危害是显而易见的。

下面来看看著名的短线交易大师拉瑞·威廉姆斯的一段话。

短线交易真正的秘诀是，你交易的时段越短，赚的钱越少。这令人失望，却是事实。回想一下你曾经参与过的任何投资，你曾经在一天内就大有收获吗？假如你有过那么好的运气，又能重复几次呢，不会太多吧？因为获利的普遍规则和投机的普遍规则没有两样：获利需要时间积累。成功的交易员知道5分钟的变化要比1分钟大，60分钟又比5分钟大，一天或一周的变动幅度就更大了。失败的交易员想要在很短的时段内完成买卖，自然使获利的潜力大受限制。你要学会紧抱获利的仓位才赚得了大钱，而且你持有越久，获利的潜力就越大。成功的农夫绝不会在播种之后，每隔几分钟就把它们挖出来看看长得怎么样，它们会让谷物发芽，让它成长。

想要在交易中长期获得成功，仅仅满足于利润是不行的，交易者必须能够不断获取大利润。基本上可以说，大级别的运动能带来稳定的大利润。本书所谓的大级别，一般至少在日线以上。大级别的趋势较为稳固，波动空间大，不易被人为操纵，能更好地反映基本面的变化。小级别的趋势较为脆弱，波动空间小，易被大资金操纵，准确判断的难度要大很多。

下面分享几个实盘案例，看一看大级别的威力，如图 1–13、图 1–14 所示。

2019 年 1 月，在金融供给侧改革的政策环境下，科创板即将启动，为券商股带来了一股春风，券商股迎来了一大波上涨，如图 1–13 所示。券商股的上涨，首先有基本面的支撑。其次，技术形态也配合。注意，盘整之后必有高潮，有基本面的配合，向上突破的概率还是很大的，所以要在盘整中介入。有那么多面的支持，实战中应该全力介入，耐心等待较长一段时间，最终一定能迎来突破。后面的操作就简单了，持股时间 3 个月，就能够获得不菲的收益。

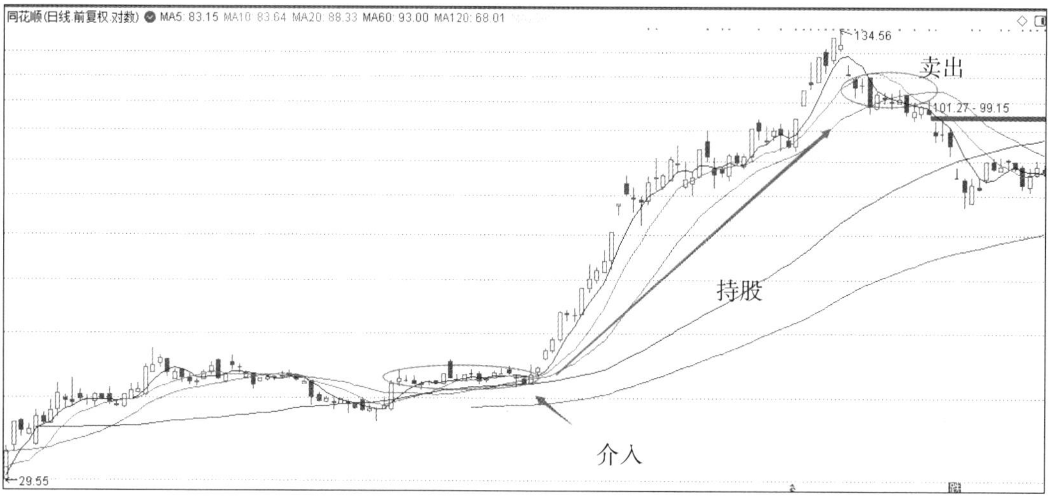

图 1–13　同花顺（300033）2019 年 1 月前后日线走势图

再来看一则实盘案例。

2019 年 8 月前后，棕榈油 2001 合约走势中，出现了非常明显的周线级别第二类买点。同时，日线上也出现了强力突破之后的反抽，如图 1–14 所示，于是笔者就介入了。期间逢回调加过一次仓，走势陷入日线级别的盘整之后退出，操作周期 1 个月，获得了大约 50% 的回报。

关于期货交易，需要特别说明的是，交易者一定要控制资金使用率，控制杠杆水平，因为期货走势不可控因素太多了，而且只要有一次失败，导致的亏损就足以让你万劫不复。

当然，有的小级别波动也会带来巨大的获利空间。例如所谓的妖股走势，连续涨停，几天翻倍，这类股票的小级别波动如果操作得当，也能获得不错的收益。但从安全的角度考虑，一般的投资者最好不要把着眼点放在这些走势上面，毕竟个股成妖的概率并不是那么高。更重要的是，成妖的个股走势，前期必然有长时间的酝酿，成妖的部分走势只是正

图 1–14　棕榈油 2019 年 8 月前后日线走势图

常走势派生出来的。正常走势派生出来的买卖点更安全，收益更高，为什么要去冒过高的风险，承担过大的压力呢？小级别波动只有嵌入大级别的交易中，才能更好地凸显其价值。

大级别运动一般来说不常有，一年之中，能把握一两次就不错了，但长期坚持下来，复利的力量足够让你飞往远方。据统计，巴菲特的年化收益率也只有 20% 多点儿，这并不妨碍他在福布斯超级富豪榜上的位置。

大级别运动一旦形成，就不会轻易结束，期间可能会有各种震荡、陷阱和洗盘，但在大级别能量耗尽之前，总体方向不会改变。做过几年交易的朋友可以回想一下，是不是曾经错失了很多大牛股，本应该获得的收益，反而在频繁的追涨杀跌中错失了，甚至失去了已经获得的利润乃至本金？

大多数时间，交易者都应该处于等待的状态，就是等待大级别的走势形成，等待大级别的走势结束。很多人会犯这种毛病，就是频繁地操作，一年 365 天基本没有休息日。交易日看盘，收盘了也要去研究。仔细想想，你那些所谓的研究有多少产生了效益，大部分都只是无端的妄想罢了。

见过捕猎的鳄鱼吗？鳄鱼大多数时候都是静静地呆在水里，像一根原木，只有真正出现机会的时候，才会丢掉伪装，全力出击。鳄鱼并没有天天出击，去捕食那些小鱼小虾，它大部分时间都躲在水下，轻易不出击，一旦出击，必然是羚羊、角马之类的大目标。一旦得手，就够吃好久。好好研究一下鳄鱼的捕食行为，或许对交易有所帮助。

俗话说，“心有多大，世界就有多大”。据说明太祖朱元璋曾以“风吹马尾千条线”为上联，考校皇太孙朱允炆与燕王朱棣。前者对曰“雨打羊毛一片毡”，燕王对曰“日照龙鳞万点金”。二者境界天壤之别，前者庸俗且大煞风景，后者华丽，充满霸王之气。两人对比的结果也为大家所熟知，燕王最终成了一代帝王——永乐大帝，而朱允炆则默然不知所终。

交易者想成功，首先要提高自己的格局，扩展自己的操作级别，从一开始就要立志做交易的“皇帝”，而非“不知所终者”。

四、趋势交易

缠论将走势划分为 2 种类型，一类是趋势，一类是盘整。趋势又可以分为上涨趋势和下跌趋势。这个分类是交易的基础，缠论的主线就是趋势交易。

可能爱思考的人会问，趋势究竟是否存在？如果趋势不存在，那么趋势交易就成了“镜中花”“水中月”。操作一个不存在的东西，还不如去抛硬币决定买卖呢？关于趋势，古往今来，很多有智慧的人都作过相关论述。

《孙子兵法》说：“善战者，求之于势，不责于人，故能择人而任势。任势者，其战人也，如转木石。木石之性，安则静，危则动，方则止，圆则行。故善战人之势，如转圆石于千仞之山者，势也。”这里所说的“势”，就是趋势。

孙中山先生曾有名言：“天下大势，浩浩汤汤，顺之者昌，逆之者亡。”这句话的意思是说，当前世界潮流的发展趋势声势浩大，顺应这个趋势做事的人就能成功，逆历史趋势而行，终将被这个潮流淹没掉。这里说的也是趋势的力量。

自然界和人类社会也有很多非常显著的趋势现象，值得人们深思。

人类社会的发展，在工业革命以前可以说是非常缓慢的，不管王朝怎么更迭，岁月怎么变换，从生产力发展的角度看，基本都是存量博弈，世界财富总量总体保持稳定，漫长的几千年里，没有灯光，只有烛光。工业革命是整个趋势发展的突破点，自从工业革命之后，生产力发展的速度明显加快。随着电气革命的发展，计算机接踵而至，短短几百年时间，全世界的生产总值呈现跨越式的发展。

再往前看，按照进化论，在人类真正学会使用工具之前，过的是与动物争食的日子，原始人衣不蔽体，食不果腹。随着对工具的掌握以及工具的不断进化，人类这个物种终于无敌于整个生物链，可以以所有动物为食了。对工具的掌握，在人类这个物种的发展过程中，就像趋势的引爆点，具有标志性的意义。类比一下，这是不是很像股市里典型的上涨趋势？

回溯一下中国证券市场的发展历史也会发现，超大级别的上涨趋势一共有 3 次，期间夹杂着很多中大级别的趋势与盘整。图 1-15 是对深证成指历史走势的分类，其中的趋势与盘整一目了然。期间，对于投资者而言，只要抓住一次超大级别的趋势，或者抓住几次中大级别的趋势，就足够了。

可以肯定地说，股市里，趋势是客观存在的。交易的关键，就是不断等趋势、抓趋势，缠论的主线是趋势交易。缠论技术分析的核心理念在于完全分类，分类的主要依据是什么？就是趋势。对于趋势而言，最主要的内容就是趋势的开始、趋势中的调整、趋势的推进以及趋势的结束等几方面。

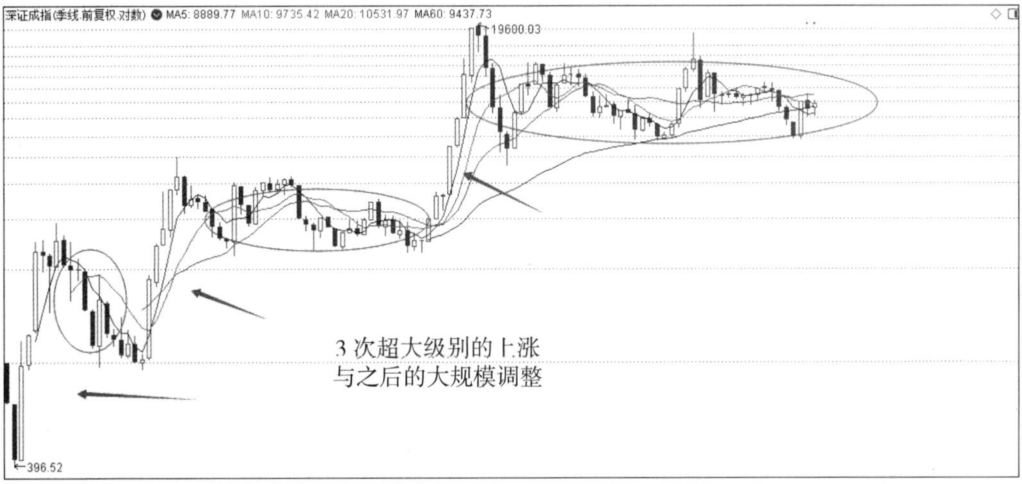

图 1–15　深证成指季线图

一个最基础的分类，就是对走势类型的分类。走势可以分为盘整和趋势，趋势可以分为上涨和下跌，这是最基础的分类。交易者进入市场，就是要操作趋势，如果是上涨，就做个多头，如果是下跌，就做个空头。如果是盘整的走势类型，要么什么也不做，要么下降级别找趋势，这一点必须明确。那么，对于趋势的不同阶段如何应对呢？

1. 趋势的开始

新趋势开始，一般对应着前面的走势类型结束。前面的走势类型只有两种情况，以上涨趋势的开始为例，要么是下跌趋势结束开启上涨，要么是盘整结束开启上涨。

对于第一种情况，即前面的走势类型是下跌趋势的，那么下跌趋势的结束，一般对应着背驰点，即第一类买卖点。注意，这里说的是一般情况。很多时候，本级别看不出背驰，趋势直接从小级别背驰转折了，这种情况，简单地可以用趋势推进或者趋势调整的思路去看待。如下面的例子。当然，也可以下降级别去判断更小级别的背驰，这需要较高的技术，这里不展开讨论了。

第一类买卖点是前趋势的结束点，也常常是新趋势的起点，如图 1–17、图 1–18 所示。缠中说禅说，“没有趋势，没有背驰”，就是说背驰都是在趋势中形成的。需要注意的是，缠论中的背驰概念是绝对的，代表着趋势的结束。至于能不能准确判断，考验的是交易者的经验和能力问题，交易者需要不断地磨炼，才能不断提高准确率。

背驰之后，不一定是反趋势。例如上涨背驰之后，不一定就是下跌。下跌背驰之后，也不必然就是上涨，完全可以向盘整转化。因此，对于多头而言，底背驰即第一类买点，

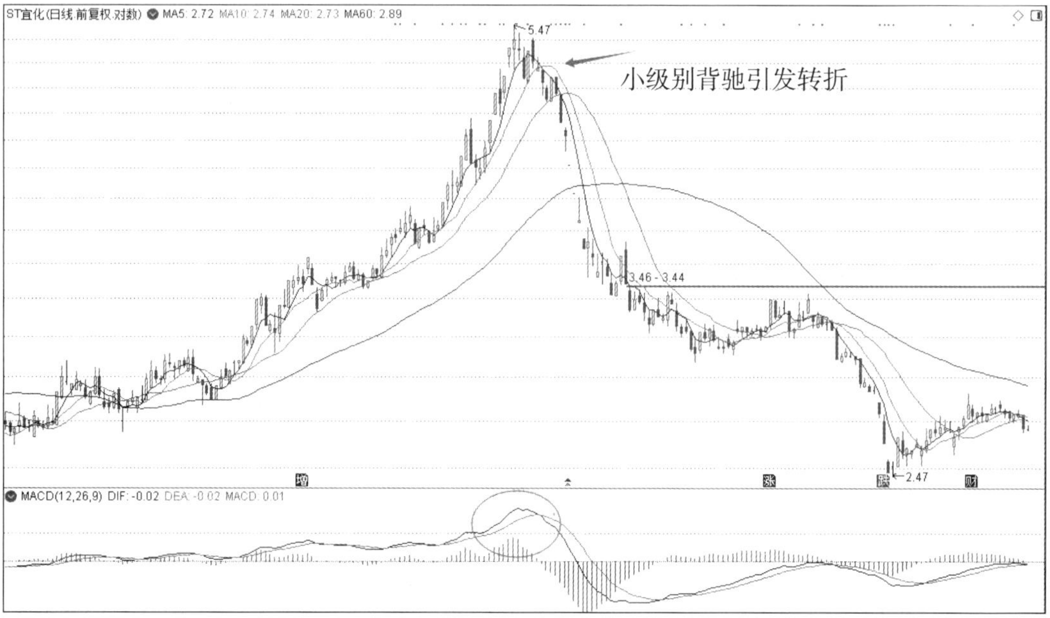

图 1–16　ST 宜化（000422）日线走势图：小级别背驰引发大级别转折

图 1–17　徐工机械（000525）60 分钟走势图：背驰引发转折

是卖力枯竭的标志，但买力的展现往往需要时间，止跌和能涨是两回事。对于空头而言，顶背驰即第一类卖点，是买力耗尽的标志。但是否随后卖力展现，也不尽然，完全有可能攒着攒着，买力又汇聚了。滞涨和要跌，通常也是两个概念。如图 1–18 所示，该案例中，底背驰之后，市场转入长达 1 年的盘整期，趋势调整之后才加速上扬。

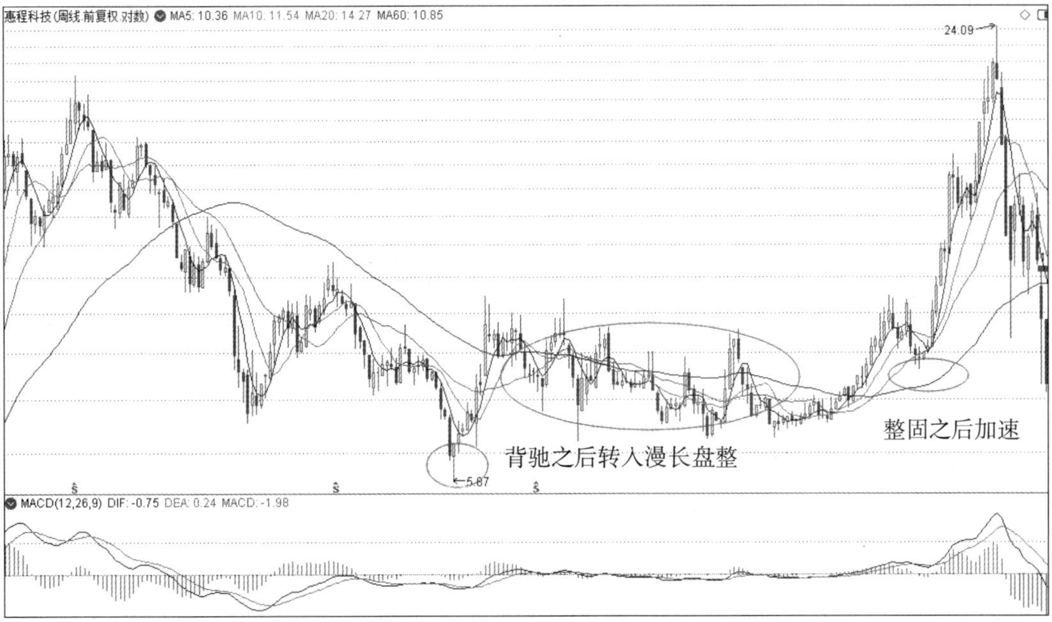

图 1-18　惠程科技（002168）2014 年前后周线走势图：背驰之后转入盘整

所以，对于第一类买卖点的使用要谨慎，特别是小资金，根本没有必要去做第一类买卖点，完全可以等趋势整固之后的买点介入，这样可以避开很多第一类买点之后的底部震荡或者转盘整的走势，能有效节省时间，提高资金利用率。

对于第二种情况，即前面的走势类型是盘整的，可以通过对盘整的把握来实现。具体来说，就是把握盘整的突破方向。例如，如果是底部盘整转为上涨趋势的，要关注盘整后的向上有效突破，如图 1-19 所示。注意，盘整一般比较耗时，而且随机漫步的概率很大，最好能够等到方向明确再介入。例如，对于底部盘整，完全可以向下跌破之后重拾下跌。因此，对于各种可能的走势情况，都要留有应对预案。

2. 趋势的调整

趋势的调整，通常对应着趋势中的回调或者中枢。第二类买卖点，就是由此派生出来的。

对于第二类买点，简单地说，就是趋势确认之后的第一次回调。注意，“趋势确认”这 4 个字要重点关注。什么是趋势确认？实际上，人们永远无法百分之百地说什么叫趋势确认。所谓趋势确认，只是客观世界的东西，而人们只能认识现象，只能按照归纳法去总结。例如，对于底部，有消息的支撑可能是趋势确认，有底背驰的技术信号或者有趋势的突破，可能是趋势确认。这里依然存在一个乘法原则的问题，因为人们无法看到本质，只能看到现象，然后用现象猜测本质，乘法原则能够让我们最大限度地接近本质。

例如，对于趋势的确认，单纯依靠底背离这一信号来判断往往会失效。有时候没有

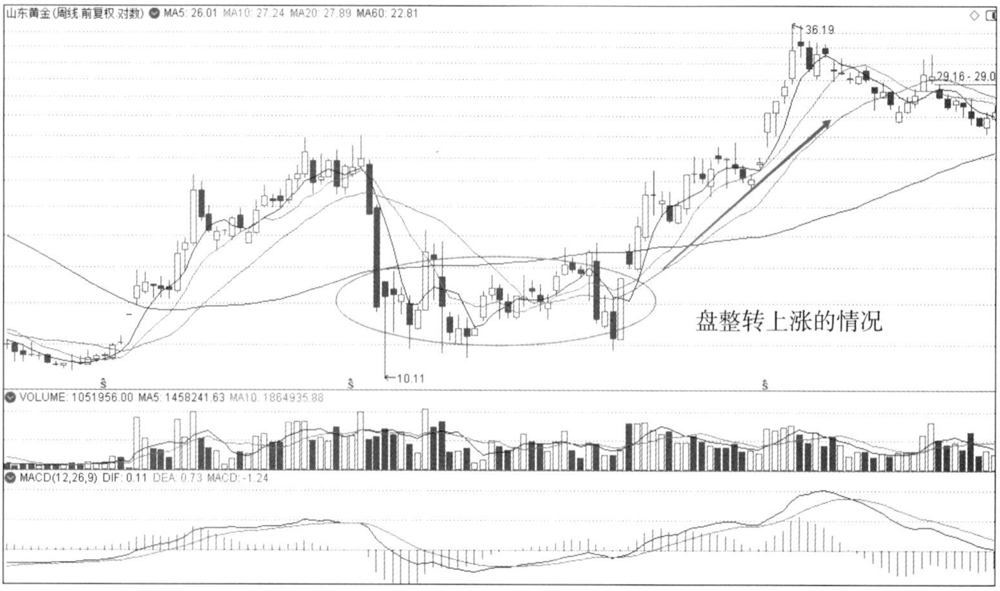

图 1–19　山东黄金（600547）2015 年下半年周线走势图：盘整转上涨

底背离，趋势就转折了，有时候有底背离，却依然不转折，这些情况都是存在的。对于趋势的突破，也是一样。有的时候，一笔突破关键阻力位，但随后就慢慢回落，甚至还跌破前低了。利用乘法原则，把背离和突破结合起来使用，无疑能够提高获胜概率，如图 1–20 所示。当然，这只是纯技术面的分析，如果有基本面的配合，那就更好了。另外，也要准备退出的预案，如果趋势最终没有转折就退出，这是长期生存的关键。

图 1–20　金融街（000402）日线走势图：利用乘法原则寻找第二类买点

按照缠论来分析，一个趋势通常至少有3段次级别走势，第二类买点出现在第一次回调。对于一波趋势而言，后市走强的可能性是很大的，但趋势通常不一定就是3段次级别走势，完全有可能延伸出很多段。如图1-21所示的走势，就至少延伸出了5段。

图1-21　棕榈2001合约9月前后日线走势图

第一次回调出现的低点，肯定是值得参与的，那就是第二类买点。对于一段延伸很长的趋势，完全可能有第二、第三、第四、第五、第六次回调，这些回调是否值得参与呢？缠论的精髓就是，本级别趋势上只有3个买卖点，后面的回调基本就不属于本级别的机会了，可以在更小的级别上把握。一般情况下，越是后面的回调，变成转折的概率越大，事实上，趋势完全有可能突然急转直下，如图1-22所示。

图1-22　欧亚集团（600697）2018年11月前后日线走势图

对于趋势中第一次低级别回调之后的回调，难道就无动于衷吗，这里毕竟也是存在趋势持续的可能的。缠论的高明之处就在此，它提供了几乎完美的解决方案。首先，最好是在底部满仓操作。例如，在第二类买点把仓位加满，这样就不存在上面所说的问题了。其次，如果没有机会在底部加满仓位，还想在后面的调整中介入，那么就下降级别，按照次级别或者更小级别的第一、第二、第三类买点去操作。常做保证金交易的，必然会涉及浮盈加仓的问题。浮盈加仓，最主要的就是小级别操作。

趋势中，除了比较规整的一笔反向调整，也常常出现中枢式调整。对于中枢，通常可以看做是趋势中的复杂整理，一般以横向的箱体整理为多，但有很多演化为三角形或者旗形等特殊形态的情况。缠论以趋势交易为主，但不完全限于趋势交易，这里面还包含着对中枢的处理。中枢中最好安排低买高卖的短差操作，以降低持仓成本。如图 1–23 所示的例子中，长时间的中枢震荡安排短差操作，能够非常有效地降低持仓成本。有人总是担心做短差把筹码做飞了，其实这从技术上是可以控制的。如在该案例中，高卖低买，高位没有回跌的迹象，就把卖掉的筹码再补回来，完全可以避免卖飞的情况。交易中大家之所以有担心，还是对缠论不太熟练。要做到熟练，关键在于多练。

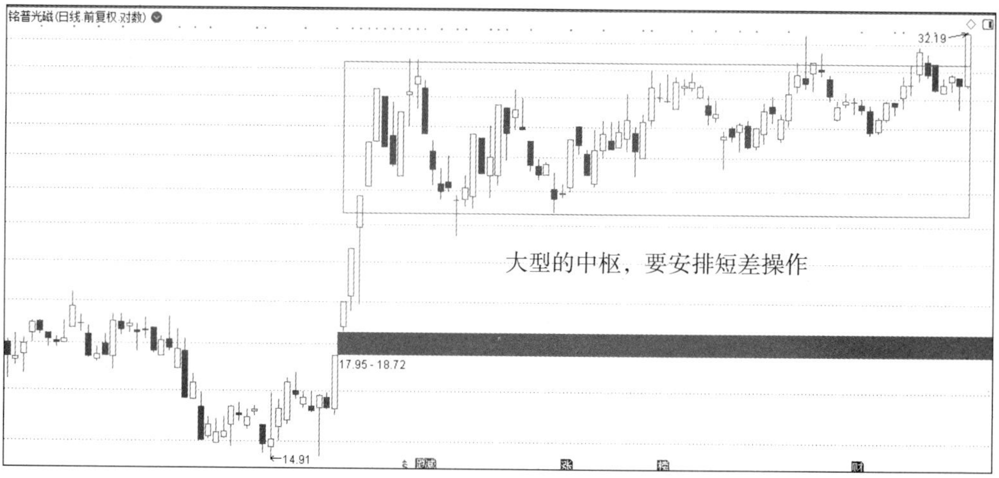

图 1–23　铭普光磁（002902）2019 年 9 月前后日线中枢走势图

实际交易中，什么可能性都存在，例如突然爆出“黑天鹅”事件，或者突然有什么利空消息，导致趋势急转直下，如图 1–24 所示。这样的转折，通常不给人出逃的机会，因而给交易者带来很大的伤害。预防这种事情的发生，除了尽可能地买在低位之外，最重要的就是做短差降低持仓成本了。如图 1–24 这个例子，在趋势中的中枢震荡走势中，股价突然就急转直下了。如果没有在中枢中做短差，基本就是坐电梯了。

缠论的核心思想，就是买在趋势底部。第一类买点，是趋势的发动点。第二类买点，是趋势的第一次回调，也是处在趋势的底部区间。第三类买点，本质上是趋势离开底部

图 1–24　广宇集团（002133）2019 年 4 月前后日线走势图

区间的第一次回撤，这都是在趋势底部区间的操作。缠论资金管理的关键是低买高卖，是“只坐轿不抬轿”，忽略这一点，就把自己长期置于不可知的风险中了。此外，降低成本的关键在于中枢操作，利用趋势中复杂而且长期的震荡，把成本摊低，甚至当股价涨 1 倍的时候，找机会卖出一半，把成本变为 0，这都是成本管理的手段，也是防范“黑天鹅”的最好方法。

3. 趋势的推进

趋势中，沿着趋势方向的小级别走势称作趋势的推动段或者推进段。推动段是趋势交易的利润之源。实际上，趋势交易主要就是做趋势的推动段。

趋势中，推动段和调整段总是间杂存在的。如果交易者不能忍受趋势中的调整，只抓趋势中的某一个或者几个推动段，称之为波段交易。如果交易者能够忍受本级别趋势中的调整，希望抓住整个趋势的大部分推动段，就称为趋势交易。这两种交易模式，仅仅针对同一级别而言，实际上没有本质的区别。如一波日线趋势，在周线上可能是个波段。同样一个日线波段，在 60 分钟线上可能就是个趋势，问题的关键在于你以什么样的级别去观察，去操作。

实际上，这二者是可以统一起来的。以日线级别的上涨为例，完全可以将大部分资金用于日线级别的趋势，而拿出一小部分资金做波段交易，或者干脆换股做波段操作，以此提升资金利用率。

趋势的推动段，按照其力度来分类，可以分为平缓推进和加速推进两类，如图 1–25 所示。所谓平缓推进，指的是这样的推动段，它们步幅缓慢地沿着趋势的方向演进，走两步，退一步。所谓加速推进，指的是这样的推动段，由于某种原因，导致资金突然大幅流入，市场上参与者的看法趋于一致，致使价格沿着趋势方向急速前进。

图 1-25 美克家居（600337）日线走势图：平稳推进与加速推进

大多数时候，推动段以平缓推进的方式存在，这是趋势推动段的主要呈现状态。加速推进只有在特定的状态下存在，有的品种甚至在整个趋势发展过程中都没有什么加速推进的阶段。

做趋势交易有两种介入风格，其中一种是拐点介入风格。对于拐点介入的风格，无论是在趋势拐点还是趋势中的波段拐点介入，道理都一样，通常对应着趋势的第一、第二类买卖点。还有一种风格，是在趋势的延续中介入，主要是在趋势的推动段介入。

拐点介入的优点是后续可能的涨幅巨大，如果能够做好，通常可以吃完整个趋势。另外，拐点介入这种风格的止损空间较小。在拐点介入，一旦趋势走坏，止损不会引发太大的亏损。拐点介入的缺点是，有时候市场会出现很长时间的整理，特别对于买点来说，往往会经历较漫长的建仓过程，这对于中小资金而言，持仓过程往往比较痛苦。如图 1-26 所示，该案例出现见底信号后，经过 1 个月的调整，才开始进入加速推动段，这是一般散户承受不了的。但如果在拐点介入，则能够吃下整个趋势的大部分升幅，回报是很高的。在拐点介入，如果底部被破掉，退出就是了，止损空间也很小。

在趋势的延续中介入，这种风格的优点是节省时间。趋势延续中，往往已经过了最开始的筑底阶段，市场开始拉升了，如果介入时机得当，能够快速见到利润。特别是如果在加速推动段介入，那么盈利毫不费力，多快好省。例如，一些打板客或者涨停敢死队，甘于冒较大的风险追涨停，就是在赌快速推动段。但是，趋势的延续中，并非都会出现加速推动段，更多的是平缓推升的阶段。这种推动段往往刚一介入，市场就开始回调，甚至出现反转，导致几乎没有止盈的空间，或者止损的空间很大，得不偿失。因此，

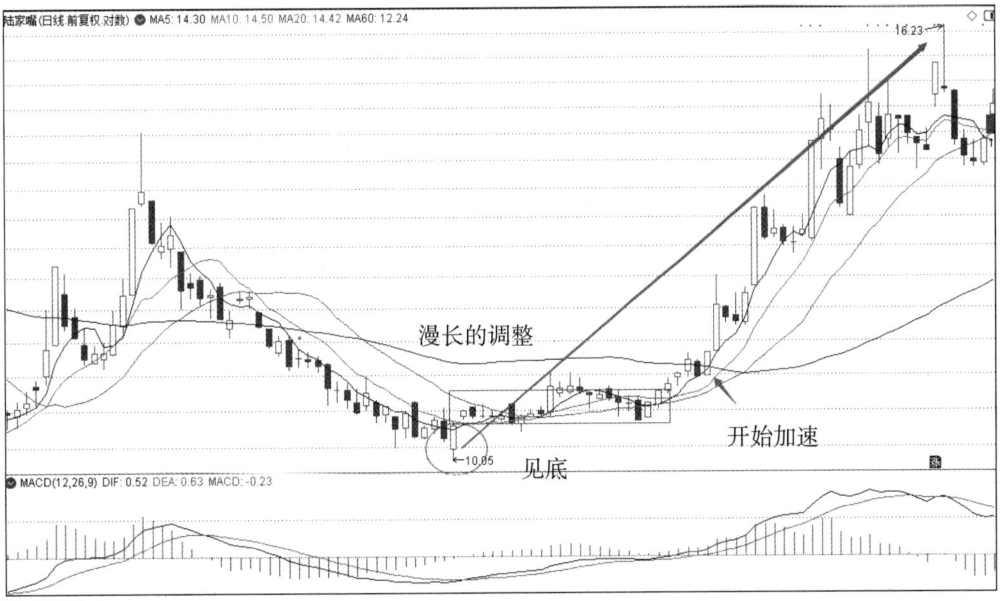

图 1-26　陆家嘴（600663）日线走势图：趋势拐点介入

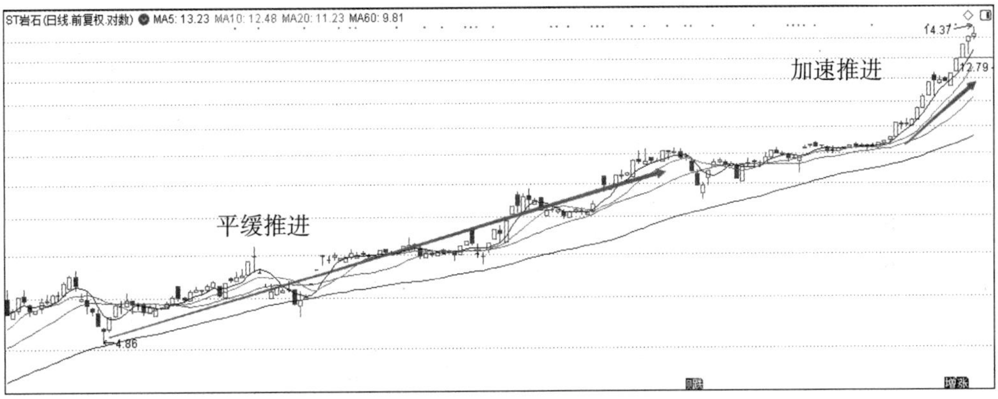

图 1-27　ST 岩石（600696）2019 年前后日线走势图

对于平缓的推动段，从该级别的角度看，往往没有多大的操作价值，有价值的只是趋势的加速推动段。如图 1-27 所示，该案例中，在平缓的推进段不要着急介入，不如做拐点，因为拐点的位置更有优势。对于加速推动段，则要大力介入。

可以说，抓住加速推动段是所有交易者梦寐以求的事情。想象一下，如果你不停地抓加速推动段，那么资金很快就翻倍甚至翻 10 倍了。正因为所有人都去追加速推动段，抓加速推动段反而变成了最困难的事情。没有任何确定性的方法能够百分之百确定某一推动段就是加速推动段，实践中只能通过加速推动段呈现的一些特征去推断趋势有可能会加速，但永远无法百分之百地确认。提高识别加速推动段的概率，还是要用到乘法原则。

下面列举几个可能的条件，供大家参考。

首先，市场环境好的时候，个股容易出现加速推进的现象，这一点显而易见。市场环境好，资金不断涌入，那些图形较好的个股，就容易出现加速的特征。例如2007年的大牛市行情，那是“鸡毛”都能飞上天的时代。个股出现加速推进的根本原因就在于，市场各方都极度看好市场前景，增量资金一波接一波地涌入，导致价格较低的个股被快速推上去。但这种市场环境极好的情况是不常有的，纵观A股市场发展历史，也就出现过3次特大级别的普涨，如图1–28所示。多数时候，市场都是横盘或者整理，期间夹杂着一些中级上涨，这种中级上涨一般也都是结构性的，有时候是金融股带队，有时候是基建股带队，有时候又是煤炭、有色等资源类股票带领指数前进，普涨的情况并不多见。

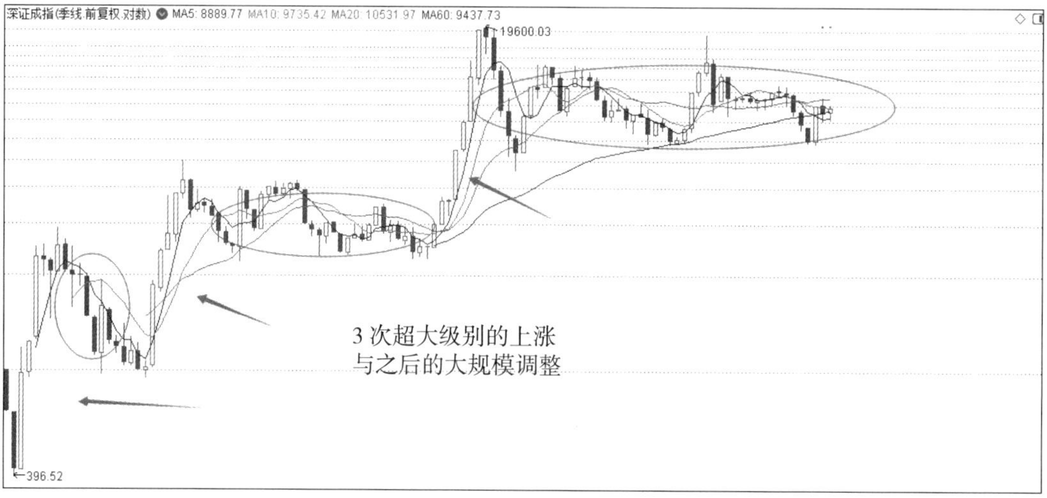

图1–28 深证成指季线图

其次，有主题支撑的个股，容易出现加速推进的情况。有主题就有想象力，如果该主题被证实确实有非常大的想象空间，会引发投资者抢购，自然容易出现加速推进的特征，如图1–29所示的深科技。在2019年的中美贸易战中，美国将矛头对准了中国的高科技企业华为公司，因为它掌握了世界领先的5G技术。美国举一国之力制裁一家公司，反而表明了华为公司的强大力量，无形中为华为做了免费营销，使得华为这一隐形的巨头浮出水面，终端销量激增，并衍生出“华为概念”这个主题。深科技这家公司主要为华为高端智能手机以及海外智能手机代工，可以说有主题支撑，而且该主题被证实的概率极大，故而引发了一波快速的上涨推动段。

第三，基本面好的股票，容易出现加速推动段。好股票总是稀缺资源，投资者趋之若鹜，大家的看法一致，当然容易出现加速推进的特征。例如，众所周知的大白马股贵州茅台，由于该公司具有不可替代性，从图 1–30 中可以看到，即便月线上，该股都始终处在加速推动段，基本没有大级别的回调。一旦回调，反而构成了最佳介入点。

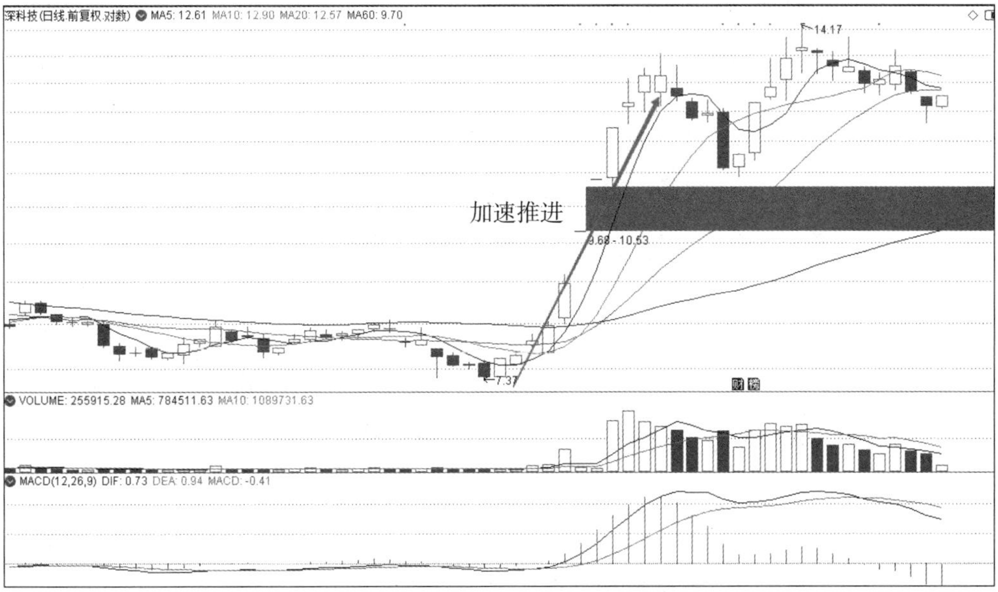

图 1–29　深科技（000021）2019 年 8 月前后日线走势图：加速推动段

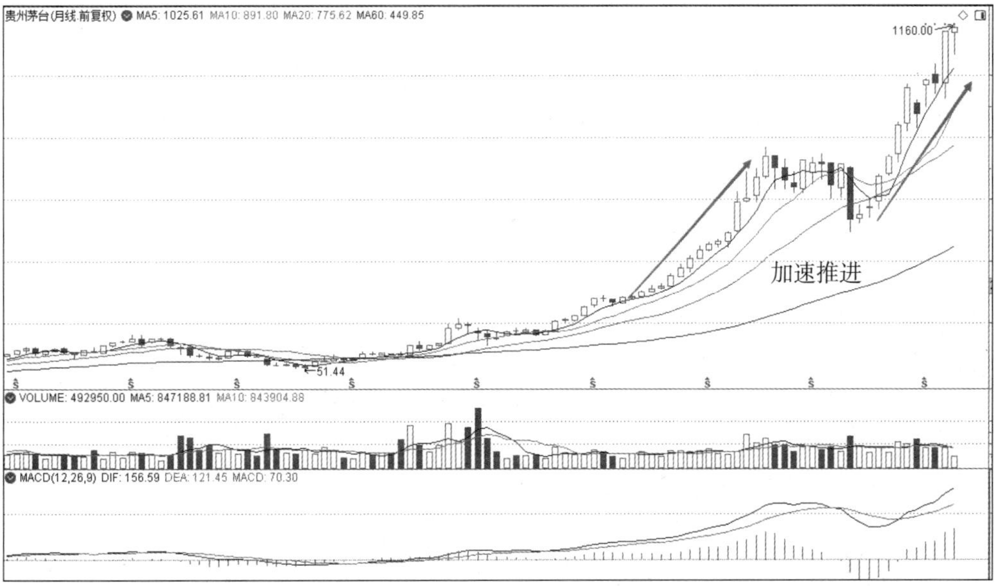

图 1–30　贵州茅台（600519）月线图：加速推动段

第四，技术上摆脱了阻力位的压制，并站稳阻力位的个股容易加速。从技术上讲，能够摆脱阻力位，后面关键位置没有抛压了，拉起来自然轻松很多，也就容易出现加速推动段。如图 1–31 所示的恒邦股份，价格摆脱高位压力位并且站稳后，随后进入加速推动段。

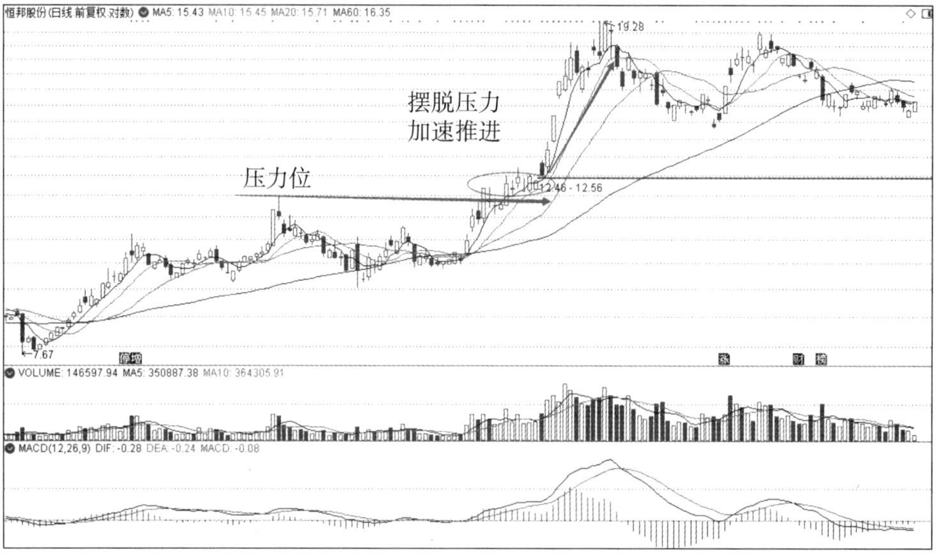

图 1–31　恒邦股份（002237）2019 年 6 月前后日线走势图

第五，加速推进的开始阶段最好有涨跌停板出现。例如，在上涨推动段中，最好能有涨停板出现。涨停是主力资金展示“肌肉”和决心的方式，有涨停或者连续涨停出现，表明主力资金拉涨意图明显，自然容易加速。如图 1–32 所示的股票天目药业，该股以涨停板的方式突破前高，经过短暂的调整之后加速推进，4 天录得 30% 的涨幅。

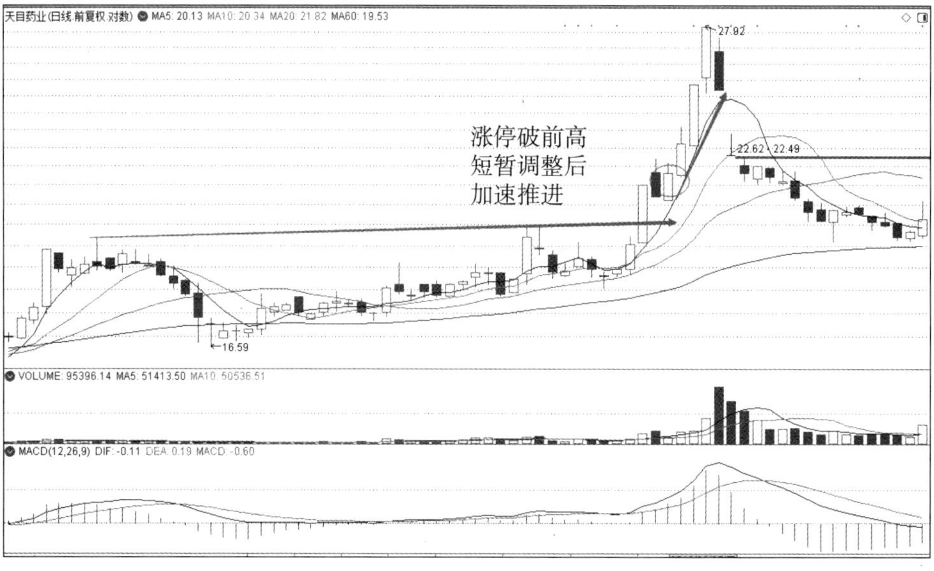

图 1–32　天目药业（600671）2019 年 4 月前后日线走势图

第六，对于上涨而言，加速推进启动的开始阶段要有明显放量。上涨必然是资金所为，资金不断地主动买入，会导致成交量激增。如果量能跟不上，后面出现加速推进的概率就会小一些。但是，开始阶段的放量也不能太大，如果量能太大，往往是盘子不干净的表现，表明驻扎在里面的力量较为复杂，可能有人使劲吸货，有人使劲倒货。如果吸货的人资金消耗量很大，不利于后面的拉升。另外，如果量能太大，会吸引很多跟风者的关注和抢筹，后面推进的过程中反而要反复清洗了。注意，加速推进的中间阶段，往往不需要特别大的量能推动，因为随着趋势的快速演进，人们可能会捂住股票不卖，这会导致以很小的量能就能把价格推上去。

如果是在高位出现放量，则要让人担心了。如果是放量下跌，那么一般是低位介入的持仓者把货卖给了高位追涨的。连续大涨，自然会引发跟风。经过连续大涨，低位介入的持仓者此时已经有了巨大的盈利，完全有可能止盈了结。如果倒货的是主力资金，后市一般都要经历大折腾，情况严重的，可能上涨就结束了。高位放量，即便最终继续上涨，也很可能是主力资金刻意为出货制造的假象，此时市场风险远大于收益。如图1–33所示。

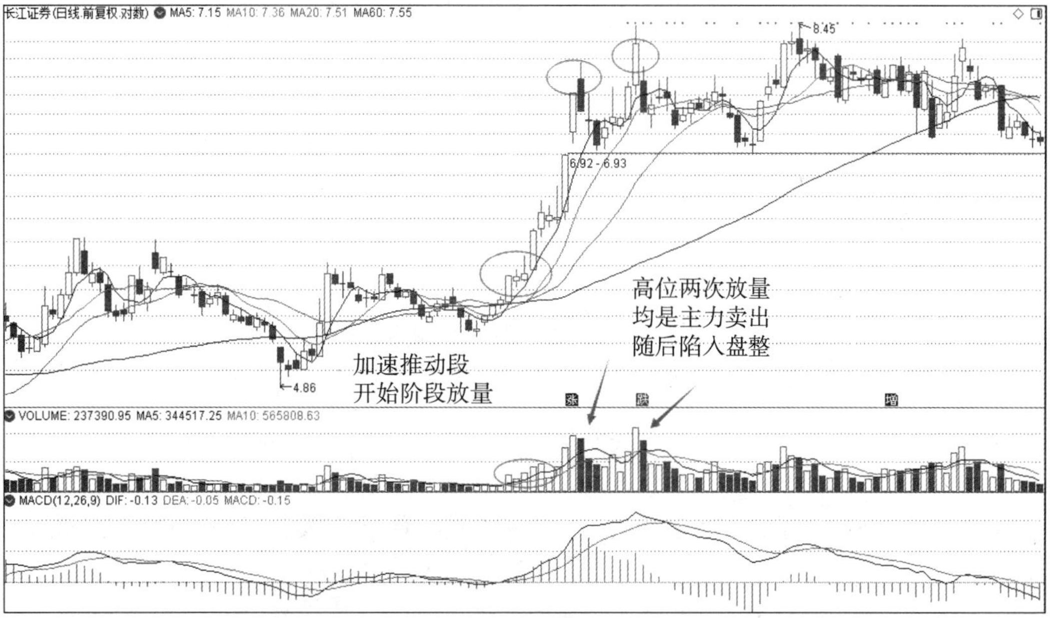

图 1–33　长江证券（000783）2019 年 2 月前后日线走势图

第七，图形要干净整洁，上下影线要少，涨跌要规律。图形干净，表明参与的主要力量步调整齐划一。如果出现很多带上下影线的 K 线，后期走势会比较曲折，短期内很难走出快速推动段。如图 1–34 所示，九州电气的走势中收出的上下影线 K 线特别多，这种股票近期内通常很难走出快速推动段。

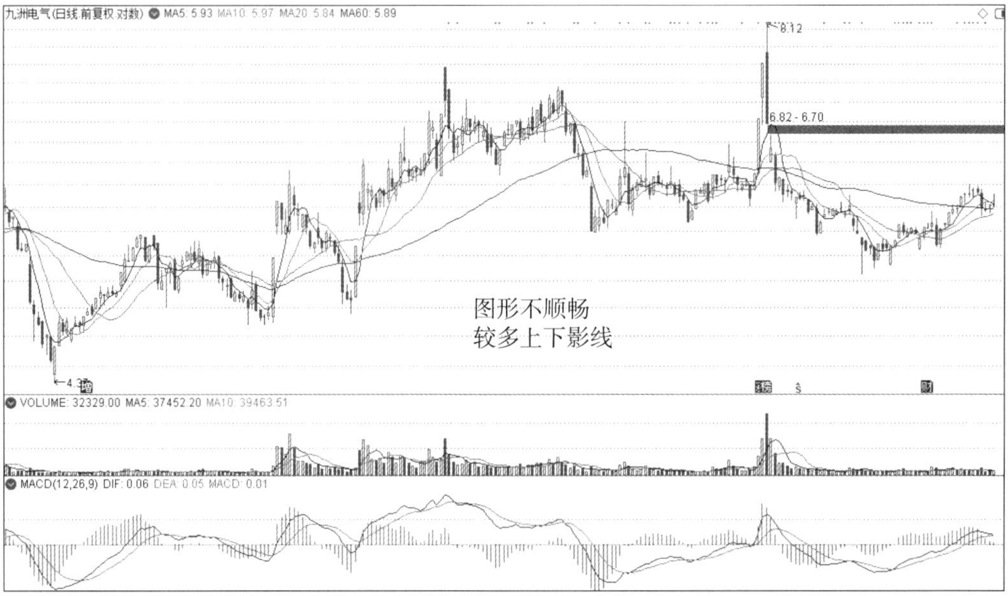

图 1–34 九州电气（300040）2019 年前后日线走势图

第八，经过深度洗盘的品种，容易出现加速推动段。本质上，陷阱就是一种洗盘的手法。主力通过挖坑，把技术派持有的筹码，或者本来坚定持股的筹码，通过涨跌盈亏等方法使他们变得持股态度不坚定。一般来讲，陷阱之后常有高潮，否则主力资金费力制造陷阱干吗？如图 1–35 所示，中青宝在趋势确认之后，经过了一个阶段的反复洗盘，或者高开低走收大阴线，或者低开高走收大阳线，让技术派摸不着头脑，让关注盈亏的散户崩溃，最终在一根大阳线之后开启加速推动段。有的时候，可以说洗盘越凶狠，陷阱坑越大，后市开启加速推动段的可能性就越大。

上面提到了很多加速推动段的特征，但并不能涵盖所有的情况。个股走势具备了某些特征，不一定就会形成加速推动段。抓主升段是理想状态，所有投资者都想抓，凭什么你能抓到？和所有的行业一样，想获得成功，要么极具天赋，要么后天很努力，当然也缺不了一点运气。对于投资这个汇聚了众多聪明人的行业，对于抓主升段这个所有聪明人都梦寐以求的事情，交易者少不了要勤奋一些。如果盘感好，那么抓住主升段的概率就更高了，当然，有时候同样少不了一点运气。总之，交易者努力的方向，最根本的还是在乘法原则的框架内多思考，多比较，多验证。

另外，必须要强调，操作加速推动段要注意控制风险，提前设定好退出的条件。加速推动段毕竟凤毛麟角，要各方面因缘具足才能够促成，有的股票符合多种加速推动段的特征，但有的还没开始就结束了。如图 1–36 所示，航天信息这只股票前期也冲破了压力位，也洗盘了，但刚拉一个涨停板，随后就拐头向下，短时间内跌幅巨大。对于抓快速推动段的人而言，若不及时退出，简直就是灾难。

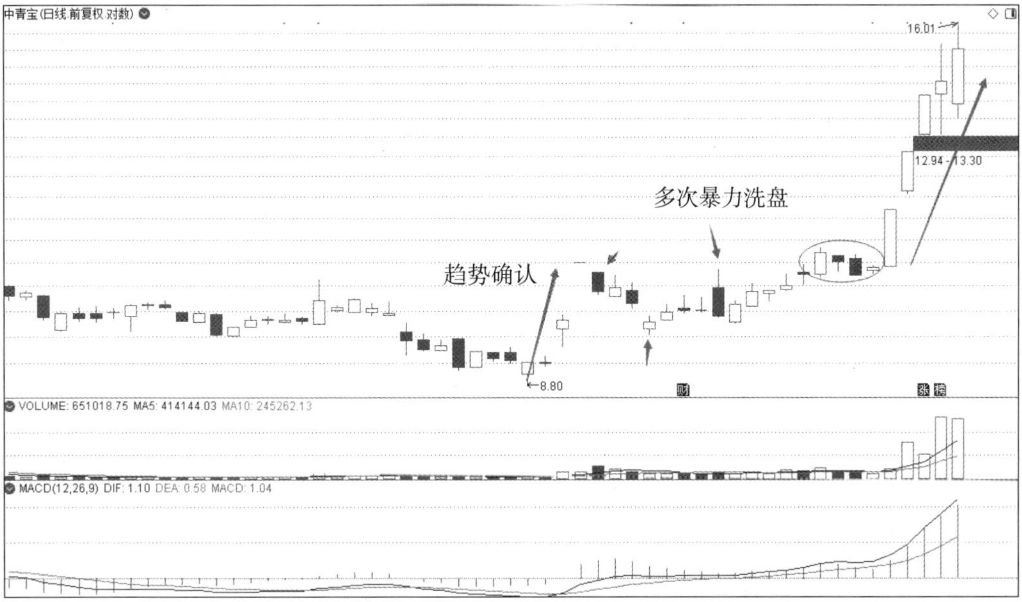

图 1-35　中青宝（300052）2019 年 9 月前后日线走势图

图 1-36　航天信息（600271）2019 年 2 月前后日线走势图

加速推动段之后，通常会有较大幅度或者长时间的调整，这种走势其实是由资金性质决定的。资金来市场是干吗的？当然是逐利的！如果短期内有巨大的涨幅，特别是对于短线资金而言，他们大多都会选择落袋为安，这在很多个股走势上都有显示。很多加速段之后，股价接着就快速回跌，这种走势基本就是短线资金获利了结的结果，这一点大家要特别注意。加速推动段之后，要注意及时止盈。

如图 1–37 所示，国电南自经过两次加速推动段之后，均呈现快速回落的走势，若不及时止盈，基本就等于坐电梯了。

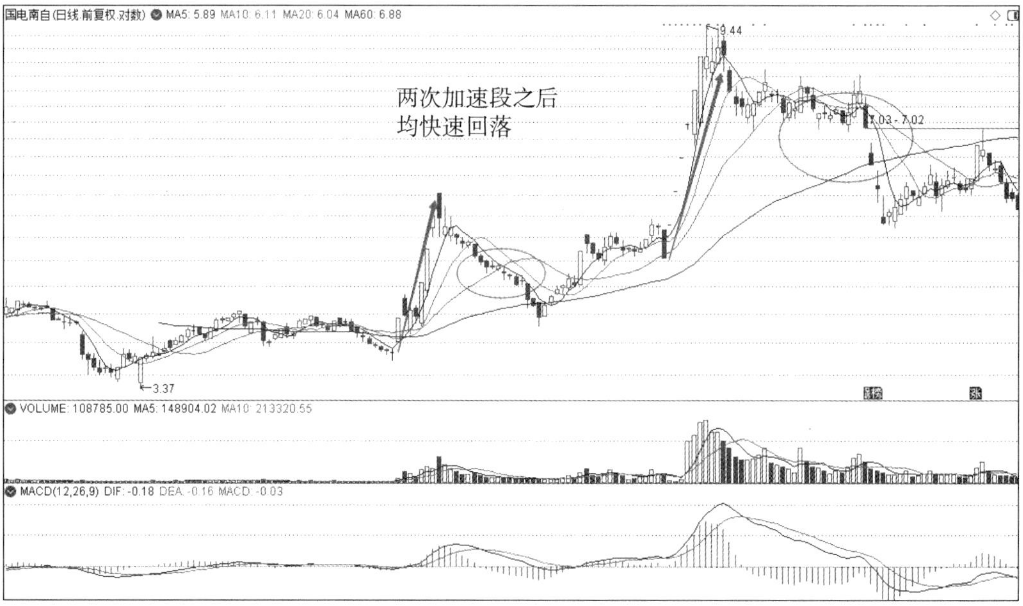

图 1–37 国电南自（600268）日线走势图：加速推动段之后快速回跌

即便主力资金在加速推动段之后仍有更大的企图，由于加速推动段吸引过多的人关注和介入，主力资金势必要进行洗盘，以便清洗筹码。若有更大的企图，浮筹必须要清理，否则浮筹就会在后面的拉升中搞破坏。另外，快速拉升比较消耗资金，主力若想实现更大的企图，必须在快速拉升后回笼一部分资金，通过做差价降低持仓成本。很多股票在快速推动段之后会陷入漫长的盘整，有一部分则是主力借盘整出货。而那些有更大企图的主力，主要是借助盘整来洗盘，以便回笼资金或做差价降低成本，如图 1–38 所示。

强调一下，做加速推动段是高风险的事情。所谓的天地板，就是在涨停时追进去，然后股价以跌停报收。由于 A 股实行 T+1 的交易制度，当天买入的筹码第二天才能卖出，遇到天地板，涨停板介入之后，当天本金就会损失 20%，这是非常恐怖的事情。因此，对于加速推动段，交易者要量力而为，不要全仓介入。仓位具体多少比较合适，要根据自己的承受能力和市场情况来决定，以让自己感到舒服为原则。

其实，与其找加速推动段，不如做拐点交易，同时等待加速推动段。加速推动段通常是趋势派生的，包含在趋势之中，如能把握好趋势的拐点，做好趋势推动段，加速推动段通常自然会到来。交易者不用担心资金增长太慢，对于立志长期在市场中生存的投资者来说，时间是最好的朋友。

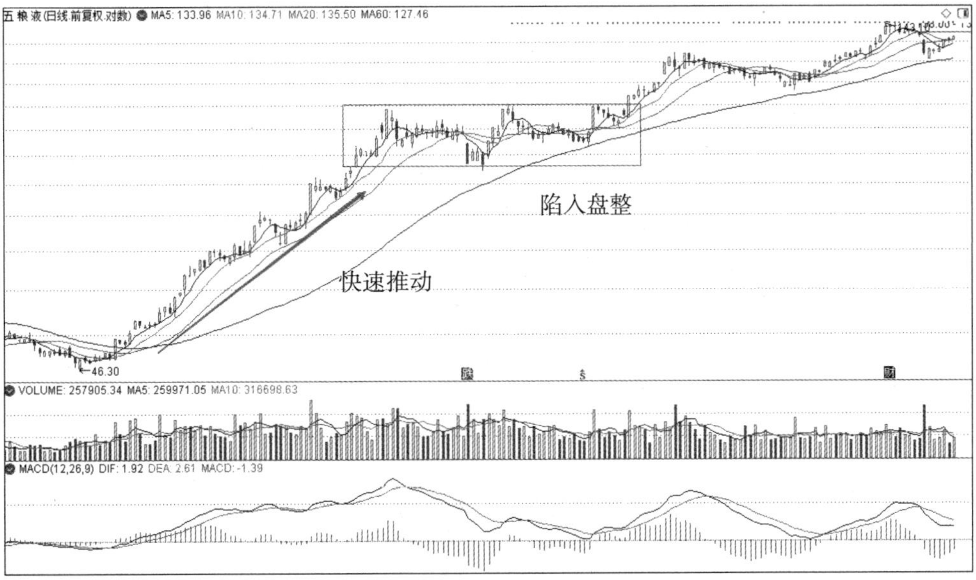

图 1–38　五粮液（000858）2019 年前后日线走势图

4. 趋势的结束

对于正常的趋势而言，通常对应着两种情况，一种是本级别的背驰，这是第一类买卖点。二是小级别背驰转化为大级别的转折，这通常出现在加速推动段之后。

以上涨结束为例，上涨结束通常对应着第一类卖点。如图 1–39 所示的走势中，出现了较为标准的背驰点，注意把握即可。

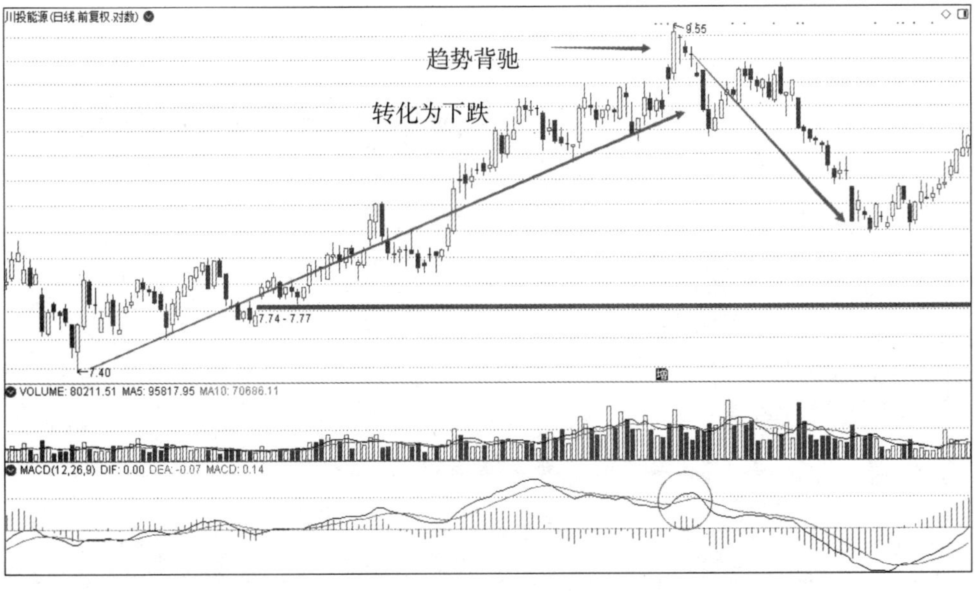

图 1–39　川投能源（600647）日线走势图：趋势背驰转下跌

对于小级别背驰转化为大级别转折的情况，则要特别关注加速推动段，一旦加速推动段结束，趋势通常会面临转折。其实其中的原因也很容易理解，快速而巨大的涨幅，会让一部分人获利了结，从而带来抛压，导致趋势发生转折。

如图 1–40 所示，莫高股份的股价连续大涨后，在高位放出巨量，之后趋势快速转折。对于这种走势，日线级别通常不会出现背驰信号，而是在小级别上出现背驰信号，这就是所谓的小级别背驰引发大级别转折的情况。小级别的背驰情况见该股 15 分钟走势图，如图 1–41 所示。

图 1–40　莫高股份（600543）日线走势图：小级别背驰引发大级别转折

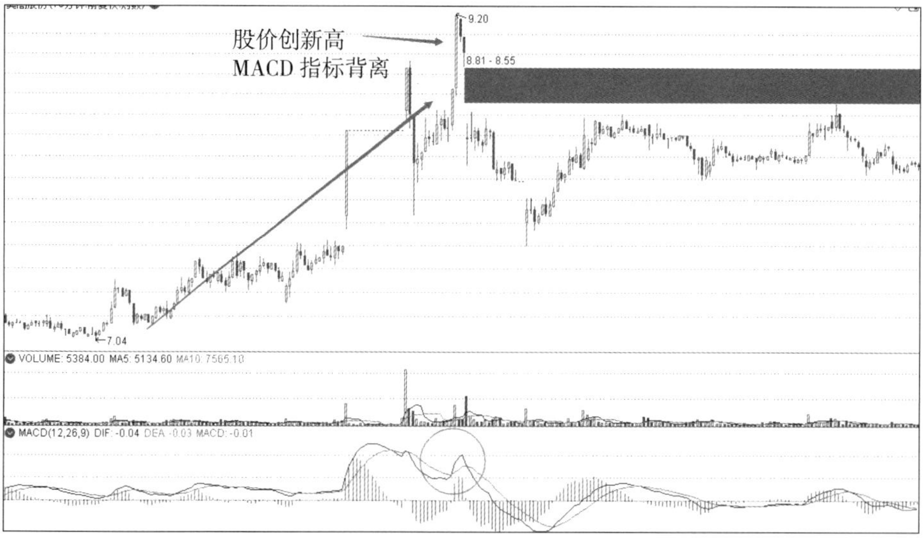

图 1–41　莫高股份（600543）日线转折对应的 15 分钟走势图：小级别背驰引发大级别转折

需要特别指出的是，上面讨论的只是一般情况，实际上，趋势随时有可能受一些突发因素的影响出现转折。这就如同人的一生，绝大多数人都是要经历生老病死的，很多人是生病了才会死，而有些人由于不可测的突发外力影响，很健康的人突然就走了，例如被谋杀或者遭遇车祸，这都是不正常的情况。如果遇到不正常的情况，一定要果断应对，哪怕风险解除后再入场，也不能在突发事件出现的时候无动于衷。如图 1-42 所示，盈方微在爆出利空跌停之前，也曾走出一个快速推动段，但之后走势突然变脸。若跌停板打开时不能及时卖出，后面将面临巨大的亏损。

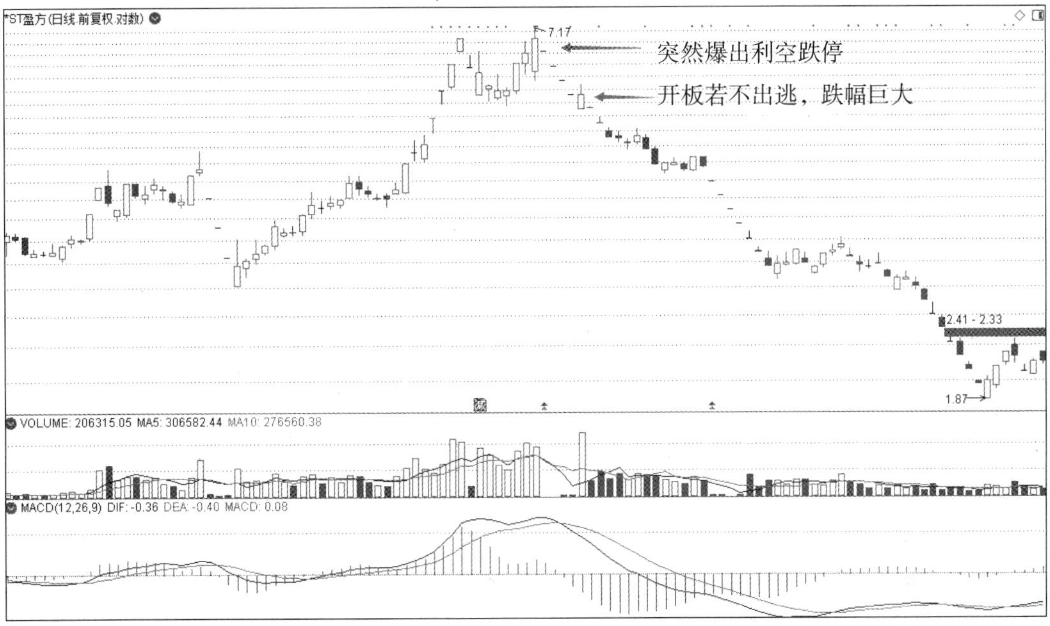

图 1-42 盈方微（000670）日线走势图：趋势突然转折

5. 趋势演进根源探究

趋势交易是交易方法中的精华，也是缠论交易方法的精髓。掌握了趋势交易法，就是掌握了长期盈利最重要的工具，所以深入探讨趋势现象是很有必要的。和世间一切事物的发展变化一样，趋势离不开生住坏灭。上面讨论趋势的开始、整理、推动、结束，就是生住坏灭的全过程。人们不禁会问，趋势的生住坏灭，其根本原因在哪里？

势在人心。冷冰冰的盘面背后，是一张张活生生的面孔，一颗颗众生心。盘面的走势，其实就是众生心看法的集中表现。

众生心对于股市的看法无非有 3 种，一种是看多，一种是看空，一种是无记。无记就是没有看法，在多与空之间摇摆。实际上，绝对地看多或者看空，通常都只占比较小的部分，市场上绝大多数人都是处于这种无记的状态，跟着市场的走势摇摆。

当多头通过各种手段，争取到绝大多数无记派转变为多头，使得多头对于空头占据优势，便会形成多头主导的行情，即上涨趋势。如果多头能够占据压倒性优势，就会形成单边上涨行情。

反之，如果空头通过各种手段争取到绝大多数无记派转变为空头，使得空头对于多头形成优势，就会形成空头主导的行情，即下跌趋势。如果空头能够占据压倒性优势，就会形成单边下跌行情。

如果多空双方势均力敌，没有观点的人忽多忽空，或者干脆袖手旁观，不参与多空争斗，那么便会形成盘整格局，即无趋势地演进。直到有一天，多空平衡被打破，多头或者空头重新占据主导地位，便演化出新的趋势。

势在资金。只有人心是不行的，不然光坐着想就行了。人心最终还得靠资金体现出来。在一波趋势中，必然有主力资金的主导，只有主力资金坚定地看多或者看空，才有可能形成比较坚强的趋势。主力资金是市场的中坚力量，在成熟的市场中，他们往往代表多空对垒的双方。如果没有主力资金参与，市场上绝大多数参与者都会变成无记派，成为没有观点、随涨跌买卖的参与者，那么可想而知，市场将陷入随机漫步的状态。

注意，这里的主力资金可能是一方，也可能是多方。主力资金内部本身并不是铁板一块。主力资金方向越是一致，走势往往就越强劲。反之，若主力资金犹豫不决，或者几拨人在里面打架，相互牵制，往往难以走出特别强劲的趋势，盘面上往往也非常难看。

当然，只有主力资金独舞肯定是不行的，他们往往会以各种手段来争取中间派。所以，在一轮趋势中，往往有各种消息和各种技术指标配合，其目的就是争取中间派，充实自己的力量。这就如同解放战争，国共双方都会大力推动统一战线，团结一切可以团结的力量。共产党的统一战线政策非常成功，使得国民党陷入人民战争的汪洋大海，最终共产党取得了胜利。

缠中说禅说过，走势是合力的结果。具体来说，走势就是持有各种观点的投资者以各自的资金作为基本工具，在市场中综合博弈的结果。无论投资者操作的理由是什么，反映在市场中，就是人心和资金两个因素的集合。因此，在趋势操作过程中，多想一想是否有主力资金参与，主力资金是否占据优势，主力资金的意图是什么，市场各方后期会如何操作，合力的方向是什么，市场会出现什么样的变化，这些都是非常有益于操作的。

五、资金管理

能够设计一套适合自己的交易系统，是在资本市场长期生存的关键。但是，形成一个可以盈利的交易系统后，交易者仍需要一个科学规范的资金管理策略，因为资金管理是继交易系统之后能否大幅盈利的关键。投机大师索罗斯说过："投资本身没有风险，失去控制的投资才有风险。"所谓"失去控制的投资"，就是完全没有资金管理概念的投资。

交易者需要怎样的资金管理策略呢？首先来看一下历史上投资大师的观点。

（1）格雷厄姆。他提出了"75—25"法则，即持有普通股的资金比例控制在25%至75%的范围，现金及债券则控制在75%至25%的互补区间。当股票资产占比超过75%时，卖出一定数量的股票，增加现金或债券的比例。当股票资产占比低于25%时，则卖出一定数量的债券以增加股票的比例。他认为，这样的做法有两个好处：能够克服人性的弱点；让投资者总有事情可做，不至于太单调。

（2）巴菲特。现金管理方面，巴菲特总是喜欢保留一定数额的现金。2008年美国金融危机期间，巴菲特投资了通用电气和高盛后，随后减持了部分股票。他减持的理由是：现金偏少，让他觉得不踏实。对于保持大量现金的理由，巴菲特说不希望命运掌握在他人手中，而是要掌握在自己的手中，大量的现金可以让人睡得踏实。

（3）卡拉曼。卡拉曼喜欢持有大量现金，有时候会持有40%以上的现金（如1999年4月30日的投资组合中，现金比例为42.1%）。卡拉曼认为，在任何时候都保持满仓投资，这样会简化投资任务，此类投资顶多只会带来普通的回报，最糟糕的就是会产生高昂的机会成本——错过了下一个出色的投资机会——承受了出现巨大损失的风险。

（4）斯坦利·克罗。斯坦利·克罗倾向于资产组合多样化，他将同一系统应用于美国、香港和新加坡的26种不同的期货合约，在每一个市场中，只挑选主要合约的最活跃月份进行交易，资产组合中各品种的相关性相对较弱。斯坦利·克罗在资金管理上还相对保守，尽量避免过度加杠杆和过量持仓，持仓资金一般不超过账户总额的1/4。斯坦利·克罗认为，如果你进行的交易同市场价格趋势方向相反，并有账面损失，那么即使只有一份这样的交易合约也嫌过多。另一方面，如果你的交易方向同占优势的市场趋势相同，并且市场价格又向着有利于你的方向变动，那么持仓量肯定是多多益善。

（5）亚历山大·埃尔德。亚历山大·埃尔德杜绝任何单笔亏损超过账户金额的2%，如果1笔交易暴露的资金风险超过了这个限制，那么宁可放弃这次交易机会。如果当月亏损额度超过了月初账户水平的6%时，就停止交易，等待下一个月份再重新开始。

（6）布鲁斯·柯凡纳。布鲁斯·柯凡纳总是等待价格涨到某个水准，然后回跌到某个特定价位后才加码。他认为，从事交易，最具有破坏力的错误就是过分冲动。任何人制定交易策略，都应该根据既定的交易信号进行，千万不要因为一时冲动而仓促改变资金管理策略。

（7）保罗·琼斯。保罗·琼斯操作不顺时，就会减量操作。当操作渐入佳境时，则会增量操作。假如你持有的头寸出现亏损，解决的方法其实很简单——出场观望。在交易时，保罗·琼斯不仅用价格止损点，也应用时间止损点。如果认为市场应该有所变动，但事实上却没有发生，保罗·琼斯通常会立即出场，即使没有亏损也是如此。

必须再次强调，交易系统是资金管理的基础，好的交易系统则以较为准确的趋势判断为基础。资金管理最主要的目的是控制亏损，防范风险。如果你介入的位置足够好，完全可以重仓，否则必须控制仓位，这样才能够有效控制风险。

缠论操作体系着重强调 3 类买卖点，从趋势的角度看，如果大家能正确学习并掌握这 3 类买卖点，加之在乘法原则的综合作用下，例如有主题支撑，大盘强度较好，技术面出现了背驰，那么立即发生转折的概率极大。所以大家可以看到，缠论总是强调不买则已，买就要全买，根本原因就在这里。

需要提醒的是，缠论的资金管理策略是在大牛市的背景下提出的。实际交易中，类似于 2006 年、2014 年、2019 年初那样的大牛市，一般都是好几年才能见一次，市场更多的时间是处在盘整之中。操作者切不可一味地以大牛市的资金管理策略来对待所有市场，而应该根据不同的市场强度，灵活制定资金管理策略。例如，如果是较为猛烈的趋势，交易者当然可以采用类似的资金管理策略。一旦走势进入震荡，那么上面的资金管理策略就要做出调整了，交易者千万不可犯“刻舟求剑”的毛病。这就如同开车上路，如果是高速公路，当然应该加速行驶，应该在买卖点重仓甚至满仓操作。如果是泥泞不堪的羊肠小道，你开那么高的速度，不是随时有翻车的风险吗，这个时候当然要控制速度，控制仓位。

1. 基本表述

缠论关于资金管理的策略，下面先看一下缠中说禅的基本表述。

（1）投入资金买一只股票之前，必须有仔细、充分的准备。这就如同军队打仗，不准备好怎么可能赢？在基本面、技术面等方面都研究好了以后，介入就要坚决，一次性买入。如果你连一次性买入的信心都没有，证明你根本没有准备好，那就 1 股都不要买。

（2）一个最简单又最有效的资金管理方法，就是当股票成本为 0 以前，努力把成本变为 0。当成本变成 0 以后，就要尽可能多地挣股票，直到股票见到历史性大顶，也就是至少出现月线以上的卖点。最坏的习惯，就是随着股票的不断上涨而不断加仓，这样一定会出问题。买股票，宁愿不断跌不断买，也绝对不往上加码。

（3）买入以后，如果你的技术过关，马上上涨是很正常的。如果你没有这个水平，股票下跌了，除非你买入的理由没有了，技术上出现严重的形态，否则 1 股都不能抛，而且可以用部分机动资金去弄点短差（注意，针对每只买入的股票，都要留部分机动资金，例如 1/10），让成本降下来。但每次短差，一定不能增加股票的数量，这样成本才可能真正地降下来。有些人喜欢越买越多，倒金字塔式地加仓，这其实不是什么好习惯。

这只股票该买多少，该占总体资金的多少比例，一开始就应该研究好，投入以后就不能再增加。

（4）股票开始上涨以后，一定要找机会把股票的成本变成0。除了途中利用小级别不断作短差之外，还要在股票达到1倍升幅附近找一个大级别的卖点出掉一半，把成本降为0。这样，原来投入的资金就全部收回来了。有人可能要说，如果股票以后还要上涨10倍呢？这没问题，当股票成本为0以后，就要开始挣股票，也就是利用每一次短差的机会，上面抛了的股票，下面都全部回补，这样股票就越来越多，而成本还是0。这么做，这只股票就算再上涨100倍也不怕，价格越涨你的股票越多，而成本永远为0，这才是最可怕的吸血。庄家、基金无论如何洗盘，都只能使得你的股票越来越多，而你的成本却是0。然后，等待一个超大级别的卖点，一次性把他砸死，把那庄家、基金给毁了。成本为0的股票，在历史大顶上砸起来是最爽的。

（5）上面就是资金管理中针对每只股票的最大原则。按照这个原则，你不仅可以得到最安全的操作，还可以赢得最大的利润，特别是到了挣股票的阶段。一般一只股票，盘整都会占整个走势一半以上的时间。如果一只股票在上涨之后出现大型盘整，只要超大级别卖点没出现，这个盘整会让你不仅把抛掉的股票全挣回来，而且比底部时持有的数量还要多。一旦该股票再次启动，你就会拥有比底部还多但成本为0的股票，这才是最大的黑马，也是最大的利器。一个合理的持仓结构，就是拥有的0成本股票越来越多，一直到大级别上涨结束前，才把所有股票全部清仓，而资金就可以不断地增加参与的股票种类。把这个程序不断继续下去，这样，针对某只股票的操作资金不会增加，特别是对大资金而言，不会经常被迫去当庄家或钱太多买了没人敢进来，这样也就不会增加操作的难度，只是所操作股票的种类越来越多，而成本却都是0。这样，才是资金管理最稳固的基础。

2. 缠论资金管理原则

从上面的基本论述中，不难总结出缠论资金管理策略在股市的基本应用原则。

（1）操作大级别趋势。只有大级别趋势才会有大利润，特别是对于较大资金量而言。对于猎手而言，打10只兔子，也不如打1只野猪的效果好。这个大级别，至少也是在日线级别以上。当然，这也是相对于资金量而言的。如果资金量比较小，技术也比较过关的，可以用更小一点的级别，如30分钟趋势，以提升资金利用率。但资金上了规模，就不用做太小的级别了。

（2）在该级别趋势的第一、第二、第三类买点介入。注意，第一、第二、第三类买点，代表的就是底部区域。在3类买点介入，就是在底部介入。如果是趋势，底部的回报风险比例肯定是最高的，而且风险是最小的。笔者反复强调，风险控制要和走势类型结合在一起。例如，对于一个大概率正在形成的第二类买点，止损空间非常小，完全可以重仓甚至满仓介入。对于止损空间较大的，那就必须要控制仓位了。

（3）在介入之前做充分的研究，安排好针对每个品种的资金量。介入要果决，要在底部买够计划的资金量所对应的筹码。注意，这是缠论资金管理策略最大的特色，就是要在大级别买点下重手。大级别一定要下重手，因为大机会不是经常出现的，一旦出现了，就要好好珍惜。

（4）集中优势兵力。对于散户而言，没有必要拿太多股票，最多拿两三只就够了。散户一定要控制自己交易标的的数量。投资组合中的标的数量越多，你押中强劲品种的概率越大，但由于资金过于分散，即便你押中了涨幅最大的股票，却依然难以赚到大钱。一个操作周期，交易者最好认真对品种的基本面等进行深入研究，然后选出三五只股票，构建自己的股票池。操作的时候，甚至可以更集中。当然，这个组合并不是一成不变的，可以随时根据盘面的变化增加、减少或者删除。这种做法往往比那些一买1箩筐，却每个都照顾不过来的方法要好很多。从更加稳妥的角度讲，交易者可以采用从分散到集中的方法。譬如，最开始可以关注5只股票，然后根据股票走势的力度来调整，逐步将走势弱的股票卖出，把资金都集中到走势力度最为强劲的两三只甚至一只股票上去。

（5）每个品种都准备一定的机动资金。如同打仗要留预备部队一样，每个操作的品种，都要留下机动资金。机动资金的主要功能，是利用趋势中的调整来降低成本。例如，你在上涨中的第一类买点全部买入了，那么当第二类买点出现的时候，或者中枢震荡买点出现的时候，就把机动资金加进去，然后等这个波段上涨之后，再把对应的股数获利了结，保持最开始第一类买点建仓的股数，直到找到一次性把筹码变成0的机会。

（6）介入之后，如果被套了，除非趋势出现明显逆转，否则不要轻易放弃。注意，如果你能够遵守3类买卖点的原则，那么买入之后就上涨的概率是很大的。但这并不绝对，有可能你介入之后，价格就陷入了震荡，这都是测不准的。但有一点，一旦介入了，除非介入的理由没有了，例如买点被证伪了，趋势反转了，否则就绝对不要卖。这里的主要难点，在于浮动亏损对于交易者心理造成的冲击，交易者一定要学会根据走势类型而不是盈亏进出。

（7）充分利用各级别的中枢震荡做差价，降低成本。这个要用自己的机动资金去操作，除非碰到快速的推动段，否则底部建仓的筹码原则上不应该动。

（8）用于做差价的资金量要根据级别而定，大级别安排较大的资金量，小级别安排较小的资金量。注意，级别和资金管理是息息相关的，大级别用大资金操作，小级别用小资金操作。用大炮打蚊子，或者用苍蝇拍打老虎，肯定是不合适的。

（9）找机会在盈利幅度达到 1 倍的时候，将成本变为 0。成本为 0，相当于你投入的全部资金都收了回来，这是完全无压力的操作。资本市场上，风险是不患的，特别是保证金市场。笔者见过太多的例子，都是在上涨途中不断加仓，然后在顶部反转的时候应对不及时，很快回吐绝大多数的利润，然后就“尘归尘，土归土”了。所以，成本才是最实在的，一旦成本为 0，无论后面行情如何变动，都可以“稳坐钓鱼台”了。

（10）在成本为 0 之前，中枢震荡的操作方法是：低位买多少，高位就抛多少。这样，在不增加股数的前提下，成本会越来越低。成本为 0 之后，中枢震荡的操作方法是：高位抛出多少资金，低位就回补多少资金的股票。这样，在不增加资金的前提下，股数会越来越多。

（11）如果有能力，可以把握市场轮动的节奏，利用市场中级调整换股操作，提高资金利用率。注意，这里首先必须强调是中级调整。一次中级调整，一方面利润回吐的幅度会很大，另一方面，调整的时间也比较充分，这是值得去操作的。太小级别的调整，就没必要参与了。另外要注意一点，对于被换掉的品种，一定要关注它的走势，一旦中级调整结束，便又有了操作的价值。记住一点，在牛市中，每次调整之后，推动的力度是一次比一次大的，这样的品种错过了，岂不可惜？

（12）在大级别趋势的第一、第二类卖点平仓。这一点，和买入的原则是一样的。只不过卖点的选择，最好是第一、第二类卖点卖出，如果等到第三类卖点再卖出，那就太晚了。

第三节　缠论技术分析概述

上面对技术分析进行了反思，从中可以看出，学习交易，单纯的技术分析是不够的，还需要结合其他因素进行综合思考。对于缠论的核心思想，前面进行了一定程度的梳理，从中可以把握整个缠论的整体格局。从中也可以看得出来，在缠论中，技术分析只是一个组成部分，具体来说，是乘法原则的一个子项，其他诸如基本面、资金管理、交易格局等，同样非常重要，而这些常常是专门讲解技术分析的书籍涉及不到的。

虽然技术分析不是缠论的全部，但可以说是其中最重要的部分。因为其他因素通常来说变化的频率是较小的。例如基本面，通常拐点出现之后，很长时间内会保持稳定；资金管理、交易的格局等，则是一系列理念，一旦固定下来，一般不需要做太大的调整。唯有技术面，随着走势的推进会不断变化。而且，技术面是交易者唯一可以实际依靠的，不管其他因素如何变化，交易者只能依据技术面呈现的买价或者卖价进行操作，舍此无他。因此，在缠论中，对于技术体系的论述占据了最大的篇幅。

这里主要对缠论的技术分析体系做一个梳理，以便读者对于缠论技术分析部分有一个整体的轮廓，后面再结合具体的内容进一步巩固。笔者曾经整理出“学习缠论的一二三”，能够从这 3 点着手，便能梳理出缠论技术分析体系的整体轮廓。

一、一条线

所谓一条线，是指缠论技术分析体系中，从最小级别的定义开始，到分型—笔—线段—中枢—走势类型—走势类型的转化，这是一个线性的分析过程。

首先是对最小级别的定义。用缠论观察走势，是从所定义的最小级别开始逐层往上迭代的。注意，这个最小级别是交易者自己规定的，原则是适用、规律、顺手。缠论中，一般把 1 分钟图作为最小级别，但如果没有比较高的看盘功夫，或者没有时间和精力去观察太小的走势变化，可以把 60 分钟图作为自己的最小级别，也可以把 30 分钟图作为自己的最小级别去使用，也可以根据具体的走势来选择。

在定义的最小级别上，初始的构成元素是分型，分为底分型和顶分型。交易者需要在最小的级别上确定分型，然后由分型构成笔，由笔构成线段，这是逐层递进的。按照缠论具体的划分规则，可以把最小级别的走势图最终划分为若干个上涨线段和下跌线段。3 个最小级别图中的线段，构成 1 个本级别的走势中枢。中枢合成本级别的走势类型，走势类型分为 3 类：上涨、盘整与下跌。走势总是在这 3 种类型之间不断切换，称为走势类型的转化。小级别走势类型构成高一级别的中枢和走势类型转化，如此可以逐层向上推演。

这一条线的推理逻辑，基本上涵盖了缠论所有的技术元素。例如，在趋势中，两个同级别中枢之间的部分称为趋势的连接段，当趋势的连接段力度出现了衰减，便称为背驰段。背驰段的最高点、最低点称为背驰点，即该级别的第一类买卖点 .。

总之，掌握了这一条线的逻辑，基本上就能够把缠论技术分析的知识点串联起来了。

二、两个套路

把握上面所说的一条线的关键，在于对两个分析套路的把握，一个是中枢分析套路，另一个是线段分析套路。

线段分析套路的主要元素就是分型、笔、线段，它是构成最小分析级别的基础。这里需要强调一下，一旦你的最小分析级别确定了，比如 30 分钟级别，那么更小级别如 5 分钟、15 分钟上的变化，都可以忽略不计，最小也是在 30 分钟级别的线段上进出，这一点必须强调一下。这样做的理由是能够使观察的级别减少很多，有利于提高判断的准确度。

其次是中枢分析套路。交易者可以按照背驰段、买卖点、中枢、中枢移动段、盘整背驰段这个视角去看走势，这和线段分析视角是不一样的。线段分析套路，其实就是所谓形态学的分析套路，而中枢分析套路涉及背驰以及盘整背驰等的力度判断。以缠中说禅的说法，相当于在形态学的套路上叠加了动力学的内容。

这其实就是把分型、笔、线段以及其他的形态用到交易者的操作级别上去了。注意，这两个分析套路是可以综合使用的。缠中说禅说，这相当于对同一走势用两种视角去观察，这是天大的好事。

三、三个关键

利用缠论指导操作，最关键的就是缠中说禅说的“买点买，卖点卖”。这句话涵盖了操作中最重要的 3 个要素，就是级别、走势类型、买卖点。注意，“买点买，卖点卖”其实隐含了其他 2 个因素：级别和走势类型。

首先是级别，这是一个重要的前提。不同的视角，不同的格局，有不同的走势类型和买卖点。例如，1 分钟图每天都有上涨和下跌，每天都有买卖点；周线图上，一波上涨可能持续好几个月甚至更长，从一个买点形成到下一个买点出现，其间可能需要经历很长的时间，这是完全不一样的。因此你的介入一定是某级别的买点，这个级别就限定了。

关于走势类型。预期是做交易的前提，无论这个预期是否正确。要介入一个品种，一定是有预期的，例如预期价格呈现上涨、下跌等。在你的预期里，大概的走势类型是确定的，比如，上涨就去做多，下跌就去做空。从根本上说，你的单子的方向就是你预期的方向，也即走势类型。

买点买，卖点卖，重点强调的是级别、走势类型确定之下的买卖点。买卖点通常是走势类型的拐点，或者是趋势中走势延续的关键点。缠论中，第一、第二、第三类买卖点的逻辑是非常清晰的。例如，对于第一类买点，就是原趋势结束、新趋势的开始点。新的走势类型，必然有 3 段次级别走势类型，第一类买点之后，走势的第一次同级别回调就是第二类买点。第三类买点，就是趋势中第一中枢的结束点，也相当于上涨中走势脱离底部开始拉升的起点。买卖点就是这 3 类，对于正常的走势而言，据此交易是必然获利的，而且获利空间是相对较大的。即便出现误判，或者走势出现不正常的情况，风险也是可控的。买卖点，是依据缠论操作的核心要素。

牢记并掌握这 3 个关键点，有利于投资者的操作，同时也可以让操作更加立体，更加有效。例如，如果操作日线级别的上涨，要在日线级别的买点介入。如果要加仓，就在日线级别的次级别例如60分钟级别去加仓。每一次加仓，都当作一次全新操作来看待，这样，整个操作就立体了，整个操作的逻辑也自洽了，效率自然会更高。

上面就是整个缠论技术分析的基本脉络。有过基本了解的读者，应该能够很容易看明白上述内容。若是之前对缠论没有了解，可能看上面的文字有些困难。不过不要紧，概述部分的目的，就是让大家先有一个基本的印象，有一个大体的脉络，这样在学习具体细节时，才不至于陷入枝节之中，忘记了全局。笔者曾接触过很多学习者，发现很多人都是陷在细节里面出不来。

概述部分后，开始本书“正篇”的主要内容——缠论技术分析。如同上面说的，缠论技术分析，两个套路是基础，一个是线段分析套路，一个是中枢分析套路。一条线，则将两个分析套路打通了。三个关键点，则是两个套路的具体内容。学习缠论，关键就在于对两个套路的学习，下面的内容将按照两个套路进行编排。

第二章

正篇：缠论技术分析体系

第一节　线段模式

一、分型

分型是缠论技术分析体系的基础。缠论定义走势类型，是以递归函数的方式来实现的。递归函数必须有一个初始条件，这个初始条件就是确定最低级别的走势类型，最低级别的走势类型是缠论定义更高级别走势类型以及买卖点的前提。

1. 分型的定义

分型包括顶分型和底分型 2 种形态。

顶分型：3 根相邻 K 线，其中第二根 K 线的高点是 3 根 K 线中最高的，低点也是 3 根 K 线中最高的，这种 K 线形态称为顶分型。如图 2–1 所示。

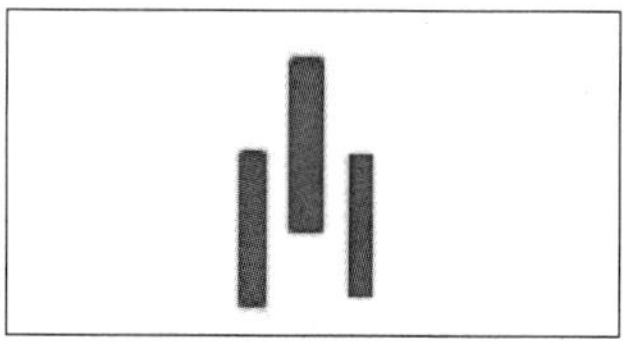

图 2–1　顶分型示意图

底分型：3 根相邻 K 线，其中第二根 K 线的低点是 3 根 K 线中最低的，高点也是 3 根 K 线中最低的，这种 K 线形态称为底分型。如图 2–2 所示。

图 2–2　底分型示意图

注意，分型的定义是和 K 线的阴阳性质无关的，只与每根 K 线的高低点相关。

2.K 线包含关系及处理方法

实际走势中，K 线永远不会非常规范地排列，分型也不可能总是符合教科书的标准。实际走势中，总有很多复杂的 K 线及组合，要正确地划分分型，首先要处理这些复杂的

K 线，知道分型时处理 K 线包含关系的方法。

先给 K 线包含关系下一个精确的定义。

包含关系：两根相邻 K 线，其中一根 K 线的高低点完全在另一根 K 线高低点的范围之内，那么这两根 K 线即为包含关系。

如图 2–3 中，图 1、图 2、图 3、图 4 中的 2 号 K 线和 3 号 K 线都是包含关系。

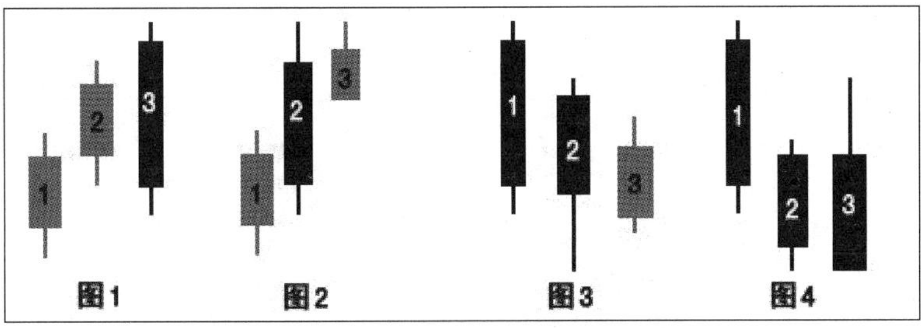

图 2–3　K 线包含关系示意图

所谓 K 线包含关系处理，就是按照时间顺序，将具有包含关系的两根 K 线，按照一定的原则和步骤进行合并处理。

在处理 K 线包含关系的时候，应按照如下原则和步骤来操作。

（1）判断 K 线的走向是向上还是向下。

这个其实肉眼就能够判断出来，选取距离所处理 K 线最近的顶或者底，如果前面是底，那么该 K 线的走向就是向上；反之，如果前面是顶，那么方向就是向下的。如图 2–4 所示。

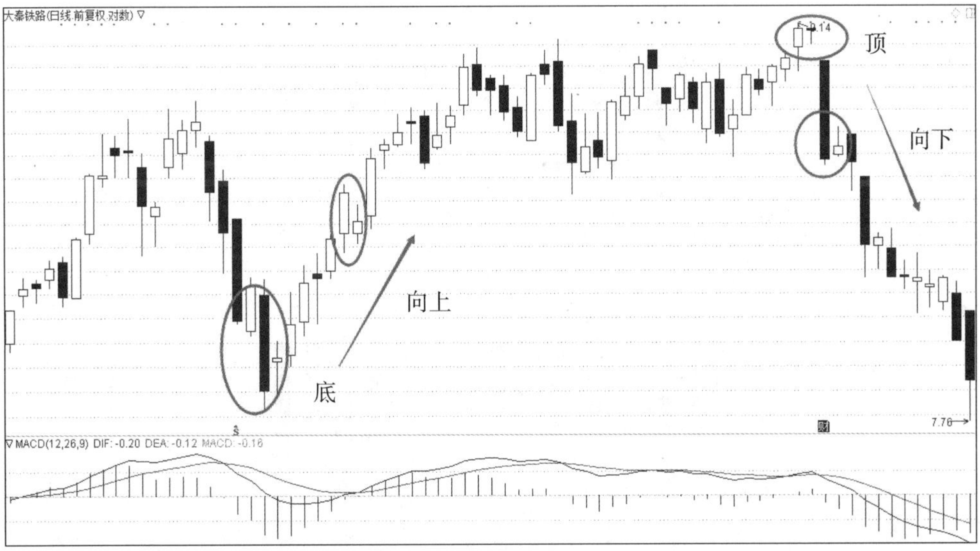

图 2–4　K 线走向示意图

（2）K 线方向向上时，取两根 K 线高点中的最大值作为合并后新 K 线的高点，取两根 K 线低点的最大值作为合并后新 K 线的低点。如图 2–5 所示。

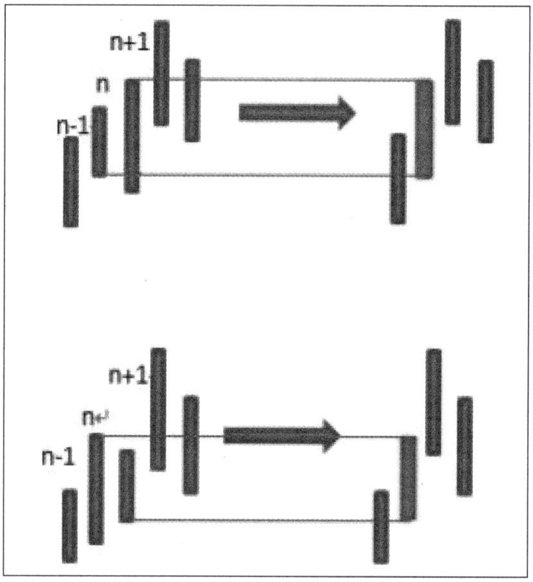

图 2–5　K 线方向向上时包含关系处理示意图

（3）K 线方向向下时，取两根 K 线高点的最小值为合并后新 K 线的高点，取两根 K 线低点的最小值为合并后新 K 线的低点。如图 2–6 所示。

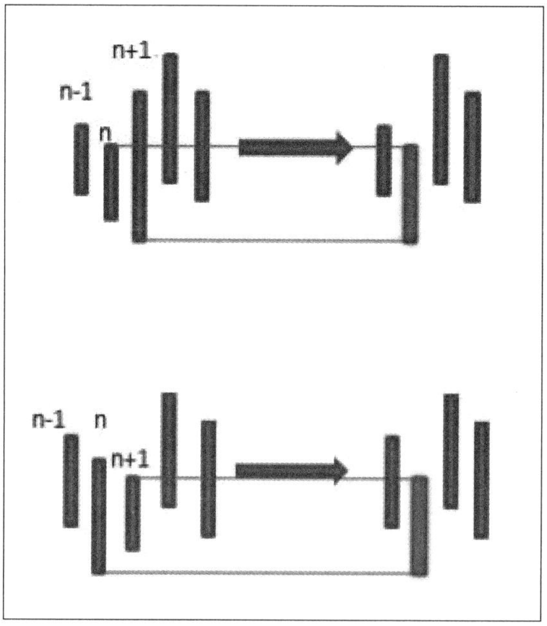

图 2–6　K 线方向向下时包含关系处理示意图

（4）如果多根 K 线之间存在包含关系，按时间顺序，先处理前面两根 K 线的包含关系，再用合并后的新 K 线与第三根 K 线比较。如仍存在包含关系，则继续按以上方法处理，直至这些 K 线之间不再存在包含关系为止。

（5）经过上面的步骤，所有 K 线图表上的所有 K 线，都可以处理为没有包含关系的 K 线。之后，就可以将整个 K 线完全分类为上升 K 线、顶分型、下降 K 线、底分型等。如图 2-7 所示。

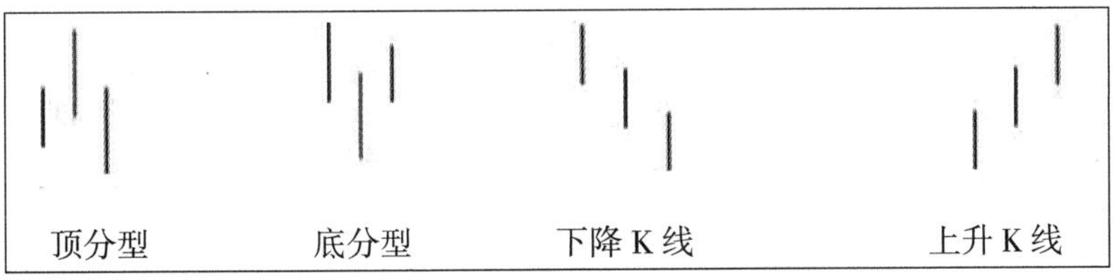

图 2-7　K 线完全分类示意图

3. 分型的心理依据

走势反映的是人的贪嗔痴慢疑，如果你能通过走势当下的呈现观照其中参与者的心理，就等于看穿了市场参与者的内心。如果交易者能够通过走势参透市场交易者的内心，那么在实际交易中就能游刃有余。交易者的心理不是虚无缥缈的，最终必然会留下痕迹，这痕迹就是市场走势本身，这痕迹就是缠论技术分析重点解读的内容。

分型，作为缠论技术分析的基本元件与趋势演变的重要拐点，当然是窥探市场心理活动的有效手段之一。

一个顶分型之所以成立，是因为卖方的分力最终战胜了买方的分力。其中买方的分力有 3 次努力，而卖方的分力有 3 次阻击。

用最标准的已经经过包含处理的 3 根 K 线模型说明如下。

第一根 K 线的高点，是买方的第一次努力，被卖的分力阻击后出现回落，这个回落出现在第一根 K 线的上影部分或者第二根 K 线的下影部分。第二根 K 线出现一个更高的高点，但这个高点表明上冲力度显然不足，从而至少制造了第二根 K 线的上影线部分。第三根 K 线，买的分力会再进行一次攻击，但这个攻击完全被卖的分力击败，不能再创出 1 个新高点，并且低点跌破了前 1 根 K 线的低点，这样就完成了一个顶分型的结构。下面看一个比较极端的例子，如图 2-8 所示。

由上面的分析可知，出现分型结构，是买卖双方 3 次心理较量的过程。在一个顶分型中，看多的情绪经过 3 次努力，但每次都被做空的情绪击败，一个顶分型就这样出现了。如同打仗，“一鼓作气，再而衰，三而竭”。进攻一方力度不足以攻破防守方的防线，那么自然要被防守一方打败了。出现顶分型，意味着市场做多情绪和力度不足，被做空

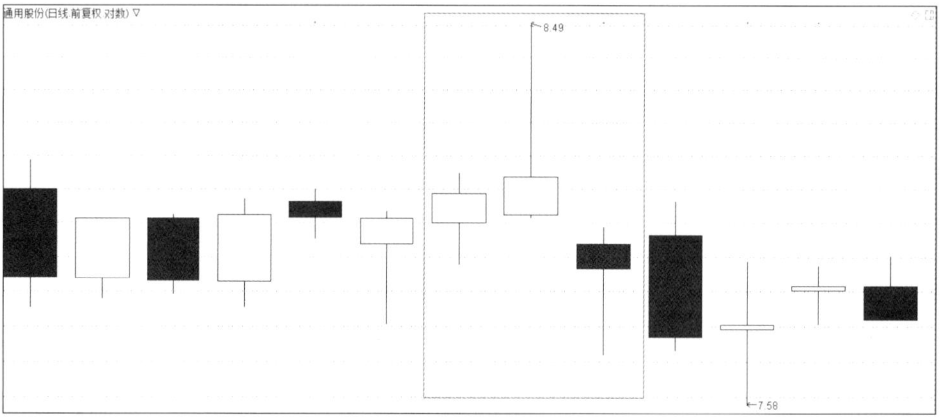

图 2-8　顶分型心理依据示意图

情绪打败了。至于进攻一方落败之后会回撤到什么地方，自然是防守一方反击力度不足并出现衰减的地方，也就是底分型出现的地方。

对于底分型的分析，反过来就是了。

4. 分型的意义

前面说过，最低级别走势类型是各级别走势类型分析的前提，而分型就是最小级别走势类型分析的前提。有了最小级别的分型，才能定义最小级别笔、线段、走势类型，才能定义更高级别的走势类型。

另外，分型也可以作为一套独立的、对市场走势进行划分的手段。经过完全非包含处理的 K 线图，可以完全地划分为顶分型和底分型、上涨 K 线和下跌 K 线，这就为操作提供了依据。

一个完整的多头操作，底分型介入，然后等底分型破坏后退出。如果不被破坏，就在上涨 K 线中持有，直到顶分型出现时退出。对于空头操作来讲，反之亦然。这就是一个简单的操作系统。

实际上，缠论为大家提供了 2 套完全不同的分析系统，一是中枢、走势类型这一套，再者就是分型、笔、线段这一套。如果能够将这 2 套分析系统结合起来，无疑是非常有效的分析手段。

注意，所有顶都是顶分型，所有底都是底分型。但不是所有的顶分型都构成顶，也不是所有的底分型都构成底，理解这一点就涉及另一个概念——中继分型。

5. 中继分型

先给中继分型下一个定义。

所谓中继分型，是指形态上符合分型的定义，但最终不能沿着原来分型的方向形成一笔的那些顶分型或者底分型。

如果前面的分型是确定的底分型，当其后出现符合顶分型定义的分型，但最终却未结束该向上的一笔，那么该顶分型就称作是中继顶分型。如图 2–9 所示。

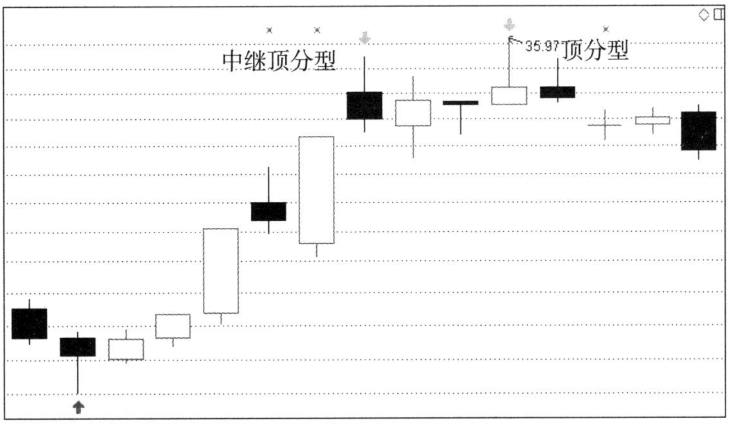

图 2–9　中继顶分型示意图

如果前面的分型是确定的顶分型，当其后出现符合底分型定义的分型，但最终却未结束该向下的一笔，那么该底分型就称作中继底分型。如图 2–10 所示。

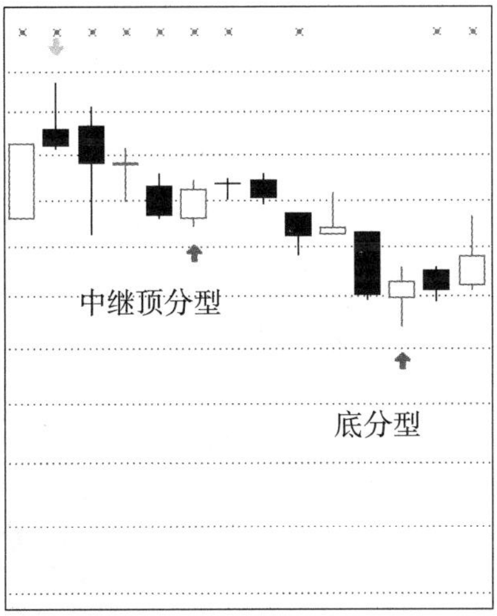

图 2–10　中继底分型示意图

如果走势都是顶分型和底分型的连接，那么操作就变得无比简单了，交易者只需要在选定的操作级别中底分型买、顶分型卖就可以了。由于存在中继分型，使得走势的发展存在一种不确定性。由此可以看出，正确识别中继分型，对于操作具有十分重要的意义。

例如，在某级别上涨的一笔中，在一个中继顶分型附近卖出，实际上你是被洗出去了；在下跌的一笔中，如果在某中继底分型介入，实际上就是抄底抄在了“半山腰”，意味着抄底失败。

如何最大限度地识别中继分型，一般来说有以下几个经验。

（1）看该图表的 MA5 均线是否被有效突破。突破 MA5 均线，虽然不一定形成真正的分型，但如果是真正的分型，肯定会突破 MA5 均线，因此 MA5 均线可以作为判断中继分型的一个依据。如图 2–11 所示。

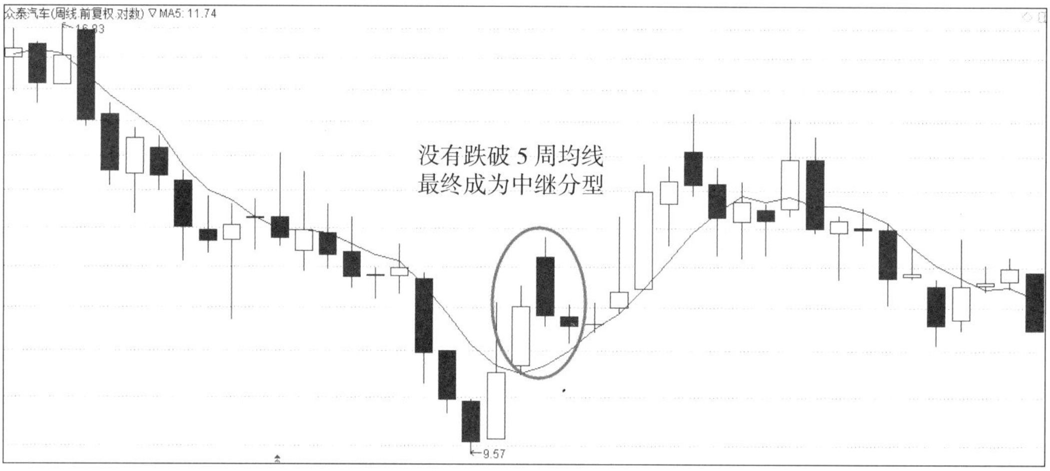

图 2–11　没有跌破 MA5 均线，转化为中继分型

（2）看该分型的力度。如果分型的力度强，那么形成真正分型的概率就大，否则极大可能是中继分型。关于这一点，请参看本节下面的论述。

（3）降低级别，看小级别是否明确出现趋势转折。最精确的方法是降低级别，从细部去观察。例如小级别明显走出上涨转下跌的走势，那么形成顶分型的概率就增大了，否则，构成中继分型的概率更大一些。

6. 分型力度辨析

分型的力度是有区别的，这种区别主要反映在以下两个方面。

（1）以是否存在包含关系作为标准。如果一个分型中存在包含关系，是经过包含处理之后出现的分型，只要这个包含关系不出现顶分型中以长阴吃掉前面的 K 线，或者底分型中以长阳吃掉前面 K 线的情况，那么这个分型的力度就值得怀疑，这里面反映出市场的一种观望情绪。这种包含关系，大多在小级别上形成震荡的走势形态。震荡之后，有 2 个方向选择，其力度显然不如没有包含关系的分型表现激烈，也就是说分型的反转力度较弱。

（2）对于不存在包含关系或者经过包含处理之后的分型，下面以顶分型为例进行探讨，底分型的情况反过来就是。

如果第一根K线是长阳线，而第二根、第三根K线都是小阴小阳线，那么这个分型结构的意义就不大了。这种顶分型力度最弱，真正成为顶的可能性很小，绝大多数都是中继分型。如图2-12所示。

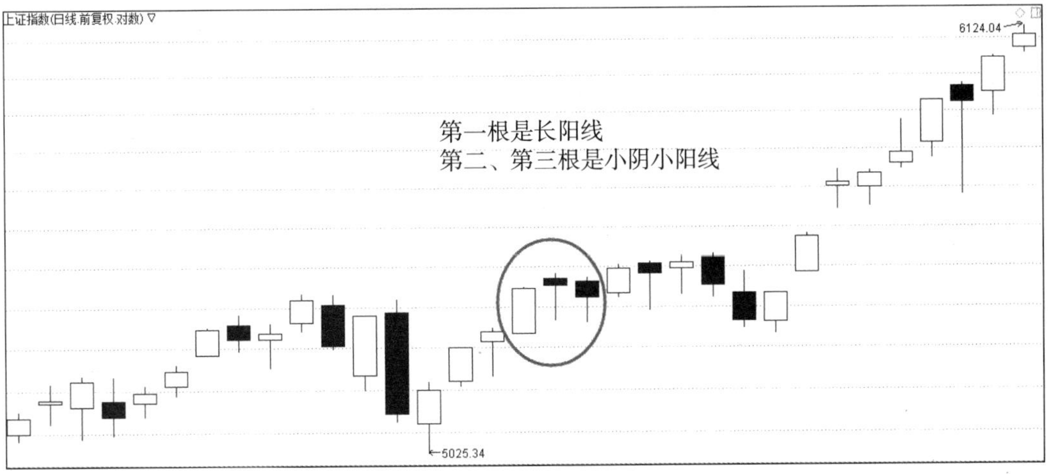

图2-12　力度最弱顶分型示意图

如果第二根K线有长上影线甚至是长阴线，而第三根K线不能以阳线收在第二根K线区间的一半之上，那么该顶分型的力度就比较大。如图2-13所示。

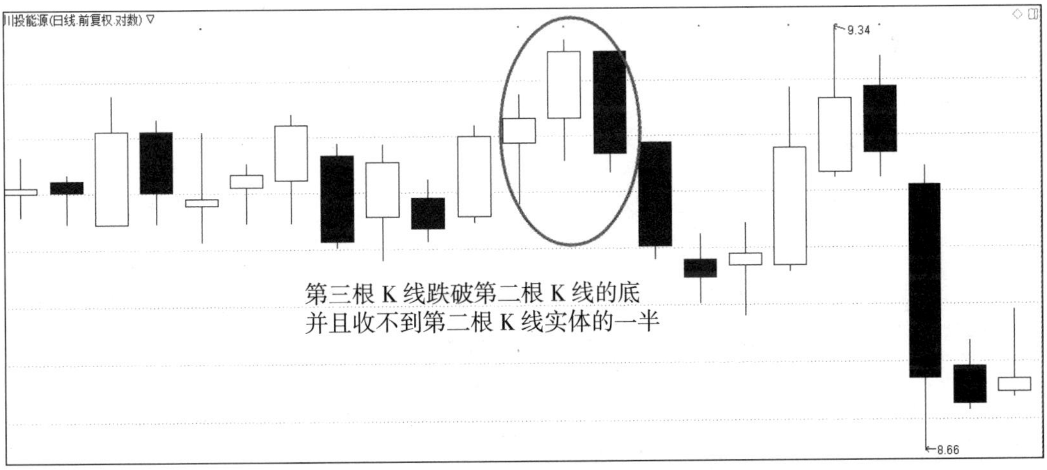

图2-13　力度较强顶分型示意图

如果第三根K线跌破第一根K线的底，但不能收到第一根K线区间的一半之上，属于力度最强的一种顶分型。这种顶分型有较强的杀伤力，成为短期甚至中期顶部的概率很大。如图2-14所示。

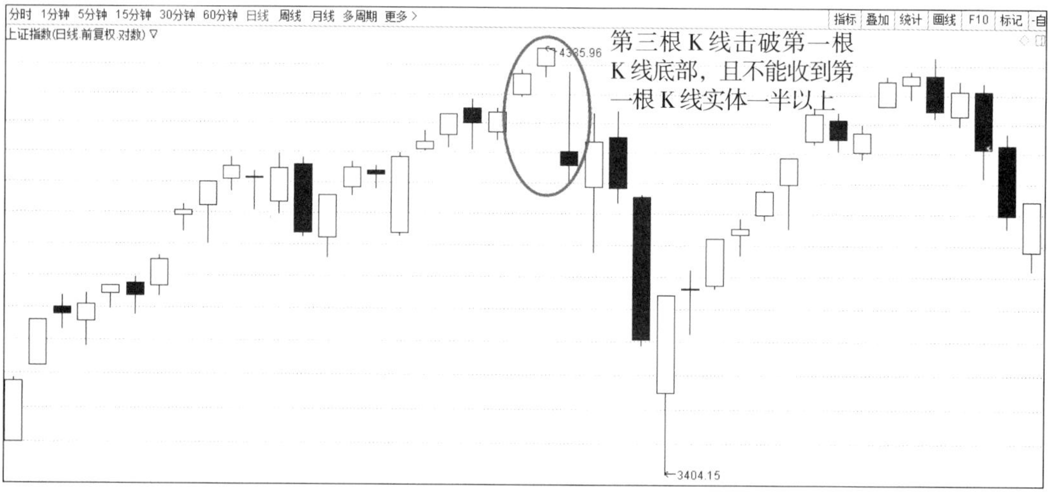

图 2-14　力度最强顶分型示意图

如果要更加确定地辨别分型的力度，就要下降级别，从更小的级别上看走势如何发展，以及大级别出现顶分型的时候，小级别走势究竟处于哪个阶段。

二、笔

确定了某级别图表的分型之后，接下来就是对缠论另一个核心概念“笔”的阐述与划分。笔，一方面是定义最小级别走势类型的构件，是顶分型与底分型的连接，另一方面，在实际操作中，笔也有其特殊的意义。

1. 笔的定义

先给笔下一个精确的定义。

笔的精确定义：排除中继分型之后，两个相邻且方向相反的分型的顶与底相连接构成一笔。

如果该对相邻且方向相反的分型的连接方式是顶分型连着底分型，则该笔为下降笔。

反之，如果该对相邻且方向相反的分型的连接方式是底分型连着顶分型，则该笔为上升笔。如图 2-15 所示。

2. 笔的划分原则与步骤

关于笔的划分原则，需要强调几点。

首先，必须是相邻且相反的分型才能构成一笔。

其次，在笔的定义中，相邻的两个分型之间不能有共用的 K 线。如果有共用的 K 线，则不符合分型的定义，就不能说那两个分型是确定的分型，因而也就不能构成笔。

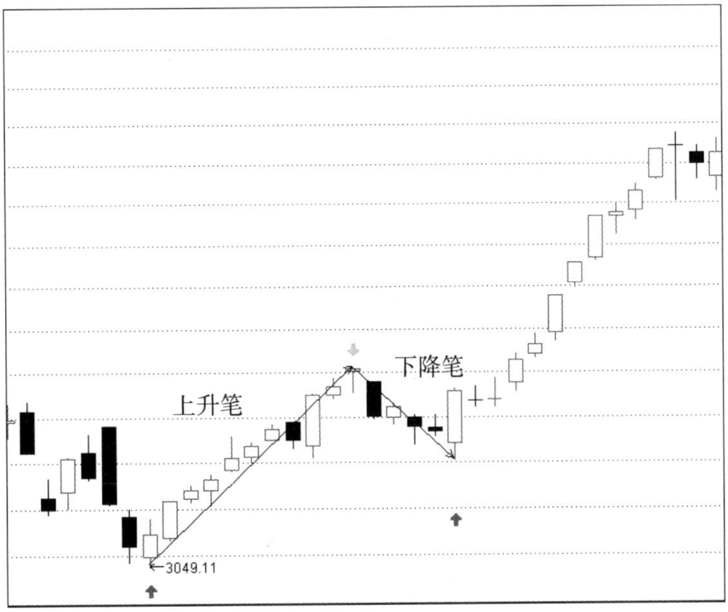

图 2-15　上升笔与下降笔

再次，一笔之中，顶分型的最高点必须高于底分型中最低那根 K 线的最低点，反过来说，底分型的最低点必须低于顶分型中最高那根 K 线的最高点。

笔的划分步骤如下，严格按照下面的步骤划分，必定能在图表上划分出唯一的笔。

第一步，先确定 K 线图中的标准分型。即通过 K 线包含处理，找出要分析的图形中的顶分型和底分型。

第二步，图中含有两个或多个同性质分型的，如果是顶分型，后面的顶高于前面的顶，则只保留后面的；如果是底分型，后面的底低于前面的底，则只保留后面的。

如图 2-16 所示，A、B 为相同性质的顶分型，B 高于 A，则只保留 B。

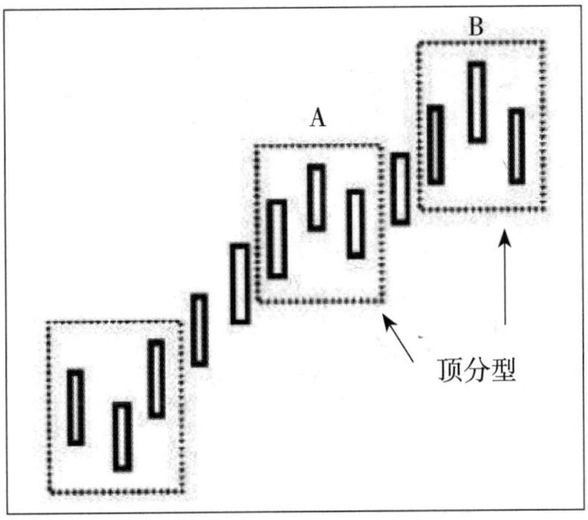

图 2-16　笔的连接示意图

如图 2–17 所示，C、D 为相同性质的底分型，D 低于 C，则只保留 D。

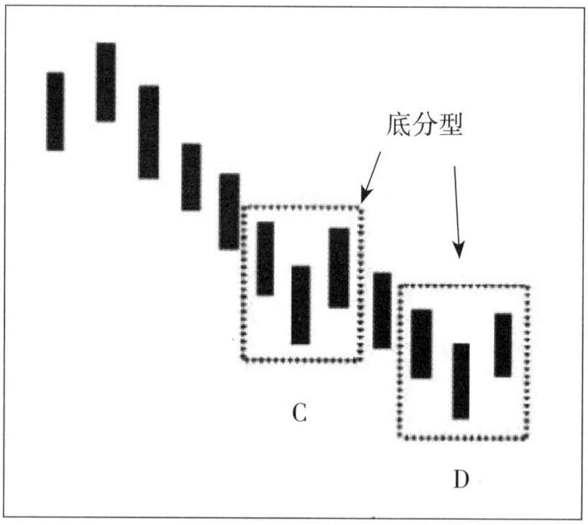

图 2–17　笔的连接示意图

在第二步中，常常会出现一些被省略掉的顶底分型，这些被省略掉的顶底分型都是中继性质的分型，又称为中继分型，其分析意义不大。

第三步，经过前面两步处理之后，图中余下的分型，如果相邻的是顶和底或底和顶，那么顶底连接或底顶连接，就构成了笔。笔必须由一个顶分型和一个底分型共同构成。两个相同性质的分型，无论是两个顶分型还是两个底分型，都不能构成笔。

如图 2–18 所示，左边 A 和 B 是两个底分型的底，连接 A、B 不能构成笔；右边 C 和 D 是两个顶分型的顶，连接 C、D 同样不能构成笔。

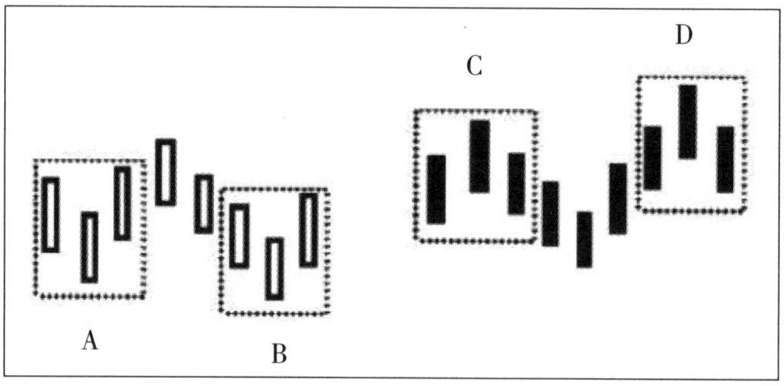

图 2–18　笔的划分示意图

显然，经过上面 3 个步骤，所有的笔都可以唯一地划分出来。

3. 笔的意义

笔是高于分型的存在。当交易者确定了自己的最低交易级别之后，接下来的事情就是确定最低级别的走势类型，即走势类型究竟是趋势还是盘整，是上涨还是下跌。

分型是分析最低级别走势类型的起始条件，有了分型，进一步就是笔的构造，并从笔构造出线段，进而构造出本级别以及各个级别的走势类型。如同分型一样，笔也是缠论的基础构件。

笔也可以作为某级别图表完全分类的依据。所有级别的所有图表，经过K线包含处理之后，都可以完全地划分为上升笔与下降笔两类，而且可以明确地说，上升笔之后必然连接下降笔；反之，下降笔之后必然连接上升笔。这样，所有级别的所有当下，不是处于上升笔当中，就是处于下降笔当中。由于笔可以作为完全分类的依据，而技术分析的核心意义在于分类，那么一样可以根据笔来打造操作系统。本质上，这和利用分型操作的意义是一样的。

笔是小级别复杂走势的简单化处理。大级别的一笔，下降级别看，比如日线上的一笔，如果下降到30分钟图表周期来看，会看到相应的高低点错综复杂的走势类型。而日线上高低点较为复杂的走势类型，当上升到周线级别的图表上看时，就会发现大部分可能都是非常简洁的一笔。

实际上，大级别的笔其实是忽略了小级别上的变动，这就为操作提供了便利。

首先，人的情绪总是容易受到价格走高走低的影响。当你操作某级别趋势的时候，为了防止情绪受到该级别忽高忽低走势的干扰，可以简单地将级别上升，忽略小级别的波动，只操作大级别的笔。例如，当操作日线级别的趋势时，可以在日线买点介入，之后持股等到周线出现顶分型时卖出。

其次，当大级别走势出现分型的时候，可以下降级别去观察其细部，确认该分型是中继分型还是真正的分型。例如，当周线级别出现顶分型时，日线上却毫无转势的征兆，就可以确认该周线顶分型是一个中继分型，其后应该继续持股，直到真正的顶分型走出来。

笔的“必然完美”原则包含以下几层意思。

首先，任何笔都要完成。也就是说，任何底分型，后面必然有一个顶分型与之对应；反之，任何顶分型，后面必然有一个底分型与之对应。

这对于操作具有相当大的指导意义。例如，当以日线底分型介入某只股票后，那么心理上要有准备，之后必然有一个顶分型与之对应。当该顶分型出现的时候，可以根据当下的盘面以及自己的操作风格，决定是退出还是做差价，或是继续一路持有。这关系到操作节奏的问题，必须引起重视。

其次，任何笔的完成，必然向相反的方向转化。例如上升笔完成之后，必然转化为反向的向下笔。对于做多的投资者而言，可以在这个反向笔期间更换其他品种去操作。如果一笔完成之后不能转化为反向笔，以上升笔为例，出现顶分型之后，并没有出现明显的下降笔，而是出现围绕顶分型反复窄幅波动的情况，这个时候往往预示着要有大行情出现。所谓的“该跌不跌其后看涨，当涨不涨其后看跌”，说的就是这个意思。

4. 笔的力度辨析

如同分型，笔也是有力度的。笔的方向与力度，共同反映了市场多空双方的力量强弱对比以及力量的悬殊程度。

为了方便描述笔的力度，这里先根据笔的性质对其作另一种分类。首先确定趋势的方向，如果笔的方向与趋势方向一致，则称该笔为推动笔。反之，如果该笔的方向与趋势方向相反，则称该笔为调整笔。至于盘整，则先不考虑。

下面以上涨为例具体讨论这两类笔的力度。对于下跌，反过来就是。如图 2–19 所示。

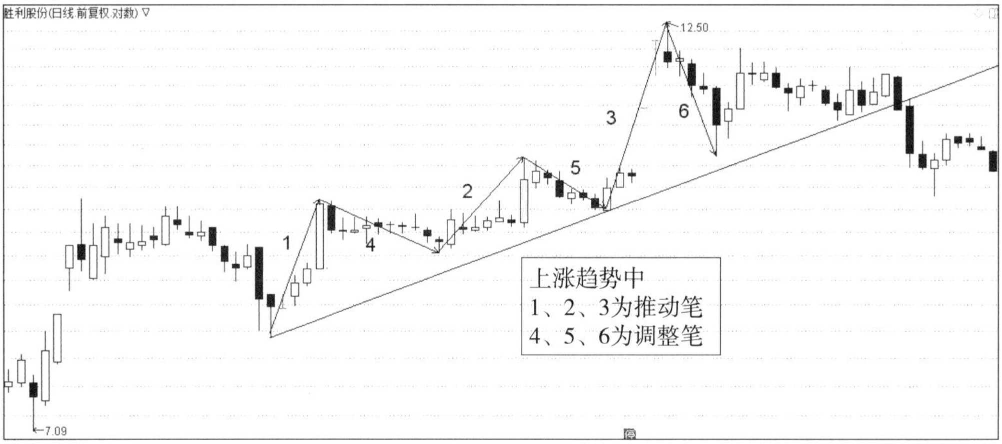

图 2–19　推动笔与调整笔示意图

首先考虑推动笔。图 2–19 中，有 3 个推动笔，分别标记为 1、2、3。衡量推动笔力度的因素主要有以下 4 个方面：点位、幅度、斜率、复杂度。

（1）对于点位而言，能突破阻力位的推动笔力度强，不能突破阻力位的推动笔力度弱。传统技术分析理论都把突破阻力位作为开仓时机，这其实也是参与力度较强的推动笔的直接体现。

（2）对于幅度而言，幅度大的推动笔力度强，幅度小的推动笔力度弱。市场中常常有一种现象，叫做“强者恒强”，其中包含的一层意思就是：走势强的股票，往往后面易涨难跌，涨幅大，而调整极其有限。这种现象就是“幅度大的推动笔力度强”这一论断的直接体现。

（3）对于斜率而言，斜率大的推动笔力度强，斜率小的推动笔力度弱。在实际操作中，往往也会看到，有的股票会简单地沿 5 日均线一直往上冲，一般来讲，这种推动笔的斜率较大，因而力度也比较大。

（4）对于复杂度而言，走势形态较为简单的推动笔力度强，走势形态复杂的推动笔力度弱。在实际走势中常常可以看到，有的个股从底分型开始连拔光头阳线。有的股票同样是出现了底分型，但其后的走势往往充满了上下影线。二者相比较，当然是前者的力度更强。

这3类推动笔中，最强的肯定是第三类，无论是幅度、斜率、复杂度，还是对阻力位的突破，都是最强的。如果仅就参与笔的操作而言，肯定是第三种情况最值得参与。

再考虑调整笔。图2–19中有3个调整笔，分别标记为4、5、6。对于调整笔来说，其衡量因素也是上面4个因素：点位、幅度、斜率、复杂度。只是其强度与推动笔刚好反过来。

（1）对于点位而言，跌破支撑位的调整笔，力度是最弱的。其后的反抽如果不能站上推动笔的极限位置，那么该调整笔将转化为下跌趋势的推动笔。如果不能跌破支撑位，则调整笔的力度较强。

（2）对于幅度而言，调整笔的幅度越小，其力度越强；幅度越大，则力度越弱。传统技术理论对此也有描述，例如前面推动笔的30%、50%、60%、100%处等，就是对调整笔的力度最好的描述。

（3）对于斜率而言，斜率越大的调整笔，力度越弱；反之，斜率越小的调整笔，力度越强。特别是有一种股票，突破之后，以一种横向整理的方式进行调整，其后的走势力度往往是非常大的。

（4）对于复杂度而言，与推动笔类似，也是简单的调整笔力度强，复杂的调整笔力度弱。

对比图2–19中这几个调整笔，标记为5的调整笔，力度是最强的，因为其走势最简单，回调幅度最小，而且没有跌破支撑位。对于调整笔的把握，一定要在其结束的时候介入，因为后面可能对应着较强的推动笔。

上面的案例中，标记为6的调整笔，力度是最弱的，而且由于跌幅巨大，最终转化为新的下跌趋势的第一个推动笔了。

需要注意的是，对于推动笔而言，从缠论的角度说，除了在该推动笔开始的那个分型区间，力度大的推动笔在本级别上操作意义并不大，其主要的意义在于次级别。对于该类笔，交易者可以下降级别去制定交易策略。对于同级别的操作而言，调整笔就具有非常重要的意义了。某级别上调整笔结束，往往意味着该级别上新的推动笔开始，交易者可以在此位置参与，做趋势或者波段交易。

5. 笔辅助操作

利用笔可以将任何级别的趋势完全地分类为推动笔和调整笔，那么，利用笔的概念完全可以辅助交易者进行操作。

利用笔辅助操作，交易者首先应该明确当前的走势类型是上涨、下跌还是盘整，这是利用笔辅助操作的前提条件。如果当下级别的走势是上涨，那么交易者就应该做多，如果是下跌，就应该做空。这里千万要注意，轻易不要逆势操作。

从走势图上可以直观地看出来，上涨由推动笔和调整笔相互交错组合而成，推动笔之后一般连着调整笔。这里所说的逆势操作，对于上涨而言，就是在上涨途中参与调整笔做空。对于下跌而言，所谓逆势操作，就是在下跌途中参与调整笔做多。对于这种逆势操作，最好不要参与。如果操作熟练了，水平高了，可以参与，但也要注意控制好资金量，切不可重仓甚至满仓逆势操作，如图 2-20 所示。

图 2-20　笔辅助操作方向示意图

利用笔辅助操作，一个大的原则就是：只在推动笔中或者调整笔结束之后介入，而在推动笔结束时退出，或者对调整笔结束的信号判断错误时退出，如图 2-21 所示。所谓在推动笔中介入，就是当下单位的 K 线已经离开推动笔开始位置，但该推动笔并没有结束，后面还有一定的上升空间。

在推动笔中介入，一般要下降级别，根据小级别制定操作策略，然后根据具体情况来决定是否换挡操作。所谓在调整笔结束之后介入，就是一旦调整笔结束的那个分型走出来，就意味着一波新的推动笔即将来临，这时候当然可以大胆介入。

利用笔辅助操作，交易者应该选择力度较强的笔进行操作。对于推动笔而言，力度大的推动笔，其后笔延伸的幅度往往较大，介入之后往往能够获得较快速而且幅度较大的收益。特别是在市场环境较好的情况下，某些个股的推动笔上涨幅度往往能够达到 50% 甚至更大的涨幅。如图 2-22 所示。

对于调整笔而言，力度大的调整笔，属于典型的强势调整，这种调整持续的时间

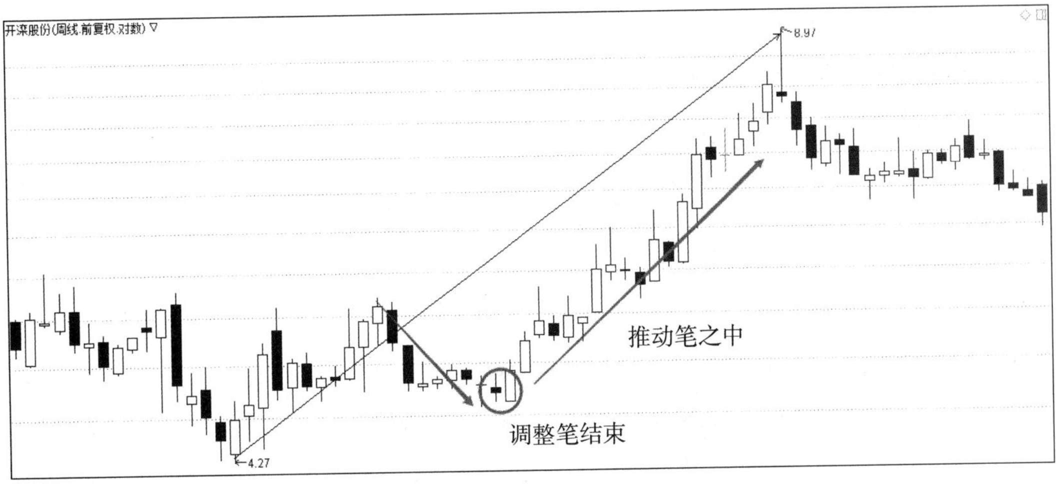

图 2-21　利用笔辅助操作示意图

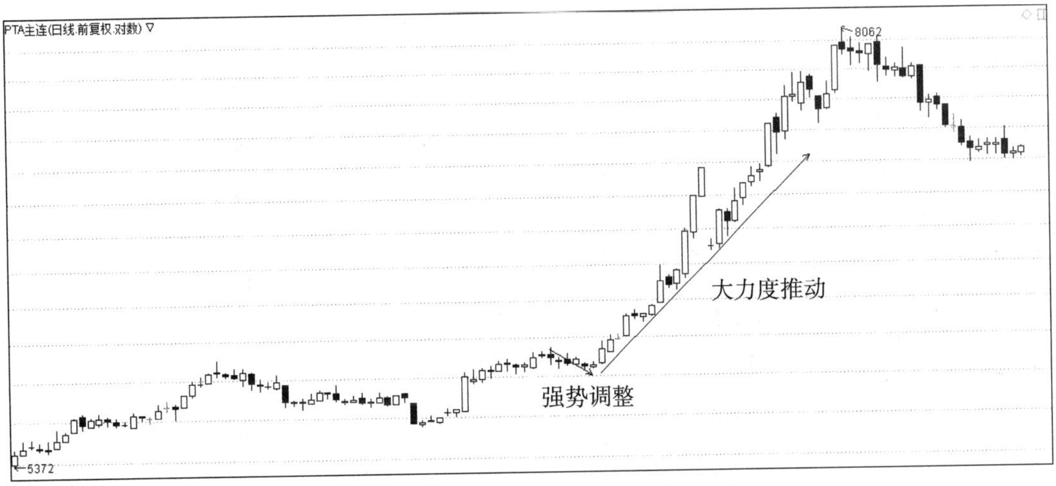

图 2-22　利用笔辅助操作示意图

短，回调幅度有限，能够极大地提高资金使用效率。另外，由于该调整笔结束时产生的买卖点是同级别的买卖点，操作者往往不需要频繁地切换级别进行分析与操作，这绝对是一件既省心又省力的事情。

利用笔来辅助操作，某级别趋势反映在大级别图表上，就是简单的一笔，因此懒人们就可以用走势的这种属性来操作了。具体来说，对于上涨而言，在某级别买点介入的，交易者可以上升级别，到大级别上观察推动笔何时结束，也就是该推动笔的顶分型何时出现。如果该顶分型始终不出现，就意味着推动笔没有结束，交易者当然可以持股不动，继续等待推动笔出现真正的顶分型。当然，途中可能会出现中继分型，操作者可以利用上一节所说的识别中继分型的方法来对中继分型进行过滤。对于下跌的情况，反过来就是。

同样道理，当以某级别的笔作为操作的目标时，时间充裕的操作者，当然可以下降级别，从小级别的细部对走势进行观察，从而找到更加精确的买卖点。

上面列举了利用笔辅助操作的几种方法，供大家借鉴。技术分析的修炼如同练习功夫，要成为高手，需要经历从无招到有招再到“无招胜有招”的过程。交易者要通过不断的观察和积累，才能提高自己对市场的感知力。

三、线段

在最小级别分型、笔之后，沿着缠论的逻辑路线，接下来就是由分型、笔共同组合而成的线段。需要注意的是，线段不仅是缠论递归的基础，如果从更高级别图表周期上看，对线段的开始与结束的判断，构成了缠论形态学的大部分内容。真正把握了形态学的内容，虽然做不到在趋势中抄底逃顶，却可以在操作策略的配合下保证稳定盈利。

1. 线段的定义

首先给线段下一个标准定义：有相互连接的至少 3 笔且前 3 笔无重叠的奇数笔，其开始分型与结束分型高点之间的连线称为线段。

理解线段定义的时候，需要注意以下几点。

（1）线段由笔组成，并且至少是 3 笔。也就是说，组成线段的笔的数量必须大于等于 3 且为奇数个，否则就不能称为线段。

（2）由于组成线段的笔的数量一定是奇数，那么从上升笔开始的线段，必然以上升笔结束，从下降笔开始的线段，必然以下降笔结束。

（3）组成线段的前 3 笔必须有重叠的部分，否则不能成为线段。如图 2–23 所示。

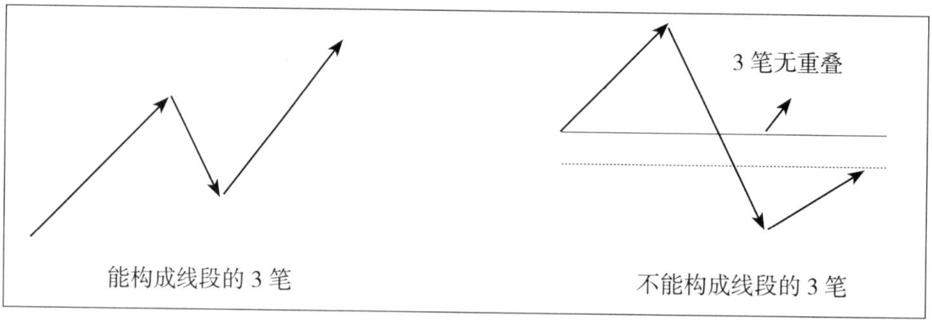

图 2–23 线段示意图

由上面的定义，可以对线段做一个完全分类：如果该线段是从上升笔开始，以上升笔结束，则该线段称为上升线段；反之，如果该线段是从下降笔开始，以下降笔结束，则该线段称为下降线段。

线段是高于分型和笔的存在，其本身由分型、笔等更基本的构件组成，是缠论递归的基础。当交易者确定了最低级别，正确划分了分型、笔之后，根据线段的定义以及划分原则，可以将该最低级别唯一地划分为上升线段和下降线段的组合，进而划分最低级别中枢、走势类型，并由此构建更高级别的走势类型。

线段可以作为独立的技术评价系统来应用。技术系统的功能是分类，如果有1套系统能够对走势进行完全分类，就可以用来指导操作。线段可以依据其划分标准将走势划分为上升线段和下降线段，因此可以指导操作。

如同分型、笔存在力度一样，线段也是有力度的，线段的力度可以作为选择交易品种的参考。实战中往往也会看到，有的股票线段的走势往往简洁有力，而有的股票则百转千回。一般来说，线段简洁有力的品种，中间多空双方的拉锯较少，取得同等收益耗费的时间更短，应该是主要的交易目标。

“线段必然完美”，这句话包含几层意思，首先，任何级别的任何图表，都可以完全分类为上升线段与下降线段。其次，任何线段都将完成，且任何完成的线段，都必然会向反方向转化。再次，由线段的定义可知，任何线段都至少由3笔构成。

既然线段至少由3笔构成，于是确定前面线段完成，新线段开启之后的第二笔结束、第三笔开始处的分型，就是有绝对操作意义的时机。以向上线段为例，前面向下线段结束之后，新的向上线段的第二笔调整结束处的底分型，就具有绝对的操作意义，下跌反之。

2. 线段的特征序列及其分型

实际的走势远比标准的线段模型复杂，其中比较重要的是对包含关系的处理，这可以类比于K线的包含关系。为了能够正确地划分线段，缠论引入了特征序列、标准特征序列等概念，用以处理复杂的线段。

讨论线段特征序列的前提是已经正确划分了分型、笔。

所有的线段，都可以划分为两种类型：一、从向上笔开始；二、从向下笔开始。为简单起见，下面以向上笔开始的线段为例进行说明。

用S代表向上的笔，X代表向下的笔。任何向上一笔开始的线段，都可以用笔的序列表示：[S1,X1,S2,X2,S3,X3…Sn]。容易证明，任何Si与Si+1之间，也就是前后2个相邻的推动笔之间，一定有重合区间。

考察序列[X1,X2…Xn]，该序列中，Xi与Xi+1之间，也就是前后相邻的2个调整笔之间，并不一定有重合区间，因此，该序列更能代表线段的性质。序列[X1,X2…Xn]即所有调整笔的集合，称为向上线段的特征序列，而X1、X2、Xn即该集合中的每一个调整笔，都可以称作特征序列元素。

有人对特征序列难以理解，这里简化一下。将线段的内部结构分为推动笔和调整笔，推动笔就是沿着线段方向的笔，调整笔就是逆着线段方向的笔。将每个笔覆盖的空间假想为1根K线，则调整笔所代表的K线，就是所说的特征序列元素，所有调整笔代表的K线，组成1个K线组合，就是一个特征序列。

举个例子，如图2-24中，标记的上涨线段，3个调整笔[4,5,6]，就构成了一个特征序列，其中每一个调整笔都可以被称作特征序列中的元素。

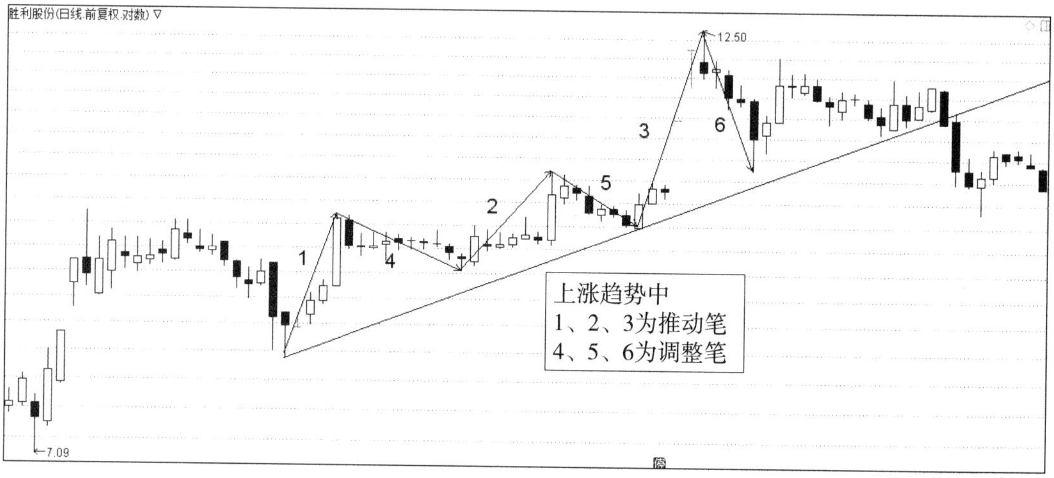

图2-24　特征序列元素示意图

回到前面的例子，考察序列[X1、X2…Xn]，其中任何相邻的特征序列元素Xi与Xi+1之间存在着3种相互关系。如图2-25所示。

（1）两个特征序列元素之间没有交集，也就是说没有相互重合的部分。

（2）前后两个特征序列元素之间有交集，其中一个元素没有被包含在另一个元素之中。

（3）前后两个相邻的特征序列元素，其中一个被另一个完全覆盖。

将特征序列元素看做一根K线，则对于第一种情况，两个元素之间没有重合的部分，可以称作是特征序列缺口。对于第三种情况，称为特征序列元素存在包含关系。对于包含关系，可以用处理K线包含关系的方法进行处理，具体方法参照本书“分型及其力度”的处理方法，此处不再赘述。

对特征序列元素进行包含关系处理之后的特征序列，称为标准特征序列。

图2-25中，特征序列就是指调整笔构成的集合[1,2,3,4,5]。其中调整笔4的区间完全被调整笔5覆盖，这属于包含关系，需要经过非包含处理，处理方法如下：取5的最高点和4的最低点，合并为新的调整笔，这里记录为5’，那么，这个新集合[1,2,3,5’]就是标准特征序列。

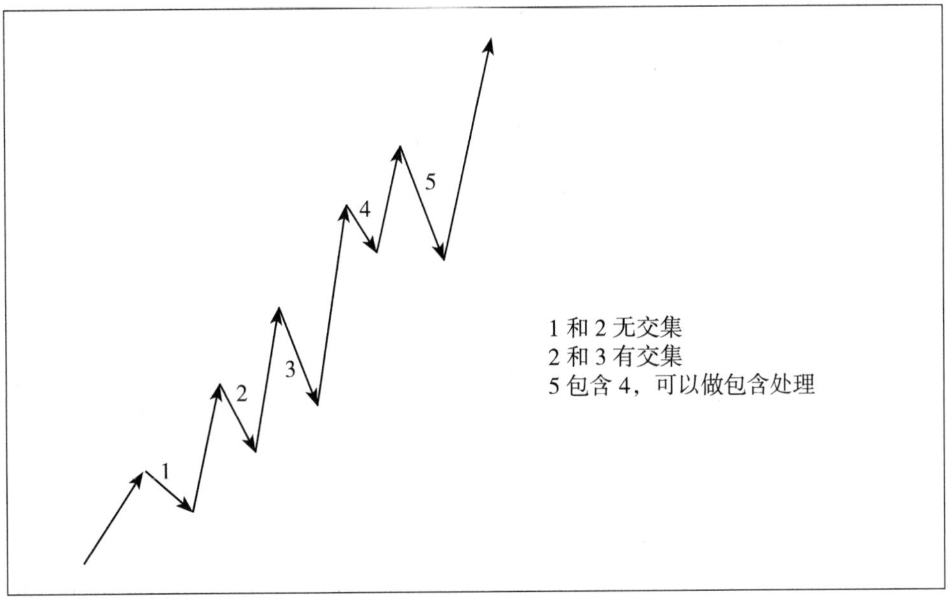

图 2-25 特征序列元素之间的 3 种情况示意图

3. 线段的破坏

首先定义一下线段笔破坏的概念。如图 2-26 所示。

对于从向上一笔开始的线段，其中的分型构成这样的序列：d1g1d2g2d3g3…dngn（其中 di 代表第 i 个底，gi 代表第 i 个顶）。如果找到 i 和 j，j ≥ i+2，使得 dj ≤ gi，那么称为向上线段被笔破坏。

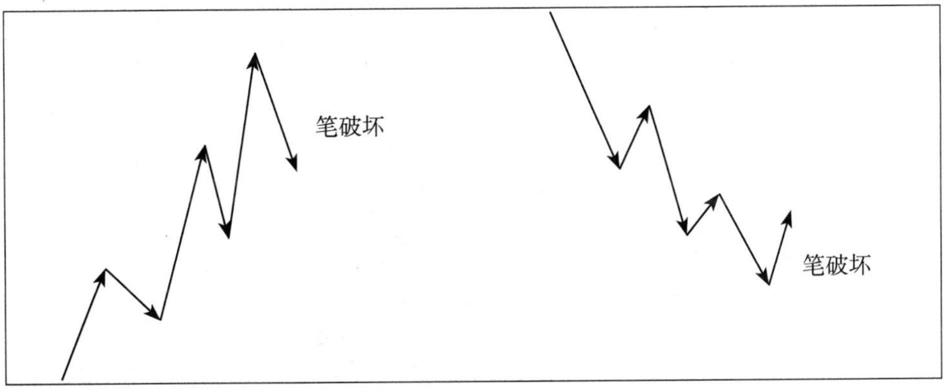

图 2-26 线段的笔破坏示意图

通俗地说，对于以上升笔开始的线段，所谓笔破坏，就是前期高点第一次被其后的某一向下笔跌破。

对于从向下一笔开始的线段，其中的分型构成这样的序列：g1d1g2d2…gndn（其中

di 代表第 i 个底，gi 代表第 i 个顶）。如果找到 i 和 j，j ≥ i+2，使得 gj ≥ di，那么称为向下线段被笔破坏。

也可以通俗地说，对于以下降笔开始的线段，所谓笔破坏，就是前期低点第一次被其后某一向上笔升破。

再来看线段的划分方法，首先要明白线段分解定理。

线段分解定理：线段被破坏，当且仅当至少被有重叠部分的连续三笔的其中一笔破坏。

只要构成有重叠部分的前三笔，那么必然会形成一个线段，换言之，线段破坏的充分必要条件就是被另一个线段破坏。

4. 划分线段的两种情况

对于特征序列，把其中的每一个元素看成是一根 K 线，那么，如同一般 K 线图中找分型的方法，参照一般 K 线图关于顶分型与底分型的定义，可以确定特征序列的顶和底。注意，以向上笔开始的线段的特征序列只考察顶分型，以向下笔开始的线段只考察底分型。

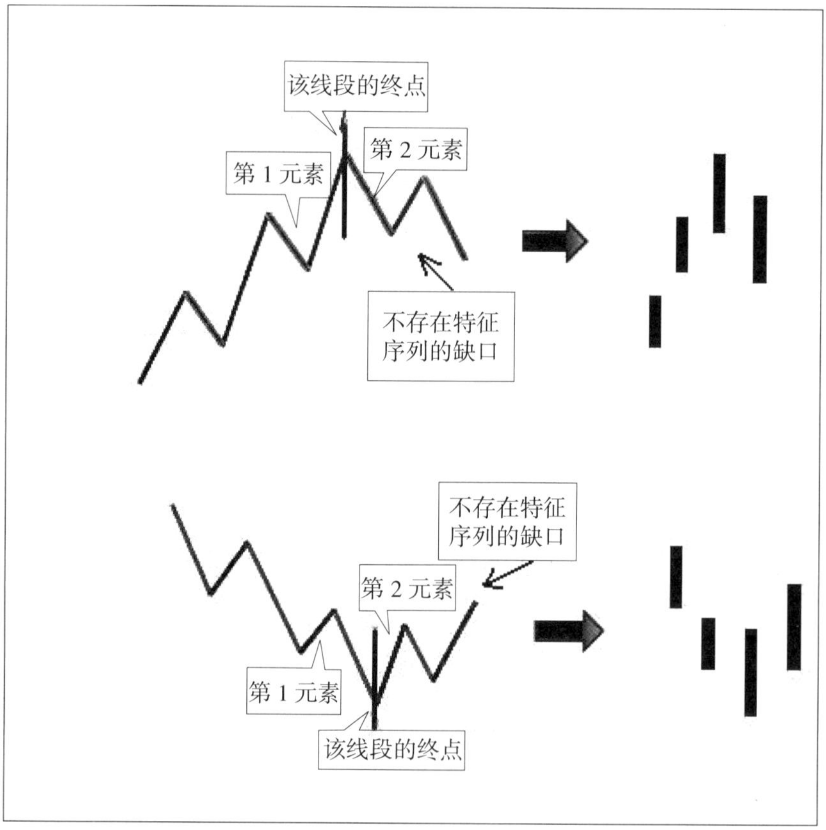

图 2-27　线段分解第一种情况示意图

线段的分解以是否出现笔破坏为标志，或者说以是否出现特征序列缺口为标志，可以划分为两种情况。

（1）特征序列的顶分型中，第一和第二元素间不存在特征序列缺口，那么该线段在该顶分型的高点处结束，该高点是该线段的终点；特征序列的底分型中，第一和第二元素间不存在特征序列缺口，那么该线段在该底分型的低点处结束，该低点是该线段的终点。如图 2–27 所示。

（2）特征序列的顶分型中，第一和第二元素间存在特征序列缺口，如果从该分型最高点开始的向下一笔开始的序列的特征序列出现底分型，那么该线段在该顶分型的高点处结束，该高点是该线段的终点；特征序列的底分型中，第一和第二元素间存在特征序列缺口，如果从该分型最低点开始的向上一笔开始的序列的特征序列出现顶分型，那么该线段在该底分型的低点处结束，该低点是该线段的终点。如图 2–28 所示。

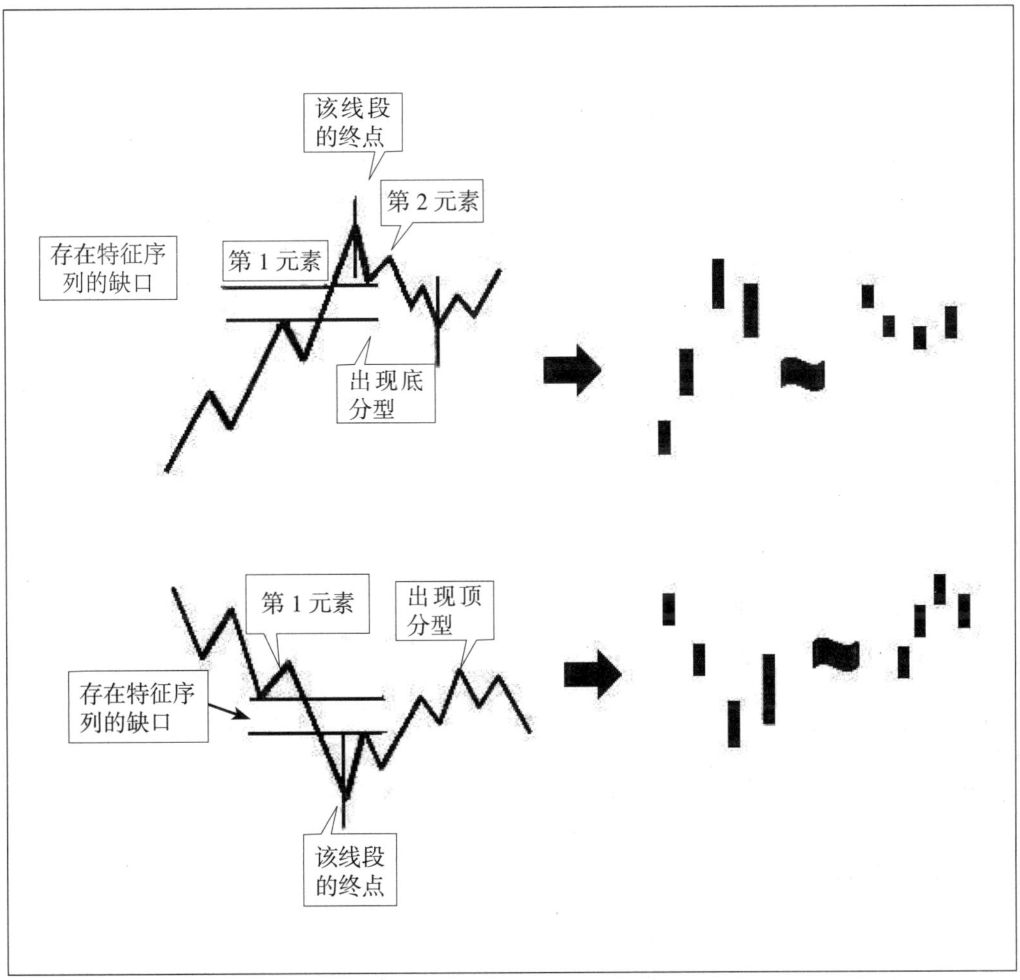

图 2–28　线段分解第二种情况示意图

需要强调一下，在上面提到的第二种情况中，后一特征序列不一定封闭前一特征序列相应的缺口。另外，第二个序列中的分型，不分第一、第二种情况，只要有分型就可以。

上面两种情况，就给出了所有线段划分的标准。很显然，出现特征序列的分型，是线段结束的前提条件，是把前面“线段破坏的充要条件就是被另一个线段破坏”精确化了。

有了上面的方法，绝大多数线段都可以正确地划分了。

5. 线段的力度

如同分型、笔，线段也有力度的比较。操作中，一个最直观的结论就是，同样的两个向上线段，有的线段后续涨幅大，涨速快，有的线段涨幅小，涨速慢。有的股票走出向上的线段之后，完全不理会大盘的涨跌，即使大盘下跌，一样上涨不休。而有的股票走出向上线段之后，即使大盘上涨，走势也表现得犹犹豫豫，裹足不前。当然，对于这些表现，如果从纯技术面来分析，最根本的原因就是线段的力度不同。

下面以上升线段为例，归纳几条经验性的总结，下降线段反之即是。

（1）线段越简单，毛刺越少，力度越大。为什么？简单的线段，表明多空争夺并不激烈，双方对未来走势发展的意见较为一致，因而其后的走势往往幅度大，力度强。反之，复杂的线段，多空争夺较为激烈，即使后面有较大的空间，也要经历反复的争夺。这就如同两个人赛跑，一般情况下，肯定是负重较少的人跑得更快，而负重较大的人跑得更慢一些。如图 2–29 所示。

图 2–29　线段力度对比示意图

（2）线段的回调不出现笔破坏，其后力度较大。所谓出现笔破坏，对于上涨来说，就是在上升线段中，调整笔跌破前面主升笔的高点。对于下跌，就是在下降线段中，调整笔升破前面主跌笔的低点。那些主升笔、主跌笔的高低点，是关键的阻力位与支撑位。有些操作策略当中，将突破与跌破主升笔、主跌笔作为开仓信号，足见其重要性。一般来说，出现笔破坏，表明调整段的力度较强，因此其后的推动段力度较弱。不出现笔破坏，则其后的走势力度较强。如图 2-30 所示。

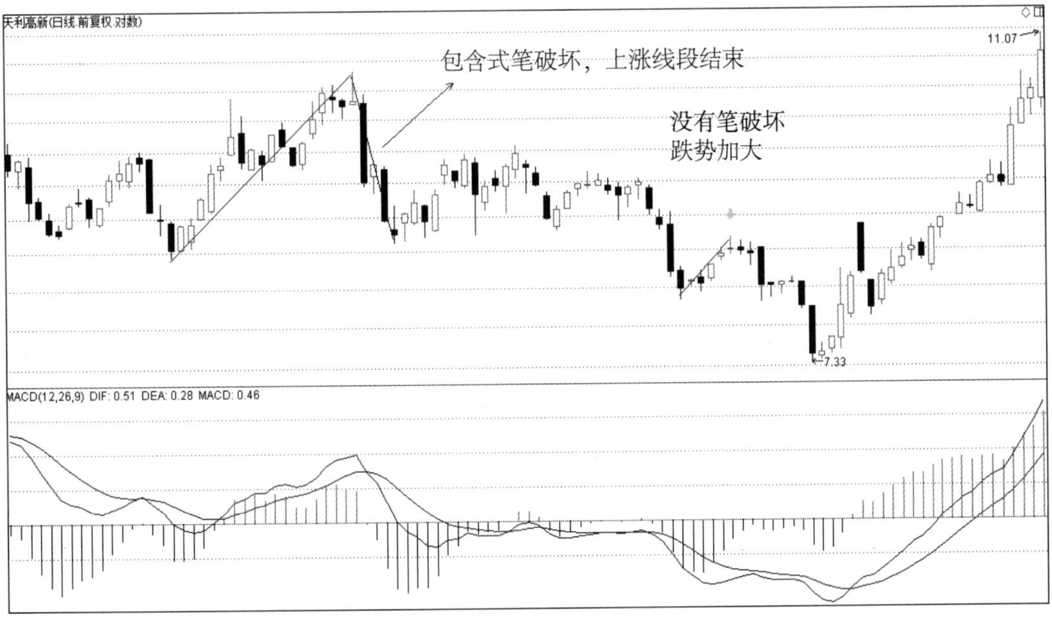

图 2-30　笔破坏对于线段力度的影响

（3）笔破坏的幅度越大，后面的力度越弱，幅度越小，力度越强。如果是以特征序列元素包含的方式出现笔破坏，即出现跌破前低的情况，那么力度是最弱的。特征序列包含，如果是上涨中，就意味着调整笔跌破前低，如果是下跌中，就意味着调整笔升破前高。在道氏理论中，这属于反转信号，大概率上有可能引起原线段的结束。如图 2-31 所示。

（4）某级别线段，以更大的图表周期来观察，往往是一笔，因此，对于该线段之后的走势，可以用判断笔力度的方法来判断。上一节中说判断笔力度有 4 个因素：点位、幅度、斜率、复杂度。在判断小级别线段力度的过程中，同样可以使用。请看图 2-32。

图 2-32 中，周线主升笔突破了前面的压力位，且调整笔斜率小，底部又出现了力度较大的底分型，当然后面周线图上的一笔，也就是日线级别上对应线段的力度较大。

注意，上面是一些经验性总结，虽然并不绝对，但具有较大的参考意义。

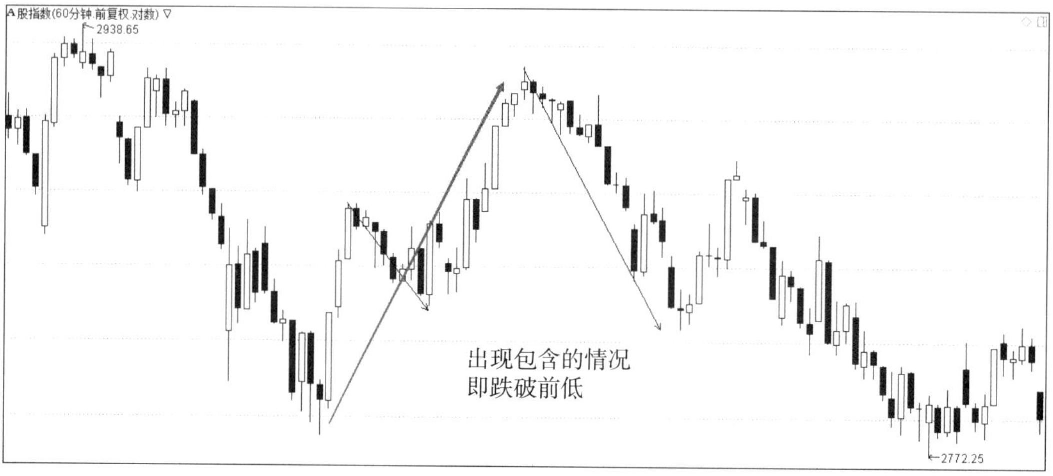

图 2-31　最严重的笔破坏示意图

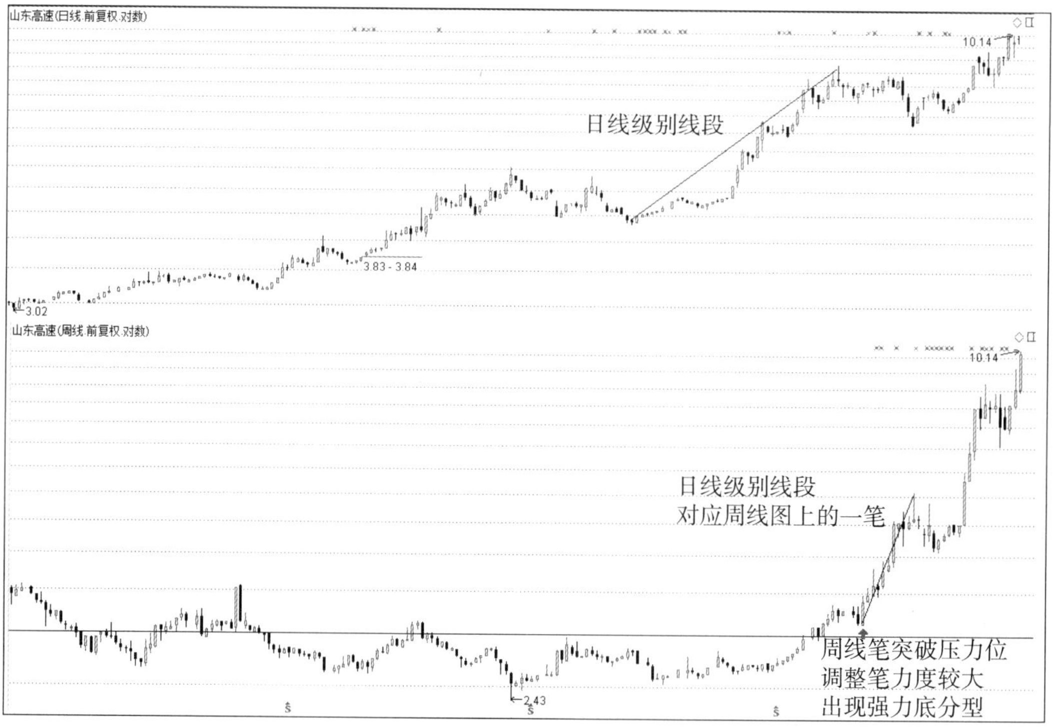

图 2-32　以高级别笔判断小级别线段力度示意图

6. 线段辅助操作

（1）从小级别线段观察大级别走势。这样的观察角度，对于大级别的走势可以看得更加清楚。从小级别线段操作大级别走势，可以更加精确地把握大级别的买卖点。

从小级别线段观察大级别走势，级别不能无限小。级别越小，越测不准，其对操作者的要求也越高。这一点，没有充裕时间看盘或者反应速度慢的交易者尤其应该引起注意。

图 2–33 就是从日线级别的线段观察周线级别走势的例子，从中可以非常清晰地辨别每一波周线上的推动段与调整段。

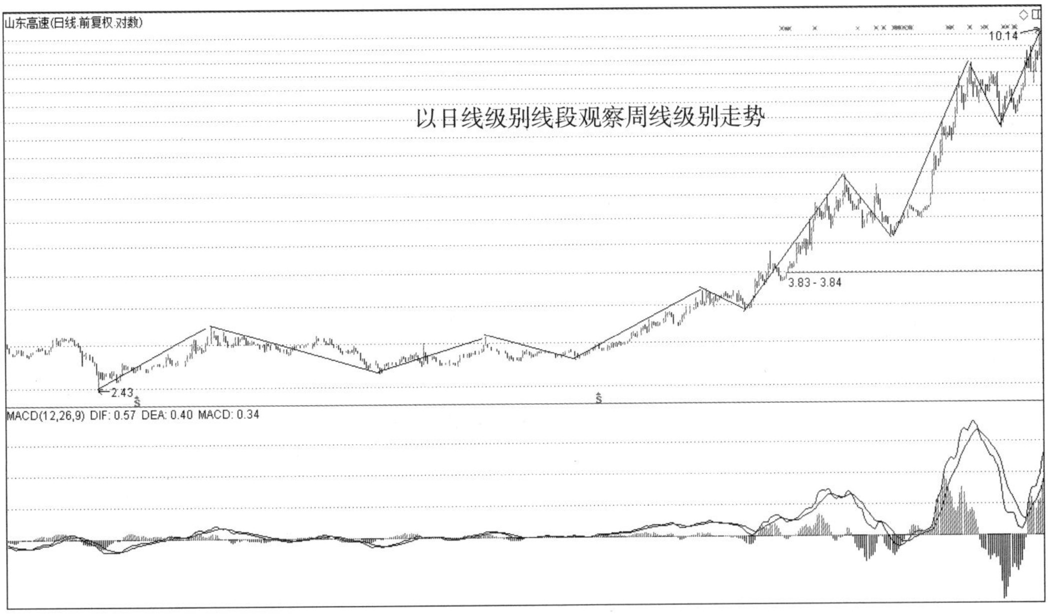

图 2–33 小级别线段观察大级别走势示意图

（2）线段必完美原则的应用。按照线段的定义，所有线段都至少有 3 笔，于是，一个自然而然的辅助操作手段就来了，那就是在上涨线段的第二笔介入做多，或者在下跌线段的第二笔开始做空，其后都至少有 1 笔上涨或者下跌，这个盈利空间是由线段的定义所保证的。

这里的关键在于如何判断前面的线段是否结束，判断方法会用到后面所说的第一类买卖点的判断方法。当然更简单的，就是破坏原线段的第一笔力度越大，那么原线段结束的概率越大。选择第一笔破坏力度大的品种，也是一种稳妥的方法。如图 2–34 所示。

（3）选择线段力度较大的品种操作。线段总是作为更高级别走势的推动段或者调整段存在的，在实战中，对于推动段延伸的品种，肯定是介入线段力度越大的品种越好。很多暴涨的品种，如果不是在上涨开始阶段介入的，就一定要利用小级别上的线段甚至是笔开始的买点介入。例如图 2–35 所示的例子，一个 60 分钟的线段上涨了接近 1 倍！

对于调整段，则要介入那些强势调整且线段已经走完的品种，因为其后的力道更强。

线段力度的判断方法，前面已有具体的叙述。概括地说就是两个方面：一是简单原

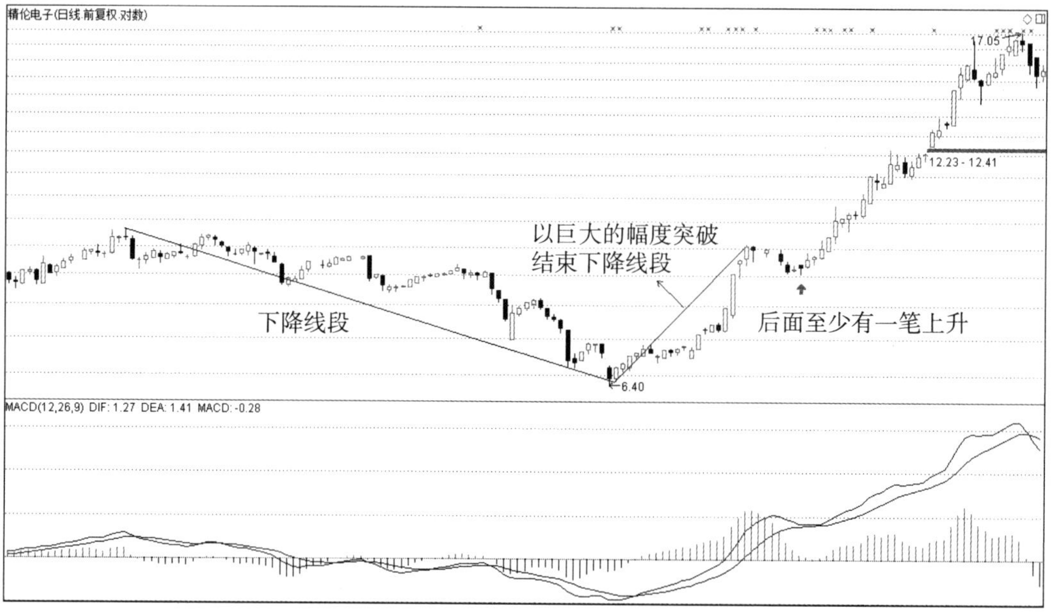

图 2-34　线段必完美原则辅助操作示意图

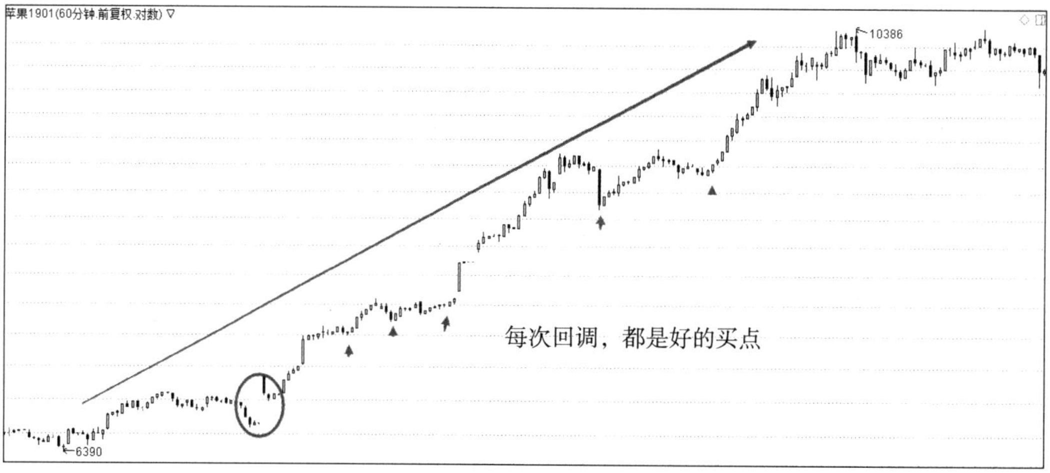

图 2-35　苹果期货合约 60 分钟线段式上涨走势图

则，二是是否出现笔破坏以及笔破坏的幅度。如果将线段看做一个无内部结构的笔，则可以从该笔的点位、幅度、斜率、复杂度等因素判断笔的力度，进而再决定介入的品种。当然，如果既具有上面的技术特征，又有基本面的支持，那是再美妙不过的事情，介入后往往意味着快速获利的机会。

第二节　中枢模式

中枢模式是缠论定义走势类型的方式。分型、笔和线段一方面可以作为独立的技术手段辅助判断和操作，另一方面，主要是作为构建中枢、走势类型的基础而存在。本节介绍缠论体系中以中枢模式判断走势类型以及买卖点的方法。

一、级别

1. 级别的定义

何为级别？先来看看缠论原文中的几段论述。

（1）“所谓走势的级别，从最严格的意义上说，可以从每笔成交构成的最低级别图形，不断按照中枢延伸、扩展等的定义精确地确认出来，这是最精确的。”

（2）“级别，本质上与时间无关，级别也不是什么时间结构。级别，只是按照本 ID 的规则，自然生长出来的一种分类方法。”

从上面的论述中，可以归纳出级别的精确定义：所谓级别，是从最低层面的分笔成交入手，按照缠论的走势中枢、中枢的延伸、中枢的扩展、走势类型的定义等规则自然生长出来的对于走势的分类方法。

由上面的定义可以看出，用缠论中枢模式把握走势，必须首先选定最低级别以及最低级别的走势类型，然后才能根据中枢以及中枢扩展逐级定义出更高级别的走势类型。

实际上，以分笔作为最低级别是不可能的，这不仅不利于观察，更由于其变动的速度超过了一般人的反应速度，而且变动幅度较小，因此变得没有必要。一般来讲，可以将可观察到的 1 分钟、5 分钟甚至更大级别图表上的走势类型作为最低级别，进而层层迭代出更高级别的走势类型，将最低级别之下的变动忽略掉。这种设定并不影响整体走势分析。

级别，是走势类型分类的关键。描述走势类型，必须要在其前面加上级别这一标签，如 30 分钟级别上涨、日线级别下跌、周线级别盘整，等等。当然，这只是惯用的称呼，你也可以称之为级别一、级别二、级别三，这样也没有问题。

同一当下，不同级别的走势类型可能不尽相同。例如周线级别的盘整，日线级别可能是下跌的，而 30 分钟级别可能是个盘整。从这个角度讲，可以说没有级别就没有走势类型，而没有对走势类型的判断，就没有对应的操作。

级别总是和操作周期相关的。一般来说，越大的级别，其走势类型对应的周期也越长，越小的级别，对应的操作周期也越短。从这个角度讲，投资者自然可以根据自己的个人情况，看看自己究竟适合做短线、中线还是长线，从而采用相应的级别进行操作。

级别还和走势的波动范围相关。一般情况下，大级别走势的波动范围大，小级别走势的波动范围小。从这个角度讲，投资者可以根据所选级别的波动范围，来决定自己的资金或者筹码安排。一般来讲，应该在大级别上做大势，在小级别上赌小势。如果是大小通杀的立体式操作，那就要在不同级别安排相应的资金或者筹码量。不能说在某日线级别的上涨中，一个1分钟级别的下跌，就把筹码出光了，这显然是不合适的。

2. 级别与图表周期

所谓图表周期，是指交易软件上按照1分钟、5分钟、30分钟、日线、周线、月线等时间结构对走势进行分类的方法。

必须明确，级别和图表周期是两个完全不同的概念。打个比方，对于一朵花而言，级别就像是从质子、中子、原子、分子等自然结构出发，一层一层地构造出整个花朵。图表周期则是观察这朵花的工具，用肉眼看就是一朵花，用放大镜看则能看到花瓣的纹理以及结构，用不同倍数的显微镜看，则能清晰地看到该花朵内部相应的物质结构。

级别与图表周期虽然是两个完全不同的概念，但二者具有一定的相似性。

首先，二者都是分层的。按照级别来对走势进行分类，可以自然地划分出大级别、中级别、小级别等。按照图表周期分类，走势也可以分为短周期图表、中周期图表以及大周期图表等。

其次，大级别的走势类型，总是由小级别走势类型构成的。大级别走势类型总是构成小级别走势类型的边界，大级别走势类型的变化往往由小级别走势类型的改变来带动。对于图表周期而言，也是如此。

在实际操作中，对于普通交易者而言，如果严格按照级别的定义来分析与操作，虽然保证了分析的精确性，却有失其直观性。由于交易者使用的交易软件都是按照图表周期对走势进行分类的，因此这种分类方法不仅直观，而且符合交易者的操作习惯。另外，由于两种分类方法具有上面所说的相似性，因此在大多数情况下，可以用图表周期来代替级别对走势进行分类。

实际上，还可以将这两种分类方法结合使用。在走势不太强烈的情况下，对精度的要求不是太高，可以用图表周期来替代级别进行分析。一旦走势进入暴涨暴跌阶段，则需要对走势进行精确定位，这个时候就应该严格按照级别的定义来分析与操作了。

3. 长线、中线、短线

常常听投资者说，某人是短线高手，某只股票该中线持股，长线是金、短线是银，等等。是长线、中线还是短线，或者是长短结合，这也决定了一个交易者基本的操作风格。

那么何谓长线、中线、短线？这种说法最早由道氏理论提及。

道氏理论将市场运动分为基本运动、次级折返运动、日常波动 3 个层次。其中所谓的基本运动，持续时间一般在数个月至数年，通常在一年以上，是市场中最基本的趋势，其走势具有稳固性。根据基本运动进行操作，对应的就是长线操作。日常波动杂乱无章，变化频繁，难以把握，持续时间一般为数天至数个星期。根据日常波动进行操作，对应的就是短线操作。次级折返运动介于基本运动和日常波动之间，是逆于基本运动的中级走势，持续时间一般为数个星期至数月。根据次级折返运动进行操作，对应的就是中线操作。

根据上面所说的三重运动持续的时间，结合图表周期，可以将市场中存在的这三重运动进行量化。一般来讲，根据日线及以下的走势进行操作，就是所谓的短线；根据周线走势进行操作，就是所谓的中线；根据月线及以上的走势进行操作，就是所谓的长线。

需要注意的是，小级别虽然变动快速且频繁，但并非杂乱无章，只是一般人的反应速度达不到小级别的节奏，使得小级别显得杂乱无章而已。对于交易者来讲，选定自己的反应速度能够跟得上的图表周期进行操作，这是最重要的操作原则。反应速度慢的，应该选择较大的图表周期，例如日线、周线等进行操作。反应速度较快的，天生的短线好手，利用短线快速积累，当然是一种更好的方法。所谓“知己知彼，百战百胜”，交易中，人首先要了解自己。

时间是相对的，你和恋人一起愉快玩耍的时间，总是比焦急等待恋人的时间过得快一些。另外，时间的相对性早已被爱因斯坦的相对论所证明。利用级别的定义，一样可以定义出自己的长线、中线和短线。选定某图表周期作为可操作的最低级别，之后在此级别上根据定义判断走势类型，根据该最低级别操作就是短线操作。根据级别迭代原则，由最低级别向上逐级延伸，可以定义出中线和长线操作。例如，反应速度快的，可以把 5 分钟图表、30 分钟图表作为自己的最低级别，反应速度不是那么快的，可以将 60 分钟图表、日线图表作为自己的最低级别，进而定义出自己的中线、长线。

4. 选择操作级别

走势的级别是客观的，但根据什么级别操作却是主观的，投资者可以根据个人以及市场的走势情况，来选择相应的操作级别。

“根据个人情况而定”，就是要根据自己的看盘时间以及操作水平来确定自己的操作级别。对于看盘时间较少的投资者，应该选定较大的级别来操作，忽略小级别的波动。

大级别的买卖点之间通常有较大的波动幅度，这样可以防止买点介入之后卖点出现之前出不去的问题。对于看盘时间较多而短线技术不好的投资者，同样应该选择较大的级别来操作。对于有充裕看盘时间而且短线技术较好的投资者，可以在选好标的的前提下，对该标的进行中长线操作，同时根据短线指标来打短差，以降低持仓成本，提高资金的使用效率。

“根据市场情况而定”，就是要根据标的各级别的走势类型来确定。这就像平时上路开车，你不可能事先设定好从 A 地到 B 地都以某个速度来行驶，具体的行驶速度要根据路况而定。如果是高速公路，当然要开的快一点，如果遇到学校或者十字路口，那么你以高速公路要求的速度行驶，肯定是要出事故的。交易也一样，大级别走势好的时候，当然要操作大级别，否则一个周线级别的上涨，你在 30 分钟级别的卖点就出清了，那肯定是赚不到钱的。当大级别走势不好，只是小级别中有趋势行情的话，如果你还要坚持大级别操作，还去制定雄心勃勃的操作计划，结果肯定是被套牢。

一旦选择好级别，那么剩下的工作就简单了。对于趋势型投资者来说，就是只参与该级别的趋势，回避该级别的盘整与反趋势，直到该级别趋势结束为止。对于震荡型的投资者来说，就是围绕该级别的盘整区间做低买高卖的操作，直到该盘整格局被有效破坏。当然，水平高的人，可以选择盘整与趋势通杀，这就要看自己的修为了。

还有一种情况，当你介入某级别走势类型时，由于该级别走势类型的变化引发了更大级别走势类型的质变，这个时候，交易者当然还可以继续按照同级别走势类型进行操作，但一旦更大级别的趋势变得十分有利，当然可以换挡操作。这样的换挡操作起来更简单，而且往往获得的利润更大。如图 2–36 中，在向上箭头处介入，你准备做一波 30 分钟的上涨。但当走势走到向下箭头的位置，回调明显破坏了前面的盘整，这个时候交易者可以选择不退出，而是等新的日线级别的上涨走完之后再考虑退出，这就完成了一次有效的换挡操作。

5. 级别与资金管理

缠中说禅说：“级别的意义其实只有一个，基本只和买卖量有关。日线级别的买卖量当然比 1 分钟级别的要多多了，可以用更大的量去参与买卖，例如 100 万股，1000 万股，甚至更多。”由此可见，级别不仅与技术分析相关，还与资金管理息息相关。

大级别安排大资金，小级别安排小资金，这是资金管理的一条重要原则。

为什么？首先是因为小级别走势的买卖点频繁出现，交易者过多地决策，往往难以做到长期精确。另外，小级别的买卖点往往在盘中完成，交易者在盘中往往是凭着情绪化的因素做出决策，因而赌博的色彩更浓一些。在市场中长期重仓赌博，是不可能取胜的。

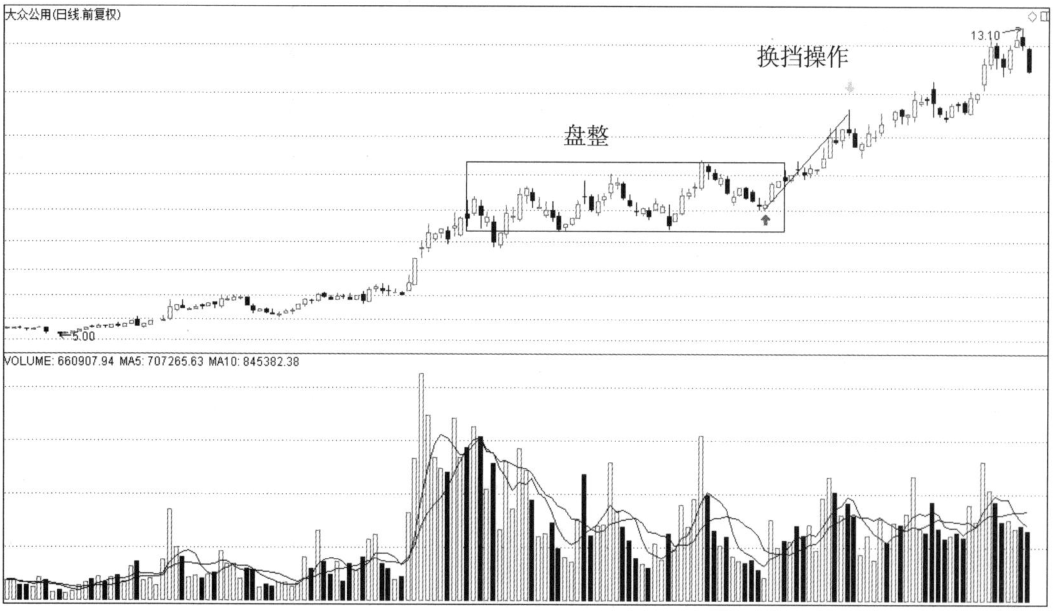

图 2-36　大众公用（600635）日线走势图：换挡操作

其次是因为小级别的涨跌空间往往比较有限，再加上交易者的反应时间，即使判断正确，其买卖点之间的利润再刨去手续费之后，获利也可能微乎其微。承受重仓甚至满仓的压力赚取蝇头小利，这是非常不经济的做法。

在多级别联立的立体操作体系中，根据级别安排资金或者筹码是十分有利的。例如，对于一波大级别的上涨，其洗盘往往是以小级别的反趋势完成的，如果交易者在小级别的卖点全仓卖出，一旦不能在小级别的买点再次回补，那就被洗出局了，就有可能错过一波大的行情。以小仓位做小级别走势，把战略性的仓位用来做大级别走势，则不会出现这种问题。即便是小级别卖点之后的小级别买点不能及时回补，也有战略性的仓位对应大级别的走势，这样不至于错过太多的潜在利润。

交易如同打仗，仓位就是你武器库中的武器。轻仓就像弹弓、手枪之类的轻武器，重仓，就像导弹或者核武器之类的战略武器。导弹不是用来打鸟的，弹弓也不可能把飞机打下来。

当然，资金管理不仅仅包含仓位控制。在明确某级别对应的资金量或者筹码量的前提下，交易者还应该设计一套严格的分批介入和退出程序，这才是完整的资金管理策略。

二、中枢

中枢是缠论定义走势类型的关键，是缠论分析与构建操作体系的基础。

1. 中枢的定义

先给中枢下一个标准定义。

中枢标准定义：某级别走势类型中，被至少 3 个连续次级别走势类型所重叠的部分，称为本级别中枢。如图 2–37 所示。换言之，本级别中枢由至少 3 个连续次级别走势类型的重叠部分所构成。这里的走势类型包括上涨、下跌、盘整等 3 种走势形态。

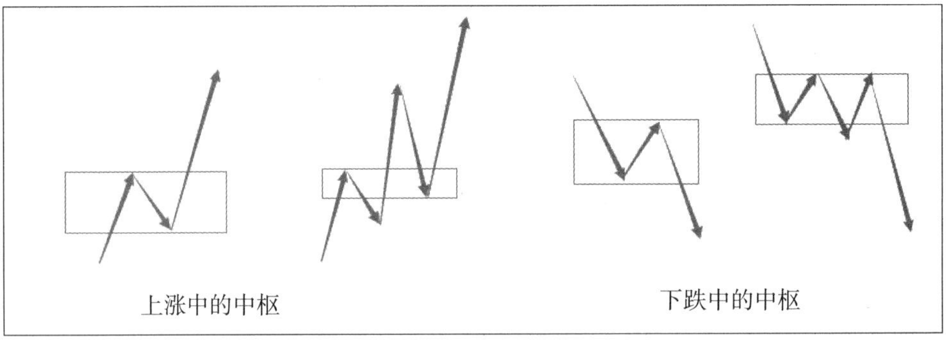

图 2–37　走势中枢示意图

图 2–37 中，每一个带箭头的线段，都代表一个次级别的走势类型。假设图中每一个案例都代表一个完整的走势类型，可以根据定义画出这个走势类型的中枢。

这里有一个递归的问题，就是这里的次级别不能无限地延伸下去，否则便会陷入循环定义的圈子。实际操作中，应该按照自己的实际情况去设定最低级别。例如，如果是上班族，就意味着日内是无法操作的，因此至少应该把自己的交易级别建立在日线上。对于有充足看盘时间的交易者，可以根据自己的反应速度，把最低的不可分解的级别设定为 30 分钟或者 60 分钟级别，而后用分型、笔、线段来确定最低级别的走势类型，再根据走势类型定义中枢。如图 2–38 所示。

当然，对于中枢，也有近似的处理方法。某级别中枢，如果交易者是同级别交易或者懒得下降级别，可以用本级别图表上的笔来代替次级别的走势类型，以分型的极限点位作为次级别走势类型的高低点。这样做不太严格，也难以做到精确，但多数情况下，这种方法得出的中枢总是和完全按照定义构建的中枢相吻合。如图 2–39 所示。

2. 中枢的意义

中枢是缠论定义走势类型的基础。缠论将走势类型分为趋势和盘整两类，趋势又可以分为上涨与下跌。某级别盘整包含一个该级别中枢，而某级别趋势至少包含两该级别中枢。如果这些中枢是依次向上的，就称为上涨，反之则称为下跌。由此可见，任何走势类型都必然包含至少一个中枢。而任何级别的任何走势类型，都可以完全地划分为上涨、下跌、盘整三类，因此，中枢是分析一切图表的基础，是走出走势迷宫的出口。

图 2–38　中国宝安（000009）30 分钟图上标示的日线级别中枢

图 2–39　以笔代替次级别走势类型构建本级别中枢示意图

中枢，在最小级别上用以定义走势类型。前面说了，对走势的定义，必须有一个最小级别存在，最小级别之下的走势细节，都可以忽略不计，这个最小级别走势，就是缠论定义走势类型的基础。没有这个最小级别的走势类型，走势的定义将陷入无休止的循环定义。在最小级别上，缠论通过分型构造笔，通过笔构造线段，通过线段构造最小级别走势图上的中枢，通过中枢构造最小级别走势类型。

中枢是判断走势级别的标尺。走势的级别不是由走势的涨跌幅度决定的，对于一只连续涨停或者连续跌停的股票，虽然涨跌幅度很大，但本质上仍然是最低级别的走势。走势的级别也不是由走势运行的时间来决定的，一个 30 分钟级别的走势类型，可能会持续几天、几周甚至几个月都没什么稀奇的。走势的级别是由中枢来定义的，有什么级别的中枢，才有什么级别的走势类型。例如，说某级别上涨是日线级别的上涨，那么该上涨中必然出现了日线级别的中枢，也就是说 30 分钟级别上出现至少 3 个连续走势类型重叠的部分。

中枢是判断买卖点的逻辑前提。这句话包含 3 个层面的含义：首先，判断买卖点要先判定级别，而级别是由中枢来确定的。其次，有一些中枢对应着某种程度的震荡，震荡必然有高低点，于是，中枢震荡的高低点就是值得把握的买卖点。特别是某些宽幅的中枢震荡，规律性强且幅度较大，如果能够完全把握，其所得利润往往比操作单边趋势来得更大。任何走势类型都必然至少有 1 个中枢，盘整有 1 个中枢，类比"线段必完美"的原则，盘整走势的第二个次级别走势末尾，就是一个必然的买卖点。趋势有 2 个以上的中枢，对于第一个中枢，可以类比盘整来把握其买卖点。对于之后的中枢，那么前中枢确认结束的点，就是一个必然的买卖点。如图 2–40 所示。

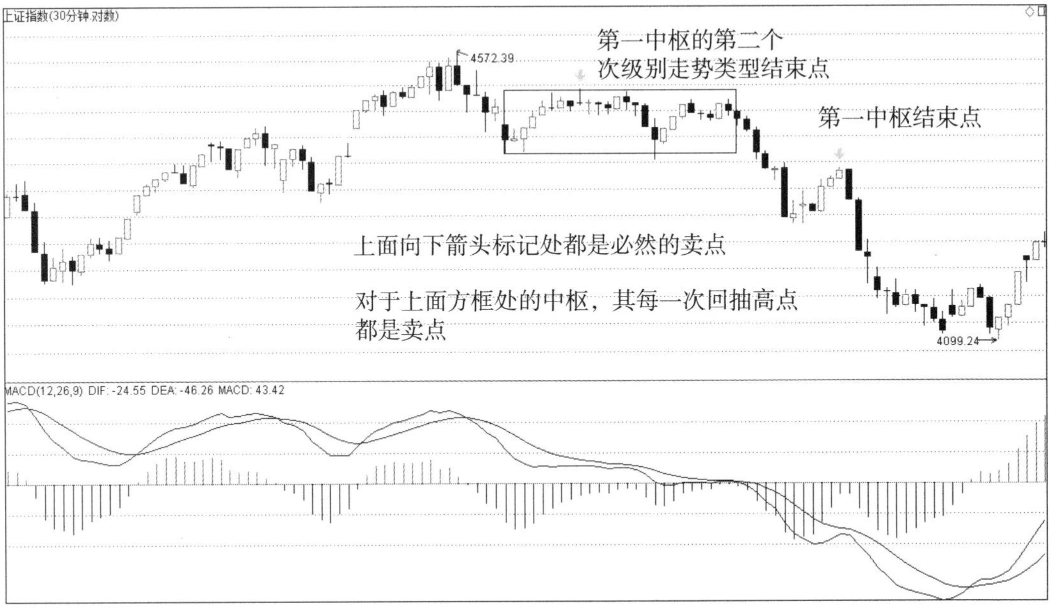

图 2–40　下跌趋势中的必然卖点示意图

3. 中枢的形态与复杂度

中枢本质上是多空双方的争夺，反映在盘面上，常常表现为各种较为复杂的整理形态。中枢可以包括西方技术分析中形态理论中的所有典型图形，例如头肩顶、双重顶、三角形、矩形等，如图 2-41、图 2-42 所示。当然，并非所有中枢都符合形态理论中的经典图形，除此之外，更多的中枢呈现不规则的形态，只要符合中枢的定义就没问题。

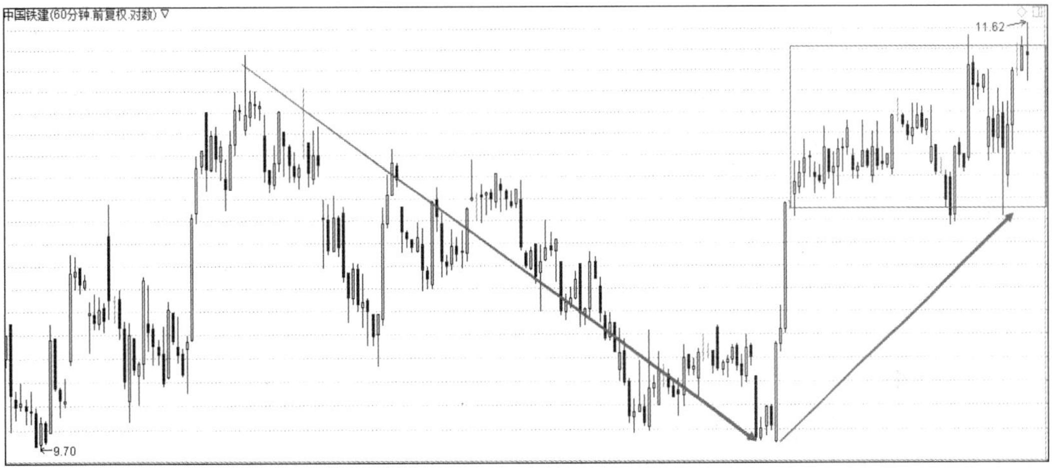

图 2-41　扩散三角形中枢示意图

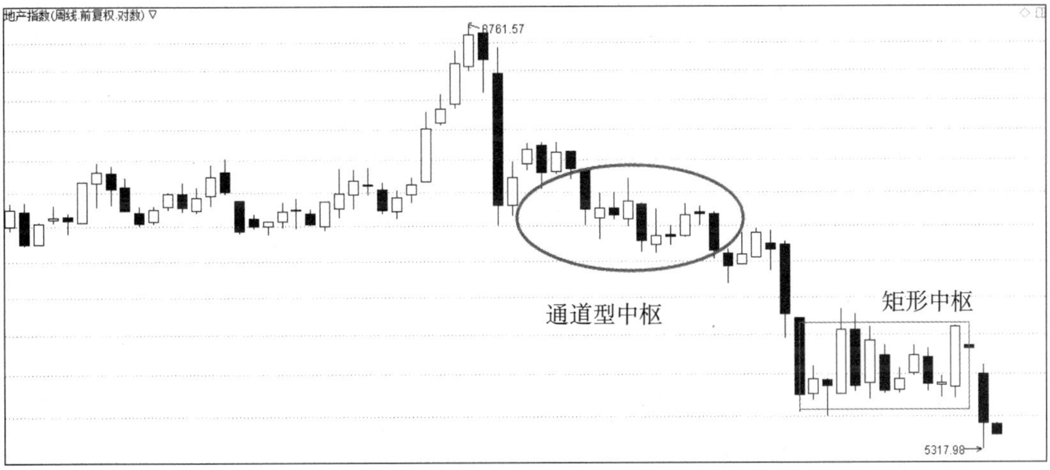

图 2-42　通道型、矩形中枢示意图

中枢的复杂度反映了多空双方争夺的激烈程度。复杂的中枢，一般表现为以下两种形式。

第一种形式是围绕中枢区间宽幅震荡，期间多出现各种假突破与假跌破等，如图 2-43 所示。多数趋势交易者都牺牲在这样的中枢之中，具体表现为刚一突破就大幅回调，或者刚一跌破就猛烈反抽，导致趋势投资者无所适从，左右挨巴掌。

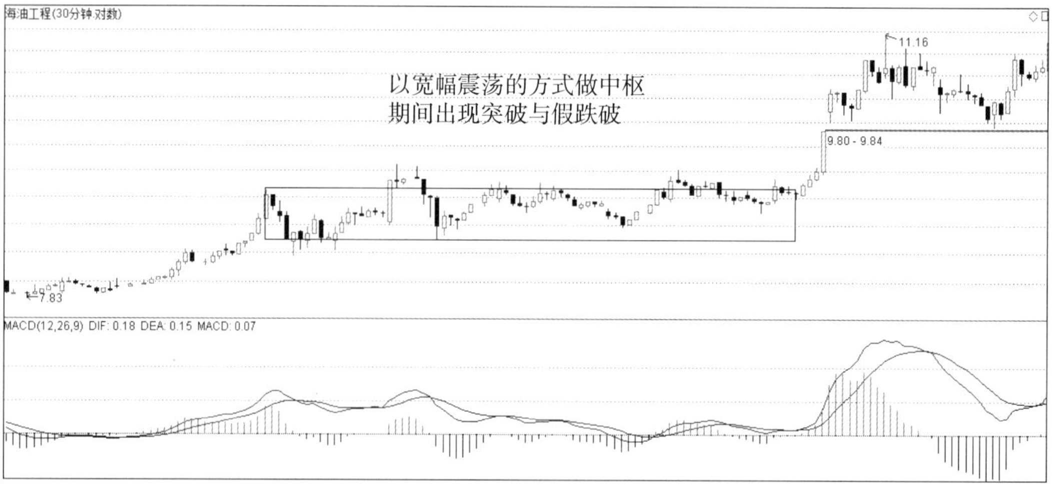

图 2-43　宽幅震荡方式整理示意图

第二种形式表现为较长时间的整理，如图 2-44 所示，这种情况比较考验人的耐心。对于那些资金来路不明且具有使用期限的交易者来说，这种整理方式往往容易达到目的。对于散户而言，由于缺乏耐心，也往往在这种中枢上吃亏。这种中枢打的是消耗战，其后的走势往往力度极大，从而使出局的交易者后悔不迭。

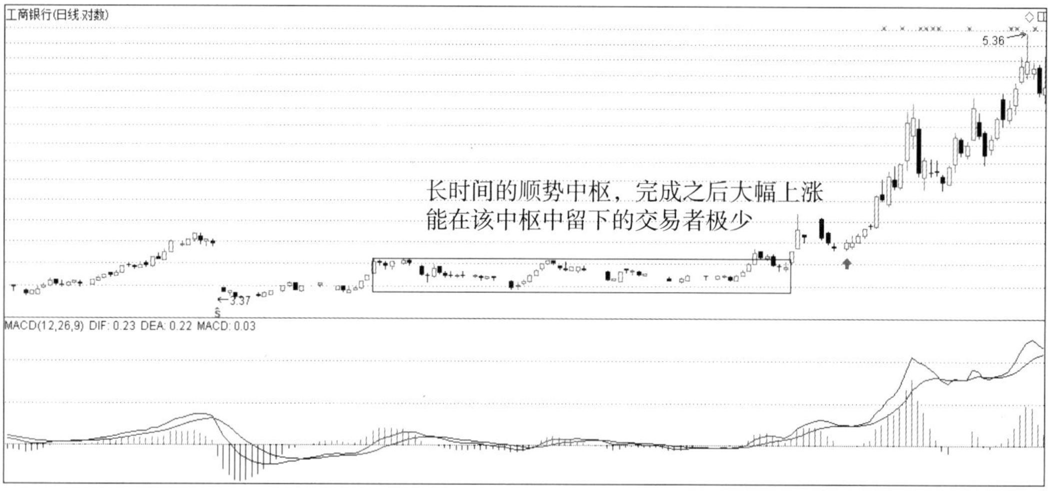

图 2-44　以长时间方式整理示意图

简单的中枢，大多意味着市场主力强控盘，反映在盘面上，就是走势为较为规则的中枢调整，最常见的就是上涨中以下 - 上 - 下的方式完成中枢，或者下跌中以上 - 下 - 上的方式完成中枢，如图 2-45 所示。这些走势，其后往往会沿着趋势的方向运行，有比较可观的涨跌幅度，且无需经历长时间震荡的折磨。

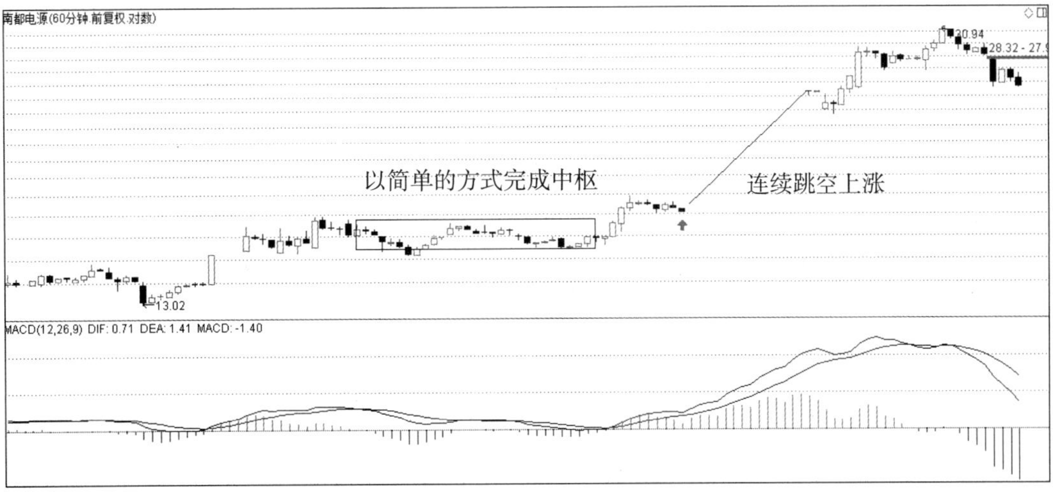

图 2-45　上涨中以下 - 上 - 下的方式完成中枢

无论是哪种中枢，其结束的规则是一样的，就是以次级别走势类型离开中枢，之后的次级别回抽不再进入中枢区间。站在操作的角度，最有力的破坏就是次级别突破之后，以 1 个次级别盘整的方式进行回抽，且不回到原中枢区间。这种走势，从多空攻防的角度看，意味着某一方极度强势。例如在上涨中，一个次级别走势向上突破后，如果以一个盘整走势进行回抽整理，那么其后的上涨往往比较有力，特别是这种突破发生在底部区间时，如图 2-46 所示。

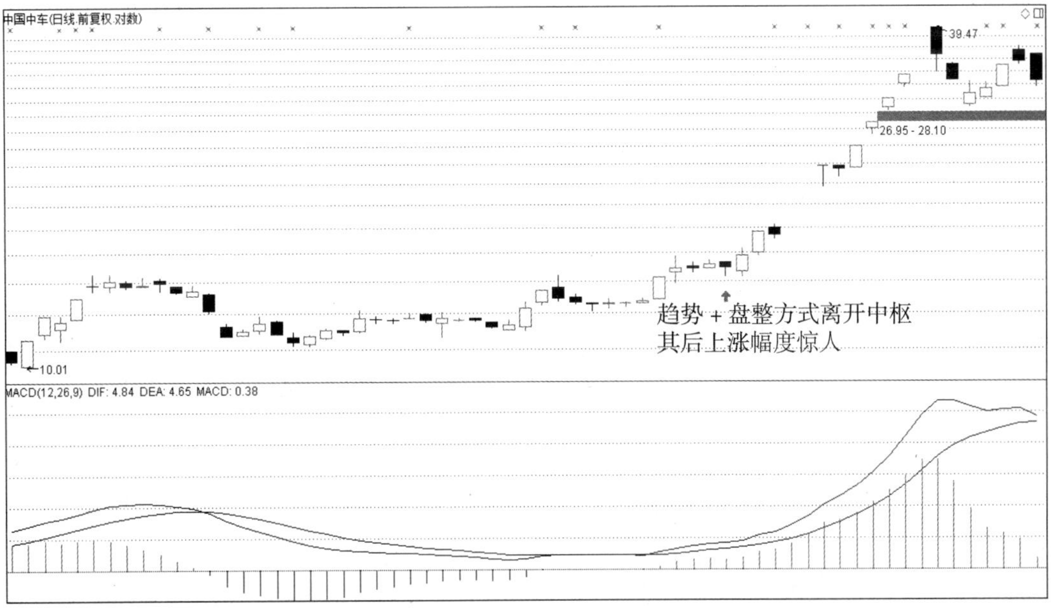

图 2-46　中国中车（601766）2015 年 3 月前后日线走势图

4. 中枢交替现象

所谓中枢交替现象，指的是同一趋势中的相邻两个中枢，其中枢的复杂度往往不一样。譬如，在某级别上涨趋势的相邻两个中枢，如果第一中枢构造简单，那么第二中枢就相对复杂些；如果第一中枢走出较为复杂的形态，那么第二中枢就相对简单些。如图2-47所示。

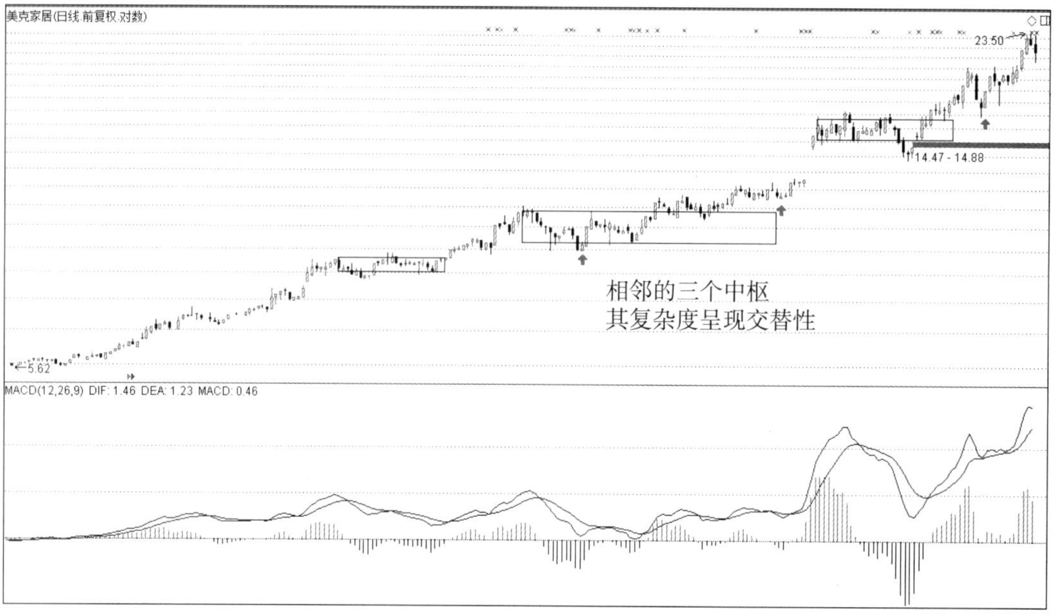

图2-47 中枢交替现象走势图

为什么中枢会呈现交替性的现象？

首先，由于交易者都有提前量。提前量就是指预期，交易者在操作中经常找最近的模本去抄袭，这样就等于在买卖的合力中都加了一个提前的变量，从而造成整个结构的变化。

其次，一般来讲，同一趋势不同推动段的变化速度常常不一样。以上涨为例，一波上涨趋势中，通常有所谓的初升段、主升段等速率或者幅度不同的推动段。不同的上升幅度与速率，其后的调整速度也不一样。一般来讲，幅度或者速率较大的推动段，需要消化的获利盘更多，因而其后的调整更复杂。幅度或者速率较小的推动段，需要消化的获利盘较少，因而其后的调整较为简单。这也是造成中枢具有交替性现象的重要原因。如图2-48所示。

中枢的交替性原则在实战中有什么指导意义？

首先，心理层面，绝对不能因循守旧。大多数人都在年复一年地过着因循守旧的生活，例如，熟悉的工作，熟悉的房子，熟悉的街道，等等，这让人们在生活中有一种安

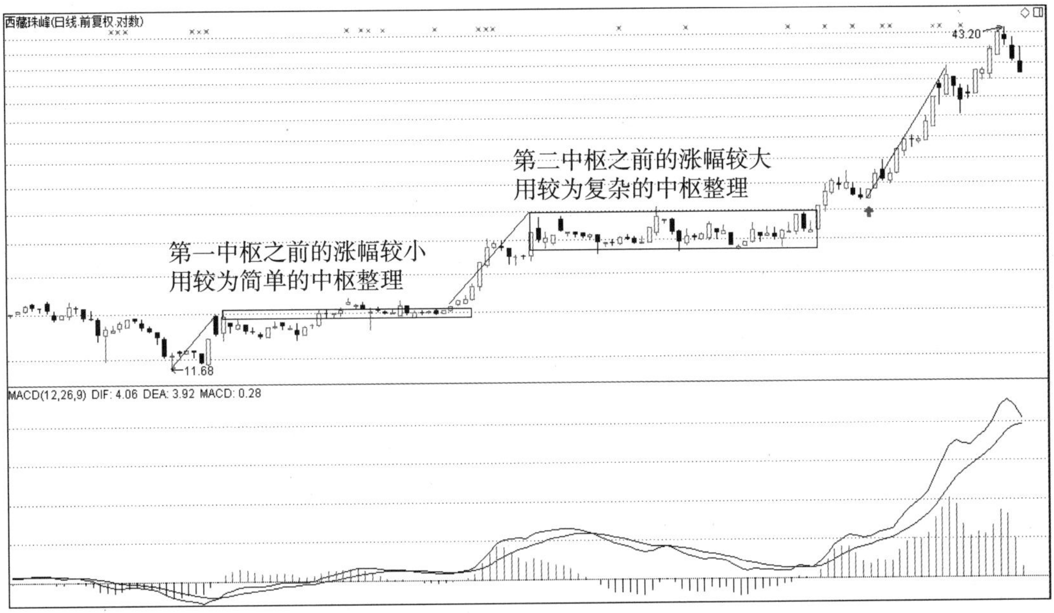

图 2-48 中枢交替现象走势图

全感。市场却不是这样的地方，它不会绝对地复制自己过去的运动方式。市场运动如同大海，大海虽然年复一年地以潮汐的方式运动，但每个波浪之间绝不相同。顶尖的冲浪者都是置身其中感知波浪的变化，并根据自己的感知驰骋于波浪之间。没有当下的感知，恐怕冲浪者早已葬身波浪之中了。

其次，在操作中，应当尽量避免那些暴涨过的股票。其理由在于，暴涨过的股票，其后的整理往往以复杂的中枢方式来进行，如图 2-49 所示。复杂的中枢要么占用时间，要么浪费空间。对于交易者来讲，操作复杂中枢是效率极低的操作方式。操作中，应当尽量选择那些没有暴涨过且中枢较为简单的股票，这类股票中枢结束后往往会快速拉升。

关于中枢交替的现象，交易者需要明白的是，这种现象并非必然，只是从统计的角度讲，概率较高而已。不能说所有趋势中，相邻两个中枢的复杂度都是不一样的。对于交易者而言，最大的忌讳就是套用模式去操作。模式是实践中总结出来的，是归纳的产物。从逻辑学的角度讲，所有的归纳都不可能是完全可靠的，只有纯逻辑推演出来的结论才值得信任。例如，任何级别任何走势都可以划分为上涨、下跌和盘整，这就是纯逻辑的推演，是永远颠扑不破的真理。

5. 中枢辅助操作

（1）中枢震荡操作策略。

利用中枢辅助操作，首先体现在对中枢震荡的操作上。中枢，无论是否表现为规则

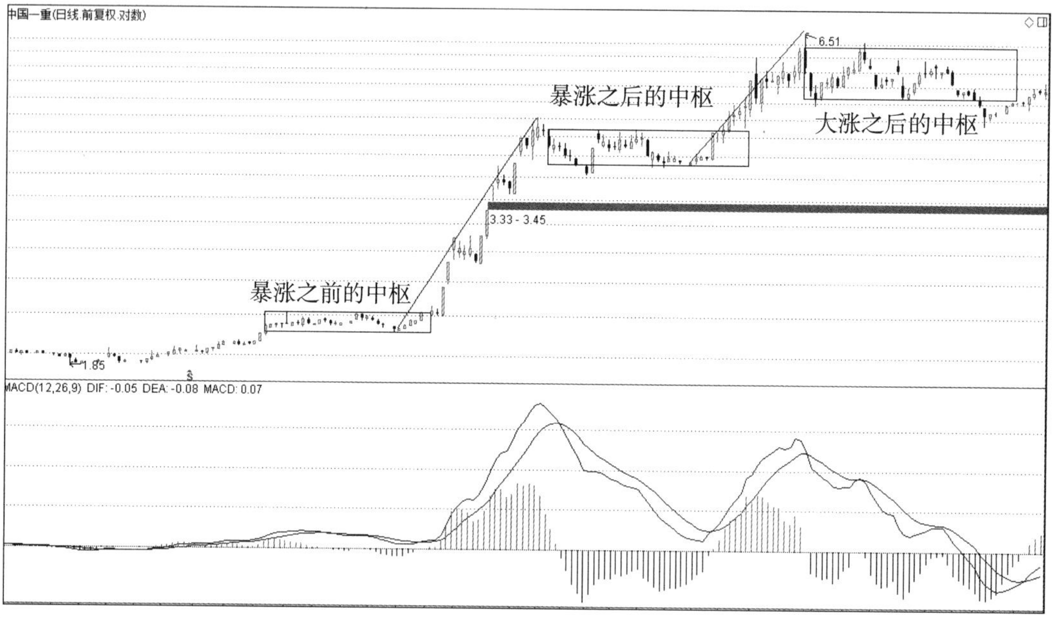

图 2-49　暴涨前后中枢对比图

图 2-50　围绕中枢的操作示意图

的形态，大都反映一种平衡的态势。平衡的态势，其高低点的区间大致维持在一定的范围内。利用中枢辅助中枢震荡操作，就体现在对这种平衡的把握上。具体的做法就是在中枢区间低位附近买入，高位附近卖出，从而获得差价利润。如图 2-50 所示。

这种操作方法，如果中枢是较为规则的形态，则可以获得精确的买卖点。例如，箱体式中枢或者三角形中枢，其高低点是显而易见的，而且容易把握。如果是不规则的中枢，追求绝对精确就是不可能的了，这时候应该追求相对精确。不规则的中枢，围绕其制定震荡策略是困难的，所有的假突破与假跌破，大都发生在这种中枢形态上。

中枢震荡的操作策略，其前提是中枢震荡的态势得以维持。但所有的平衡最终都将被打破，一旦这种态势被打破，则需退出该操作模式。需要注意的是，操作中枢震荡，最好在震荡的早期介入。中枢震荡的时间越长，其距离灭亡的时间就越近，相应地，操作稳定性就越差。

（2）中枢新生的操作。

如同生命体一样，中枢必然要经历生住坏灭的过程。任何中枢都将完成，这个时候就说明新的中枢要出现了。趋势中，操作两个中枢之间的连接段，就是对中枢新生的操作。一般的程序是，在前一中枢确认结束的时候介入，新的中枢确认生成的时候退出。

特别需要注意的是，操作中枢新生，最好是在趋势中第一中枢结束的时候进行。虽然趋势中可能有无数个中枢，理论上说，任何一个中枢的结束点都可以去操作，但绝大多数情况下，趋势走出两个中枢之后就结束的可能性更大。第二中枢之后的中枢，演变为反转中枢的可能性急剧增大，相对来讲风险也急剧增大，其操作意义较小。如图 2–51 所示。

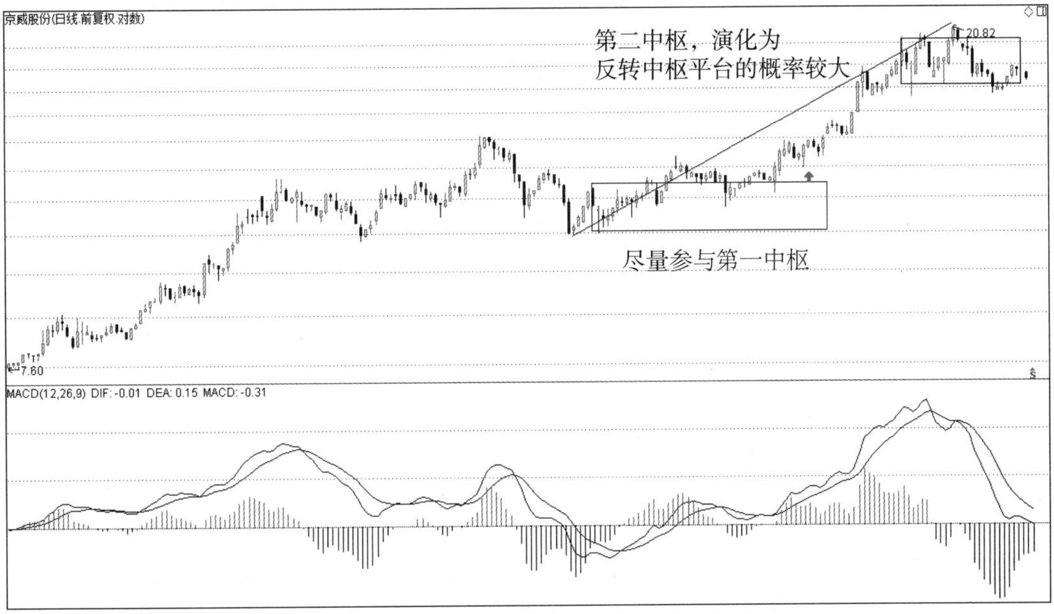

图 2–51　第一中枢的震荡买卖点与其结束的买卖点

（3）利用中枢降低成本。

如果是在大级别建仓，操作大级别的趋势，利用中枢震荡降低成本就很有必要性了。这是因为，首先，大级别的调整往往时间较长。例如周线级别的调整，往往要花费几周甚至几个月的时间，有这些时间，当然可以来来回回地做几把。其次，大级别的调整往往空间较大。无论什么样的资金规模，较大幅度的资金回撤都是无法容忍的，当然也没有必要容忍。利用中枢震荡降低成本，本质上就是长线专注于某只股票，然后利用中短线指标打短差。获得的短差越多，短线盈利越大，相应地建仓成本就越低，抗风险能力就越强，持续打短差，到趋势末端将拥有无与伦比的优势。

利用中枢降低成本，这种操作首先要注意控制好资金量，只要大级别的趋势没坏，基本的筹码就绝对不能丢。其次，要注意控制级别，不是所有的短差都可以做，也不是所有短差都适合所有人操作。太小的级别，对于一般水平的交易者是极难把握的，往往一个短差下去，就把筹码弄丢了。

（4）务求简单。

曾做出惊世1单的美国著名期货专家斯坦利·克罗，在其书中曾提出这么一个原则——KISS（Keep it simple,stupid. 意为保持简单和直接），并将之作为自己交易的座右铭。这里所谓的“简单”有多重含义，包括只按照图表进行分析，只按照图表提供的信号进行操作，等等。

简单原则，从中枢的角度看，对于中枢震荡的操作，就是尽量选择那些规则的中枢进行操作，如图2-52所示。从中枢新生的角度来看，就是尽量选择那些走出中枢，且中枢较为简单的品种进行操作。简单就是力量，简单就是美。简单往往意味着市场主力强力控盘，主力强力控盘，其后往往有快速或者大幅度的波动收益。如图2-53所示。

图2-52　规则中枢示意图

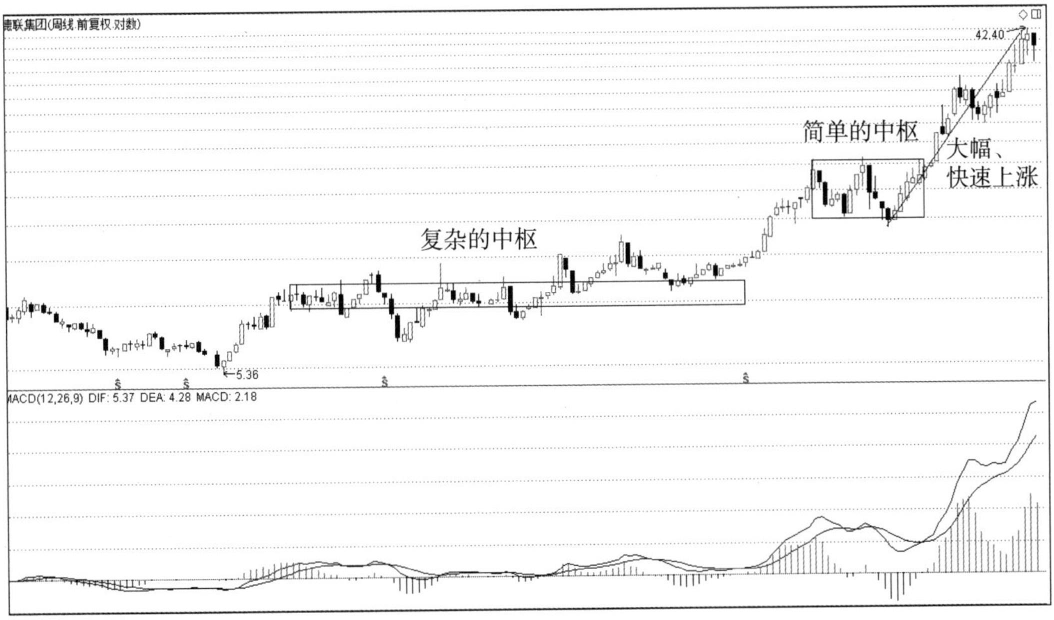

图 2–53　简单中枢开启大幅快速上涨

三、走势类型与买卖点

对于单一品种的交易来说，最重要的因素无非 3 个：级别、走势类型、买卖点。逻辑上，决策的步骤应该是这样的，首先根据自己的交易风格与市场情况确定交易级别。其次，判断该品种该级别是什么走势类型，以及当下处于走势类型的什么位置。再次，等待买卖点的出现，买点买入，卖点卖出。

3 个要素之中，级别是可以事先确认的，也是可以自己选择的。例如，如果市场整体强度较好，遇到 2006–2007 年或者 2014–2015 年、2019 年初那样的大行情，那么毫无疑问应该大级别操作。反之，如果市场强度较差，例如 2007–2008 年的大调整行情，则应该小级别操作或者不操作。如果整体市场强度处于均衡态势，例如 2012–2014 年的 A 股行情，那么应当根据自己的交易品种确定级别，如图 2–54 所示。另外，也可以根据自己的交易风格选择级别，有些交易者喜欢做短线交易，可以选择 30 分钟、15 分钟甚至 5 分钟级别；有些偏重基本面和长线交易的，可以采用日线、周线甚至月线级别去操作，这也是可以事先确定的事情。

一旦级别确定，剩下的就是判断走势类型与等待买卖点的出现了。走势类型与买卖点二者的关系中，走势类型是基础，买卖点则是走势类型在多空双方合力作用下派生的价位。因此，讨论走势类型和买卖点，其重要性非比寻常。

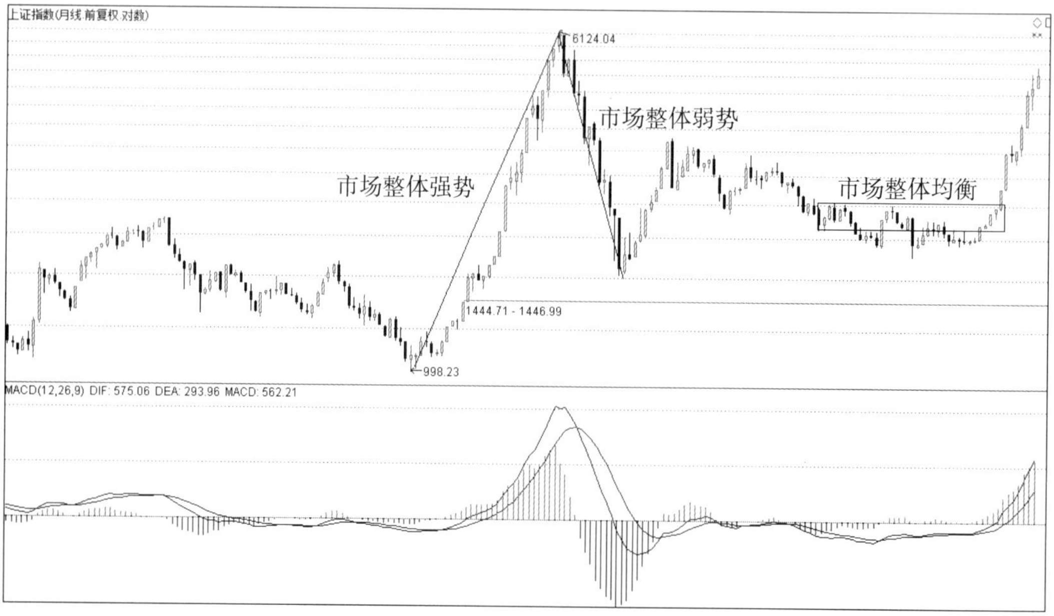

图 2-54 市场强势、弱势、均衡市示意图

1. 走势类型的定义及对比分析

前面曾多次提到，走势类型可以完全地划分为趋势和盘整，趋势又可以分为上涨和下跌。这个结论不是从天上掉下来的，而是从无数事例与图形之中总结出来的，适合于地球上所有以价格标记的一切事物。

对于技术分析来讲，该结论是第一条公理。如果怀疑这个公理，那么就将陷入完全的随机漫步理论的误区。注意，随机漫步的现象是存在的，但并不是绝对存在的，只是在相对时空的前提下存在。把随机漫步当作市场的自性，肯定是不对的。如果市场永远是随机漫步的，那么就不可能有人从市场中赚到钱，这显然是不符合现实的。

从上面的推理可知走势类型的存在性，那么如何定义走势类型呢？

（1）西方技术分析理论对走势类型的定义，如图 2-55 所示。

上涨：最近一个高点比前一高点高，且最近一个低点比前一低点高。

下跌：最近一个高点比前一高点低，且最近一个低点比前一低点低。

盘整：最近一个高点比前一高点高，且最近一个低点比前一低点低；或者最近一个高点比前一高点低，且最近一个低点比前一低点高。

（2）缠论对于走势类型的定义，如图 2-56 所示。

上涨：在任何级别的任何走势中，某完成的走势类型有两个以上同级别中枢，且中枢区间依次升高，就称为该级别的上涨。

下跌：在任何级别的任何走势中，某完成的走势类型有两个以上同级别中枢，且中

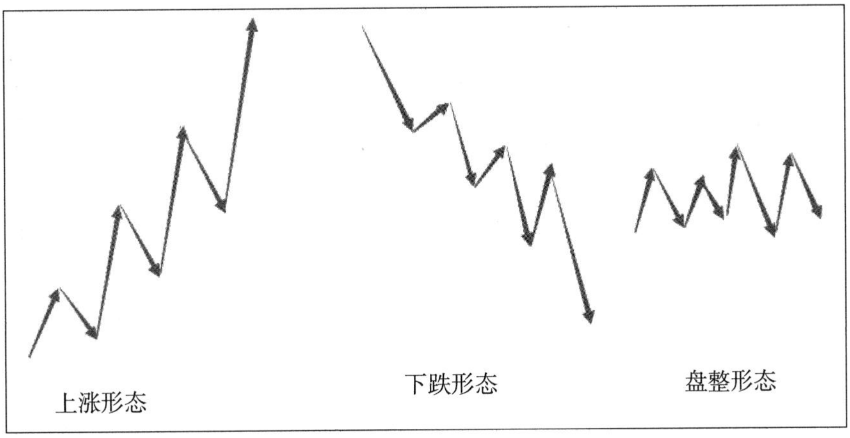

图 2-55　传统走势类型示意图

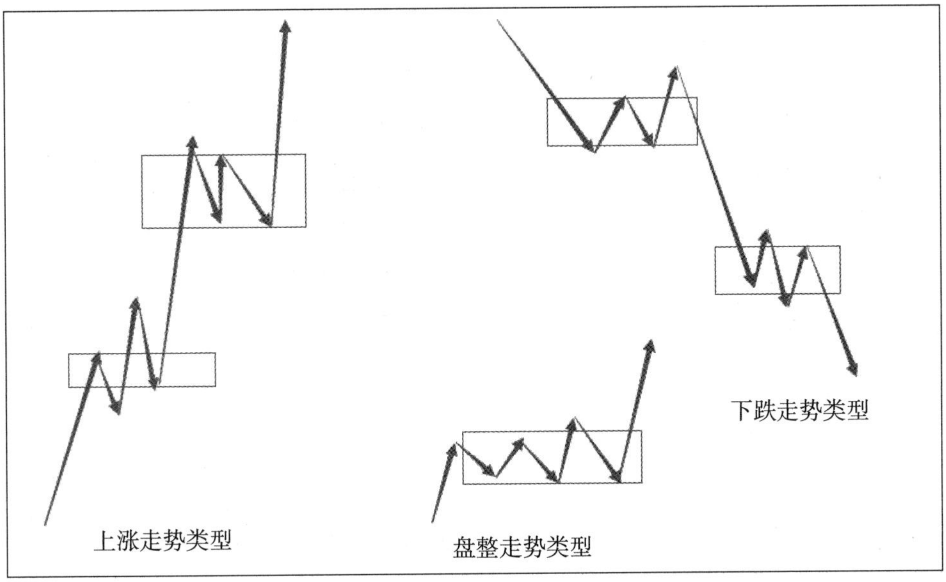

图 2-56　缠论标准走势类型示意图

枢区间依次降低，就称为该级别的下跌。

盘整：在任何级别的任何走势中，某完成的走势类型只包含一个同级别中枢，就称为该级别的盘整。

注意，上面的模式只是理想状况下的情况，实际情况可能要比理想情况复杂得多。交易者绝对不能用标准模式去套实际走势情况，陷入本本主义的错误之中，而是要灵活应对。

（3）对比分析。

对比两种走势类型的定义方法，不难发现有以下不同之处。

首先，传统技术分析的定义缺失级别的概念，而缠论的级别定义则旗帜鲜明。必须首先明确的是，所有的走势类型都建立在一定周期的图表上，例如日线上的盘整，在 30 分钟线上可能就是上涨或下跌。图表周期是判断的基础，选择的图表周期，与上面所说的交易系统的确定是一致的，与交易者的资金、性格、操作风格等密切相关。

其次，按照传统技术分析的定义，一浪比一浪高是上涨，一浪比一浪低是下跌，而实际的走势中，出现复杂调整的概率太大了。如果按照该定义，随便一个复杂的调整都能把你洗出去，还怎么能长期持有，怎么获取大利润？

第三，缠论走势类型的关键构件——中枢，是由次级别走势类型重叠而成。这种分析方法，使得交易者自然而然地在操作过程中至少兼顾到本级别和次级别两个层次的走势，从而使分析与操作呈现出一种立体的特征。大家知道，任何事物的生住坏灭，都是从小的变化开始的。例如，水果的腐烂总是先从内部开始，一个政治联盟的灭亡，总是始于其内部的矛盾，走势类型当然也不例外。自然地，缠论观察的层次多，得出的结论更可靠，也更精确。

当然，传统技术分析理论体系出现上百年并能不断流行，自然也有其优点。

传统技术分析理论针对性更强。实践中，特别是趋势较为明显的时候，走势反映在图表上，往往就呈现出一浪高过一浪或者一浪低过一浪的形态，但这只是特例。纵观世界证券市场发展史，趋势明显的市场占用的时间只是一小部分，在整个走势中，震荡的时间占比要远远超过传统技术分析理论定义的特征明显的趋势。在这方面，缠论的定义适用性更广，是真正做到多空通杀、牛熊通杀的大一统的技术分析理论。

2. 背驰与盘整背驰

在深入分析具体走势类型之前，先补充两个概念：背驰与盘整背驰。

（1）背驰。背驰是判断趋势力度的方法，指的是趋势力度衰减，不足以支撑出现新高或者新低价位，而现实却与之相反，不断出现新高或者新低。出现这样一种技术形态，说明市场出现了背驰。

对于趋势来讲，趋势力度是支撑趋势价位变化的内在因素。如同日常生活中用手托起一个铁球，当然是向上托举的力量越大，铁球被举得越高。对于趋势来讲，正常情况下，其内在的动力越大，价格走势就越凌厉。如果趋势力度减小而价格不断创出新高或者新低，这是一种不健康的情况，一种病态的特征，意味着趋势已经是强弩之末了。所谓“强弩之末势不能穿鲁缟”，其内在含义正在于此。

没有趋势，没有背驰。盘整中是不可能有背驰的，背驰必然出现在趋势之中。趋势必然有至少两个中枢，也就是说，至少形成两个中枢之后，才有可能出现背驰。另外，背驰必定有其级别，1 分钟图上的背驰显然和日线级别的背驰是不一样的，说背驰，必须带上“级别”这个限定语。

趋势分为两种：上涨和下跌。那么背驰就自然地被分为两类：顶背驰和底背驰。所谓顶背驰，就是在上涨中出现的背驰，底背驰则是在下跌中出现的背驰。

判断背驰有两个因素：趋势力度与价格的新高与新低。价格的新高与新低很容易判断，可以直观地从盘面上看出来，而趋势力度则不是那么明显。一般来讲，判断趋势力度需要借助均线、MACD 指标。判断趋势力度，比较的两段必须是趋势中相邻的推动段。对于上涨趋势来讲，就是趋势中上涨的部分，对于下跌来说，则是趋势中下跌的部分。

当然，有的股票可以直接从 K 线图上反映出来，这需要交易者不断积累经验，努力提高自己的盘感。本书后面关于技术指标的内容，会详细地讲解均线、MACD、布林通道等指标的应用方法，以及用其判断背驰的方法。

（2）盘整背驰。

背驰是判断趋势力度的方法，盘整背驰则是判断盘整走势内部次级别走势力度的方法。盘整背驰的判断方法主要适用于盘整形态以及中枢震荡。盘整背驰，其内在含义就是 1 个次级别的走势类型试图摆脱震荡区间，从而打破多空均衡的态势，但由于其力度不够，从而被吸引重回震荡区间的情况。

举个例子就很容易明白。中枢也好，盘整也罢，其区间就像一个星体，比如说地球，地球本身对其上面所有的物体都是有引力作用的。现在，地球上的一个物体想摆脱地球引力的影响，冲到太阳系去，唯一的办法就是像火箭一样达到第二宇宙速度。如果达不到这样的速度，那么无论如何努力，最终还是要落回到地球上来的。如果该物体要摆脱太阳的束缚，冲到银河系去，则必须达到第三宇宙速度。走势也是如此，如果摆脱震荡区间的力度过小，则免不了重新回到中枢。

对于一个震荡区间而言，若次级别走势不能突破中枢区间，则不能称为盘整背驰；如果次级别向上突破了中枢区间，但力度衰减，就是盘整顶背驰。出现盘整顶背驰，大概率是要跌回原中枢的。反之，如果次级别向下跌破了中枢区间，但力度衰减，就是盘整底背驰。盘整底背驰，大概率也是要重新升回中枢区间的。

前面说过，对于形态较为规则的盘整或者中枢，没有必要进行过于复杂的分析，因为那些经典形态就是最好的操作指南。对于不规则的中枢，判断是否盘整背驰，应该下降到次级别去观察，其判断方法可以参考后面利用 MACD 指标判断背驰的方法。

利用盘整背驰进行操作，正确的节奏应该是盘整底背驰买入，盘整顶背驰卖出。实际上，绝大多数人不能正确地按照这个节奏操作，其原因主要在于两个方面。

首先是心态的问题。有的人总是在盘整的过程中高位不敢卖，怕一卖就突破，低位不敢买，怕一买就被套。这种人大都不是活在当下，而是活在自己的想象当中。盘整的当下是什么？就是上上下下地来回运动，只要这个格局不打破，盘整就会持续。只要这个当下不坏，就是住，那还有什么可怕的。况且，即使你一操作，这个格局就被破坏了，其后也会有买卖点让你重新上车，有什么可担心的？

当然，也存在这种情况，当均衡被打破之后重新出现买卖点，交易者去忙乎别的股票去了，导致错过了买卖点。其实这不是技术层面的问题，而是交易风格的问题。再次强调，买股票不是买白菜，你所有的交易目标必须精挑细选，之后就要长期关注。交易中，真正的机会总是一闪而过，如果你不专注，那就对不起你的精挑细选。

其次就是拜传统技术分析理论所赐，总是"突破买入，跌破卖出"，这种做法并不算错，但要分清场合。如果市场整体强度特别好，或者是碰到主升段，那么突破买入的策略是正确的。但突破买入的成功率从来都是很低的，更何况有人总是满仓追突破？大多数情况下，追突破就意味着短期内被套。被套后，如果心理承受能力较强，抗得住短线被套，或许有解套甚至等到大涨的一天。如果心理承受能力较弱，就会一直沉沦在"突破—买入—回调—止损"这种恶性循环中，更有甚者被诱多，长时间站在高岗上。从逻辑上说，任何大涨必然要经历突破，任何大跌必然要经历跌破，但是反过来就不一定成立了。也就是说，突破之于大涨，跌破之于大跌，都只是必要而非充分的条件。如图 2–57 所示。

图 2–57　跳空突破构成陷阱

3. 趋势及三类买卖点

趋势操作，是一切成功的交易者自觉或不自觉地遵循的交易法则。所谓自觉的趋势操作者，包括斯坦利·克罗、约翰·墨菲等，他们都在其撰写的图书中明确指出了趋势以及按照趋势操作的重要性。所谓不自觉的趋势操作者，如巴菲特等，虽然不标榜趋势投资，但其行为则暗合趋势操作的本质。其实巴菲特所谓的价值投资，本质上就是在前一波大级别下跌趋势接近尾声的时候买入，在当前一波大级别趋势接近尾声的时候卖出。

趋势分为上涨和下跌，上涨和下跌遵循镜像原则，这里以上涨为例讲解趋势，下跌反过来理解就是。由缠论对于趋势的定义可推知，某级别趋势由该级别中枢、中枢连接段以及买卖点 3 部分构成，中枢前面已有重点介绍，这里重点说说中枢连接段和买卖点。

（1）中枢连接段。

所谓中枢连接段，是指某级别趋势中两个相邻中枢之间的连接部分。按照缠论关于趋势的定义，趋势至少由两个中枢构成。由于走势是连续的，那么前一中枢结束，后一中枢开始的部分，就是中枢连接段，如图 2–58 所示。中枢连接段往往是某级别某段趋势中最有操作价值的一段，其原因就是前一中枢结束，洗盘结束，筹码集中度较高，市场主力拉升意愿强烈，因此中枢连接段往往涨跌幅度大，所用时间短，操作好了，可以使交易者快速获得稳定的收益。

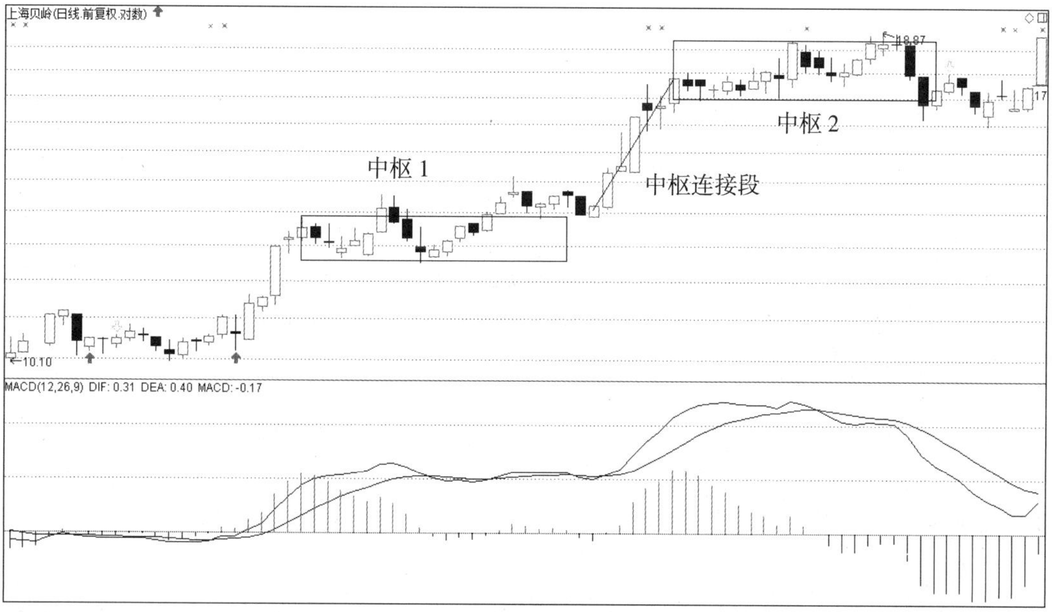

图 2–58 中枢连接段示意图

某级别趋势中，连接两个同级别走势中枢的，必然是次级别及以下级别的走势类型。如果连接两个中枢的走势类型是本级别的，那么无论是趋势还是盘整，都至少要有一个本级别的中枢，这和该连接段位于该级别中枢之间的前提是矛盾的。

某级别趋势中，中枢连接段不必然是趋势，任何走势类型都有可能，最极端的情况就是连续跳空缺口后形成新的同级别走势中枢，如图 2-59 所示。

某级别趋势中，中枢连接段也不一定是次级别的，只要是次级别以下即可。例如跳空缺口，就属于最低级别。如果图上是日线、周线，就不会是次级别了。

某级别趋势中，往往中枢连接段走势类型的级别越低，其力度越大，这也就是为什么缺口在分析中有比较强的技术含义的理论依据所在。

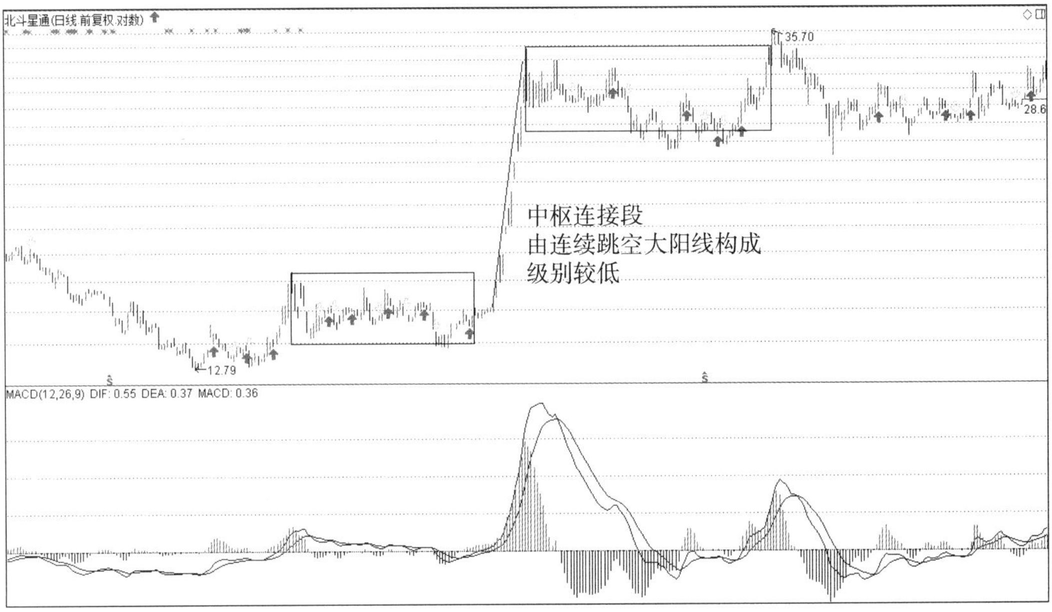

图 2-59　级别较低的中枢连接段

由上面的分析可知，如果交易者操作中枢连接段，那么就应当下降级别去操作。具体下降到什么级别，要根据情况而定，一般的原则是应该下降到能看清该级别中枢的图表周期去操作，这样操作才有根基。

由上面的分析可知，中枢连接段的级别越低，其后走势幅度越大，速度也越快，特别是对于买卖点附近出现跳空缺口的情况。在市场强度较好的情况下，一旦出现买卖点附近的跳空缺口，则常常意味着要出现较大幅度的上涨了，如图 2-60 所示。

（2）买卖点。

投机大师杰西·利弗莫尔曾经说："不管是在什么时候，我都有耐心等待市场到达我称为'关键点'的那个位置，只有到了这个时候，我才开始进场交易。在我的操作中，只要我是这样做的，总能赚到钱，因为我是在一个趋势刚开始的心理时刻开始交易的。我不用担心亏钱，原因很简单，我恰好是在我个人的原则告诉我立刻采取行动的时候果断进场开始跟进的，因此，我要做的就是坐着不动，静观市场按照它的行情

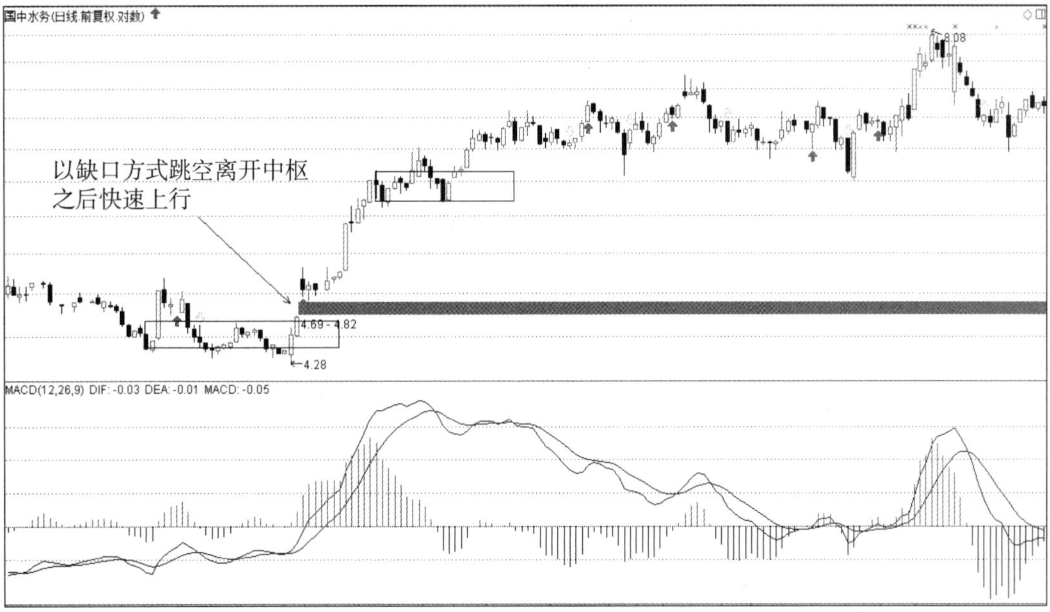

图 2-60　缺口的技术意义

发展。我知道，如果我这样做了，市场本身的表现会在恰当的时机给我发出让我获利平仓的信号。”

这段话深刻地揭示了所谓“关键点”在整个投机过程中的重要性，而这个所谓的关键点就是买卖点。

买卖点是划分走势类型的关键点，是操作的根基所在，就像人体的关节对于人本身的重要性一样。人的身体按照颈、髋等分为上、中、下三节，同样道理，根据不同的买卖点，可以将某级别整个走势类型划分为上涨、盘整、下跌。对于下肢来讲，可以根据膝、踝等分为足、小腿、大腿等。对于一个趋势来讲，根据趋势内部的买卖点，可以将之划分为中枢、中枢连接段、背驰段等。

买卖点关乎整个操作的节奏。对于单一品种的投资标的来讲，正确的操作节奏应该是买点买、卖点卖。缠论中的买点，总是在下跌中形成，卖点总是在上涨中形成，这是最自然的节奏。这就如同呼吸的节奏，该吐的时候呼气，该纳的时候吸气。反之，如果你在该呼气的时候吸气，不仅吸不进什么东西，如果长期坚持该呼气的时候吸气，久而久之甚至可能发生二氧化碳中毒；如果你在该吸气的时候呼气，那么过不了多久，你就会因缺氧而死。呼吸的节奏不需要学习，人人都能掌握，为什么交易的节奏经过反复的学习还不能掌握呢？最根本的原因就是人的贪婪和恐惧。买点总是在下跌中出现的，当买点出现的时候，是恐惧阻止了你买入；卖点总是在上涨中形成，当卖点出现的时候，是贪婪阻止了你卖出。

缠论将买卖点分为 3 类，分别命名为第一、第二、第三类买卖点，下面分述之。

A. 第一类买卖点。

所谓第一类买卖点，就是走势类型变化的分界点，是前一趋势结束、后一走势类型开始的转折点。

注意上面的说法，必须是前一趋势的结束点，才是第一类买卖点。具体来说，下跌的结束点就是第一类买点；反之，上涨的结束点就是第一类卖点。盘整结束是不可能有第一类买卖点的。前一趋势结束之后，新的走势类型可能是趋势，也可能是盘整，因此，上面的定义里就不能说“第一类买卖点就是前一趋势结束，后一趋势开始的转折点”，只能严格地说“后一走势类型开始的转折点”。

第一类买卖点最大的标志就是背驰。关于背驰，前面有定义和判断的方法，后面的指标部分，也会讲到辅助判断背驰的方法，此处不赘述。对于标准的趋势而言，背驰就是其结束的标志，因此一般情况下利用背驰来判断走势类型的结束点。对于任何趋势而言，必然知道后面有一个结束点在对应着。因此，在上涨趋势的买点介入的交易者，就可以心安理得地持有，等待顶背驰出现后退出。在下跌趋势退出的，也应该静待对应的底背驰出现后再次介入。

但是，走势并非总是那么标准，也就是说，趋势的结束并不都由背驰构成。一般来讲，趋势以 3 种可能的方式结束。

第一，以背驰结束，这是最标准的走法，如图 2–61 所示。

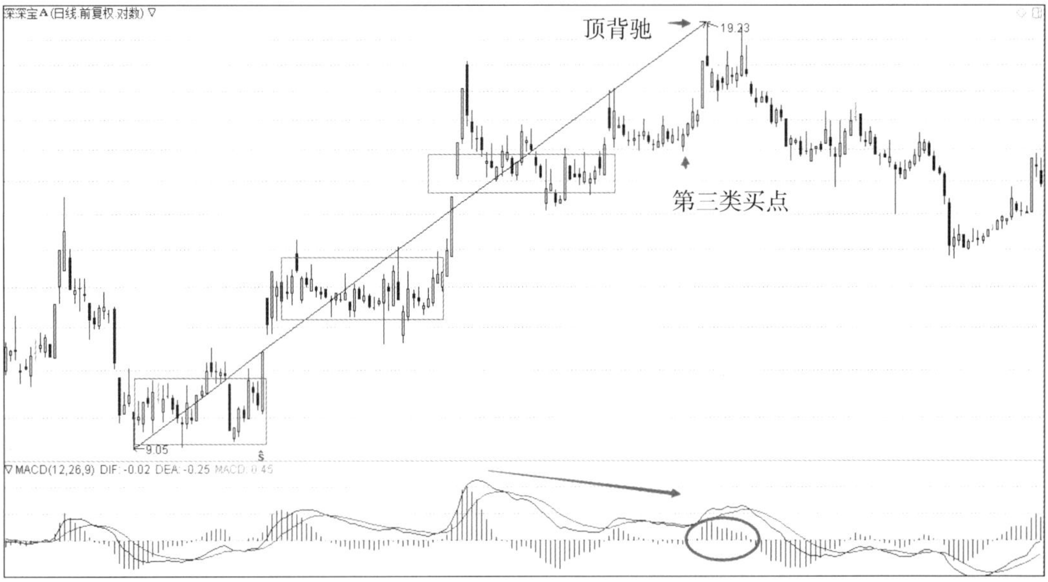

图 2–61　顶背驰构筑第一类卖点

第二，以最后一个中枢的盘整背驰结束。这种结束的方法与第一种情况的不同之处在于，第一种情况的背驰，最后一个中枢必然首先沿着趋势方向结束，之后进入背驰段。该种方式最后一个中枢震荡的最高点（对于下跌来说则是最低点），就是趋势的转折点，如图 2-62 所示。

图 2-62　最后 1 个中枢的盘整背驰结束趋势

第三，以小级别趋势的结束从而结束大级别的趋势。这种方式往往发生在暴涨暴跌之后，或者趋势冲顶、冲底的时候。从本级别上看，趋势并没有背驰，仅仅是小级别的背驰引发大级别转折，如图 2-63 所示。

至于前一趋势结束之后，也就是说第一类买卖点出现之后，走势究竟是转化为趋势还是盘整，要具体问题具体分析。对于个股来讲，首先要关注整体市场的强度，如果整体市场强度配合，那么趋势结束之后，转化为反趋势的可能性较大。如果整体市场强度不配合，则转化为盘整的可能性较大。其次，要看第一类买卖点出现之后的第一个次级别走势类型的走势力度如何。如果该次级别走势类型走势较为疲软，仅仅回到原趋势最后一个中枢之中，那么其后走势转化为盘整的概率较大。如果该次级别走势类型走势较为凌厉，例如，对于下跌结束之后的第一类买点，其后的第一个次级别走势类型凌厉地突破原下跌最后一个中枢，那么其后转化为反趋势的概率较大，反之较易转化为盘整。对于上涨的第一类卖点的分析，反过来就是。

值得注意的是，第一类买卖点把握起来难度是最大的。所谓的把握第一类买卖点，其本质就是抄底和逃顶。抄底、逃顶这种做法对于投资者充满诱惑，想想看，能在最低

图 2-63 小级别背驰演化为大级别转折

位买进，最高位卖出，这相当于做了完整的趋势，当然是一件值得庆贺的事情。但是，抄底、逃顶是较高水平的交易者才能做到的，需要综合基本面、技术面、心理面等多方面的因素，需要有较大的信息量和较高的信息分析水平，对于个人投资者来讲，这是极其困难的。特别是由于趋势都有维持其自身的特性，因此有过抄底、逃顶经验的操作者都应该深有体会，那就是抄底大部分情况下是买在了半山腰，逃顶大部分情况是逃在了半途。缠中说禅曾在其文章中特别强调："散户就当好散户，别整天想着抄底、逃顶，底都让你抄了，顶都让你逃了，不是散户的人吃什么呀？散户，一定要等趋势明确才介入或退出，这样会少走很多弯路。"

其次，即便是底部被你抄中了，后面也可能会面临极长时间的震荡行情，震荡中持股费时费力，很多人可能熬不住就把筹码丢了，而当趋势中真正拉升的阶段来临的时候，全然和你无关了。如果是这种情况，你费了九牛二虎之力抄底又有什么意义？交易中，波段利润显然更重要。

对于一般投资者来说，可以不参与第一类买卖点，而仅仅是把第一类买卖点作为划分走势类型的关键点去利用，进而明白自己当下处于什么走势类型中，从而从整体上制定操作策略。

B. 第二类买卖点。

所谓第二类买卖点，是指第一类买卖点开始的第二个次级别走势类型的结束点。具体来说，第二类买点就是第一类买点开始的第二个次级别回调的结束点，第二类卖点就是第一类卖点开始的第二个次级别回抽的结束点。

第二类买卖点，站在中枢的角度讲，其意义就是原趋势结束，新的走势类型展开。新的走势类型必然有 1 个中枢，否则便不能称作走势类型。根据中枢的定义，任何中枢都必然至少由 3 个次级别走势类型构成，因此，所谓第二类买卖点，就是第二个次级别走势类型结束、第三个次级别走势类型开始的那个点位。

从时间的角度看，第二类买卖点必然是在第一类买卖点之后出现的。第一类买卖点首先确认前趋势结束，趋势不结束，新的走势类型不开始，是不可能有第二类买卖点出现的，如果有买卖点，那也只能是原趋势中枢震荡的买卖点。因此说，原趋势的破坏或者说第一类买卖点的出现，是第二类买卖点出现的逻辑前提。

从空间的角度看，第二类买卖点相对于第一类买卖点有几种位置关系。以上涨为例，下跌反之。正常情况下，第二类买点的位置应该高于第一类买点，也就是说高于前趋势的最低点。这种走势力度适中，不强不弱。当走势较弱的时候，第二类买点的位置可能低于第一类买点，这种情况下走势的力度较弱，其后下跌转盘整的概率比较大。最强的走势是第一类买点之后的第一个次级别上升突破前下跌趋势最后一个中枢的高点，其后的回抽不再进入中枢之中，这种走势其后上涨的力度往往比较大。但是这也不是绝对的，所谓过犹不及。如果第一类买点之后的第一个次级别走势特别凌厉，上涨幅度大且速度快，那么即使后面的回抽不再进入前下跌趋势的最后一个中枢，其后的力度往往也比较有限，因为获利盘比较大，往往需要较长时间或者较大的空间才能充分消化获利盘。

从走势类型组合的角度看，从第一类买卖点出现到第二类买卖点出现，期间要经过两个次级别走势类型。这里以上涨为例，下跌反之。这两个次级别走势类型的组合可能有 3 种方式：上涨 + 盘整，上涨 + 下跌，盘整 + 下跌。如果第一类买点之后的走势类型是个盘整，则表明该走势力度较弱，可以不予考虑。如果是上涨，那么当第二个走势类型是以盘整的方式完成，其后的走势力度往往最强，如图 2-64 所示。如果是以下跌的方式进行，那么其后的走势力度较弱。关于这一点，可以和第一、第二类买点的空间关系结合使用。具体的使用方法，交易者需要在操作中仔细揣摩。

C. 第三类买卖点。

所谓第三类买卖点，是指在某级别新趋势形成之后，第一次中枢震荡过程中，如果一个次级别走势类型突破该中枢区间，其后的第二个次级别走势类型不再进入中枢，则该第二个走势类型的极限点，就称作第三类买卖点。第三类买卖点代表着中枢结束。

具体来讲，第三类买点就是次级别走势类型向上突破中枢，其后的回调不再回到中枢区间。第三类卖点就是次级别走势类型向下跌破中枢，其后的回抽不再回到中枢区间。

从时间的角度看，在同级别趋势中，第一、第二、第三类买卖点必然是顺次出现的。以买点为例，第一类买点代表前下跌趋势结束，第二类买点代表新走势类型第一个中枢

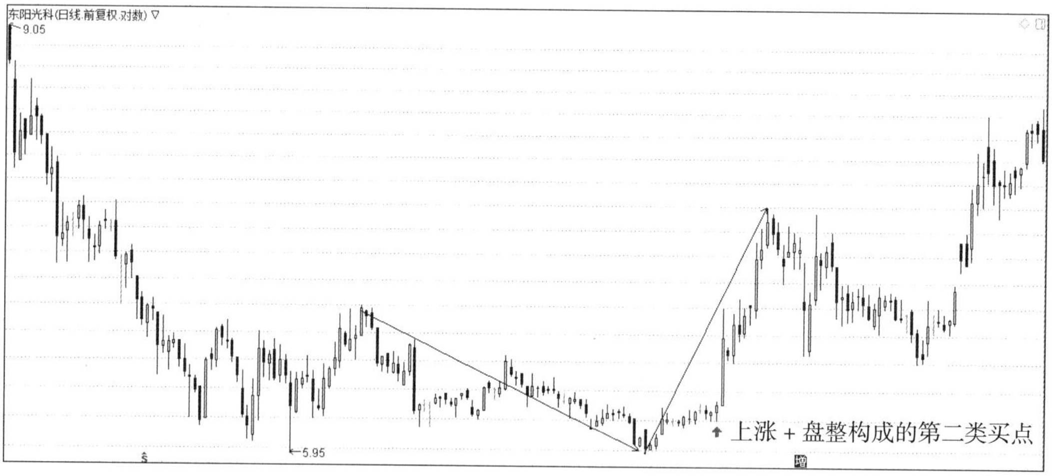

图 2-64　上涨 + 盘整方式构筑第二类买点

开始构造，第三类买点代表新趋势的第一个中枢结束。在第二、第三类买卖点之间，都是中枢震荡，这个时候是不会有该级别的买卖点的，因此，如果参与其中的买卖，用的都是低级别的买卖点。

从空间的角度看，同级别趋势中，第一类买点与第二类买点是前后出现的，不可能产生重合，而第一类与第三类买点，一个在中枢之下，一个在中枢之上，也不可能产生重合。只有第二类买点与第三类买点是可能重合的，这种情况就是前面所说的第一个次级别上涨就突破前下跌趋势最后一个中枢的高点，之后的次级别回调不再回到原中枢，这种情况下，其后的走势力度往往是最大的。另外，一个趋势确定后，不可能再有第一类与第二类买卖点，只可能有第三类买卖点。

关于第三类买卖点，有一种比较特殊的情况，就是第三类买卖点远离中枢的情况，如图 2-65、图 2-66 所示。一般情况下，第三类买卖点距离前中枢都不会太远。如果次级别走势力度特别强劲，往往一波次级别趋势突破之后，就开始新的中枢震荡，这个强劲的次级别走势类型，就成了中枢的连接段。这种情况下的第三类买卖点，往往操作意义并不大。实战中，交易者没有必要去等第三类买点，而是要下降级别，从小级别的买卖点入手，从而把握该中枢连接段。注意，突破买入的操作方法，也只有在这种情况下才是最有效的。当然，这种情况不常出现，需要结合市场强度、走势、基本面和消息面的情况来综合把握。

D. 盘整及买卖点。

按照定义，某级别盘整是独立于该级别上涨和下跌之外的第三种走势类型。大多数情况下，虽然其和一般意义上所说的区间震荡以及中枢有某些相似的地方，但其本质意义是不同的。

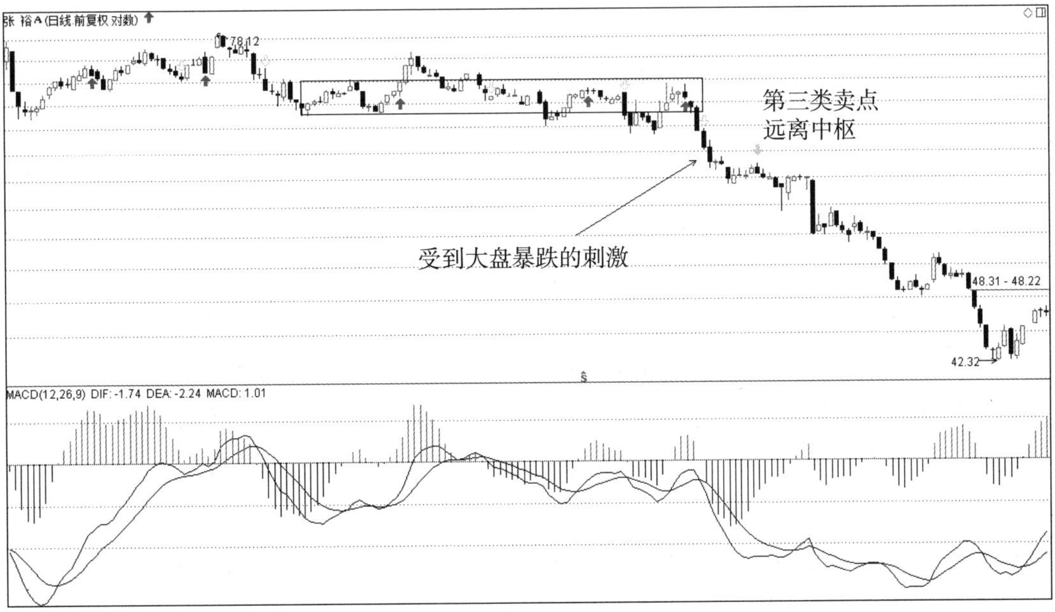

图 2-65　第三类卖点远离中枢

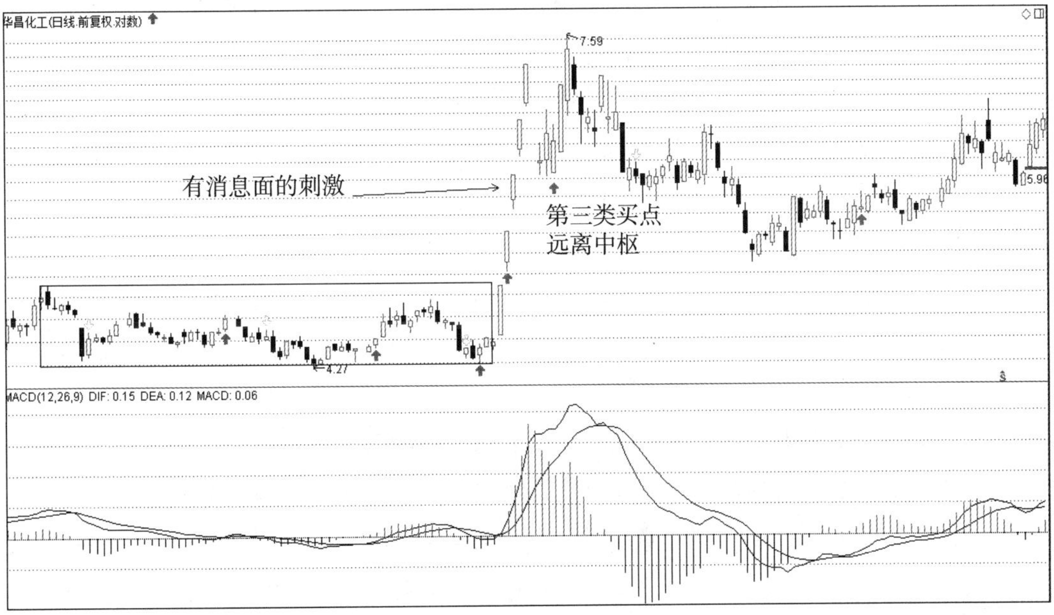

图 2-66　第三类买点远离中枢

缠论所说的盘整和一般所说的区间震荡概念不是一回事。所谓区间震荡，指的是价格围绕某区间做上下波动。缠论所说的盘整，只要符合其定义就行。以指数为例，只要中间只有一个中枢，在极限的情况下，从 10000 点跌到 0 也可以是一个盘整。

盘整和中枢也不是一个概念。盘整是一个完整的走势类型，而中枢则是构成走势类型的元素。缠中说禅曾比喻说：“中枢如果是苹果，那么盘整就是只有 1 个苹果的苹果树，而趋势就是可以有 2 个以上直到无穷个苹果的苹果树，你说苹果和苹果树是一个概念吗？”

另外，也不要认为盘整的力度就一定比趋势弱，其盈利空间就一定比趋势小。有些盘整，第一段就杀得天昏地暗，后面一段即使力度没有第一段力度强，但两者加起来也可以超越所谓的趋势了。这里还是引用缠中说禅的比喻来说明：“只有 1 个苹果的苹果树，难道一定比有 100 个苹果的苹果树矮？这显然不是的。”

对于盘整的买卖点，下面进行分析说明。

某级别盘整的买卖点，包含该级别的第一类买卖点、第二类买卖点以及中枢震荡的买卖点 3 类。第一、第二类买卖点在趋势部分有过详细的说明，这里再简单回顾一下。

对于第一类买卖点而言，理解起来很简单。由于走势类型的连接中不允许盘整 + 盘整的方式存在，那么某级别盘整走势类型之前，必然对应着该级别的上涨或者下跌。无论上涨和下跌，都是趋势，因此，必然存在第一类买卖点，这个第一类买卖点就是趋势向盘整转化的转折点。

对于第二类买卖点而言，由于盘整中存在一个中枢，也就意味着至少存在从第一类买卖点开始的 3 个次级别走势类型，从第一类买卖点开始的第二个次级别走势类型的结束点，就是第二类买卖点。这是一个必然的买卖点，因为必然存在着第三个次级别走势类型，可以让交易者获利了结。

对于中枢震荡的买卖点，就是围绕中枢产生的本级别的高低点。对于中枢震荡的买卖点的把握，要区别对待。

如果次级别走势类型不能突破或者跌破中枢区间，那么对于这种买卖点的把握是必然的。在中枢区间上方，必然产生卖点，而在中枢区间下方，则必然产生买点，以后至少应该有一波次级别的回调或者回抽。

如果次级别走势类型突破或者跌破中枢区间，但同时出现了盘整背驰，那么有极大的概率也是要再度回抽或者回调进入中枢区间的，这就对应了操作中绝大多数的假突破或者假跌破的走势。需要特别注意的是，假突破或者假跌破从根本上来讲是一种陷阱，对于这种陷阱的操作尤其要注意，如果操作正确，其利润空间往往非常可观。

有一种情况比较特殊，就是盘整背驰转化为第三类买卖点的情况，也就是说中枢区间被突破，也出现了盘整背驰的现象，但其后的回抽或者回跌不能再次回到中枢区间，从而宣告盘整走势类型完成。这种情况出现的概率比较小，因此操作上还是应该按照中枢震荡的买卖点来执行买点买、卖点卖的操作。一旦出现这种情况，则按照趋势中第三类买卖点的法则操作就是了。

4. 分型辅助判断买卖点

除了作为走势类型划分的最基础构件之外，分型最重要的作用就是辅助判断买卖点。

分型对于把握买卖点有重要的意义。严格按照缠论操作，必须要用区间套的方法逐级寻找最精确的买卖点。这种方法一般可以精确提示每笔成交，甚至当某笔成交完成的时候，就当下地指出那是最精确的买卖点。这种做法虽然精确，但分析起来非常复杂，费时费力，面对上升空间较大的趋势时，这种精确分析也显得没有必要。

实战中，一般以分型作为把握买卖点的依据。以分型确定买卖点，绝对不是最精确的那一笔交易，而是包含最精确那一笔交易在内的狭小区间。实际上，对于一个有规模的趋势性买卖点来说，这点儿空间根本不算什么。

这里讲解与区间套方法反向的做法，这种做法的前提是走势的当下与缠论买卖点基本相符。在实际操作中，首先从大级别上识别分型。例如，对于大级别买点来讲，除非出现底分型，否则绝不介入。一旦出现底分型，那么立即下降级别，从次级别来确认该底分型的有效性。如果该底分型明确有效，则表明该底分型包含了最精确的买卖点，这个时候就可以利用大买点之后的小买点大举介入了。如图 2–67 所示。

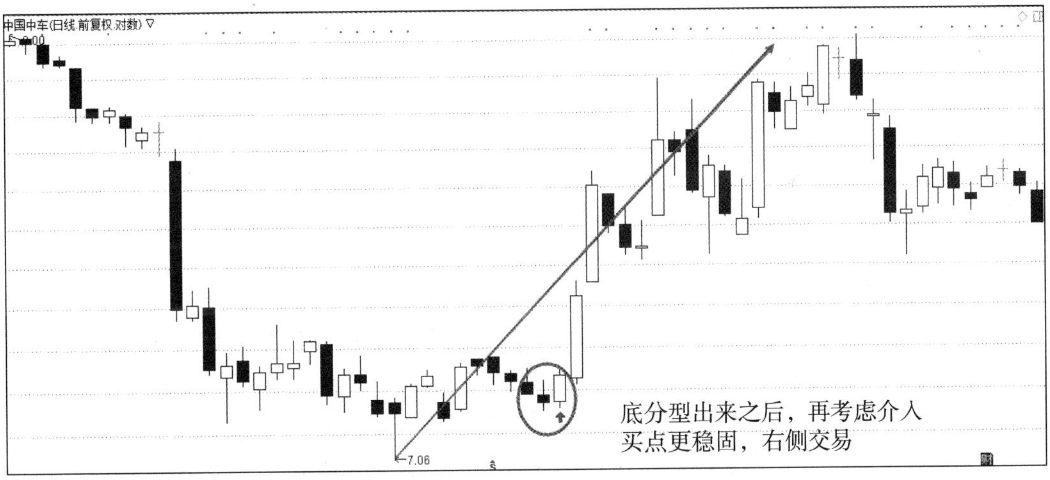

图 2–67　底分型辅助判断第二类买点

利用分型辅助分析买卖点，还要注意操作中止损的问题。对于买入做多来讲，如果以该底分型为依据介入，一旦该底分型的底被跌破，就要果断退出。原因很简单，因为上升趋势以该底分型为最低点，一旦该底分型低点被跌破，就表明该底分型被证伪，就应果断退出。如图 2–68 所示。

值得注意的是，在有的案例中，底分型低点会被稍微碰到，但随后就创出新高。这种情况只是个案，底分型低点被跌破之后，更大的可能则是价格加速下跌。利用分型辅助操作，就要尽量按照上面的原则交易。对于顶分型，反过来理解就是了：以某顶分型

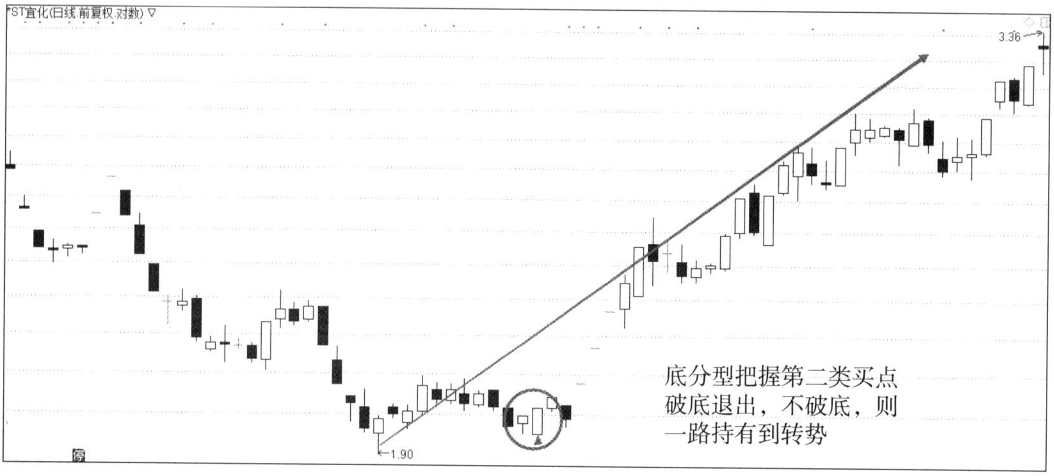

图 2-68　底分型辅助第二类买点设置止损

为依据退出，一旦其后顶分型的高点被再次突破，就要将卖出的筹码补回。

利用分型辅助操作，实战中需要注意的是，要寻找那些力度最强的分型，所谓“强者恒强”，这句话是有道理的。正如技术分析派坚持这样一个基本信念：价格涵盖一切。某股票走势比别的股票强，自然有其理由。纯粹的技术操作者不需要知道理由到底是什么，只要遵循“强者恒强”的理念进行操作即可。同时，交易者要根据止损点位和自己的风险承受能力来决定投入的仓位大小。关于分型力度的强弱，前面有详细的讲解，此处不再赘述。

5. 走势类型的连接

注意，该内容基于纯逻辑的推导，是演绎法而不是归纳法。

任何级别的走势，都可以划分为盘整、上涨、下跌 3 类。换句话说，任何级别的任何走势类型，都可以看作是 3 种走势类型的连接。既然如此，那么自然而然地，任何走势都将完成，否则如何完整地划分为 3 种走势类型？

首先规定，在划分走势类型的过程中，不允许同级别盘整 + 盘整的方式存在。因为盘整 + 盘整还是盘整，可以继续按照盘整的视角分析和操作。因此，同一级别走势类型的连接方式，无非以下几种。

（1）陷阱式：上涨 + 下跌，下跌 + 上涨。如图 2–69 所示。

（2）反转式：上涨 + 盘整 + 下跌，下跌 + 盘整 + 上涨。如图 2–70 所示。

（3）中继式：上涨 + 盘整 + 上涨；下跌 + 盘整 + 下跌。如图 2–71 所示。

站在多头角度，上面走势类型的连接方式中，只有“下跌 + 上涨”“下跌 + 盘整 + 上涨”以及“上涨 + 盘整 + 上涨”3 种模式值得介入。有人可能会说，难道上涨趋势就不值得介入吗？当然，上涨趋势是值得介入的。但是，从本级别的角度来讲，只有上涨

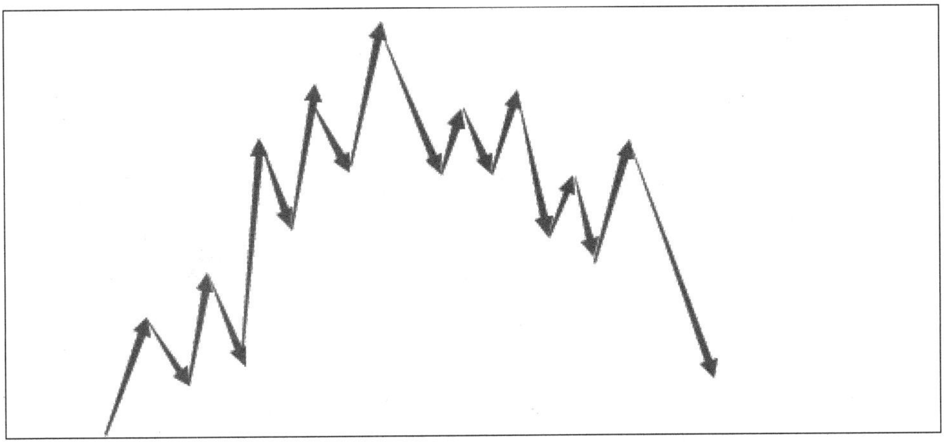

图 2-69　上涨 + 下跌的陷阱式连接示意图

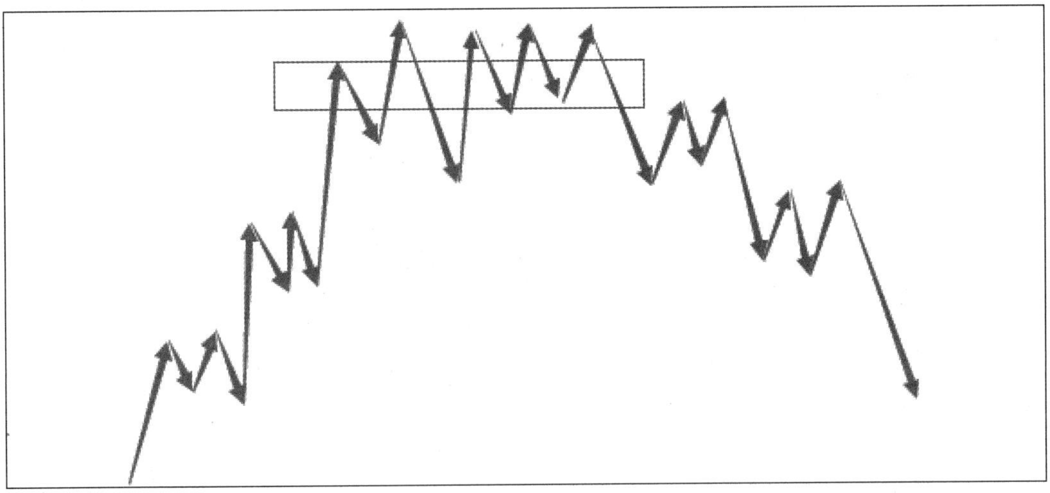

图 2-70　上涨 + 盘整 + 下跌的反转式连接示意图

的最开始阶段是值得介入的，越往后介入风险越大，也就是说，回报与风险比降低了。另外，在上涨走势走出来之前，你并不知道当下走势就一定是上涨。一旦是个盘整，追高介入是要面临很大风险的。上涨趋势演化过程中，按照 3 类买卖点的原则，只有小级别的介入机会，本级别上是没有合乎理论的介入机会的。

在走势类型的转折点介入，则不存在这样的问题。同级别下跌的转折，可能出现盘整与上涨两种可能性。如果是盘整，交易者可在中枢震荡的买卖点退出，如果是上涨，那么建仓成本就是最低的，回报则是最高的。当上涨结束，顶背驰来临的时候，就可以以极低的成本砸盘，这种操作当然是最好的。

对于“下跌 + 上涨”的情况而言，3 类买点就是最完备的介入点，这是由市场逻辑所保证的必然的买点，也是风险最小、回报最大的买点。

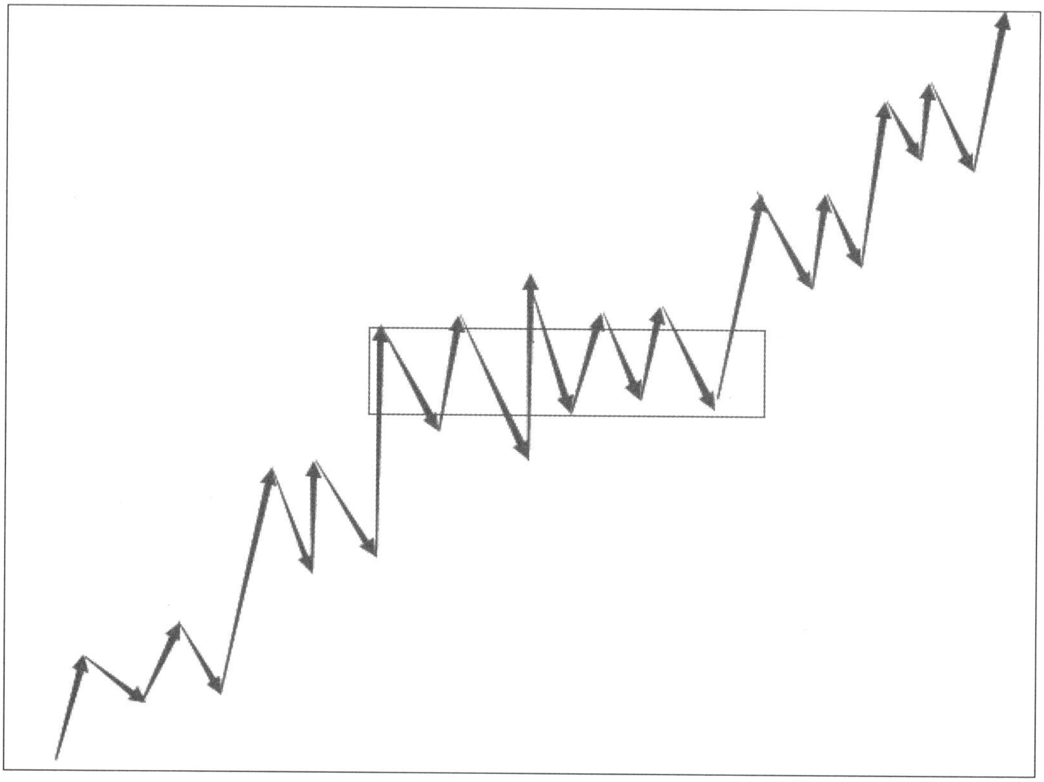

图 2–71　上涨 + 盘整 + 上涨的中继式连接示意图

对于“下跌 + 盘整 + 上涨”的模式，从高级别上看，这种走势本质上是一个盘整，也就是说，当放大操作级别，可以以盘整的策略应对。实际操作中，更精确的买点就是该模式中盘整结束之后的第三类买点。为什么不在盘整中就介入？这是因为盘整总是有维持自身的特性，也就是说不知道该盘整要盘多久，有的盘整一走就是几周、几个月甚至几年，考虑到资金的利用效率，一般不介入盘整的操作。另外，盘整之后，走势有两种转化模式，可能转为上涨，也可能转为下跌。在盘整结束时的第三类买点介入，就可以有效地规避“下跌 + 盘整 + 下跌”这种走势的连接方式。

对于“上涨 + 盘整 + 上涨”这种模式而言，最好是在第一轮上涨就介入，第一轮上涨结束之后的盘整则回避，待该盘整向上走出第三类买点之后再次介入。另外，从更高级别的角度看，这种模式中，盘整就是大级别的调整与整固过程。对于大级别的上涨，一个操作原则就是回避大级别的调整，这样可以有效提高资金利用效率。当然，这是对于中小资金量而言的。对于特大规模的资金而言，如果全部都按照第三类买卖点去操作，显然是不现实的。这种超大规模的资金量，首先考虑的不是资本的使用效率，而是盈利的稳定性，因而即使是大级别的调整，往往也是可以忍受的。

需要注意的是，在上面的操作模式中，有换挡操作的条件再换挡，否则就坚持波段操作的原则。原因很简单，走势一般是从小级别逐步往大级别发展的，因而相应的操作也都是从小级别开始，逐步往大级别过渡，交易者需要根据具体情况来决定操作级别，以及是否需要级别切换。

例如，某30分钟级别的上涨强力突破日线级别中枢，这个时候就应该考虑将操作级别从30分钟级别切换到日线级别上来，因为其后的调整往往十分有限，回调空间很小，继续按照原级别操作会显得不合时宜。当然，也可以不切换，坚持按照30分钟级别去操作。不过这样做会特别累，而且对于水平不是特别高的高手，往往在一波日线级别的上涨中，筹码容易做丢了，这绝对是得不偿失的事情。

第三章

奇篇：陷阱论

第一节　陷阱论概述

一、陷阱现象

如前所说，交易市场如战场，两者之间具有高度的同构性。了解一下战场上的陷阱现象，有助于认识交易市场中的陷阱现象。

《孙子兵法》说：兵者，诡道也。故能而示之不能，用而示之不用，近而示之远，远而示之近。利而诱之，乱而取之，实而备之，强而避之，怒而挠之，卑而骄之，佚而劳之，亲而离之，攻其无备，出其不意。此兵家之胜，不可先传也。

战场上，两军对垒，相互争胜，硬实力对比固然重要，但战争史上，通过计诈手段获取战争胜利的案例也不胜枚举。这些战争的军事指挥人员大都熟知“兵者，诡道也”的陷阱思维，通过精心构筑陷阱，巧妙利用陷阱，从而使得敌方落入死地，进而获得战争的胜利。

发生在战国时期的马陵之战，便是著名的案例之一。在这次战争中，齐军主将田忌听从军师孙膑的建议，定下减灶诱敌、设伏聚歼的作战方针，大败魏军并俘虏了魏军主帅太子申。齐军在马陵之战中所用的战术，正是《孙子兵法》所说的“能而示之不能，用而示之不用”的陷阱思维。

交易市场是没有硝烟的战场，多空双方以资金为武器，通过买卖等手段，在市场中激烈地交锋，因而同战争的情况是同构的。战场上出现的诱敌深入、包围合击等陷阱现象，也常常出现在交易市场中。缠中说禅曾经说起过一个利用陷阱洗盘拿筹码的案例，这里引用过来，供大家分享，大家可以结合配发的示意图仔细揣摩其中的陷阱思维，如图 3-1 所示。

缠中说禅描述如下。

本 ID 还没动手，老鼠仓就先抢起来了，因此后面的任务十分艰巨。首先要抢到足够的东西，其次成本不能太高，第三还要把老鼠仓洗出来，最后，这时间还不能太长。这怎么看都是一个不可能完成的任务。

首先，在一个大的压力位上顶着，接了所有的解套盘。老鼠仓是不会接解套盘的，别的小玩意儿就更不会了。然后在那位置上不断地假突破。在强压力位上，一般人不会

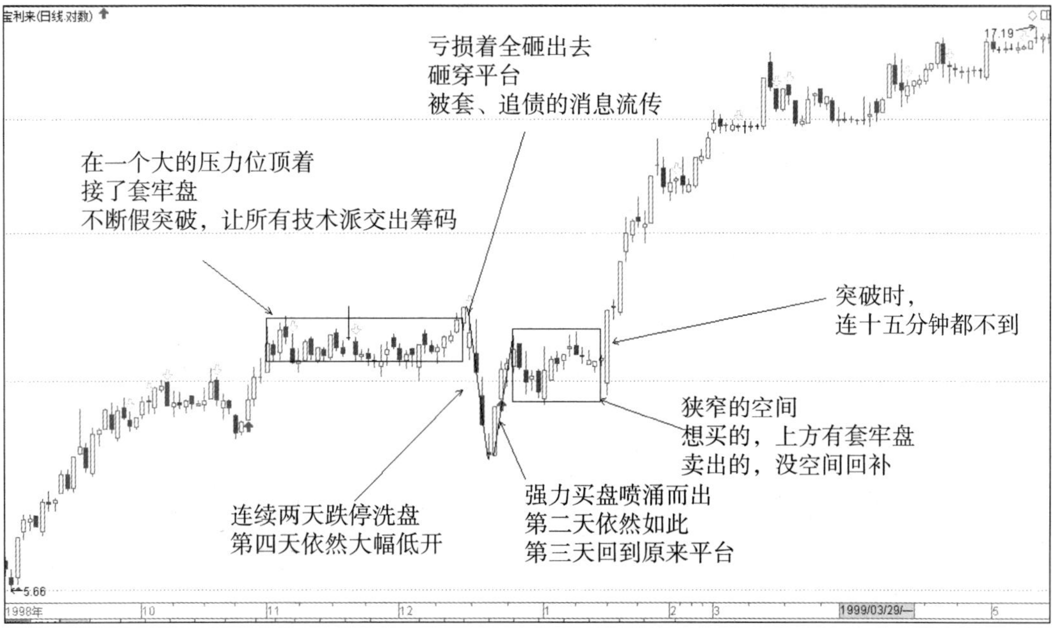

图 3-1　亿安科技（000008，曾名宝利来，现为神舟高铁）操盘图示

拼命给你冲关的，而不断的假突破就让所有技术派的人把筹码交出来了。但这时候买到的股票成本是最高的，除了历史上的高位套牢者，所有人的成本都要比这低。

这时候，把账上所有的钱基本都打光了，只剩下一小部分。当时，有一种透支是需要当天平仓的，于是用剩下的钱借了该种透支。然后那天疯狂地买，早上就把所有的钱加透支来的资金全买完了。因为前面有过 N 次假突破，突破后根本没人在意，需要的就是这种效果。

下午需要平仓了。本 ID 派人不断地和证券部交涉是否可以不平仓，结果是不可以。于是很痛苦状地开始平仓行动，价格瀑布一样下来了。早上买的，亏损着全部砸了出去，结束了一天的悲惨交易，价格也砸穿了前面一直坚持的平台。收盘后，有人被套、被人追债的传闻马上到处流传。

第二天，所有的老鼠仓，所有知道消息的人都蜂拥而出。第三天也是这样。

这时候，在一个遥远的地方，所有的抛盘都被吸到一个无名的口袋里。所有出逃的人都在庆幸，因为第四天依然大幅度低开。

突然，强力的买盘如同地底喷薄的熔岩，任何挂出的筹码都被一扫而光。任何人都没反应时，他们已经没有任何买入的机会了。第二天依然如此，一开盘，就迅速让任何人失去买入的机会。而前面来不及逃跑的，却依然抛着。

第三天，价格快回到原来的平台了，在那里，买盘突然没了，仿佛从来没有任何买盘出现过，所有人都不知道该怎么办好。如果是 V 型反转，那上面平台的巨大套牢盘却没人敢去顶破，如果是超跌反弹，那所有的空间都耗尽了。市场经过一段沉寂后，卖盘再次涌出，多杀多又开始了，没人敢接，但价格却永远也回不到反弹第二天的位置。在一个狭窄的空间里，抛掉的人没空间回补，想买的人，又怕上面不远的巨大套牢区，以及可能的超跌反弹骗线。但价格不跌了，所有的筹码都掉入一个巨大的口袋。

最后，在一个谁都想不到的时刻，价格迅速脱离上面的套牢区，也就是所谓技术上的巨大压力区。突破时，连 15 分钟都不到就过去了。

在上面的案例中，操盘者即主力资金通过释放流言，制造连续下跌的局面，利用连续的下跌制造恐慌，使得技术派因为技术破位而交出筹码，使得老鼠仓受流言影响以及下跌浮亏产生的恐慌情绪而交出了筹码。通过制造这种陷阱，操盘者获得了足够的筹码，为后面的连续拉升获利打下了良好的基础。这是一个市场陷阱的经典案例，如图 3-2 所示，读者可以仔细品味。这和马陵之战中齐军采用减灶之计，使得魏军麻痹大意，进而轻兵冒进，从而在马陵道一举围歼魏军，是不是有异曲同工之妙？

图 3-2　亿安科技（000008，现为神舟高铁）日线走势图：陷阱

只要有人博弈的地方，就会有陷阱现象存在。作为资金博弈最激烈的地方，交易市场处处是陷阱。陷阱，通常是主力资金为达到目的而有意为之的。主力资金通过制造盘面上较为剧烈的上涨或者下跌走势，引发普通交易者极度的贪婪或恐惧，进而陷入彀中。作为普通交易者，自然是无力去制造这种陷阱的。

对于普通交易者而言，如果能够识别陷阱，自然能够减少在市场中受到的伤害。以上涨中的陷阱为例，上涨中的陷阱通常伴随着快速的上涨，这常常对应着盘面上的冲顶行为，很多人都是在主力制造的陷阱式高潮中介入的。这种冲顶带来的快速上涨，最容易引发一般交易者的贪婪心态。如果在冲顶的时候被无名的冲动驱使着买入，造成的伤害无疑是最大的，因为冲顶之后，通常意味着大幅度的下跌。如图 3-3 所示的案例中，价格快速上涨，突破前高，随后高位放量，主力出货，引发后面的剧烈下跌。

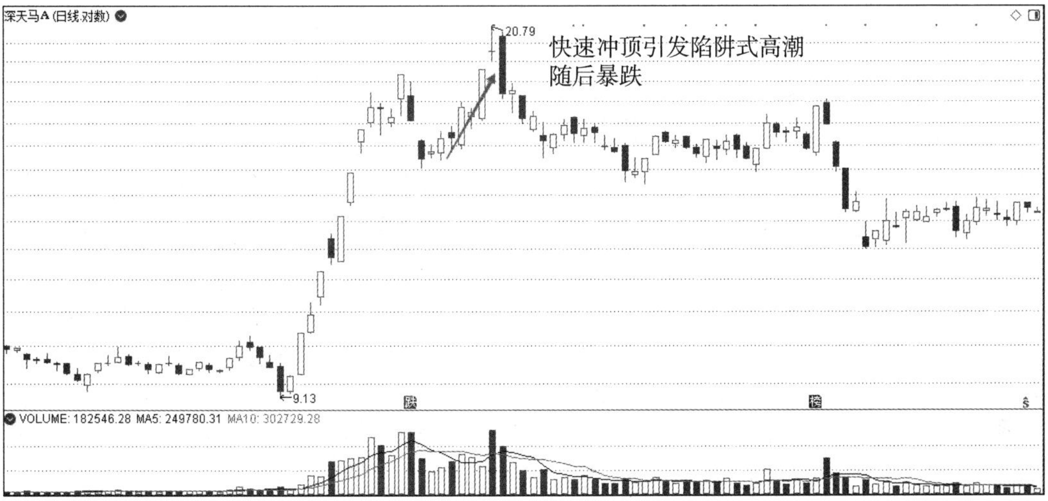

图 3-3　深天马 A（000050）2019 年 3 月前后日线走势图

进一步说，如果能够利用陷阱，充分发掘那些主力挖好陷阱的品种，无疑能够极大地提高自己的盈利能力。前面说过，陷阱通常是主力资金有意为之。制造陷阱，对于多头主力而言，通常是为了拿筹码，以便于后面拉高获利。对于主力空头而言，就是为了快速出货。

面对陷阱，对于普通交易者而言，完全可以顺势而为。对于多头而言，主力制造陷阱，或者是后面有没爆出来的较大利好支撑，或者是有其他原因，总之，构造陷阱通常是为了后面巨大的拉升做准备。一般的投资者资金量小，进出不容易引起主力的警惕，在主力将拉升而未拉升之际参与进来，往往能够分一杯羹。

比如图 3-4 所示的例子，如果能够在主力构造陷阱确认完毕即将拉升之际介入，是不是能分一块大大的蛋糕呢？

二、缠论中的陷阱思维

缠中说禅对于陷阱的描述，显得比较零散，没有类似于分型、笔、线段等的系统性描述。一方面，这与交易者的学习次第有关系，既然是“教你炒股票”，肯定刚开始要先把基础打牢固了，先把“正”的招式学会了，之后才是出奇制胜的阶段。“奇”是以“正”为基础的，否则，皮之不存，毛将焉附？另一方面，关于陷阱的部分，缠中说禅可能未

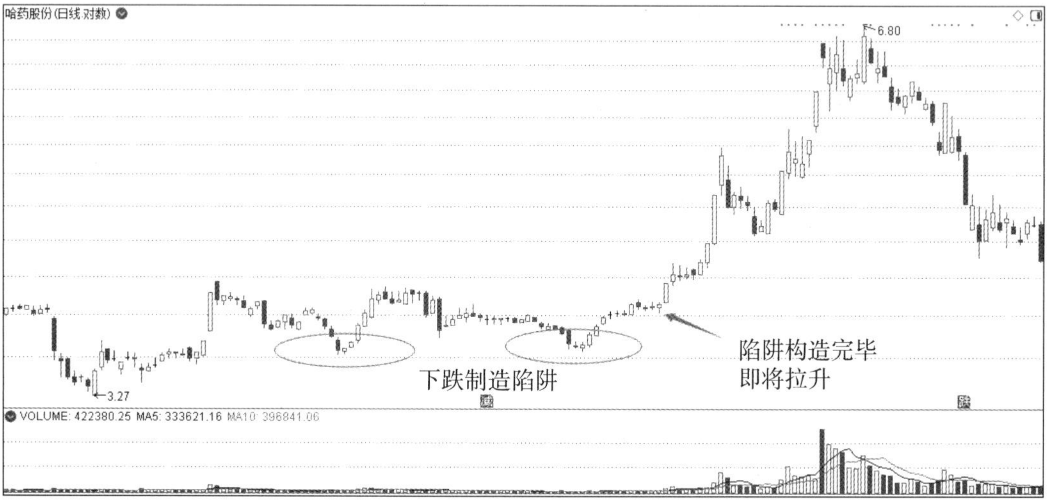

图 3-4　哈药股份（600664）2019 年 2 月前后日线走势图

来得及交代，便身染沉疴。对于众多学习者来说，这着实是非常大的遗憾。大家也只能借着微光，在缠中说禅零散描述的基础上，一点点地去探索了。

值得庆幸的是，缠论中关于陷阱的内容，虽然不是特别系统，但缠中说禅曾经多次提及，仔细分析这些内容，便足以一窥缠论陷阱思维之门径了。下面是缠论中涉及陷阱的部分内容，这里逐条进行梳理和总结。

（1）你的喜好，就是你的陷阱！市场中的任何喜好，都是把你引入迷途的陷阱，必须逐一看破，进而洗心革面，这样才能在市场上生存。

这里首先肯定了陷阱的存在。其次，指出交易者落入陷阱的根源是自己的喜好。杜绝一切喜好，是在市场中长期生存的前提条件。

（2）能看清楚自己周围的市场陷阱，还只是第一步。更进一步，要学会利用市场陷阱来赢钱。当你要买入的时候，空头陷阱就是你的最佳机会；当你要卖出的时候，多头陷阱当然就是你的天堂。对于有一定水平的人，识别各种空头陷阱，利用空头陷阱介入，是一个很好的方法。

这里说明了关于陷阱的学习次第，先要识别陷阱，然后利用陷阱，并指出一条实际的操作思路：利用多头陷阱卖出，利用空头陷阱买入。

（3）猎手只会关心猎物。猎物不是分析而得的，不是你所想到的，而是你看到的。要相信你的眼睛，而不要相信你的脑筋，更不要让你的脑筋动了你的眼睛。被脑筋所动的眼睛充满了成见，而所有的成见都对应着把你引向那最终陷阱的诱饵。猎手并不畏惧陷阱，猎手只是看着猎物不断地以不同的方式却共同结果地掉入各类陷阱。这里无所谓分析，只是观察和操作。

这句话意在告诉操作者，要关注盘面提供的买卖信号，不要用固定的成见，想当然地进行买卖操作。例如，当出现利好消息时，交易者通常会想当然地认为价格会上涨，出现利空时认为会下跌。但很多时候，所谓利好利空消息，只是主力买卖操作的烟幕弹。这里缠中说禅并非否定消息的价值，但消息的价值只有在乘法原则的指导下，和盘面走势相结合，才能发挥最大的价值。

（4）注意，任何行情的转折，在很大概率上都是由交叉缠绕引发的。这里分2种情况：一种是先交叉缠绕，然后按原趋势来一个大的高潮，制造一个陷阱，再转折；另一种，长期、中期、短期均线反复交叉缠绕，构造一个转折性箱体。在空头模式的情况下，一旦出现交叉缠绕，特别是这个交叉缠绕是在一个长期的空头模式之后出现的，就要密切注意了，其后的下跌往往是介入的良机，因为下跌构造空头陷阱的概率非常大。必须提醒的是，这一点对趋势刚形成时的第一次交叉缠绕不成立。但交叉缠绕之后必有行情的高潮，唯一的区别只是顺着原趋势方向的高潮还是转折性的高潮。

这里指出了一种陷阱构造程式：下跌中，特别是短期、中期、长期均线多次交叉缠绕之后，当出现背驰性质的急涨或者急跌时要留心，后面极有可能出现陷阱，这可能是一次非常好的操作机会。

（5）空头模式下，就是要寻找最后一次缠绕的转折情况，其后的走势如果出现急跌却背驰，那是最佳的买入时机。抄底不是不可以，但只能选择这种情况。然而，没有人能够百分之百确认那是最后一次缠绕。一般地，空头模式下的第一次缠绕肯定不是，从第二次开始都有可能。如何较为准确地判断？最有力的工具就是利用好下跌趋势的背驰制造的空头陷阱。

这里指出了多头利用陷阱式转折进行抄底的一种方法，就是利用下跌的趋势背驰制造的空头陷阱介入，这是相对安全的。

（6）利用均线构成的买卖系统，首先要利用空头模式最后一次缠绕后背驰构成的空头陷阱抄底进入，这是第一个值得买入的位置。第二个值得买入或加码的位置，就是变成多头模式后第一次缠绕形成的低位。

这里说的是第一、第二类买点。第一类买点，本质上是趋势陷阱。第二类买点，是对陷阱的确认。

（7）对于喜欢用日线的操作者，以贵州茅台（600519）为例子（如图3–5所示），用5日均线和10日均线构成的均线系统给出一个分析。2006年8月7日，空头模式的最后一次缠绕后的下跌，MACD、成交量等都出现明显的背驰，构成小的空头陷阱，在41元附近构成第一个买点。9月14日，多头模式的第一次缠绕之后的下跌，在44元附近形成第二个买点，然后就基本沿着10日均线一直上涨。即使是短线，不能有效跌破10日均线就继续持有，等待第一个卖点，也就是多头模式最后一次缠绕后出现背驰。第二个卖点就是变成空头模式后第一次缠绕的高点。目前这一切都没出现，所以就坚定持有。

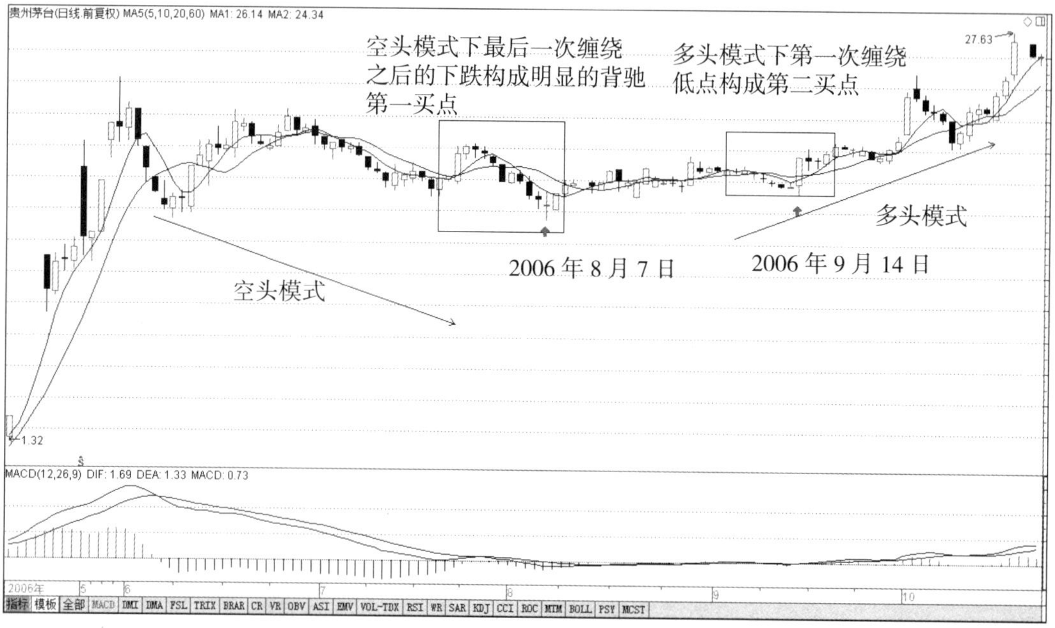

图 3-5 贵州茅台（600519）2006 年 6 月到 10 月日线走势图

该案例指出了空头陷阱的另一种形式——盘整背驰。从日线级别看，2006 年 8 月 7 日的买点，属于日线级别的盘整背驰。当然，站在更小的级别看，也会有趋势背驰。2006 年 8 月 7 日这个陷阱的关键，从日线上看，在于技术上跌破了前面的低点，从而引发技术派的恐慌，使其落入陷阱之中。

（8）技术只不过是最粗浅的东西。同样的技术，在不同人的理解中，只要能正确地理解其内在的逻辑关系，完全把握是没有问题的，但在实际应用中就有极大的区别了。市场充满了无穷的诱惑与陷阱，对应着人的贪婪与恐惧。道不远人，岂会与市场相违？人的贪婪、恐惧，市场的诱惑和陷阱，又哪里与道相远？

这里明确指出陷阱依赖于人的贪婪和恐惧而存在。市场中最容易引发贪婪的是什么？是上涨。上涨一方面让持仓者飘飘然，陷入幻想，另一方面让空仓者陷入对于踏空的怨恨状态，急着追高杀进去。最容易引发恐惧的是什么？是下跌。下跌会让持仓者陷入浮亏状态，特别是破位后的急跌。投资者都是带着盈利的目的入市的，快速下跌引起浮亏，有几个能受得了？后面罔顾市场走势，割肉离场，便成为自然而然的事情了，而这正是收集筹码的主力希望看到的。

（9）4778 点就是 144 日均线支持下产生的，其后在 55 日、89 日均线上构成多头陷阱，其后的下跌一直受制于 21 日均线，直到 3000 点以下，其后反弹又被 55 日均线精确地压制，之后的下跌一直在 13 日均线之下，直到这次反弹（如图 3-6 所示）。

这里指出了陷阱的另外一种形式——对重要技术指标的假突破或者假跌破。案例中指出，突破关键均线会吸引大量投资者介入，从而成为主力的对手盘，使主力得以顺利完成出货的目标。

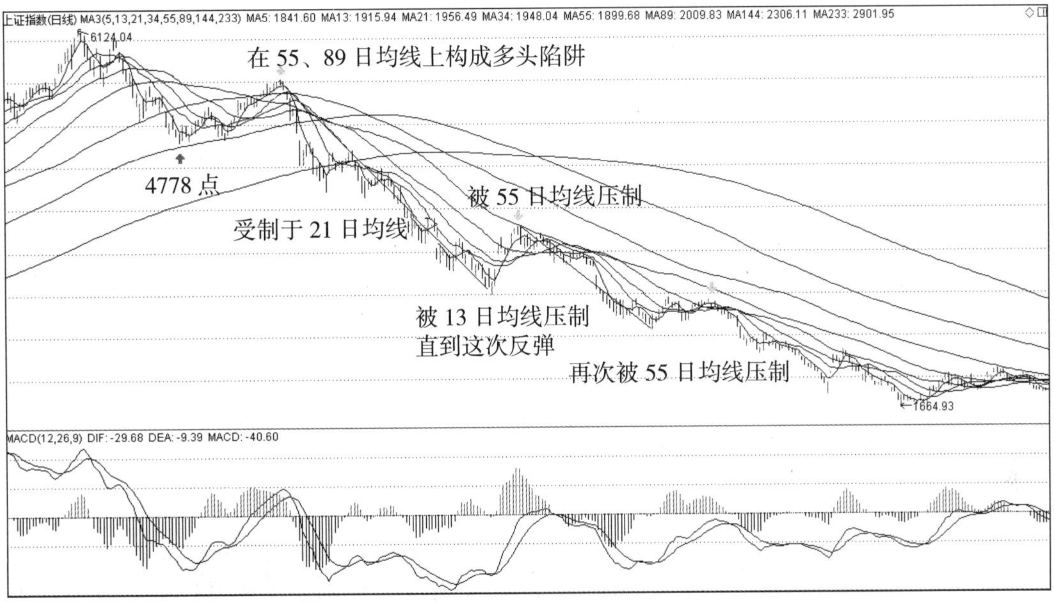

图 3-6 上证指数日线走势图：指数从 6124 点下来一直受均线压制

三、陷阱的定义

通过上面的分析，可以试着给市场中的陷阱下一个定义。

所谓陷阱，是指市场中的主力资金为了达到自己的意图，通过某种逆于常识的方式或者方式组合，袭击其他市场参与者的弱点，进而诱导其他市场参与者做出有利于主力资金本身的决策的一种市场现象。

主力资金，通常是指能够对市场发展产生较大影响的资金。他们往往对全球宏观经济形势有较为深入的理解，对一国经济状况及发展趋势有较为深刻的把握，微观层面上，对企业的研究也较为深入。主力资金规模较大，一般为大机构掌控，能够影响甚至控制股票的中短期走势。在中国，参与市场的主力资金通常包括证券投资基金、券商、保险资金、社保基金、私募基金、QFII（合格的境外机构投资者）等。

在很多人的想象里，主力资金就是拿着大资金的一拨人，他们控制着市场，画着每分每秒的分时图，这是最为流行的谬误。主力资金不一定就是一拨人，同一板块里面，甚至同一只股票里面，可能会有一拨甚至几拨人。这些大资金通常是分派别的，他们的意图有时候可能达成一致，导致他们相互联手，有可能打默契球。更多的时候他们是不一致的，互相拆台，互相攻击，这种例子一点也不少。

可以肯定的是，当不同派别的主力资金意图较为一致的时候，走势合力的方向较为明确，市场运行起来阻力较小，走势显得更为简洁有力。如图 3–7 所示案例中，各方主力意图达到一致，走势就非常有力，上涨幅度也非常惊人。

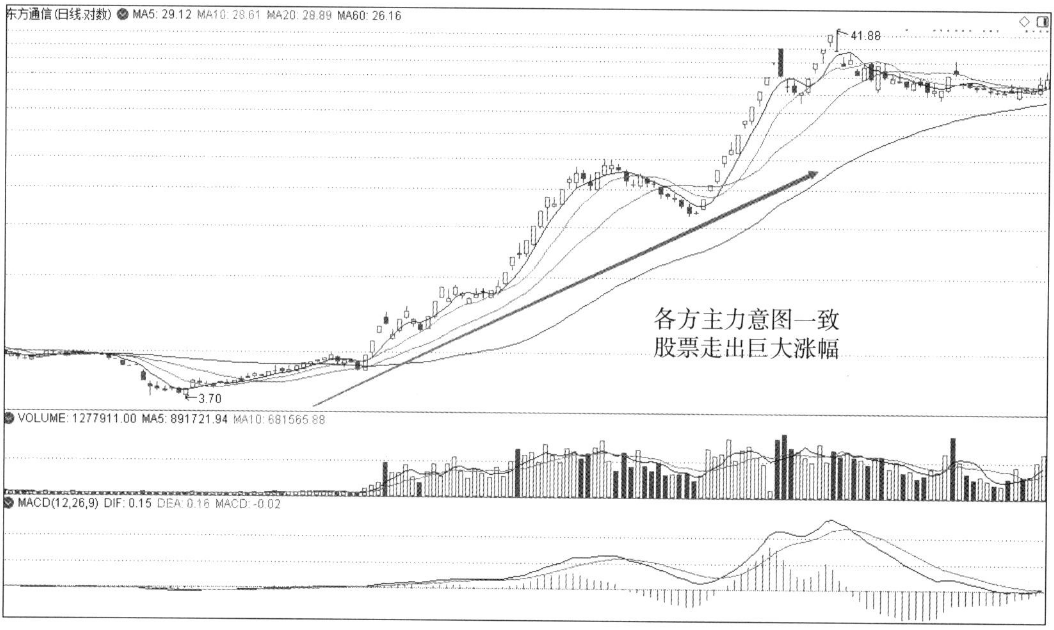

图 3–7　东方通信（600776）2019 年前后日线走势图

当 1 只股票内部派系林立，各派资金意图极不统一，相互倾轧，互相拆台的时候，走势的合力就不那么明确和坚定，走势看上去也不那么简洁有力。从图形上看，K 线多带有上下影线，常常陷入复杂的调整。如图 3–8 所示案例中，走势经常陷入盘整，K 线多带有上下影线，走势看起来极不流畅，这种股票通常属于内部力量较为复杂的品种，其结果是个股虽有上涨，但涨幅远远落后于市场平均涨幅。

必须明确的是，任何主力资金，无论什么背景，或许可以控制个股短期走势，甚至对中期走势产生巨大影响，但几乎没有人能控制长期走势，更遑论代表市场方向、反映基本经济运行方向的大盘走势。无论多大的资金，最终都必须顺从大势。

顺应大势，这是自然法则。任何主力资金的运作，都必须顺应自然法则。如果站在自然法则的对立面，后果通常不堪设想。非洲草原上的猎手，只有在水草丰茂的时候出来捕猎才能收获良多，哪有在干旱季节拼命折腾的？

无论多大的资金，在投资市场的亏损都是按比例来的，1 万元和 1 亿元，在逆势的情况下，亏损的速度是一样的。20 世纪初美国投机天才杰西 · 利弗莫尔，巅峰时期曾富可敌国。他的交易技术不可谓不纯熟，但一生几度破产，最终以自杀结束自己的生命。得意时逆大势而为，是导致他失败的非常重要的原因。

图 3-8　许继电器（000400）2019 年 3 月前后日线走势图

主力资金参与市场博弈，最主要的意图还是希望从二级市场的波动中获利。在二级市场获利，主要有 2 种方式，一是低位买入，高位卖出，赚取差价，这称为多头。二是高位卖空，低位回补，赚取差价，这称为空头。多头和空头的获利模式，本质上是一样的，这里以多头为例进行说明。

对于多头主力来说，如果看好一只股票，那么首先要在低位拿到足够多的筹码。有人可能会说，买入不就完了？问题远没有那么简单。主力的一大特点就是资金量大，这是它的优势，同时也是它的劣势。如果想买入一定比例的仓位，直接买入的话，会将价格大幅推高，这样自己的建仓成本就要高很多。另外，价格出现异动后，主力行为和意图太过明显，必然会引起其他人参与抢筹，导致主力资金自己反而无法拿到足够多的筹码。筹码成本高，或者没有足够的筹码，获利空间和盈利幅度自然会大大降低。这对于做长线的志向远大的主力而言，通常是不愿意干的。这个时候，通过低位挖陷阱，诱使其他市场参与者低价交出手中的筹码，便成了一种常见的操作方式。

多头主力在拉升的过程中，通常是需要资金去推动的。因此，主力除了底部锁定筹码的资金外，通常会留有一部分机动资金，用于在趋势运行过程中推动次级别上涨。如果这些拉升资金能够顺利点火，推动小级别的上涨，那么当小级别能量耗尽时，主力会卖出该部分机动资金所买的筹码，套现出来的资金一方面用于下一波拉升，另一方面可以顺便打差价，降低持仓成本，增加操盘利润。这样的过程可能会一直持续，直到主力操作级别的趋势动能耗尽为止。

对于多头主力来说，如果在一只股票中建仓、拉升都很顺利，价格从低位攀升到高位，盈利达到预期，或者预期中的利好已经被充分利用，操作级别上的趋势动能已经枯竭，那么就将进入出货阶段。出货，简言之，就是把底部买入的筹码卖出，从而获利了结。主力当然可以直接将筹码卖出，但那是最没有技巧性的做法。首先，大量筹码突然涌出来，会造成价格大幅度下跌，从而使浮盈大幅度回吐。其次，突然下跌会造成较大的恐慌，若其他跟风者集中抛出筹码，就会让主力筹码因为卖不出去而无法兑现，导致前面的整个操作过程功亏一篑。比较有技巧性的，就是通过制造转折之前的高潮，引发跟风者抢筹码，在这转折性高潮的过程中将筹码卖出。这样的手法既能保住盈利，也能够非常轻易地卖出手中的筹码，因而常常成为主力资金的出货手法。

上面所说的多头主力的盈利程序里，其中的每一个阶段，主力资金都有可能采用陷阱的方式去达到自己的操盘意图。

当然，买货或者卖货的手法千奇百怪，并非只有陷阱一种方法。例如，对于买入而言，很多主力会采用以时间换空间的方式，在低位反复搞震荡，让跟随者失去耐心，从而交出手中的筹码。还有先抢筹码，再搞大震荡洗盘，降低成本，最后再拉起一波出货的。也有利用盘外招买卖的。具体采用什么样的手法进行买卖，都要结合当时的环境来综合判断，这里只是重点讨论操作陷阱的方法。

此外，上面说的主力资金操作程序，是中长线主力资金经常采用的操作手法，有些短线资金并不一定如此操作，所以市场中经常可以看到，有的股票完全不用经历复杂的底部建仓阶段，股价就直接上去了。这种主力资金的建仓成本较高，出货也不那么容易，盈利空间往往有限，有的甚至一不小心就操作失败了。中长线主力往往资金实力雄厚，操盘过程中也气定神闲，他们最有可能制造大行情，因此也是最值得研究的。

陷阱通常以逆于常识的方式或者方式组合出现。见过猎人捕猎吗？猎人首先要认真研究动物的习性，比如动物的活动区域，喜欢吃什么，等等，然后针对动物的习性放置诱饵，布置陷阱。例如，对于捕猎兔子而言，兔子喜欢在较高的草地上四处观察，对周围环境感到安全时才会跳跃着向前奔跑，所以猎人会把绳套陷阱设置在障碍物前方一定的位置上，正好与兔子跳跃一次的距离相吻合。对于兔子而言，跳跃通过障碍物是它的生活方式，也是再正常不过的常识，但这反而成了它最致命的弱点。

同样，对于市场中的猎人而言，他们必然对市场中普通交易者的习性研究得非常透彻。例如，有一批人总是在突破的时候买入，在下跌的时候卖出，对于这些人来说，突破代表着趋势开始，跌破代表着趋势完结，这是常识。这些所谓的常识，就成了假突破与假跌破陷阱得以成立的基础，使得无数英雄落入彀中。

设置陷阱最常用的方式是盘内方式，但也不限于盘内方式，有些主力资金还会采用一些盘外的招式。上面曾经举过缠中说禅利用陷阱洗盘、吸筹的一个例子，其中所用的招数非常典型，下面把图拿过来再品味一下，如图 3–9 所示。

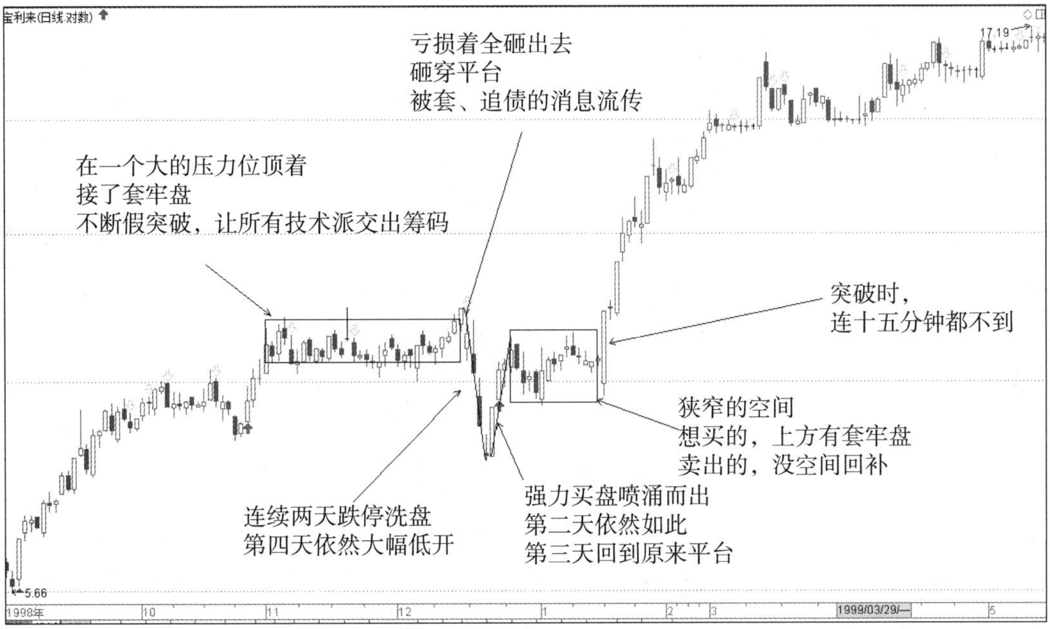

图 3–9　亿安科技（000008，曾名宝利来，现为神舟高铁）操盘图示

缠中说禅为什么要顶着压力位接套牢盘？因为压力位上有很多被套的筹码。试想，一个被套了很长时间，例如三五年的人，一旦价格重新回到成本区间，他们可能会长吁一口气，“终于解套了，赶紧卖掉”，这是普通投资者最常见的心理。所以在压力位，通常是卖盘大于买盘的，这也是通常看到的走势遇到压力位会回调的原因。该股当时顶着压力位不回调，必然是有买力支撑的结果，这就非常值得留意了。

后面不断的假突破，就是针对技术派的习惯认知布置的陷阱。技术派的习惯认知是什么？“见突破就追进，突破不成立就退出”，而且都想快速获利，经不起时间的折腾。不断制造假突破和假跌破，搞几个来回，所有本来有意该股的技术派，基本上都会交出手中的筹码，而且以后也没有兴趣再参与该股操作了。

后面连续两天跌停，主要是针对老鼠仓布置的陷阱。老鼠仓通常不是那么容易被清洗出来的，他们可能了解一些内部情况，因而持仓态度也会较一般的技术派更为坚定。对于他们，就需要组合使用盘外招和盘内招，使局面显得更加恐怖。这里可以看到，技术上连续跌停砸穿了平台，另外，坊间又传出了“有人被套，有人被追债”的消息——

这个消息肯定是有意放出来的。这个消息会引发大面积恐慌，而且价格的确砸穿了平台，有些老鼠仓可能账面上出现了浮亏。这两个招式组合运用，即便是老鼠仓也要落入陷阱了。

当主力资金使用陷阱组合拳之后，无论是散户也好，老鼠仓也罢，都很难淡定了，很难不交出手中的筹码。之后可以看到，在底部“强力买盘喷涌而出”，任何挂出的筹码都被一扫而光。连续的买入推动价格上涨，价格很快回到原来的平台。

注意，主力资金在平台下方并没有特意去拉升价格，而是利用平台位置这个压力位再度洗盘吸筹码。这个位置技术上具有较大的阻力意义，而且由于前面跌得太凶，使得上涨带有超跌反弹的味道，所以主力资金在原来的巨大压力区之下，顺势构筑了一个平台继续吸筹码。最终陷阱构造结束，主力资金拿到了自己想要的筹码，在一个让人意想不到的时间，快速突破了平台以及前面的压力位，开始了快速拉升的过程。

从这个案例可以看出来，主力资金对于自己的对手盘了如指掌，对手盘有什么习性，对利用什么方式可以击中对手盘的弱点非常明了，最终使得对方交出筹码，从而达到主力资金收集筹码的意图，顺利完成建仓任务。

投资者的弱点是什么？最根本的就是贪嗔痴。

投资者参与市场，都是为了盈利。没有什么比快速上涨或者一个极大的利好消息能够带来更快速的盈利了，所以一般投资者很难控制住自己不去追涨。常常看到很多杀红眼的人看见上涨就追，听到利好消息就满仓杀进去。

投资者参与市场，都惧怕看到浮亏。没有什么比价格快速下跌或者一个大的利空消息更让人恐惧了，以至于投资者看到哪怕一点浮亏就会砍仓，听到一丁点儿利空消息都坐卧不安，夜不能眠。

很多投资者都喜欢追求速度，希望快速盈利，恨不得天天都有涨停，一只股票最好几天就能翻倍。他们往往爱搭那些快速上涨的车，希望自己操作的股票能够成妖。因为追求所谓的“妖股”带来的损失，可以说不计其数。还有一些追求速度的人，明明手中的股票走势良好，盘中稍微一调整，或者价格陷入横盘，就立马换股，从来都不能耐心地操作完1只股票。一旦换股，之前操作的股票便再难追回了。投资者错过的大黑马，可以说不计其数。

更多的投资者是被所谓的赚钱效应驱赶着入市的，这通常发生在一轮指数的大涨之中。大涨导致投资者产生收益，这些快速获利的信息不断刺激着人们的神经，加之媒体平台的一些鼓动信息，于是有些人就按捺不住，被裹挟着入市了。他们根本不知道，在市场里获利需要深入学习，需要经历无数次磨炼。这些人一点专业知识都没有，仅仅想着快速获利，天下哪有那么多好事呢？

上面说的都是普通投资者的贪嗔痴在市场中的具体表现，这也是他们的致命弱点。

主力资金正好利用自己在资金、信息、技术等方面的优势，攻击普通投资者的弱点，从而达到自己的目的。

市场里的博弈，用一个简单的模型表述，就是你和市场先生在博弈，这个市场先生就是市场的合力。当然，在这个合力里面，主力资金是占据主导地位的。要想在这个与市场先生的博弈中战而胜之，打个不太恰当的比方，就是要让自己练出“他心通”的本事，要去体悟市场先生的心。

这个“他心通”听上去可能很离奇，但并不奇怪，事实上我们每个人都会，最简单的就是生活中的察言观色。当你和一个人刚刚认识的时候，他的一举一动对你来讲可能都比较陌生，他的喜怒哀乐你不一定能知道其中的含义。但如果你和他相处久了，对他比较熟悉了，他要表达一个意思，可能不需要语言，你就能体会得到，这在一定程度上就是所谓的“他心通”本事。“他心通”本质上是一种直觉，如果用在市场中，就是对市场的直觉。

《瑜伽师地论》曾记载了修习“他心通”的方法：由如是等行相流类，广说乃至无惭愧等所缠绕者，有色分位，色相变异，善取其相。复于彼相作意思惟，于此修习多修习故，发生修果心差别智。由此智故，于他有情补特伽罗，随所寻思，随所伺察，心意识等，皆如实知。

大意是说，对于他人各种行相的表现，多加分析了解记录，你若这样去练习，修持他心通的本事就来了，别人一起心动念，你这里就已经感应和知道了。笔者在《教你炒股票：缠论与K线分析技术》一书中，曾经提到过手绘K线图的方法，大体是说以这种方法去复盘每天的走势，可以培养对市场的直觉。

但是，这里有一个前提——首先要先放下自己的贪嗔痴，用清净心去面对每天的走势。在记录中，要先把自己的主观意见放下，去感受市场先生的过去和现在。时间久了，就能逐渐培养出对于市场的直觉，对于后市的可能走向，它自己就会浮现出来。

从这个角度讲，不管操作什么品种，在真正入手之前，要先把“我见”空掉——丢掉自己的主观成见，丢掉自己的贪嗔痴，真正培养出和市场先生之间的“他心通”，这是提高胜算的重要方法。那些天天泡在市场里追涨杀跌的人，眼里哪里是股票市场，哪里是市场先生，分明是自己的欲望，自己的想法。这样持续下去，不能修炼自己的内心，浑身都是弱点，不被主力资金算计才怪！

四、陷阱的分类

这里先对陷阱的性质做一个分类，这有助于交易者在实战中把握陷阱。注意，前面说过，主力通常会用多种方式或方式的组合来构造陷阱，这个组合一般包括盘内方式和盘外方式两种。对于普通交易者而言，盘外招往往是不可知的。主力资金运用盘外招的时候，不可能把真实意图泄露出来，交易者看到的，很多都只是主力想让你看到的。所以，不管是到处散布的谣言也好，路边小报刊登的股评也罢，抑或是各种新媒体、自媒体推送的五花八门的信息，都难辨真伪，有时候反而是吸引你落入陷阱的诱饵。另外，盘外招成功与否，最终也都会落到盘面上。所以，交易者没有必要在那些乱七八糟的信息上花太多功夫，这里所说的陷阱，主要是指盘面上呈现的现象。

一般地，按照陷阱的方向，可以将其分为空头陷阱与多头陷阱两类。

1. 空头陷阱

空头陷阱，又称诱空，是指市场主力资金通过制造盘面中非常明显的疲弱形态，诱使投资者恐慌性抛售，从而实现自己意图的市场现象。

空头陷阱，从表现上看，通常会在低位出现一个下跌的高潮，使得投资者陷入对后市行情的绝望，从而恐慌性地抛售自己手中的筹码，而主力则借着恐慌性的抛售浪潮吸入筹码。当卖力衰竭之后，或者在主力资金吸筹的动力之下，从低位快速回升，使得在下跌高潮中卖出的投资者踏空后市行情。看个例子，如图 3-10 所示。

图 3-10 的例子中，在方框处，价格快速跌破前面的平台，连续杀跌，使得一般的投资者陷入恐慌，纷纷抛售手中的筹码。主力资金则入场大力抢筹码，并使得价格快速重回前面的平台区间，连续强势调整之后，最终走出大幅度的上涨行情，使得在低位踏入空头陷阱的投资者纷纷踏空。

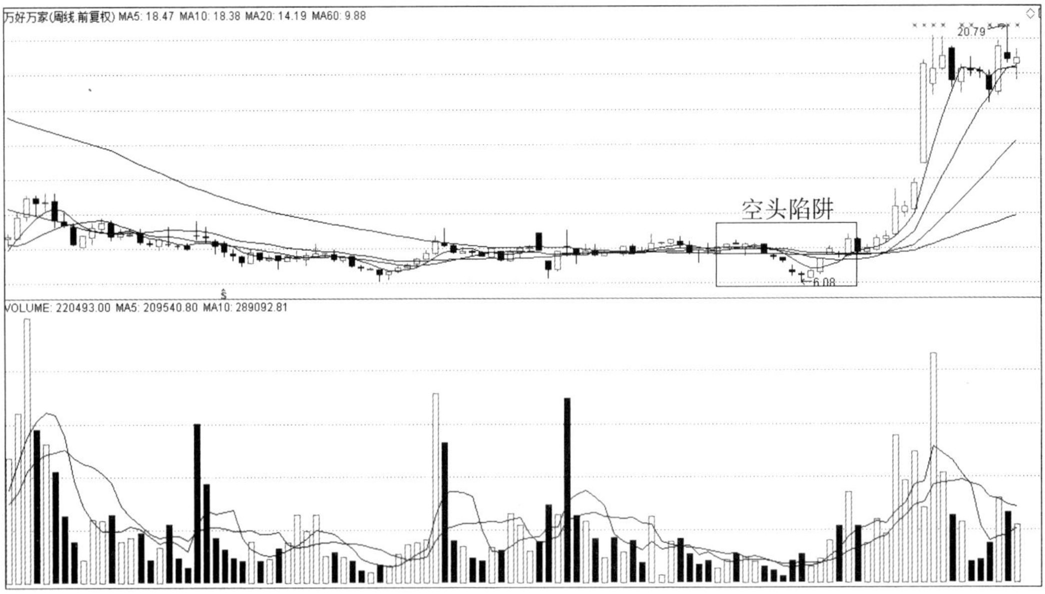

图 3-10 万好万家（600576）2014 年 1 月前后周线走势图

2. 多头陷阱

多头陷阱又称诱多，是指市场主力资金通过制造盘面中非常明显的强势形态，诱使投资者疯狂买入，从而实现自己意图的市场现象。

从表现上看，多头陷阱通常会在高位制造一个上涨的高潮，引发投资者入场抢筹，主力资金则在这种抢筹的高潮中顺利出掉手中的筹码。当价格失去买力的支撑，或者在主力资金卖货的压力下，价格从高位快速回落，使得追高买入的投资者被套在高位，如图 3-11 所示。

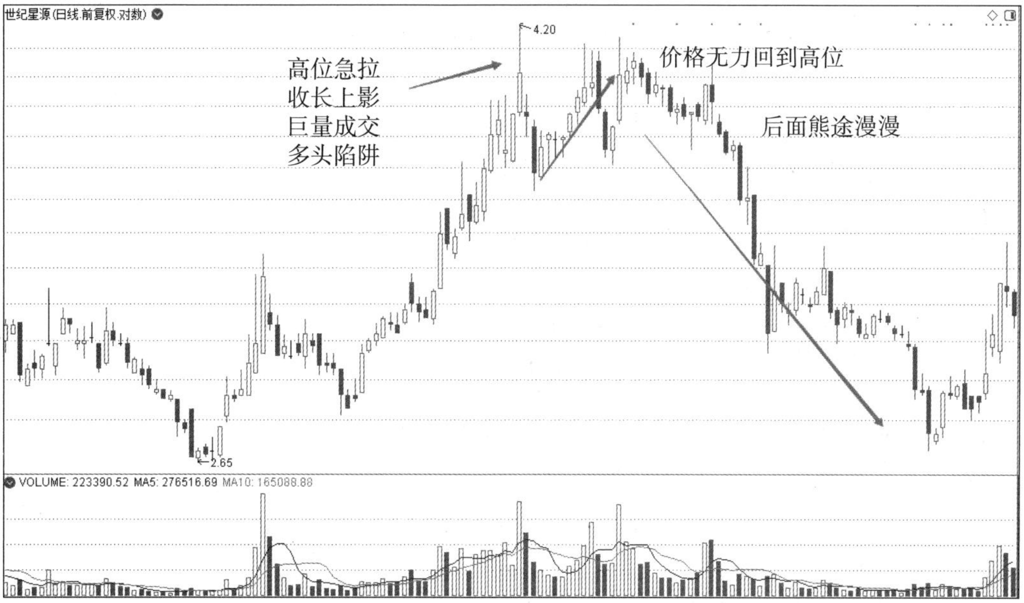

图 3-11　世纪星源（000005）2019 年 3 月前后日线走势图

图 3-11 所示的例子中，价格在趋势高位突然加速上涨，价格一度触及涨停，吸引跟风盘入场抢筹码。随后卖方大肆出货，股价一路回落，其中有一日放出巨量，并且收出长长的上影线。后面价格虽两度拉升，但再也无力触碰前期高点，之后开启了漫漫下跌之路，使得在高位追进者严重被套。

按照市场的方向划分，可以把陷阱大体分为多头陷阱和空头陷阱两类，这是最基本的分类。还可以从其他角度，对陷阱做进一步的细分。

大家知道，市场走势可以分为趋势和盘整，相应地，就可以从市场具体走势的视角对陷阱进行分类，把陷阱分为趋势类陷阱和震荡类陷阱。

交易者入场交易，总是有所依据的，如根据 K 线或者 K 线组合提供的买卖点入市，相应地可以归纳出买卖点类陷阱。此外，有很多投资者入市交易，依据的是技术指标，例如最常用的移动平均线。很多交易者根据股价对均线的突破或者跌破为信号进行买卖，相应地就存在指标类陷阱。关于陷阱的详细分类，后面将做进一步的解析。

本节提出了市场中经常出现的陷阱现象，列举了缠论中存在但未被重点阐述的陷阱思维，对市场中的陷阱下了一个定义，并对陷阱现象做了一个初步的分类。从中可以看出，在市场操作中，制造陷阱是主力资金惯用的伎俩。对普通投资者而言，陷阱就是坟墓；对于能够把握陷阱的人来说，陷阱就是天堂。为什么？因为陷阱之后，通常对应着市场的高潮。

第二节　陷阱之后，常是高潮

一、陷阱的挑战

即便对于主力资金而言，制造陷阱也从来不是轻松的事情，而是需要调动大量资源，精心谋划，精确操控的。

对于盘内的招式而言，主力资金手中的武器，无非就是资金和筹码。当然，光有资金和筹码是不够的，还需要高超的技巧来配合。

如果是制造空头陷阱吸收筹码，在这个过程中，主力可能会遇到几个大的挑战。

首先，有可能损失筹码。打压股价，喊几声是没用的，需要用筹码来砸盘。这些筹码或者主力手里本来就有，或者是新买入的。如果能够在一个比较好的小级别卖点开始打压股价，一般情况下是能够把价格打下来的。但如果在一个不太好的位置去砸盘，极端的情况，比如在一个小级别的买点去砸盘，有时候不仅不能把价格砸下来，反而还会把自己手里的筹码葬送掉。主力在吸收筹码时砸盘，是一个非常微妙的行为，既要保证基本的筹码不丢失，又要确保手里的筹码量能够把价格打下来，还要留有足够的资金在陷阱中收割抛盘，这绝对不是轻易能够做到的事情。

其次，有可能弄巧成拙，造成短时间内无法挽回的崩溃局面。盘内做陷阱，通常是需要做出违背常识的盘面走势出来，例如跌破重要的支撑位或者重要的均线等。这在强势市场环境下还好办，如果是在弱势市场环境下，通常会引发比较大的抛售浪潮。更有甚者，一些有做空机制的品种，或者具有杠杆属性的品种，会引来一大堆空头参与其中。如果主力资金没有强大的实力或能力应对这种做空的浪潮，会导致本来规划好的空头陷阱变成真正的下跌，自己持有的筹码将被套牢，这是主力必须面对的巨大风险。

第三，有可能被抢筹。前面也说了，一只股票里面，主力资金可能不止一派，或许还有其他主力资金在紧盯着。如果一方主力费力制造陷阱，刚做了个破位的局面，引发浮动筹码的抛售，另外一方却在这抛售浪潮中以较低的价位抢得了筹码，制造陷阱的主力几乎就白费力气了，而且还会损失很多自己的筹码，为他人做了嫁衣裳，整个战略意图也会因此落空。缠中说禅也说过，在一只股票中，除了庄家，还有猎庄者，他自己就经常充当猎庄者的角色。任何主力碰到实力强大、技术高超的猎庄者，都是一件非常头疼的事情，这也是制造陷阱的主力需要面对的巨大隐患。

对于多头而言，成功制造一个多头陷阱，同样也面临巨大的挑战。盘内构造多头陷阱，必须用资金推动，造成盘面价格大幅上涨的走势，从而引发跟风者追涨买入，多头则在大家哄抢筹码的过程中出掉自己手里的筹码。如果投入的资金不能够有效地推动价格上涨，那么不光损耗了资金，而且推高了自己的整体持仓成本，很容易造成被动的局面。即便能够有效地推动价格上涨，但若碰到其他对手盘，例如所谓的猎庄者，猎庄者利用主力资金制造的上涨浪潮抢先一步出货，对于制造多头陷阱的主力来说，则是花大力气做了免费的义务劳动，结果自然事倍功半。

前面曾经提到，主力资金制造陷阱的过程中，往往不只采用盘内的方式，还有可能采用盘外招，充分利用自己的传播渠道、媒体甚至关联企业等，散播陷阱性质的信息，以达到自己制造陷阱的意图。前面曾经介绍过缠中说禅做空头陷阱吸筹的例子，下面说一说做多头陷阱抛货的例子。

缠中说禅说：

当时要干的事情，就是把某股票的货出掉，而且还不是现价，必须在某个位置上。这不算难，关键是持有也就 30% 多，已经上涨 N 倍，而且里面有不少小家伙的老鼠仓，多的有 10%。

先把 1/2 的筹码集中调到一个八卦人最多的证券部，告诉他们，3 周内要陆续调 N 亿元来。很认真地找人去谈手续费分成问题，而且要求最高的比例，特别强调对倒时比例要更高。注意，去谈的人也不知道想干什么，只是告诉他要在那边干点儿活，找一个成本最低的证券部。

然后该股就从 N 元开始异动起来。再起来 20% 后，本 ID 就在别的证券部开始出，但手法很特别，总是在低位出。出了以后，一副被夹空痛不欲生的样子，于是关于某股票被人抢筹码的消息就此流传。

接着，把出的钱以及部分其他的钱提前划到第一个证券部，然后再告诉他们，更多的钱还要划过来。

很快股价就比开始时上涨了 40%。本 ID 继续在其他地方逢低出货，被彻底夹空。这一下戏演得连老鼠仓都知道损失无数筹码，要压盘把货补回来，老鼠仓也开始大幅度增仓。接着，已经不用逢低出货了，只要压单，就被扫掉，好过分呀。

这时候，开始和第一个证券部谈透支问题，说要用筹码押钱，希望是 1:2。但对方说他们最多只能 1:1.5，因为最近这股票涨太多了。所以本 ID 让人很气愤地告诉他们，找了一个可以 1:3 透支的证券部，马上就把筹码转了一半去别的证券部，然后对方就开始很恐慌地要挽留我们。其实，是别的地方货出得差不多了，需要筹码。

股票在 3 周多点儿上涨了 70% 多。最后一天早上，一开盘，在买盘涌起的那一下，最后的屠刀开始了，所有剩余的筹码一起涌出。具体过程就不说了，只是当天是跌停的。当然，那天也是巨大无比的量。

最后，本 ID 派人和第一家证券部说，不想玩了，你们那里风水不好，不能为客户保密，消息封锁不住，让我们被人砸盘，套住，亏死了，这里的资金要去别的地方救火去，走人了。

只想说最后那股票的命运，就是从最高位下跌了 90% 以上。至于比最开始的 N 元下跌了多少，大概不是一个困难的问题了。

上面讲述的出货方法，是非常巧妙地利用盘外方式出货的例子，颇值得玩味。“人生如戏，全靠演技。”上面的案例就是演戏演得好，对人性的把握极其精准。

首先，把筹码调到八卦人最多的证券部，其实就是把那些八卦人当作散播信息的渠道。放风说 3 周内要陆续调 N 亿元来，并且很认真地找人去谈手续费分成的问题，其实是演戏给八卦人看，让他们把这个所谓的“利好消息”传播出去。按照常识，有巨量资金参与进来，该股票肯定好，肯定要涨的，于是靠打探消息追涨的人就会大力买入，庄家不用自己拉盘，价格自然很快就涨起来了。

为什么不逢高出货，而是逢低出货，一方面是让盘面上没有明显的大资金出货的痕迹，另一方面则制造被人抢筹的假象，并让这个假消息进一步流传。按照常识，既然被抢筹，势必要在某个位置再补回来，更进一步证明该股票有前景，于是价格进一步上涨。后面继续演戏，借着“透支”的问题，名正言顺地转移筹码，继续出货。当最后的筹码被甩出来，价格以跌停收盘的时候，整个出货任务已经顺利完成了。

上面的出货手法非常精妙，在整个做顶过程中，根本没有动用资金拉抬，而是分批出货，非常正常的交易手法，没有任何违规的地方。另外，庄家也没说过任何一句影响股价的话，只是巧妙地利用了人们的贪嗔痴慢疑，就顺利达到了出货的目的。

一般地，利用盘外招出货，或者利用媒体散布虚假消息，甚至和关联公司一道做局，往往要承担极大的法律风险。证券市场中恶意操纵价格的所谓大佬，最终被法律审判的，都可以组成一个加强排了。

从上面的分析可以看出，一个成功的陷阱，背后必然对应着主力强大的实力。单单有实力也不够，还需要非常高超的操盘能力，付出较大的成本，同时承担巨大的风险。由此也可推知，除非主力资金有足够的理由支撑他们冒巨大的风险去制造陷阱，否则何必费尽心机，巧妙设局？所有的理由汇集到一起，就是陷阱之后，通常会有市场高潮出现。

二、陷阱营造的市场环境

市场出现高潮，必须要有非常有利于主力的市场环境。一个成功的陷阱，要制造出这种市场环境才可能获得成功。那么陷阱之后，对于一只股票而言，会出现什么样的场内环境呢？下面以多头主力为例试着解析一下。

一个成功的陷阱之后，主力资金必然是达到或者基本达到了自己的战略意图，否则就不能称之为成功的陷阱。

所谓成功，至少有 3 条标准。第一，在较为强烈的下跌中，浮动筹码被恐吓出来，为后面的拉升初步扫清障碍。第二，主力资金趁着恐慌引发的抛售潮，买入他们想要的筹码。第三，陷阱制造的恐慌局面已经被稳住，人气不至于进一步涣散，后市具备了转好的技术条件。

这样说可能比较抽象，还是参考前面所举的例子，如图 3–12 所示。从图中可以看到，在连续几天的下跌中，技术派、老鼠仓等筹码已经被清洗得差不多了，这为后面的拉升营造了好的环境。否则，在拉升过程中，如果被这些老鼠仓获利盘袭击，那走势还得折腾。其次，主力利用资金优势快速吃进筹码，造成超跌反弹的局面，不至于在技术上使走势进一步恶化。第三，前期高点之前，制造窄幅震荡。该窄幅震荡具有上涨中继的性质，这基本上稳住了局面，为后面的拉升打下了良好的基础。所以说，这是一个成功的陷阱，既清洗了技术派、老鼠仓，自己也拿到了足够多的筹码。特别是陷阱后盘面

图 3–12　神舟高铁（000008，原为亿安科技）日线走势图

被稳住，为后市的拉升创造了技术条件，可谓是一箭三雕！

被陷阱坑了的人，首先是技术派。技术派都有一个普遍的问题，就是不太专注。在技术派眼里，股票无所谓好坏，有好的趋势，好的买卖点，对他们来说就是好股票。走势破位的股票，在他们看来已经是不好的股票了，可以丢弃，反正市场里面股票多得是，再去找就行了。当一个陷阱被构造出来的时候，技术上看，基本都已经破位了，技术派会很快出来，也许马上就找到另外可以操作的股票了，所以短时间内不会再来。还有一些人虽然打着技术派的旗号，但实际上是跟着市场情绪进出的，关注的主要还是盈亏，浮盈就欢喜，浮亏就恐惧、愤怒，这些人就更容易被陷阱清洗了。他们一旦被清洗，“一朝遭蛇咬，十年怕井绳”，短时间内很难再回来了。

对于那些被陷阱坑害了的小主力，他们的资金也是具有一定规模的，因而进出并不那么容易。一旦被清洗，若想再度参与其中，是需要市场空间的，否则就只能充当轿夫的角色。因为他们再度参与，资金规模所带来的买盘，必然会推动股价上涨，不是轿夫又能是什么？

成功的陷阱之后，会出现什么情况？筹码由原来散乱分布的状态变得更加集中了。原来散乱地分布在散户和各派主力手中的筹码，经过成功的陷阱布局之后，由散户以及小主力手中转移到大主力手中，这是非常有利于大主力的市场环境。一来大主力手中有足够的筹码，拉起来能更多地获利，二来在拉升途中没有其他搅局者，只需耗费很少的资源和精力就可以顺利地把股价拉起来，因此，陷阱之后常是高潮。

三、几个例子

下面看几个陷阱之后市场出现高潮的例子，先来看两个多头制造的陷阱，如图 3-13、图 3-14 所示。

新力金融这个案例中，图 3-13 中圆圈标示的位置，当日是以跳空缺口的方式低开的，全天收出跌停。这对于短线参与者来讲，是致命的伤害，几乎没有几个短线选手能够顶得住跌停的冲击，所以交出筹码是大概率事件。随后，市场主力在跌停板的位置连续 2 天吃货。第三天，价格全天封住涨停，该一字板使价格一下子回到了前期大阴线起跌的位置，这从根本上扭转了前面看似崩溃的局面。随后市场连续 3 天进行小阴小阳线整理，确认了这是一个空头陷阱。随后市场开启了快速拉升的高潮，后面 7 个交易日的时间，从陷阱确认的位置算，价格上涨了 50% 的幅度。

图 3-14 海能达这个案例，是典型的趋势陷阱——底背驰。在绵绵的周线级别下跌中，价格突然跳空低开，当周收出大阴线。随后一周价格剧烈跳动，最终以纺锤线报收，价格最低 6.17 元。此时 MACD 指标线呈现非常明显的底背驰形态。第三周，价格收阳，

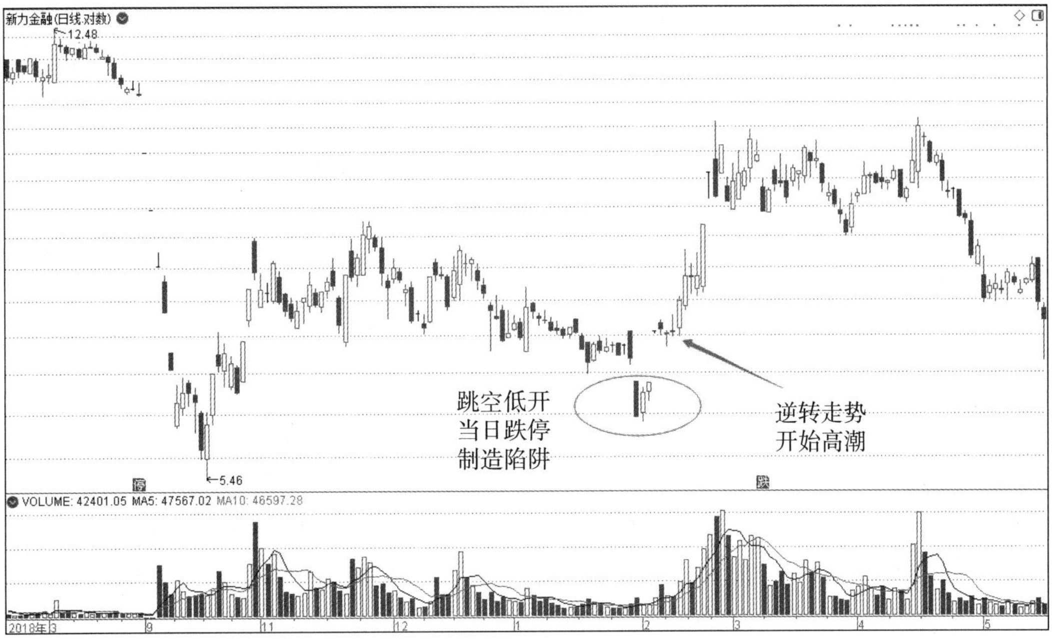

图 3-13　新力金融（600318）2019 年 2 月前后日线走势图

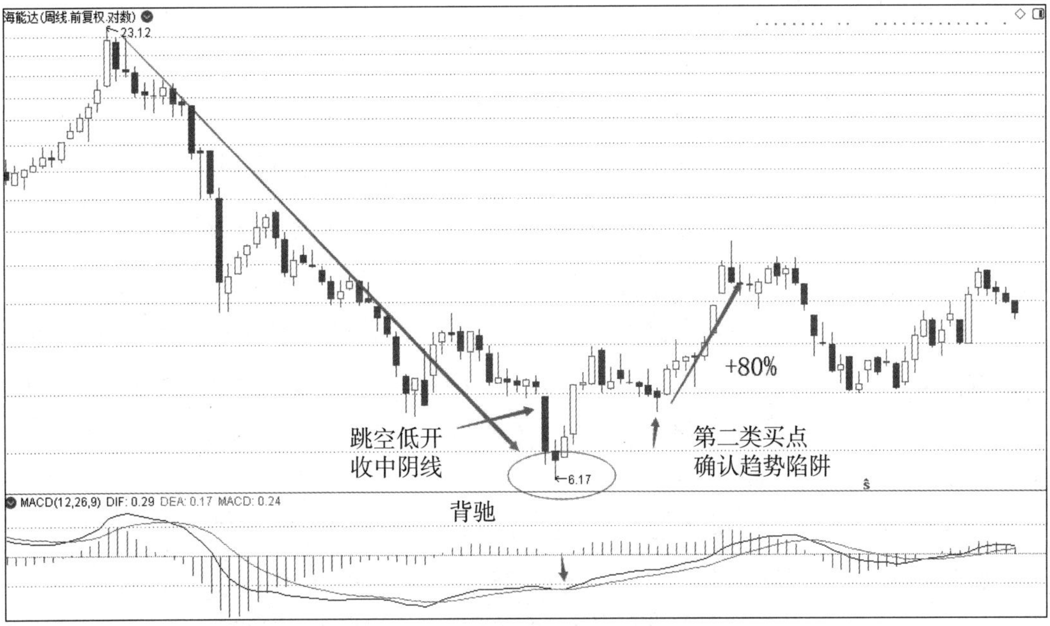

图 3-14　海能达（002583）2018 年 10 月前后周线走势图

并和前两周的 K 线组合成了非常明显的底分型形态。随后价格沿着底分型的方向一路上涨并突破前高。注意，很多时候，突破前高意味着可能出现回调。回调一方面可以清理那些追高的跟风盘，另一方面，多头能量在拉升中损耗太大，需要打压一下，做做差价，顺便回笼一些资金，为后面的拉升积蓄能量。后面连续几周出现强势调整，最终构筑出周线图上的第二类买点。最终确认空头陷阱，随后展开了第二波拉升，价格在几周时间内涨幅达到80%。

再看2个多头陷阱的例子，如图3-15、图3-16所示。

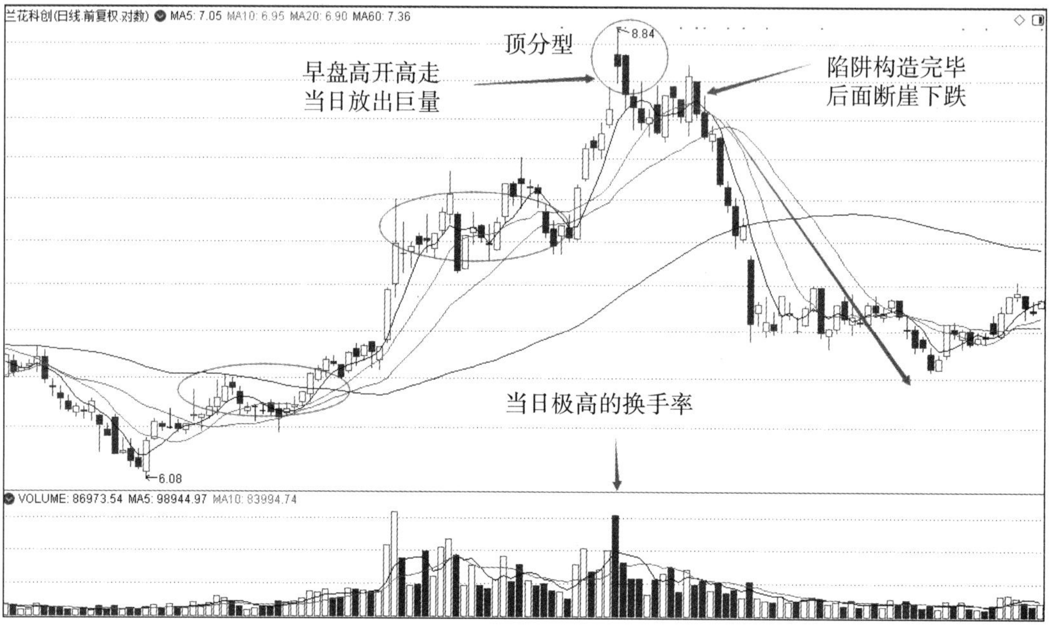

图3-15　兰花科创（600123）2019年4月前后日线走势图

图3-15所示的案例中，股价自6.08元的低点启动，开启了两个中枢式的上涨。从图中可以看到，第二中枢之后的上涨是极为猛烈的。创出8.84元新高那天，股价是高开的，而且全天大部分时间维持冲高走势。当天成交量放出巨量，换手率极高。一般来说，高位放巨量都不是什么好事情。请问，谁会在高位抢筹码，谁又会在高位卖出？后面的反抽不能再次冲击8.84元的高位，事实上确认了这个多头陷阱，随后股价呈现断崖式下跌。

图3-16所示案例中，大族激光在高位形成了一个极漫长且空间较大的中枢震荡走势，震荡幅度大约为30%。如果这个震荡能够持续，当然是可以做中枢震荡操作的。注意，操作这种宽幅震荡，有时候获得的利润并不一定比趋势少，抓两个波段，就有百分之六七十的利润了。图中向上箭头处，再次出现中枢震荡买点，按照常识，股价大概率会重回60元的位置。这么诱人的买点，相信很多人会忍不住冲动抢进去。随后，该股并未如期往60元的中枢顶部反弹，而是掉头向下，以大阴线再次吞没了前面那个中枢震荡买点。这个时候，如果不及时跑路的人，基本就被这个中枢震荡买点套进去了。价格破位之后，后面出现了一个回抽，这也确定了那个中枢震荡陷阱。其后股价开始漫漫

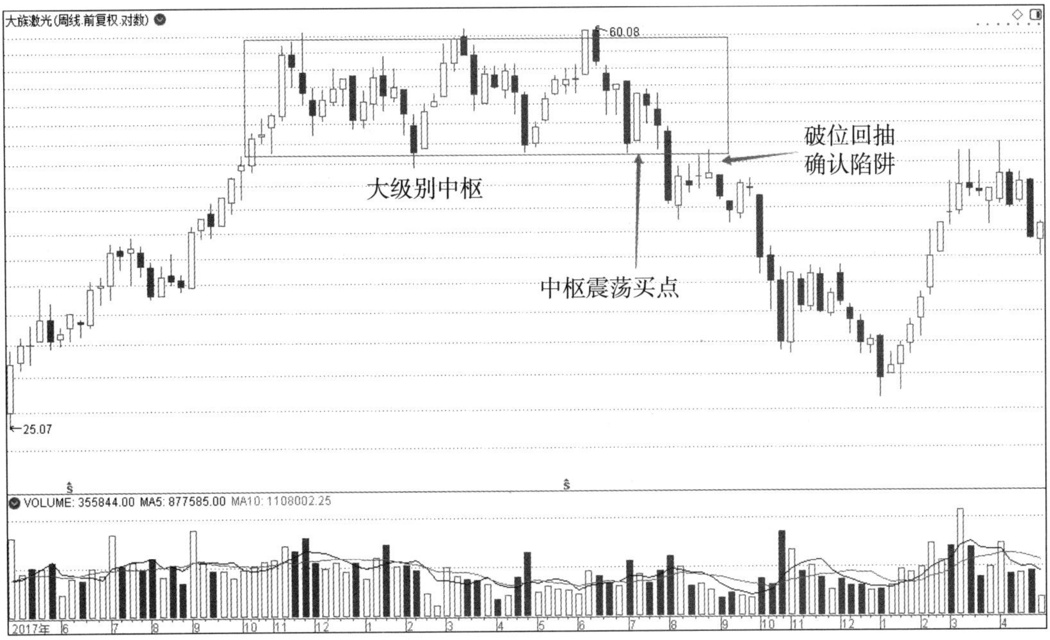

图 3-16 大族激光（002008）2018 年 7 月前后周线走势图

下跌，从区域高位的 60 元一路跌到 20 几元，跌幅巨大。

四、结论

通过上面的分析，可以得出一个结论：“陷阱之后，常是高潮。”主力资金之所以费尽心思做陷阱，一方面是有强烈的意愿，另一方面是有雄厚的实力和高超的技巧。此外，成功的陷阱之后，已经营造了极利于主力资金后续操作的市场环境，也就为后面的市场高潮打下了良好的基础。

另外，陷阱的规模越大，后市走势越值得期待。例如，一个周线级别的陷阱，和一个 60 分钟级别的陷阱，可以期待的后市级别肯定不一样。规模越大的陷阱，需要消耗的资源以及时间越多，最终收获也一定越大。

举个例子，捕捉麻雀和捕捉棕熊，陷阱的规模肯定不一样。抓几只麻雀，你可能只需要几粒麦子做诱饵，用木棍撑起一个笼子，用绳子绑着木棍就可以了。麻雀跳进去吃食物的时候，你只需要轻轻一拉，便把麻雀罩了进去。如果要捕捉一头棕熊，所费的功夫就完全不是一个量级了。

“陷阱之后，常有高潮。”制造一个成功的陷阱不容易，一旦出现，就要好好珍惜，充分利用陷阱之后的市场高潮壮大自己。

第三节　趋势陷阱

所谓趋势陷阱，是指在趋势转折阶段出现的市场陷阱，即在上涨或者下跌趋势的转折阶段，出现小规模的市场高潮，使得市场中一般投资者入场抢购或者抛售，而主力资金则借机完成自己的卖出或者买入目的。

一、趋势陷阱的特征

1. 明显的趋势形态

趋势陷阱的前提是要有趋势，没有趋势便没有趋势陷阱。趋势分为两类，即上涨和下跌。关于趋势，缠论里有明确的定义。

上涨趋势：在任何级别的任何走势中，某完成的走势类型有 2 个以上同级别中枢，且中枢区间依次升高，就称为该级别的上涨。

图 3–17 所示的走势中，椭圆处代表中枢，是典型的 2 个中枢式的上涨趋势。

图 3–17　太极实业（600667）日线走势图：上涨趋势

下跌趋势：在任何级别的任何走势中，某完成的走势类型有 2 个以上同级别中枢，且中枢区间依次降低，就称为该级别的下跌。

图 3–18 所示的走势就是典型的下跌趋势，该下跌趋势形成了 3 个同级别的中枢。

在趋势的后期，主力资金是有极大的意愿做陷阱的。例如，对于多头主力而言，经过一段趋势性的上涨，一般股价都会有较大的涨幅，带来的浮盈也比较大。此时他们通常会有极强烈的套现需求，这驱使他们耗费资源，并承担一定的风险去挖陷阱，从而更加从容地出货。对于下跌趋势而言，经历了漫长的下跌之后，股票已经出现被低估的情况，这个时候，除非股票质地太差，否则通常都会出现同级别的反弹，以实现价值回归，因而主力资金有动力去做陷阱拿筹码。如果该股票有什么隐性的利好还未被发掘，那是最好的做陷阱的标的了。这便是趋势陷阱存在的主要原因。

图 3–18 天目药业（600671）日线走势图：下跌趋势

2. 出现市场高潮

构造趋势陷阱时，通常会伴随市场的小高潮。道理很简单，要想让投资者抢筹或者抛售，肯定需要理由，没有快速涨跌对投资者的刺激更大了。没有上涨的高潮，不足以引发投资者的贪婪，也就无法吸引他们入场抢筹码。没有下跌的高潮，不足以引发投资者的恐惧，也就无法促使他们砍仓割肉。这就是陷阱常伴随市场高潮的主要原因。

注意，这里为什么反复说投资者的贪嗔痴慢疑？因为从根本上来讲，交易市场上，所谓的投资者，就是一颗颗的众生心。众生心是什么？就是贪嗔痴，没有别的。为什么同样的陷阱，交易者会无数次跳进去，就是这贪嗔痴在作怪。不信大家可以去看，被保健品营销忽悠的人，往往一转头就掉到某某币的陷阱里去了。这类陷阱式的高潮，在市场转折时期比比皆是，但普通交易者还是会一次次义无反顾地跳进去。

例如，从 2018 年 9 月到 2019 年 10 月间，笔者长期跟踪上证指数，发现一个普遍的现象，就是多数的见底都是在下跌的末端，突然来一个跳空缺口低开破前低，然后收出金针探底的形态，之后开始回升，如图 3-19 所示。这个向下的跳空缺口，还常常伴随着所谓的利空消息。市场中，无数人都是被这个向下的跳空缺口坑害了。

图 3-19　上证指数 60 分钟走势图：2019 年 8 月之后的几次短线底部

2019 年 1 月 4 日的 2400 点大底，短线上看，也是以这种方式构建出来的，如图 3-20 所示。笔者非常有幸见证了该历史大底并参与其中，对之感触颇深。

图 3-20　上证指数 60 分钟走势图：2019 年 1 月 4 日短线见底

二、常见的趋势陷阱

趋势陷阱通常引发趋势转折，所以讨论趋势陷阱就是在讨论趋势转折的形式。一般地，根据经验，趋势转折常常以下面几种方式展开——趋势背驰、趋势最后1个中枢的盘整背驰以及小级别背驰引发大级别转折。下面分述之。

1. 趋势背驰

对于趋势而言，2个中枢之后，如果推动段的力度衰减，但价格却不断创出新高或者新低，可以称该推动段为背驰段，该背驰段的结束点可称之为背驰点。通常情况下，背驰点对应着该趋势的第一类买卖点。注意，趋势中的中枢可以是2个，也可以是多个。对于趋势背驰的判断，关键在于趋势力度的变化。

在背驰的概念里，价格的新高或者新低是肉眼可见的，而关于趋势力度的判断方法，通常可以用MACD指标辅助判断。

缠论如何用MACD指标辅助判断背驰呢?

用MACD指标判断背驰，首先要有2段同向的趋势。同向趋势之间一定有一个盘整或反向趋势连接。把这3段分别称为A、B、C段，显然B段的中枢级别比A、C段的中枢级别都要大，否则A、B、C就连成一个大的趋势或大的中枢了。A段之前，一定是和B同级别或更大级别的一个中枢，而且不可能是一个和A逆向的趋势，否则这3段就会在1个大的中枢里了。

归纳上述分析，用MACD判断背驰的前提是，A、B、C段在一个大的趋势里，其中A之前已经有一个中枢。B是这个大趋势的另一个中枢，这个中枢一般会把MACD的黄白线（也就是DIFF和DEA线）回拉到0轴附近。而C段的走势类型完成时，对应的MACD柱子面积（向上的看红柱子，向下看绿柱子），比A段对应的面积要小，这时候就构成标准的背驰。

下面用一个例子来说明，请看中国人寿（601628）的5分钟K线走势图，如图3–21所示。

2007年1月11日11:30到15日10:35，K线走势构成一个中枢。15日10:35到16日10:25构成A段。16日10:25到17日10:10，一个标准的3段1分钟级别的走势类型构成新的中枢，也相应地构成B段，同时MACD黄白线回拉0轴。其后就是C段上涨，其对应的MACD红柱子面积明显小于A段，是标准的背驰。

注意，看MACD柱子的面积，不需要C段的红柱子全部走出来。一般柱子伸长的力度变慢时，把已经出现的面积乘以2，就可以当成是该段红柱子的面积。实际操作中，根本不用回跌后才发现背驰，在上涨或下跌的最后阶段，结论就已经出来了，一般都可以抛到最高价位或买在最低价位附近。

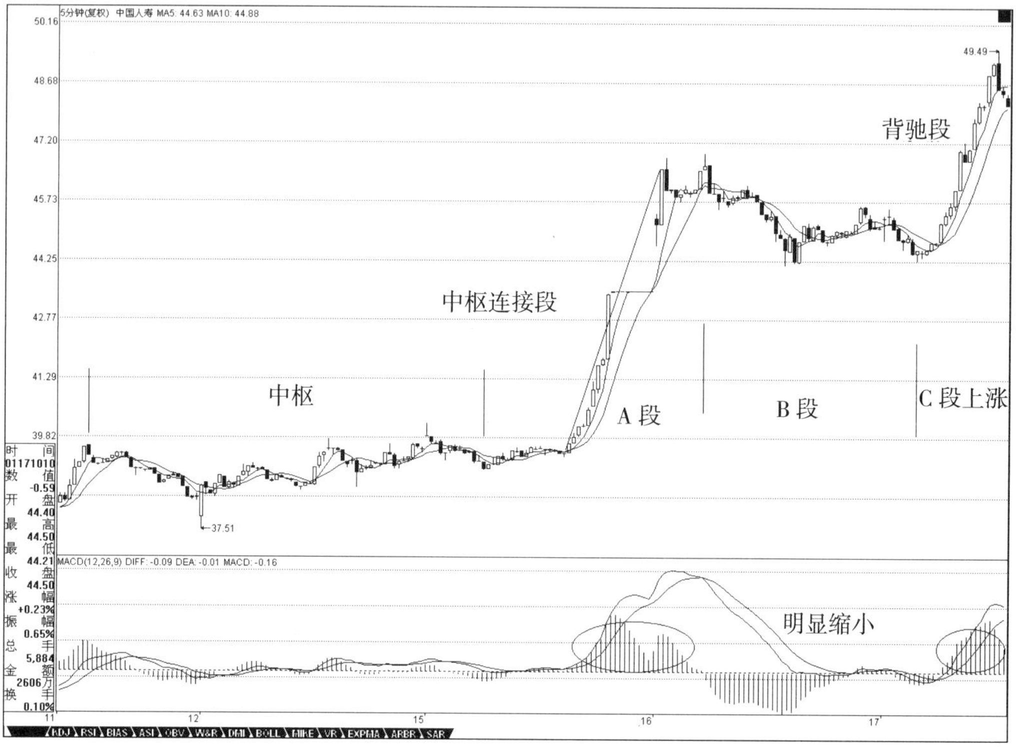

图 3-21　中国人寿（601628）5 分钟K线走势图

在研判背驰的时候，标准的情况是黄白线和红绿柱子的面积都要看的。最标准的是黄白线不创新高，并且红绿柱子面积不创新高。但只要出现其中一种情况，就要引起高度警惕。

趋势分为两种——上涨和下跌，背驰就自然地分为两类——顶背驰和底背驰。所谓顶背驰，就是在上涨中出现的背驰，底背驰就是在下跌中出现的背驰。下面看两个例子，如图 3-22、图 3-23 所示。

2019 年 4 月，金证股份走出明显的日线级别趋势的顶背驰形态。从图 3-22 中可以看到，B 段是一个中枢，连接着 A 段和 C 段，C 段对应的 MACD 指标红柱子面积明显缩小，黄白线也不再创新高。当 C 段末端出现顶分型时，标志着背驰点出现，走势从此开始转折。C 段就是趋势性陷阱，在该段买入的，如果不能及时退出，多半就被该陷阱坑了。

同样是金证股份，如图 3-23 所示，2018 年 10 月，在一波下跌趋势的第二个大中枢之后突然出现急跌，股价跌破大中枢的区间。注意，这个中枢区间一定堆积了很多筹码，这个急跌估计会让很多在该中枢区间堆积的筹码仓皇而逃，主力资金轻松拿到筹码。此时，MACD 指标绿柱子面积较前一绿柱子面积明显缩小，显示是一个底背驰形态。随后价格被快速拉起，从最低点算起，经过半年时间的运行，股价翻了 4 倍多，使得在背驰段被该下跌趋势陷阱坑了的人后悔不迭，这也进一步印证了“陷阱之后，常有高潮”这一说法。

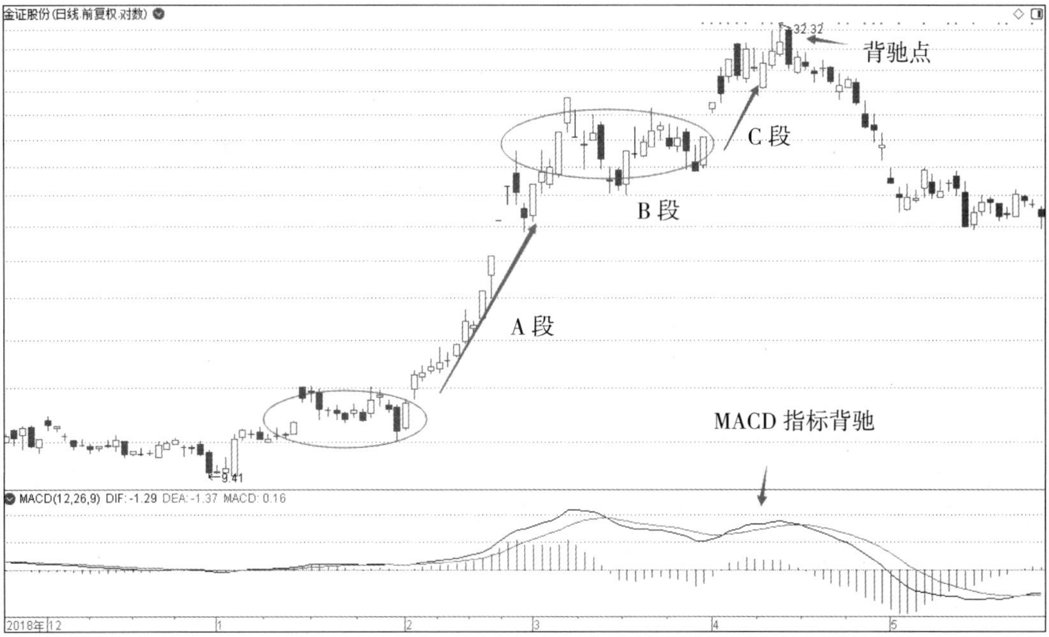

图 3-22　金证股份（600446）2019 年 4 月前后日线走势图：日线级别顶背驰

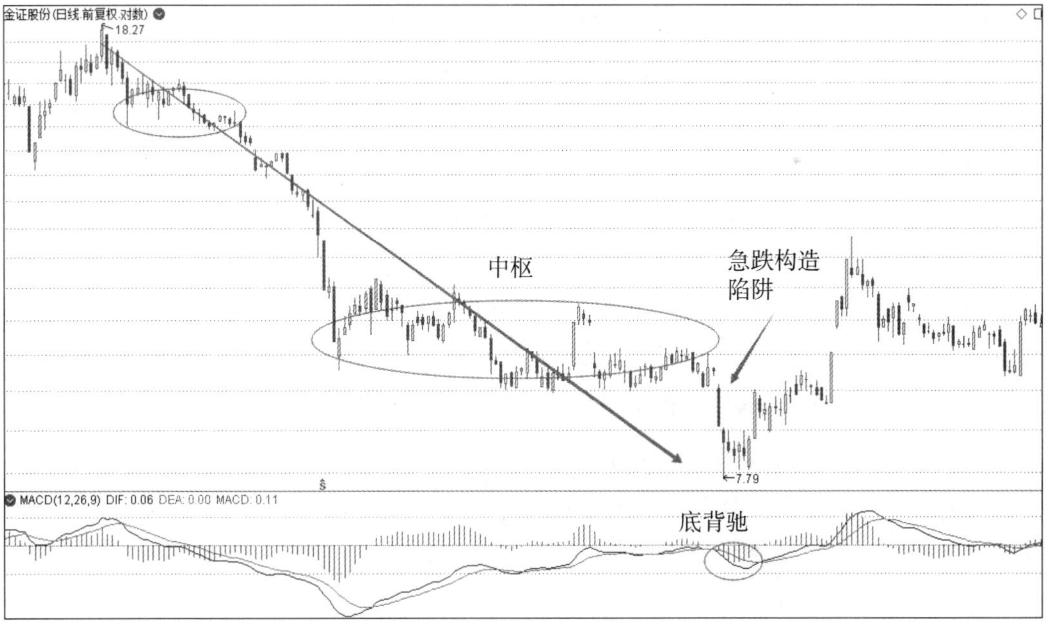

图 3-23　金证股份（600446）2018 年 10 月前后日线走势图：日线底背驰

2. 最后一个中枢的盘整背驰

从缠论的视角看，趋势总是可以拆解为中枢和趋势推动段的连接，无非是不同的品种，其中枢或者推动段的形态以及复杂度存在差异。例如，有的推动段是平缓推动的，有的推动段则是快速推动。有的中枢极尽复杂之能事，而有的中枢则简单到只有一笔调整。但不管怎样，万变不离其宗，趋势的基本构件是不变的。

注意，并不是说所有趋势转折必然由本级别的趋势背驰引起。即便没有本级别背驰，也有可能发生趋势的转折。经常看到很多人对本级别没有出现背驰却突然转折的情况束手无策，这都是犯了“本本主义”的错误。

例如，二战末期，日本虽然在太平洋战场上已经难以挽回败局，却依然制定了所谓的“一亿玉碎”计划。对于盟军而言，如果按照传统的战法，日本本土不是那么容易攻下的，据估计，至少会损失 100 万士兵。但两颗原子弹解决了一切问题，让这场本应非常激烈的日本本土作战戛然而止。

再比如，现代人的一生，按照生老病死的规律，平均年龄达到了七八十岁，但不排除有人暴饮暴食，吃喝玩乐，通宵熬夜打麻将作践自己，这是在消耗自己的生命。更有甚者，开车从高架桥下通过，突然祸从天降，桥塌了，生命突然停止。

走势如战争一般，是当下的；走势，如生命一般，是鲜活的，“本本主义”要不得。

上面说了，趋势的转折任何时候都有可能发生。同理，趋势陷阱也是这样，任何时候都有可能发生。前面说，趋势都可以拆解为趋势推动段和趋势的中枢。从趋势的推动段开始制造趋势陷阱，这是前面提到的趋势背驰。趋势的背驰段，说到底也是趋势的推动段，只是这个推动段的力度减弱，不足以支撑后续的上涨。从中枢阶段入手做陷阱，就是这里要说的“最后一个中枢的盘整背驰”引发的趋势陷阱。

盘整背驰，主要用于分析盘整形态以及中枢震荡。其内在的含义，就是一个次级别的走势类型试图摆脱震荡区间的吸引力，从而打破多空均衡态势，但由于其力度不够，从而被吸引着重回震荡区间。

盘整背驰的判断方法和背驰一样，同样可以利用 MACD 指标辅助判断。利用 MACD 指标辅助判断盘整背驰的方法，与背驰判断方法相似，不同的是一个处于趋势中，一个处于盘整中。如图 3-24 所示的例子中，A、B、C 三段形成一个中枢，C 段价格高于 A 段，但 MACD 指标对应的红柱子面积明显小于 A 段，这是标准的盘整背驰。

盘整背驰，按照方向划分，如果次级别向上突破却力度衰减，就是盘整顶背驰。反之，如果次级别向下突破却力度衰减，就是盘整底背驰。下面看两个例子，如图 3-25、图 3-26 所示。

图 3-25 这个案例中，北方稀土的价格从 8.51 元启动，出现了 2 个中枢式的上涨，但在第二个椭圆处，价格始终无法摆脱中枢。最后，价格高开并一度突破前高，达到 12.47 元，但当日最终形成一根高开低走的大阴线，股价放量下跌，事实上形成了此轮趋势的第一类卖点，而那根高开低走的阴线，事实上形成了一个小规模的趋势陷阱。

图 3-24 宇环数控（002903）2019 年 8 月前后 60 分钟走势图

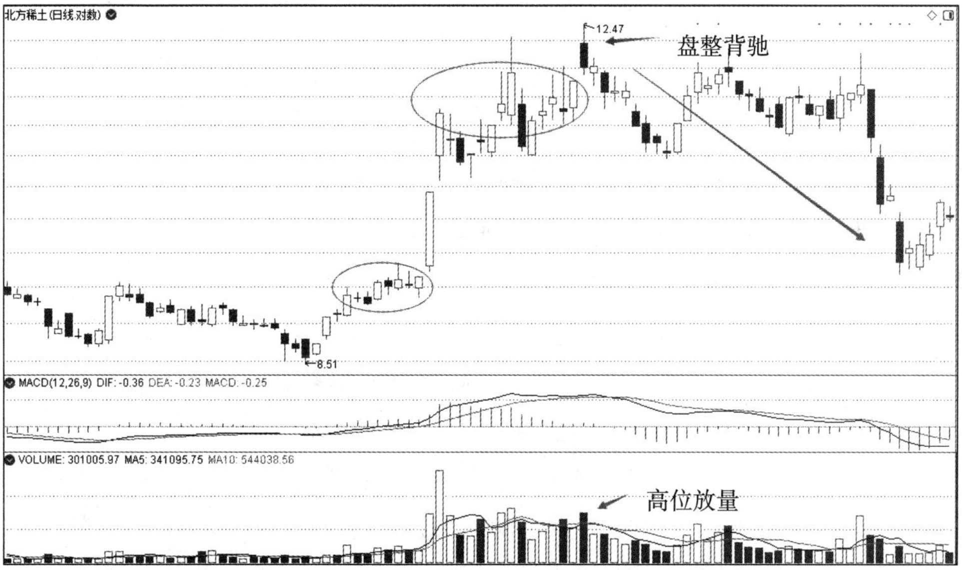

图 3-25 北方稀土（600111）2019 年 3 月前后日线走势图：最后 1 个中枢盘整背驰构造趋势陷阱

图 3-26 这个案例中，远望谷在创出 4.91 元的最低价格之前，股价一直运行在下降趋势中，并在趋势最后形成了一个复杂的中枢。在创出最低价 4.91 元当天，价格突然出现向下跳空缺口，并且当日收阴线。随后价格快速回补日线缺口，并在 1 个月左右的时间里达到了 1 倍的涨幅。仔细观察该走势的 MACD 指标，在创出最低价 4.91 元当日，MACD 指标出现了符合盘整背驰定义的形态。从 K 线形态上看，底部的圆圈内是典型的孤岛反转。孤岛是典型的空头陷阱，经常让无数人为之折腰。

图 3-26　远望谷（002161）2019 年 1 月前后日线走势图：最后 1 个中枢盘整背驰构造趋势陷阱

3. 小级别背驰引发大转折

小级别背驰引发大级别转折的情况，通常本级别走势图上并没有明显的背驰形态，也没有最后 1 个中枢的盘整背驰。从本级别上看，走势正处于快速推动段，走势力道极强。但由于比本级别更小的级别出现背驰，例如，对于日线级别趋势而言，比日线更小的级别有 30 分钟、15 分钟甚至是 5 分钟等级别出现背驰，引发了日线级别的走势发生了转折。

这种形式的趋势转折，根源在于场内参与者高度的趋同性。注意，任何高度趋同的事物，都会造成极度疯狂的场面。一旦这种趋同性被打破，又会形成“墙倒众人推”的混乱局面。如二战时期的纳粹德国被法西斯主义控制，所以爆发出了惊人的能量，差点儿就统一了欧洲。二战后期纳粹德国失败后，该国几近陷入死地，百姓流离失所，苦不堪言。

对于市场而言，一旦多方或者空方对于另外一方占据压倒性优势，通常会引发大规模的抢购潮或者抛售潮。市场中的主力资金可以通过种种方式，包括自己的资金优势和信息优势等，制造这种高度趋同性，自己则从中渔利。

我们经常说“陷阱之后，常是高潮”，与之对应的一句话，便是“高潮之后，必有不应”。当这种趋同性减小时，例如，对于快速的上涨高潮，小级别背驰之后，通常都对应着快速的下跌或者是漫长的盘整。

注意，通常来讲，这种方式的陷阱对普通交易者的伤害是最大的，因为这种陷阱通常都对应着所谓的 V 型反转。因为前期行情极度疯狂，参与者众多，其后的反转速度往往又非常快，幅度大，以致投资者根本来不及反应。

下面来看 2 个例子，如图 3-27、图 3-28、图 3-29、图 3-29 所示。

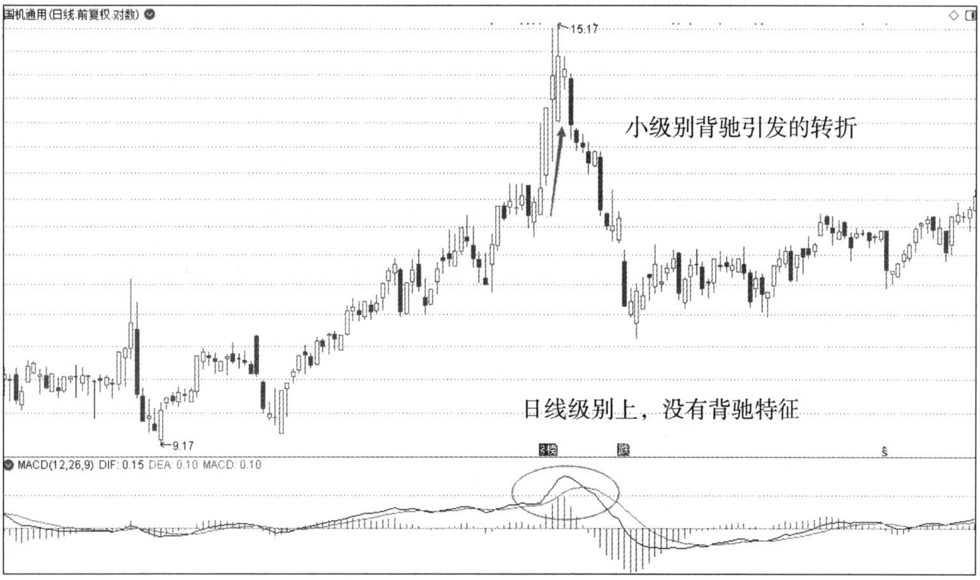

图 3–27　国机通用（600444）快速推动段日线走势图

图 3–28　国机通用（600444）日线快速推动段对应的 30 分钟走势图

图 3–27、图 3–28 所示的国机通用这个案例中，从日线上看，股价经过长时间的缓慢推升之后，突然加速上涨。日线上，趋势并没有明显的转折迹象，MACD 指标对应的红柱子快速放大，且黄白线也创下了新高。但观察对应的 30 分钟图，则出现了比较明显的背驰。30 分钟图上，价格虽然创下了 15.16 元的新高，但对应的 MACD 指标明显出现了顶背驰的特征。日线图上，价格见顶之后快速下跌，形成 V 型反转的走势，将追高逐利者悉数套牢。

图 3-29、图 3-30 所示的洪都航空这个案例中，绵绵不断的日线级别下跌后期，突然出现加速段，价格从 14 元的位置快速下跌到 10.09 元。该加速度段对应的 MACD 指标，并没有出现明显的背驰。但仔细观察对应的 30 分钟图，底背驰非常明显。价格创出 10.09 元的新低时，MACD 指标的黄白线不创新低，绿柱子几近消失。这个小级别的背驰，引发了大级别的转折。30 分钟图上出现底背驰后，日线图上股价从 10.09 元的位置反转向上，一路推升到 14 元之上，是一个小级别快速下跌制造转折的经典例子。

图 3-29　洪都航空（600316）快速推动段日线走势图

图 3-30　洪都航空（600316）日线快速推动段对应的 30 分钟走势图

第四节　震荡类陷阱

所谓震荡类陷阱，是指在中枢等震荡走势形态中出现的市场陷阱，即在震荡性质的行情中，通过制造升破或者跌破关键阻力位、支撑位等方式，诱使一般投资者入场抢购或者抛售，主力资金则借机达到卖出或者买入的目的。由于该类陷阱常常出现在趋势类型的中枢中，故也可以称作中枢震荡陷阱。该类陷阱通常表现为矩形、三角形等各种较为复杂的形态。

一、震荡类陷阱的特征

1. 明显的震荡形态

这里首先要说明一点，提出陷阱思维，最终的目的是要把握市场陷阱之后大概率出现的市场高潮。震荡形态不一定非得制造陷阱之后才会出现市场高潮，因为震荡本身就是对普通投资者耐心的极大消耗。普通投资者通常缺乏耐心，很难忍受长时间的震荡，遇到长期不涨或者不跌的走势，账户忽盈忽亏，大多数投资者都会逃之夭夭。主力资金一般都有较长期的操盘规划，即便出现复杂的形态也可以忍受，同时还能在其中实现吸筹或者出货等目的。一旦主力意图达到，就会出现市场高潮。

图 3–31 所示的案例中，长时间的底部震荡之后，出现快速上涨的市场高潮。

在震荡形态的走势中，出现震荡类陷阱，对于该走势之后的市场高潮只是锦上添花。可以想象，在上涨趋势中，经过长时间的震荡，技术派散户基本上已经被清洗得差不多了，筹码越来越向主力手中聚集。出现陷阱后，筹码的集中度将更高。通常而言，长期震荡之后出现空头陷阱，往往意味着箭在弦上，高潮在即。

图 3–32 所示的案例中，走势经过 1 笔拉升之后，陷入长期的窄幅震荡状态。之后突然出现一根大阴线砸破盘整平台，构造空头陷阱。随后价格快速拉起，迎来市场高潮，2 个月时间内涨幅达到 40%。

震荡类陷阱的基础是中枢震荡，所以形成震荡类陷阱，必须出现明显的中枢震荡形态。震荡的表现有很多种，如矩形、三角形等。有时候震荡走势会规律一些，有时候则会呈现非常明显的随机漫步状态。无论是哪种形态的震荡，其实质都是价格长期围绕某一区间横向波动，因此可以用中枢的视角去分析。

中枢震荡，首先要结合整体的走势类型去看。对于趋势中的中枢震荡，沿着趋势的

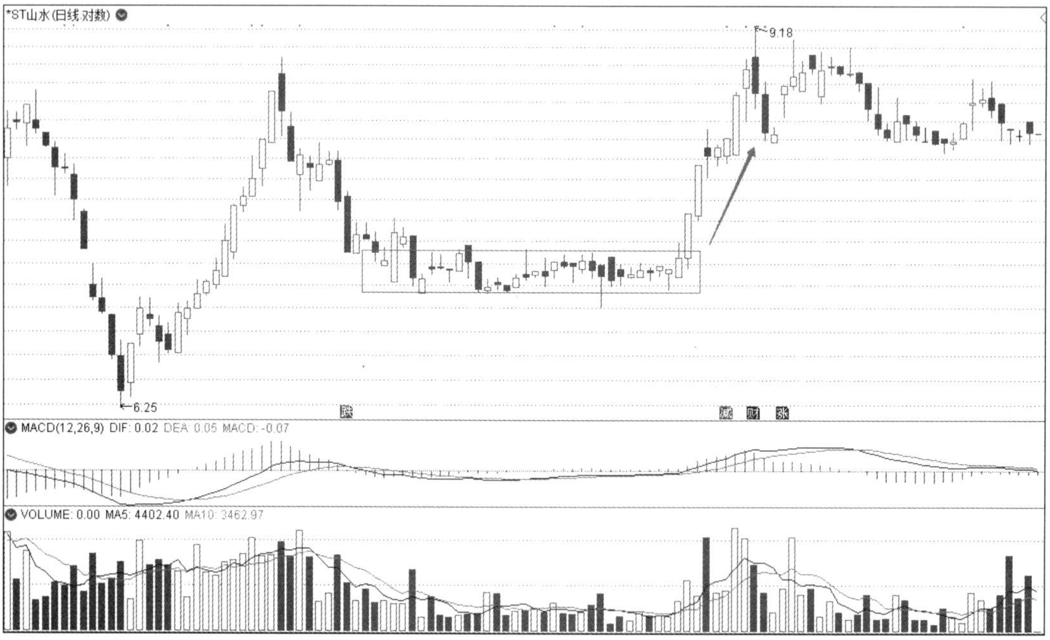

图 3–31　ST 山水（600234）2019 年 7 月前后日线走势图

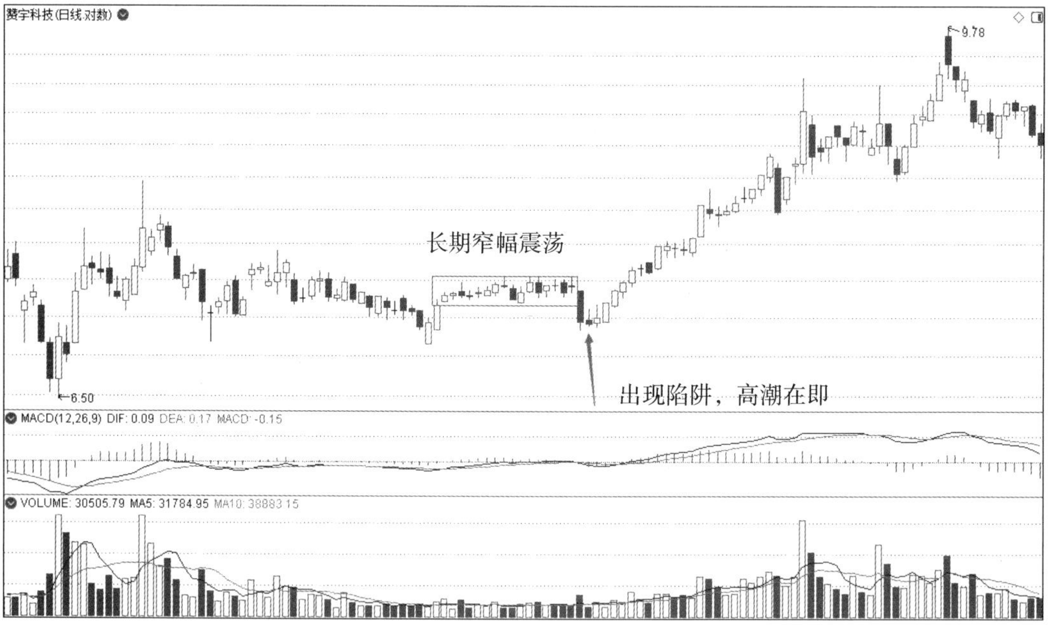

图 3–32　赞宇科技（002637）2019 年 1 月前后日线走势图

方向，其分析和操作价值依次递减。趋势中，第一个中枢是最有价值的，缠论的买卖点基本都是围绕第一个中枢形成的。在趋势中，第一个中枢附近出现震荡陷阱，是最具有分析和操作价值的，一则趋势向上还有较大空间，二则陷阱之后往往很快会出现市场高潮，获利不需要花费太多时间，因此需要好好把握。对于第二、第三个中枢，即便走出类似陷阱的形态，其参与价值也远远不如第一个中枢了。

这里着重分析一下市场中常见的窄幅震荡。有些品种的宽幅震荡有明显的本级别中枢区间，有些品种股价则会沿着某个极小的价格区间窄幅波动，从本级别来看，常常呈现为横向的一笔整理，没有特别明显的中枢区间。如图 3-33 所示的案例中，本级别上没有明显的连续 3 笔，属于窄幅震荡的形态。

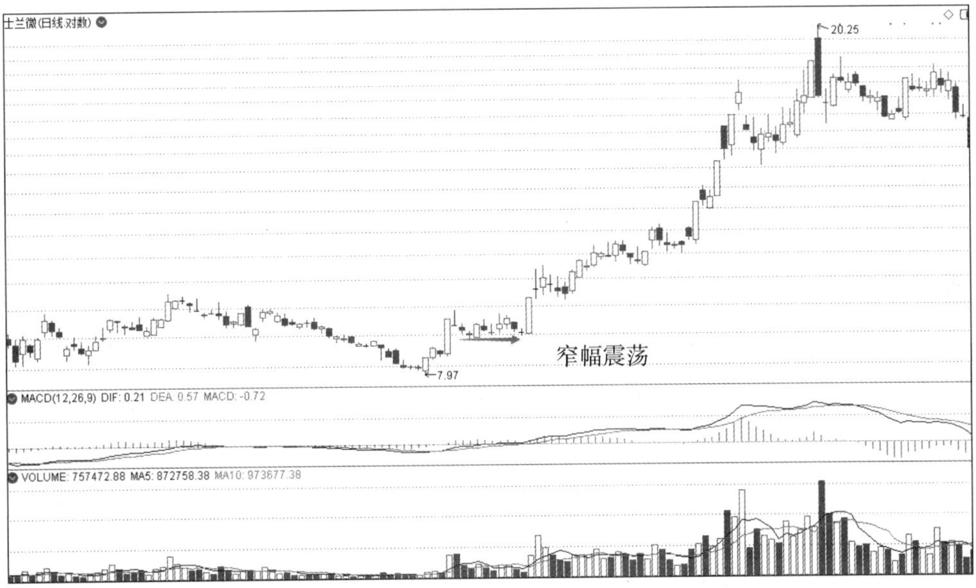

图 3-33 士兰微（600460）2019 年 1 月前后日线走势图

但如果下降级别去观察，在小级别上，走势则呈现出非常明显的中枢特性，如图 3-34 所示。这种窄幅震荡属于强势整理的性质，表明市场主导方占据压倒性优势，以至于对手方根本没有能力在本级别上做一个笔级别的反趋势。这种情况如果发生在走势的启动阶段，后市的趋势力道往往不会太弱。

2. 出现形态破坏

除了用时间来消磨对手方的耐心，市场主力还会用空间的方式来打击对手方，这主要通过制造非常明显的破坏形态，使得对手方产生巨大的心理冲击。中枢震荡，有时候会呈现各种经典的走势形态。按照常识，这些形态通常都有各自的关键位置，例如矩形形态的阻力位与支撑位，三角形形态的上轨和下轨，头肩、双肩形态的颈线位，等等。

绝大多数参与者，对这些关键位置都是很熟悉的。各种经典的投资理论教科书里，也都强调这些关键位置不能破掉，否则市场将发生改变。对于投资者而言，这些认知基本上属于常识性内容。当然，多空双方力量比较均衡，或者主力资金操盘手法比较温和

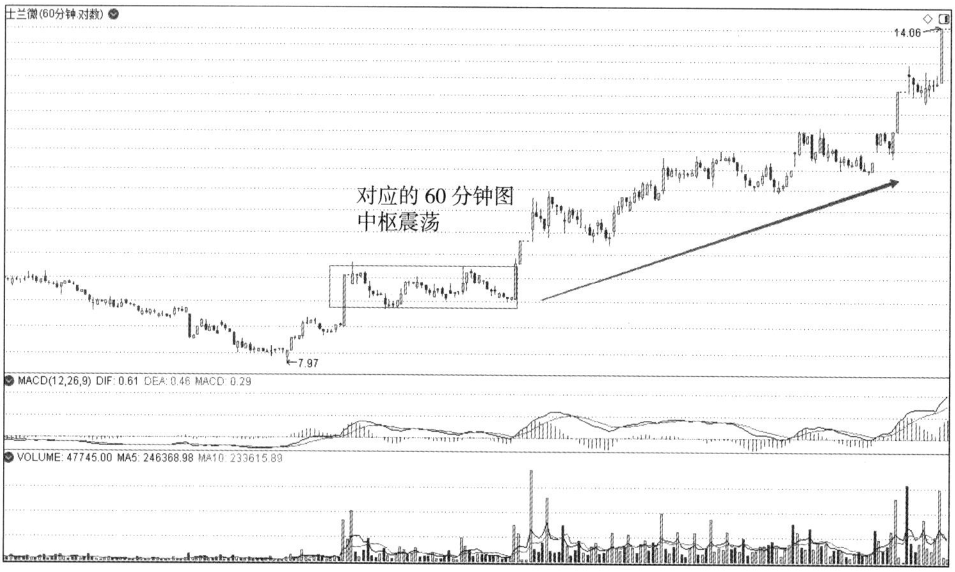

图 3-34 士兰微（600460）2019 年 1 月前后日线窄幅震荡对应的 60 分钟走势图

的时候，这些形态是会正常发挥信号指示作用的。有时候，主力会在这些关键位置做文章，努力维持这些形态，以维护整个走势的稳定性。但当多空双方力量不平衡，比如一方占据压倒性优势，或者主力资金操盘手法比较凶悍的时候，这些形态便成为构造陷阱的工具。这些形态都太经典了，经典到已经成为常识，但是大家不要忘记，“你的喜好，就是你的死亡陷阱”。

图 3-35 所示的例子中，主力资金巧妙利用矩形形态，成功构筑了空头陷阱。起初，价格一直在矩形区间非常规则地运行。忽然有一天，矩形底部的颈线位支撑不住股价，价格瀑布般地跌了下来。这个时候，从形态上看，该股基本上是走坏了，一般投资者抛货是难免的。这个时候抛出的筹码，一定悄悄地落入了某个无名的口袋里。之后价格快速上涨，经过一次回抽确认后，便开启了一波轰轰烈烈的上涨，1 个月多一点儿，涨幅就超过 1 倍。

3. 陷阱必须确认

震荡类陷阱必须等待陷阱获得确认，方可大力介入操作。普通投资者是无法知道某只股票参与者的内部结构以及相互关系的。通过盘面，你永远无法知道其中的主力资金是 1 派还是几派，是相互联手还是相互拆台。普通投资者所能依据的，只有市场的合力。

各种震荡形态本身就是合力的结果，当一个维持中的形态突然被破坏，这当然有可能是主力为制造陷阱刻意为之，也有可能是因为股票本身出了问题，从而导致形态被破坏。为了资金安全，操作之前，必须要等待图形的确认。

确认陷阱的方法，最简单的就是看形态破坏之后的走势情况。一个严重的形态破坏，

图 3-35　泰晶科技（603738）2019 年 4 月前后日线走势图

价格离开该形态的中枢区间，但其后股价再度强势地回到原中枢，那么该形态的破坏大概率属于陷阱性质。如图 3-36 所示的川投能源案例中，走势一度维持中枢震荡，随后价格突破中枢。但该突破不能维持，其后的一笔下跌快速回探进入中枢区间，这个时候大概率可以判断该突破属于陷阱性质，投资者可以利用后面的回抽大力做空。

图 3-36　川投能源（600674）2019 年 3 月前后日线走势图

另外，可以用“类第二类买卖点”的方法来判断。“类第二类买卖点”与严格意义上的第二类买卖点性质不同，但形态上有相似之处，都是一笔大力推动之后，其后的调整不能升破前期的低点或者高点。如前面引用的缠中说禅操盘实例——亿安科技（000008，现为神州高铁），该股在空头陷阱之后，实际上形成了一个“类第二类买点”，如图 3–37 所示。

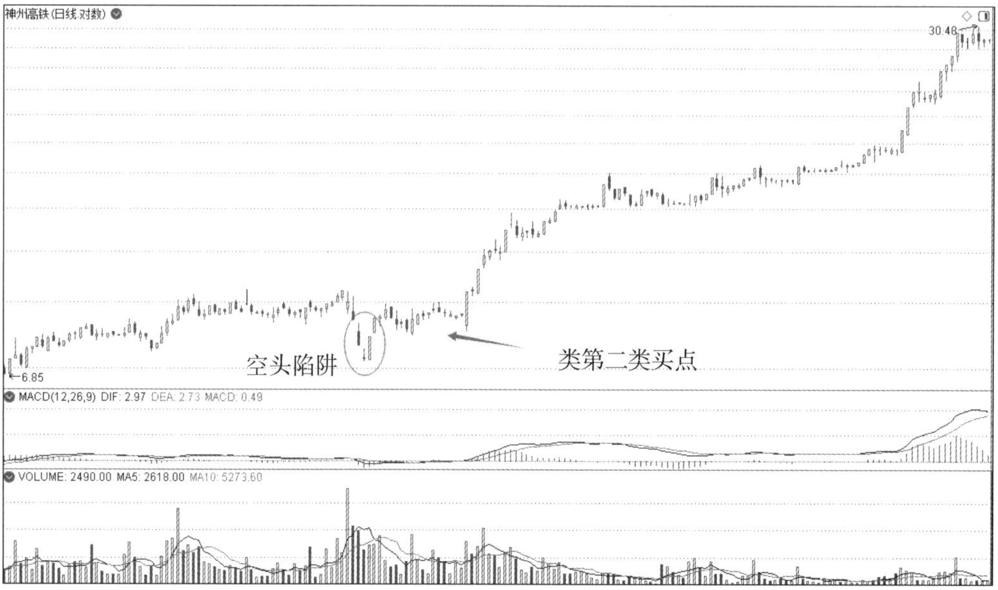

图 3–37　神舟高铁（000008，原为亿安科技）1999 年 1 月前后日线走势图

注意，前面关于趋势陷阱的讲解中说到，最后一个中枢的盘整背驰引发转折的，严格意义上属于震荡类陷阱。但由于该陷阱发生在趋势转折的阶段，所以按照通常的说法，将其称为趋势类陷阱。

二、常见震荡形态及案例

震荡类陷阱，都是依据各类震荡形态制造的，因此，深入了解各类震荡形态，以及它们的关键位置，是识别并应用震荡类陷阱的前提。

震荡，就其本质而言，可以分为两类，一类是规则性的震荡形态，一类是不规则的，或者说是随机漫步的震荡形态。

不规则的震荡，一般代表着走势无方向。走势无方向，主要原因是其内部多空交织，没有形成统一的合力。另外，这类震荡通常独立于趋势之外，构成单独的盘整走势。这种盘整，通常都要运行很长一段时间，且在自身维持的过程中成交量低迷，走势忽上忽下，毫无规律可言。震荡类陷阱，很少会出现在这类震荡中，原因很简单：成交量低迷。没人关注，做陷阱给谁看呀！对于这类震荡，在它内部力量从分散走向统一，盘面上从随机漫步演变到规律性的走势之前，通常没有太大的参考价值。

从图 3–38 所示的案例中可以看到，走势经历过一轮上涨之后，陷入漫长的大盘整，走势随机震荡，持续时间久，且成交量低迷，无人问津。最终经过一轮大崩盘，之后股性才再度活跃起来。

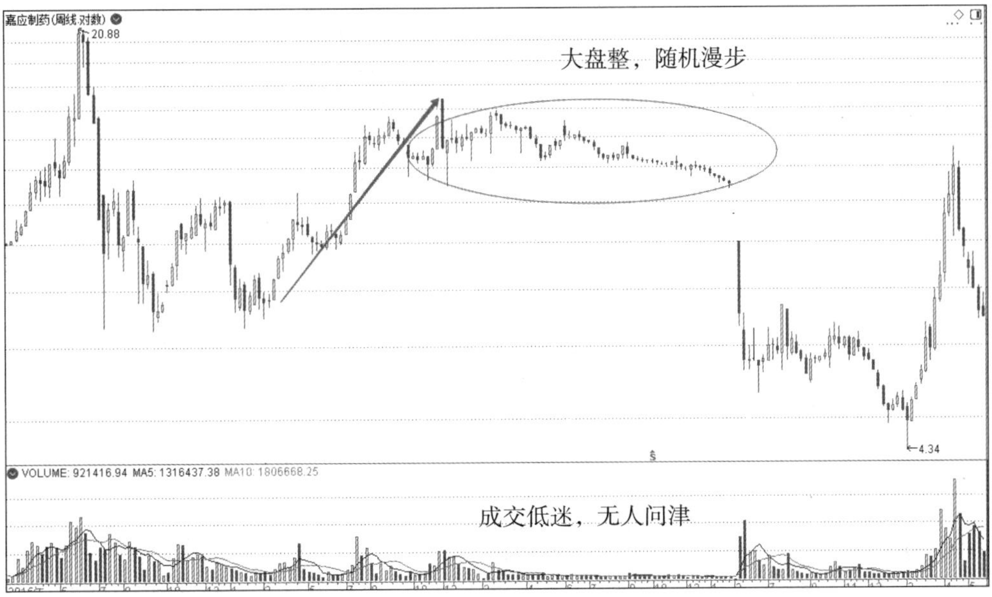

图 3–38　嘉应制药（002198）2017 年前后周线走势图

比较有价值的是规则的震荡形态，这类震荡通常产生于趋势之中。趋势，本身就说明内部结构比较确定，走势中一方相对另一方有着压倒性的优势。这类震荡，以趋势的中枢为主，其本质是趋势的休整。如同 1 个人去爬山，怎么也有累了的时候。累了停下来喘口气，喝口水，继续爬，是非常正常的事情。绝大多数震荡类陷阱，产生于规则的震荡形态。究其原因，趋势本来就参与者众，在这样的群众基础上搞陷阱才有参与者，对于利用趋势进行操作的人而言，才有关注的价值。

下面列举几个常见的震荡形态，以及其中出现的陷阱。

1. 矩形

矩形形态又称箱体形态，是最常见的整理形态，通常其高低点维持在一条水平线上，称为箱体的上下轨，如图 3–39 所示。矩形形态一般的原则是向上突破或者突破站稳后买入，向下跌破或者跌破站稳后卖出。矩形形态很容易被用来构造陷阱。

如图 3–40 所示的例子，价格长期维持箱体运行，突然有一天价格跌破箱体下沿。

按照常识，出现这种走势是要卖出的，但该股随后却回头大幅拉升，再度突入箱体，确认了这是一个市场陷阱，之后向上突破箱体，展开大幅拉升。

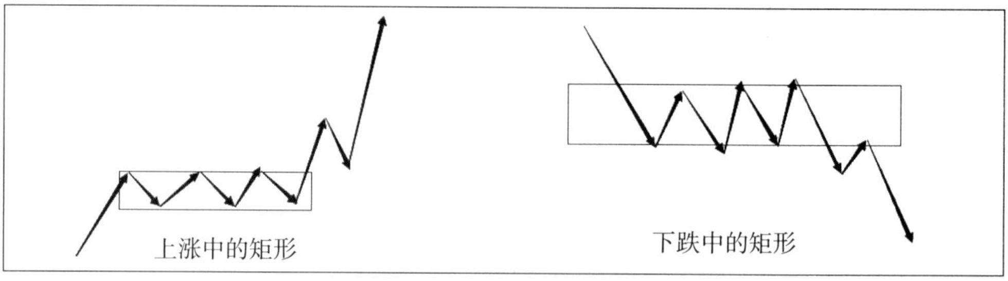

图 3-39 矩形形态示意图

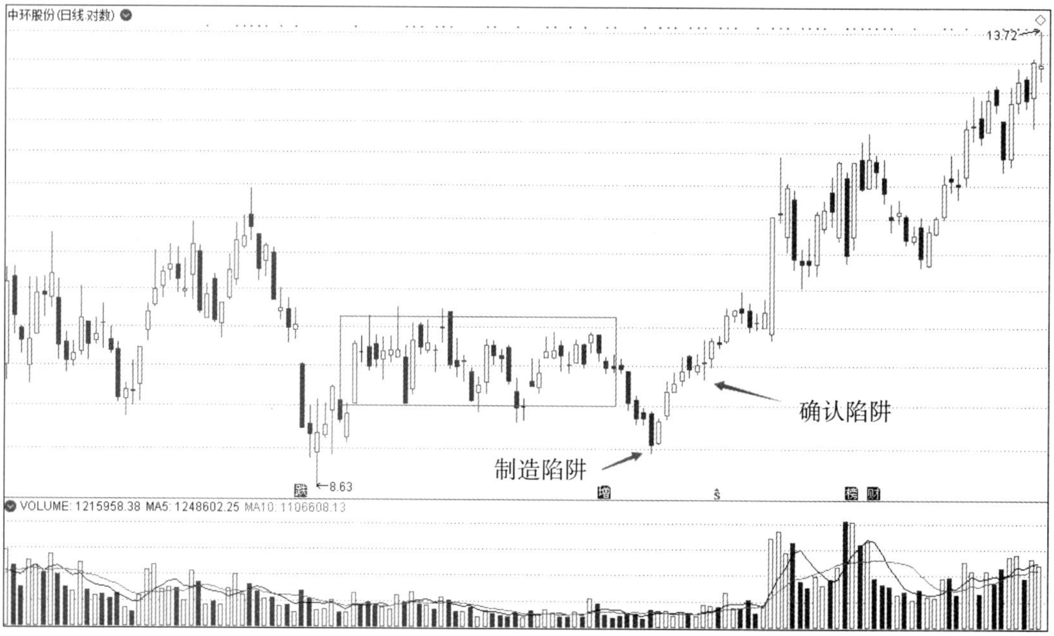

图 3-40 中环股份（002129）日线走势图：矩形震荡陷阱

2.Z 字型

Z 字型整理通常出现在趋势的回调中。从形态上看，这种调整是高低点依此降低，属于传统技术分析理论定义的下跌形态，但往往 3 笔调整之后，走势又按照原趋势的方向前进，如图 3-41 所示。这种震荡自带陷阱属性，其中的根本原因，一是符合传统技术分析理论关于趋势的定义，二是突破了前面的高低点。

如图 3-42 所示的例子，从 18.38 元开始的一波拉升结束后，市场进入 Z 字型调整。其中第三笔调整非常猛烈，但最终并没有跌破 18.38 元的低位，随后展开拉升。

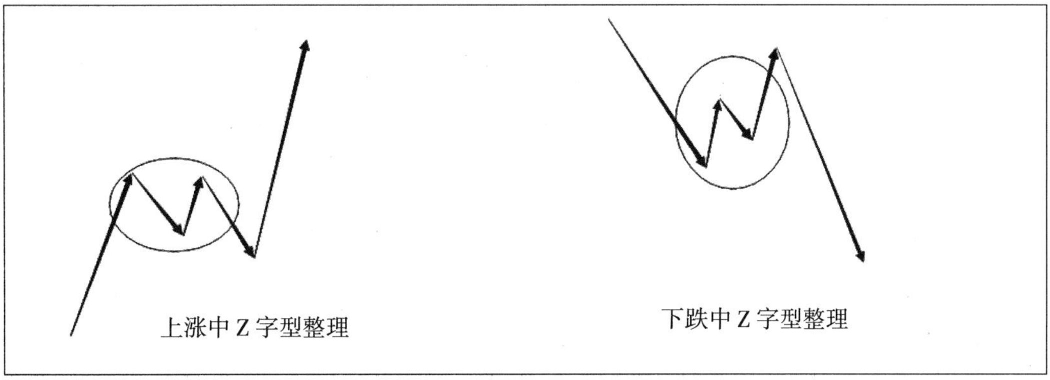

图 3-41　Z 字型整理示意图

图 3-42　博通股份（600455）日线走势图:Z 字型陷阱

3. 通道型

通道型整理也是一类非常典型的整理形态。趋势中，有一段走势会沿着非常狭窄的通道，以一定的斜率运行，该通道的高低点连线称为通道线，价格基本运行于通道之内，如图 3-43 所示。一般地，趋势会沿着通道的方向加速，价格对通道的突破点或者突破后的折返点，常常是其买卖点，但有些品种会以通道型整理为依托做陷阱。

如图 3-44 所示的案例中，价格沿着通道攀升，但某一天股价突然跌破通道，造成向下的态势。随后股价快速折返，确认陷阱之后，价格迎来较大幅度的上涨。

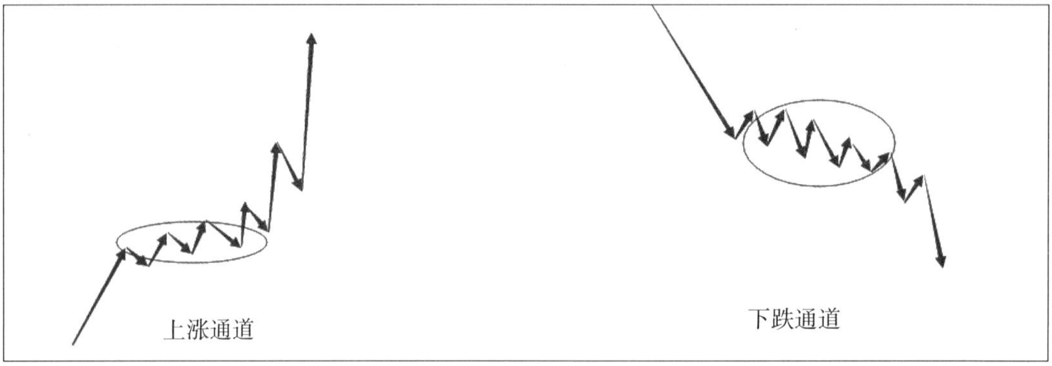

图 3-43　通道型整理示意图

图 3-44　国统股份（002205）日线走势图：通道型陷阱

4. 收敛三角形

收敛三角形通常见于趋势中的第二浪或者第四浪调整中。形态上，价格高点逐次降低，低点逐次升高，高低点连线构成三角形的上下轨，如图 3-45 所示。当然，收敛三角形有其他的变种，如一条轨道线维持水平，另一条轨道线维持一定的斜率，构成所谓的直角三角形。三角形整理形态通常意味着能量聚集。在形态末端，趋势大概率会沿着趋势的方向迎来一个大大的高潮，一般以突破其上下轨或者其后的回抽来确认形态的完成，这就成了构筑相关陷阱的基础。

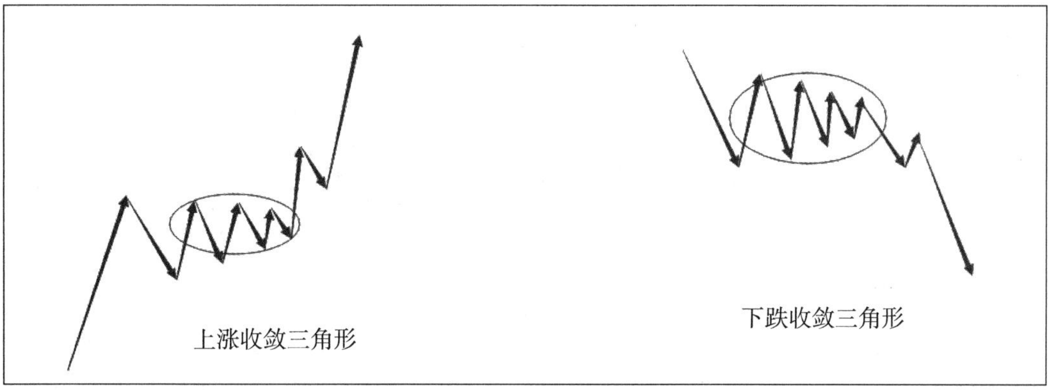

图 3–45　收敛三角形示意图

图 3–46 所示的例子是 1 个典型的收敛三角形，价格某日跌破下轨构筑陷阱，其后底部收出反转 K 线组合，后面迎来了一个小高潮。

图 3–46　香飘飘（603711）日线走势图：三角形陷阱

5. 扩散三角形

扩散三角形形态与收敛三角形刚好相反，高点逐次升高，同时低点逐次降低，高低点的连线是其关键位置，如图 3–47 所示。扩散三角形比较罕见，通常其本身自带陷阱属性。例如，对于上涨趋势中的扩散三角形来说，每一次跌破前低，都是对投资者神经的撩拨。该类三角形通常以沿着趋势方向的突破并站稳轨道线作为形态确认的位置。

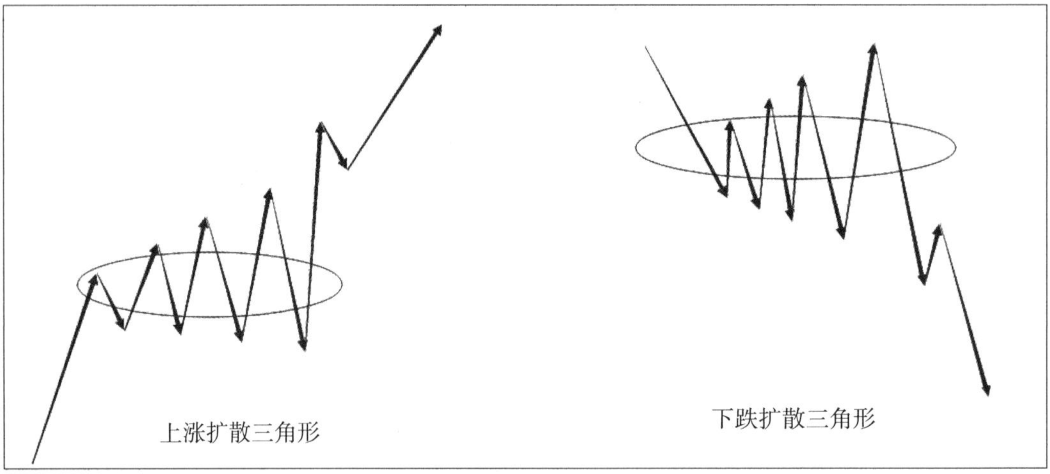

图 3–47 扩散三角形示意图

如图 3–48 所示的例子中，趋势的第一中枢走出明显的扩散三角形，价格突破并站稳该三角形上轨之后，开启连续的拉升。

图 3–48 安妮股份（002235）日线走势图：扩散三角形

上面是一些经典的震荡形态。震荡走势通常较为复杂，呈现的形态远不止上面列举的几类，读者可以自己去总结。另外，关于震荡形态的书籍有很多，大家可以参考，只要把陷阱思维贯穿其中，相信会大有收获。

第五节　买卖点陷阱

所谓买卖点陷阱，是指在走势运行过程中，出现对于走势类型的判断有重要意义的标志性 K 线，但随后被快速证伪，市场沿着标志性 K 线的反方向制造一波市场高潮。买卖点陷阱中，标志性 K 线是诱饵，随后的证伪则代表市场先生真正的意图。

一、买卖点陷阱的特征

1. 标志性 K 线

买卖点陷阱总是伴随着标志性的 K 线出现，这类 K 线力道足够大，形态足够扎眼，足以引起技术派的重视，也会制造一定幅度的浮盈浮亏，以撩拨普通投资者的神经，所以可以作为市场陷阱之依止。这里先来了解一下所谓的标志性 K 线。

标志性 K 线是指这样一些 K 线，它们的出现，按照通常意义，或者标志着市场某级别走势类型的确定性变化，例如上涨结束、盘整突破等，或者标志着买卖点的确认，例如标志着 3 类买卖点正式确认，或者中枢震荡买卖点正式确认。

从表现形态上看，标志性 K 线或者呈现为伴随着较大成交量的大阴线或者大阳线，或者表现为跳空缺口，或者呈现为振幅特别大、换手率特别高的高位或者低位星线。总之，它们要么是一些特别明显的反转信号，要么是一些特别明显的持续信号，按照通常的分析，对于走势的发展变化具有指向性意义。

一般地，标志性 K 线可以按照其表现划分为突破类标志性 K 线、转折类标志性 K 线、买卖点类标志性 K 线。

突破类标志性 K 线常常出现在震荡走势中，一般会突破震荡区间的关键位置，随后市场按照标志性 K 线的指向迎来一个高潮。如图 3–49 所示的案例中，价格以涨停板的方式突破盘整区间，后市走出了一个大大的高潮。

转折类标志性 K 线常常出现在趋势的末端，标志着该趋势发生转折。该类 K 线出现之后，后市将出现反趋势。如图 3–50 所示的案例中，价格在高位出现放量大阴线，基本上宣告前面的上涨趋势结束。

买卖点类标志性 K 线，按照缠论的视角，就是出现在 3 类买卖点附近，或者出现在中枢震荡买卖点附近的标志性 K 线。如图 3–51 所示的例子中，第三类买点的位置出现放量上涨的标志性 K 线，后面迎来大涨不足为奇。

图 3-49　中国软件（600536）日线走势图：突破类标志性 K 线

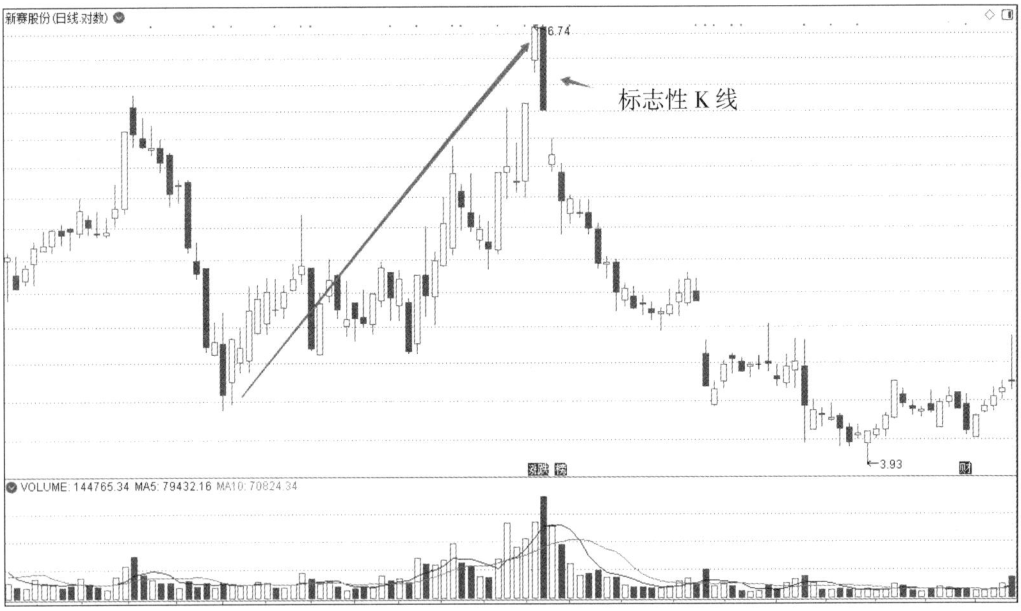

图 3-50　新赛股份（600540）日线走势图：转折类标志性 K 线

按照通常的意义，标志性 K 线会为后市的发展奠定基调。从上面的几个案例可以看出，遇到标志性 K 线，一定要高度警惕，因为它代表着多空双方某一方能量占据压倒性优势。当这些具有指向意义的 K 线被证实之后，完全有可能触发走势的高潮。但事实上并非绝对如此，越是常识性的东西，越有可能引发主力资金参与其中，趁机制造陷阱。

图 3-51　东方财富（300059）日线走势图：买卖点类标志性 K 线

2. 快速证伪

上面说过，买卖点类陷阱通常出现在标志性 K 线之后。标志性 K 线如果被证实，那么市场即有可能沿着其所指示的方向来一个高潮。买卖点陷阱中，预期的高潮不但没有被证实，反而短时间内被证伪。

上面所说的证实与证伪，是科学哲学中的两个概念，简言之，你提出一套科学理论，一旦有一种不符合该理论的事实存在，该理论即被证伪。理论可以被证伪，但永远不可能被证实。很简单，宇宙没有穷尽，无论时间还是空间，都是没有边际的，谁能保证地球上可以被证实的理论，在太阳上就一定成立？如果太阳上能够成立，那么中子星上呢，黑洞里呢？从这个意义上讲，科学理论只是人类大脑里的模型，事实什么样人类永远无法知晓。

需要深刻认识的是，交易是一门艺术而非科学，即便是所谓的科学理论，也不能被证实，何况作为人类思想博弈结果的走势？牛顿时代，经典力学被奉为普遍真理，但最终被相对论终结。相对论也不能解释所有的现象，于是出现了量子力学。科学就是在不断被证伪的过程中不断修正的，而且可以断言，在人类认识的世界里，这个修正的过程永远没有尽头。西方有句谚语，大意是说：你永远不能确定是否还能看见明天的太阳。这句话虽然很严重，但事实如此。且不说你明天是否还继续存在，明天的太阳是否还会照常升起都是两说的事情。

科学理论如此，交易理论更是如此。当人们依据标志性 K 线做交易的时候，首先脑子里会出现一个大胆的假设，例如，当盘整被向上的标志性 K 线突破，大概率会迎来一波上涨。但事实是否如此，只能先提出预期，然后看后面的走势能否证实这种猜测。需要注意的是，这种猜测即便多次被证实，也无法断定下一次还会被证实，交易者只能大胆假设，小心求证。

所谓证伪，就是出现标志性 K 线之后，按照常识或者理论预期，走势会沿着标志性 K 线的方向产生一个高潮，但现实的情况是不是这样，还需要后期走势验证。例如，向上突破之后，走势不仅没有出现向上的延续，反而出现了更为严重的下跌，这个时候就称该预期被证伪。

证实和证伪，是交易中非常重要的思维方式。很多成功的大作手如杰西·利弗莫尔等，最开始建仓的时候，往往会很谨慎，在假设被初步验证之后才下重手，他们就是遵循了这种思维方式。特别是在市场陷阱的识别与运用中，更要重视这种思维方式。本质上讲，无论是前面说的趋势陷阱、震荡类陷阱，还是这里讲解的买卖点陷阱，都是利用了这种思维模式。

不同于趋势类陷阱和震荡类陷阱，买卖点类陷阱的证伪是快速的，往往在标志性 K 线出现之后，下一个交易单位或者少数几个交易单位，就能够确认标志性 K 线发出的信号是不是错误的。

如图 3–52 所示的案例中，椭圆处出现大阴线时，按照正常逻辑，这是一根标志性 K 线，走势即便不逆转，也会沿着阴线的方向运行一段时间。但其后的大阳线马上就将这种可能性排除，即该买卖点陷阱被证实，随后开启了一波轰轰烈烈的上涨。

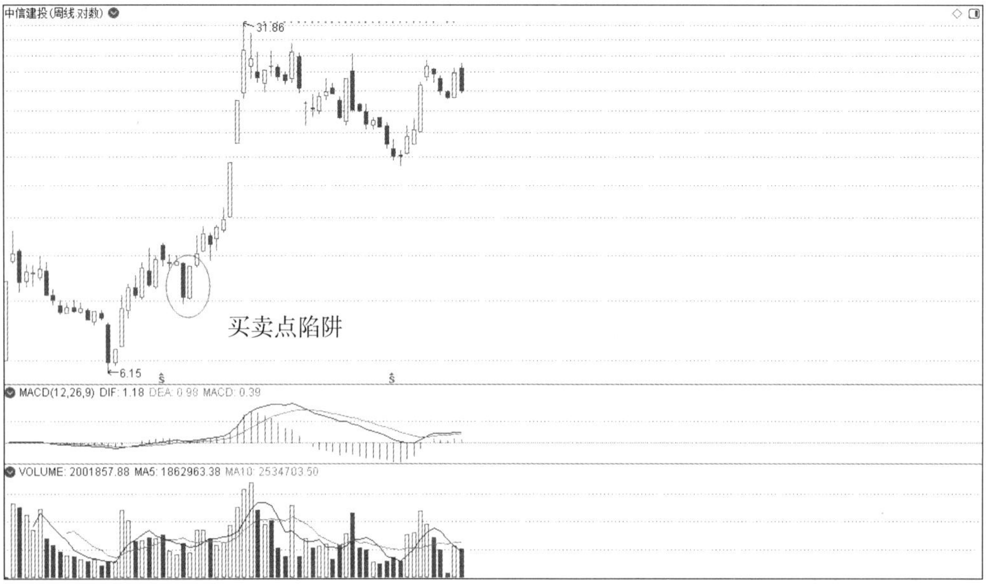

图 3–52 中信建投（601066）周线走势图：买卖点陷阱

除了本级别的快速转折之外，如果有次级别买卖点出现，即在次级别上出现符合定义的 3 类买卖点，那么该类陷阱就更加明确了。次级别能够出现买卖点，至少说明在次级别上有一个非常安全的介入点，一旦该次级别的走势级别扩大，例如，从 60 分钟级别的上涨延伸为日线级别的上涨，那就兑现了该类陷阱的价值。

注意，对于一个品种而言，出现标志性 K 线，本身需要极大的能量。对这种标志性 K 线进行证伪，则需要更大的能量参与，这种能量绝对不是一般的散兵游勇能够制造的，只能是主力资金在里面兴风作浪，因此有理由期待市场出现一波像样的高潮。

二、买卖点陷阱及案例

前面把标志性 K 线分为 3 类：突破类标志性 K 线、转折类标志性 K 线以及买卖点类标志性 K 线。相应地，买卖点陷阱也有如是划分，下面分述之。

1. 突破类陷阱

图 3–53 所示的案例是一个突破类陷阱，价格在趋势中走出箱体震荡形态，其后 1 根放量大阳线突破箱体，而且这根大阳线当日是涨停的。按照常识，价格会按照该标志性 K 线的指向继续向上，但随后收出的大阴线完全反包之前的阳线，且放出更大的成交量，收出长长的上影线，这个时候基本可以说该标志性 K 线被证伪了，其后迎来了极大的下跌高潮。

图 3–53　鲁信创投（600783）日线走势图：突破类陷阱

图 3-54 所示的案例中，价格一开始沿着小区间窄幅震荡，之后突然以大阴线破位，态势变得十分严峻，估计被洗出局者不在少数。但走势经过两三个交易日的运行后，又收出中阳线，价格突进了前面大阴线的一半以上。配合小级别买卖点的验证，基本可以确定这是一个空头陷阱。后市该股涨幅十分可观。

图 3-54　赞宇科技（002637）日线走势图：突破类陷阱

2. 转折类陷阱

图 3-55 所示的案例中，价格长期在下跌趋势中运行，突发的利好导致走势出现极端的变化——跳空一字板，这是力道最强的走势，极具标志性意义。但第二天价格高开低走，快速回落，当日收出巨量阴线。可以想象，按利好或者按突破买入的投资者，如果跑路不及时，就会悉数被套。第三天价格继续高开低走，从而证实了这个转折类买卖点陷阱，后面市场重新陷入绵绵下跌之中。

图 3-56 所示的案例中，价格一开始沿着趋势方向温和运行，突然收出的跌停板打破了这种平静。从技术形态上讲，这个时候市场陷入了比较严峻的态势，走势面临转折的风险。但收出大阴线的第二天，市场即收出中阳线，当日价格低开高走，中阳线突入大阴线实体的一半之上，K 线组合上构成所谓的曙光初现形态，基本确定了这是一个市场陷阱。其后市场出现了不小的涨幅。

3. 买卖点陷阱

从缠论的视角看，买卖点大体可以分为 2 种，一是趋势中的 3 类买卖点，二是盘整

图 3–55　万马股份（002276）日线走势图：转折类陷阱

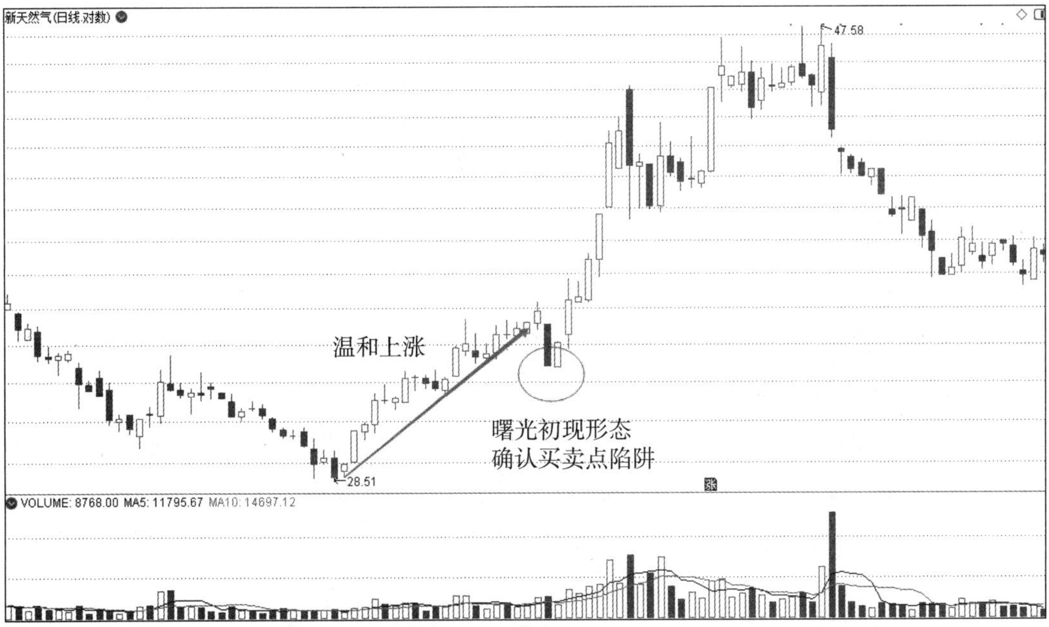

图 3–56　新天然气（603393）日线走势图：转折类陷阱

或者中枢震荡中产生的买卖点。两种买卖点思路大体一致，这里就不一一列举了，仅选几个有代表意义的案例展示一下，供读者参考。

图 3–57 所示的案例中，趋势走出类第二类买点的特征。具体来说，一波快速打压破位，之后的反抽不能创新高，且收出 1 根中阴线，形成了顶分型形态，这是符合缠论

第二类卖点的形态，具有标志性意义。但中阴线之后，1 根低开高走的大阳线几乎吞没了那根中阴线，即将该第二类卖点证伪，形成了事实上的买卖点陷阱。随后价格经过多次整理，迎来大幅上涨。

图 3–57　st 岩石（600696）日线走势图：买卖点陷阱

图 3–58 所示的案例中，价格走出中枢之后，一个回踩站稳，符合第三类买点的定义。如果箭头处大家觉得买点还不明确，那么第二天跳空高开高走走势发生在买点附近，极具标志性意义，按道理市场大概率会延续向上的趋势。但第二天价格即滞涨，收出长长的上影线。第三天则出现了明显的顶分型形态，基本上证伪了前述所谓第三类买点。从图中可以看到，后市股价连续下跌，短时间内跌幅较大。

图 3–59 所示的案例中，天风证券周线上走出中枢震荡的形态。对于中枢震荡，一般原则是见底之后大概率往中枢顶部折返。该股在中枢底部收出中阳线之后，并未向中枢顶部折返，而是快速下跌，高位形成看跌吞没形态，颇有陷阱味道，其后跌幅非常可观。

图 3–60 所示的案例中，价格走出一个矩形的中枢。在第一个箭头所示的位置，出现 1 根带较长上影线的阴线。注意，对于矩形而言，高位遇阴线，大概率股价是要回跌到矩形底部的，因此出现这根阴线，对于做短差的人而言具有标志性意义，会有人在高位卖出做差价，然后低位再回补以降低持仓成本。然而收出阴线后的第二天，价格不跌反涨，以 1 根涨停 K 线吞没阴线并突破中枢，使得短差操作者没有机会回补，这事实上

构成了中枢震荡类卖点陷阱。注意，该股后市出现了巨大的涨幅，其中趋势的延续是主要原因，而买卖点陷阱则是助力，二者叠加起来，威力不小。

图 3-58 亚太股份（002284）日线走势图：买卖点陷阱

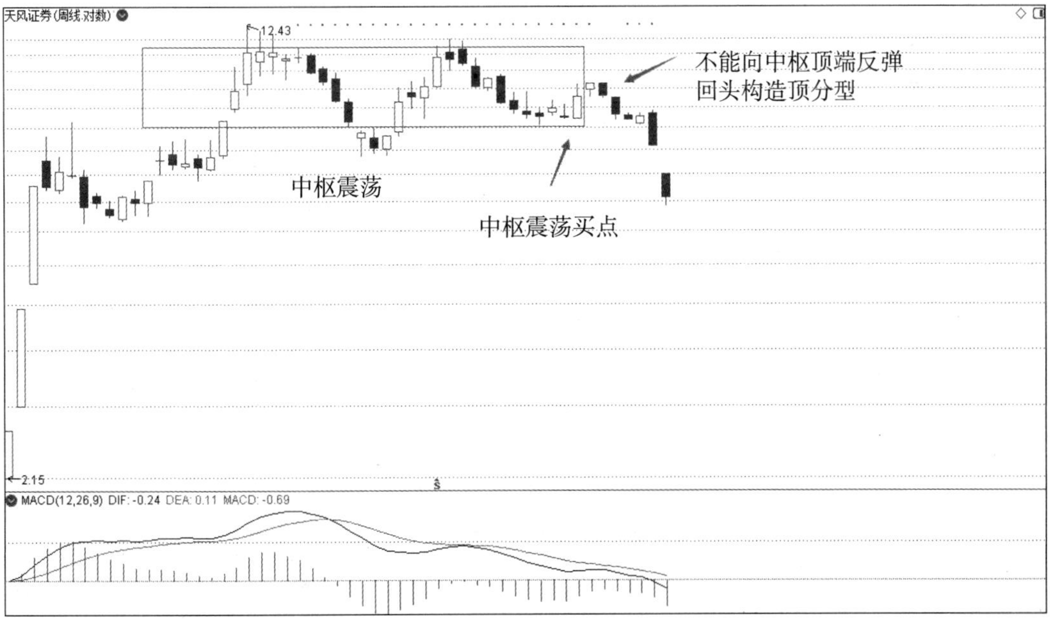

图 3-59 天风证券（601162）日线走势图：买卖点陷阱

图 3-60　中环股份（002129）日线走势图：买卖点陷阱

上面总结了几类买卖点陷阱，可以说形态千差万别，但万变不离其宗。套用缠中说禅的一句话："你的喜好，你的死亡陷阱。"实盘中处处有陷阱，步步藏杀机。交易者既要看清自己的喜好，也要不执着于喜好。不为喜好所迷，才能在市场中长期生存。

第四章

心理篇：交易心理建设

第一节　显意识与潜意识

前面讲解了缠论技术分析体系，并从中挖掘出陷阱的操作方法。但是，任何投资方法都不会自动运行，说到底，是交易者在使用理论。不同的投资方法，在不同的使用者手里，效果可谓是千差万别。基本面分析方法，巴菲特用起来能使自己登上福布斯富豪排行榜前列，但在普通投资者手里，反而会大幅亏钱。缠论的投资方法，在缠中说禅手里，能让自己以0成本投入赚得亿万身家，而在一般人手里，效果可能会大打折扣。这其中的差别，不在于理论本身，关键在于理论的使用者。

一千个人眼里，就有一千个哈姆雷特。哈姆雷特没变，变的只是观察者。同样的辣椒，四川人吃起来可能觉得美味无比，江浙人就会觉得难以下咽，这和辣椒无关。

在学习缠论的圈子中，流传着一种说法，叫“千人千缠”，这可以说是再正常不过的事情。即便是同一种理论，不同的人使用，临盘的时候也会有不同的看法。例如，同样的下跌，有的人看来可能是崩溃的前兆，于是惶惶然急忙把自己手里的筹码兑现，而在有些人眼里，这可能是千载难逢的买入机会，他们会趁着下跌大幅加仓。

同一个走势，为什么大家的看法如此不同？这是因为交易者的熏习不同。看法不同，带来的交易结果自然不同，这和理论无关，只和理论的使用者相关。从根本上说，每个人的世界都和这个世界无关，归根结底只和自己相关。怀疑论者总是以此为依据，说这个理论不行，那个理论无效，这种观点肯定是站不住脚的。

绝大多数讲解交易的书籍，都是向外求的。内容好的图书，会探索走势的分类、结构等，内容差的，甚至会标榜江湖奇招，独门秘诀，很少有图书关心交易者本身，这不能不说是一个巨大的缺失。再好的工具，如果不是正确的人使用，效力都会大打折扣。在灭绝师太那里，屠龙刀能够大杀四方，而在一个普通人手里，可能用来切菜都觉得太长。

如果把交易模型简化，可以看做是交易者以某种理论或者信念为观察视角和市场先生博弈，如果交易者不了解自己，如何博弈？孙子兵法说：知己知彼，百战不殆；不知彼而知己，一胜一负；不知彼不知己，每战必败。要想做一个在市场中长期生存的交易者，除了学习交易方法之外，还要向内求，探索市场参与者和自己的内心。对于交易者来说，这是很有必要的。

缠论除了基本的投资方法之外，大量的篇幅是在说和交易者本人有关的事情。缠中说禅讲解缠论，重点在“说禅”，意图让交易者在市场的“缠缚”之中，经过修炼，体悟清净的“禅”，并以这种清净心来使用缠论的投资方法，来做交易，来升华自己的生命品质。缠中说禅在博客中还对《论语》这本书的内容进行过详细解读，这也是和交易者本身相关的内容。儒家强调“修身、齐家、治国、平天下”，其中修身是基础。

本书引用的缠中说禅操盘案例也数次提到，缠中说禅主要是利用投资者的“贪嗔痴慢疑”来构筑陷阱，从而达到自己的操盘目的，这正是基于对人性的深刻洞察。只可惜，交易者由于贪婪心、欲求心，对此内容视而不见，充耳不闻，这是有失偏颇的。

向内求，就是要从根本上认识自己。西方哲学家苏格拉底的墓志铭上写着一句话，叫“认识你自己”。大多数人都认为自己知道自己是谁，其实这是一种糊里糊涂的认知。如果自己那么容易认识，苏格拉底也不会把“认识你自己”写到自己的墓志铭里去。

认识自己，主要是对“心”的研究。人类行为看似由一系列的想法和动作构成，实际上处处离不开“心”。人的身体只不过是提线木偶，而这木偶的操纵者，就是隐藏在身体背后的“心”。从根本上说，是“心”在生起一切，指挥一切。离了这个“心”，人生如同土石瓦砾一般，毫无生机。

对于心的研究，没有比佛学更彻底的。佛经有云：一切唯心造。又说，心净则国土净。缠中说禅也主要是从佛学的角度去探讨交易中人心的作用的，他曾在文中说，“炒股就是最好的学佛”。本章主要介绍佛教唯识学中关于“心”的说法，并尝试将其与具体的交易实践有机结合，以便让交易者在交易过程中，在运用缠论的过程中，有一个更好的心态，并不断通过交易实践来锻炼自己的内心。如果由此得到内心的升华，那么不仅对交易有益，对于整个宇宙人生的看法也会有一个极大的改变。交易只是人生的一小部分，通达人生真意趣带来的欢喜，是在市场中获得的那点利润远远不能比较的。

说到佛学，可能部分人脑子里会有一个直观的概念，比如迷信、光头、烧香、托钵乞食之类。殊不知，佛学最讲究正信，反对迷信。“迷信”这个词，最先大概是从佛教流传出来的。另外，光头、托钵乞食等，只是世间佛教的种种仪轨，和佛学倡导的智慧没有本质的关系。这里首先请读者放下偏见，看一看佛教大乘唯识学派是如何介绍“心”的。他山之石，或可攻玉。当然，佛学内容博大精深，以本章内容，以本人之力，尚不足以将其和盘说出，有兴趣的，可以自己下功夫深入研究。

一、显意识

显意识，通俗地说，是人类能够感知到的意识，包括眼识、耳识、鼻识、舌识、身识以及第六意识。所有众生，都是通过这六种途径来认识面前的世界的。

其中，眼识依眼睛为根，以色尘为境生起。这里的色尘，指的是颜色。耳识依耳朵为根，以声音为境生起。鼻识依鼻子为根，以气味为境生起。舌识依舌头为根，以味道为境生起。身识依身体为根，以触觉为境生起。这前五识，称为五种现量认识，它们不像逻辑或者数学那样，需要严密的推理，这五种现量认识是不需要刻意分别的。如人们一睁眼，颜色便顿现眼前，用耳朵一听，便能听见各种声音，不需要刻意的分别。

第六意识称作比量认识，要通过分别才能够去认识。比如数学、逻辑、道德等，五种现量认识觉察不到的定义、概念、推理、结论等，都属于比量认识的范畴。第六意识以五种现量为认识对象。注意，第六意识的认识对象，只有五种现量认识——色声香味触，没有之外的任何事物。比如，你考虑问题的时候，主要是以声音为基础在考虑，具体的形式就是内心里自己同自己说话。当你做数学题的时候，脑子里除了有声音之外，可能还有颜色，你的心里可能会出现一块小黑板，上面用粉笔写着“1+1=2”这样的算式。注意，你心里的小黑板不是黑板，只是颜色，只不过你把那种颜色起个名，叫做“黑板”而已。

从根本上说，五种现量认识也必然要依靠第六意识生起，因为颜色、声音等本身就是分别出来的。比如，当你看到红色的时候，意识里首先会有个对比，把眼前的红色与非红色做对比，才能得到当前看见的是“红色”这个结论。只不过，这个过程运行得太久了，人们太熟练了，从小时候就被教育说这是红色，那是黑色，以至于形成了自动运行的机制，不假思索便能得出结论，所以称为直觉、现量认识。

通俗的说法，显意识认识世界的过程，从时间的角度来划分，可以分为“色受想行识”，这叫做五蕴。

“色”代表我们面前的世界，按照人们一般的理解，可以将其定义为物质。如果仔细地划分，由于人们只能通过五种现量去认识所谓的物质世界，色就代表色声香味触五种现量认识。

“识”代表人们认识的本体，按照一般的理解，就是我们的显意识。人们认识世界的过程就是“识”，也就是这个认识的本体对于“色”这个认识对象产生的作用。“受、想、行”，是认识本体对认识对象产生作用的过程。

“受”是直观感受，即“识”这个认识主体接触到“色”这个认识对象的一刹那。比如，当人们看到红色的时候，第一刹那，认识主体先要接触这个颜色，但这个时候你并不知道这是红色。

“想”是形成概念，就是起名。比如人们看到红色的时候，首先是意识本体对于颜色的领纳，即“受”，其后要形成概念，给它起名叫“红色”。有人会说，你看见一种不认识的东西的时候，怎么起名啊？你依然会给它起名，我们称之为“这个”“那个”，这就是在起名。没有名字，没有概念，人类根本无法思考，更无法交流。

“行”是心行，就是人们所有的心理活动。人类所有的心理活动，都是在名言概念的基础上运行的。比如看到红色之后，心里就会想，这颜色好看还是不好看呀，我要买件衣服，要不要买件红色的呀。在概念的基础上，所有的心理活动就运行起来了。

人类就是通过显意识，按照上面所说的顺序去认识世界的。比如我们在做股票投资的时候，首先眼睛接触 K 线图。在你用意识分别之前，屏幕上只是颜色，然后你开始给颜色起名，这是红色，那是绿色，这代表上涨，那代表下跌，进而分别出走势类型、买卖点，并在此基础上进行决策，是买还是卖，是持有还是观望。

这里就可以看出，世界表面上是客观的，实质上是主观的。同样一种颜色，有的人看起来非常显眼明亮，有的人则感觉暗淡无光。同样一首歌曲，有的人听上去悦耳动听，有的人听起来却枯燥无味。同样一瓶酒，无论是茅台还是五粮液，好喝酒的人喝上去觉得是琼浆玉液，不好喝酒的人会觉得辛辣刺鼻，难以下咽。这本质上和颜色无关，和歌曲、酒本身无关，只和你的意识有关系。

任何个人的意识之间，都是两两不相知的。你永远没办法跑到别人的脑子里，去体验别人对这个世界的看法、感受。不少科幻小说、电影都在做这方面的努力，试图钻到别人的脑子里，去感受别人的感受。很可惜，在凡夫的世界里，那永远都是科幻，不可能成为现实。

或许有人会说，如果意识之间两两不相知，那人们怎么交流呀，人们明明能够交流呀。人世间所谓的交流，建立在共许概念的基础之上。人类从出生时起，就在统一概念，说这是衣服，那是红色。衣服不能吃，红色不是绿色。小孩要是吃衣服，就会被大人教育。如果有人把红色说成绿色，这人就是有病，就是色盲。如果这世界上的人都是所谓的色盲，那现在所谓的非色盲的正常人，就都成病人了，到底谁有病呀！人类的交流，都是建立在统一的概念之上的，粗浅的交流，本质上还是自己在同自己交流。别人的话，首先要你的大脑接收，并把声音信号翻译给自己，然后自己的意识再做出回应，震动声带发出声音。就如同小孩子吸吮自己的手指，感觉津津有味，以为是什么好吃的，实际上只是自己的手指。

这里主要说了人类的显意识。我们知道，凡事有果必有因，有现象，必然会有引起现象的本质存在。如果把显意识看做果，那么显意识的因是什么？是什么导致人类的显意识存在？那就是潜意识。

二、潜意识

《伊索寓言》里有这么一则故事。

一只乌龟准备过河，这时一只蝎子上来搭话说：“我也要到对岸去，你能不能把我放到你的背上，载我一起过去？”

乌龟笑着说："你以为我是傻瓜吗？如果你在我背上咬我怎么办？我可不想冒这个险。"

蝎子不屑地说："我看你白活了这么多年，连基本的逻辑都不懂。如果过河的时候我咬死了你，我不也跟着淹死了吗？"

于是乌龟就同意背蝎子过河。到了河中央，蝎子还是咬了乌龟。

乌龟临死前问蝎子："你的逻辑哪里去了？"

蝎子说："我也很后悔，我自己也活不成了。我是承诺过不咬你，但这不是逻辑的问题。我可以那样说，但实际上我做不到，这是我的本性。理智上我知道不应该咬你，但我没有办法不这样做。"

这则寓言里所谓的逻辑、道理，是显意识层面的东西。从逻辑的角度看，蝎子是无论如何也不该咬乌龟的，否则会让二者陷入双输的局面。但最终蝎子还是咬了乌龟，这显然不是显意识在支配蝎子的行为。那是什么在支配蝎子的行为，是潜意识。

如果你觉得这则寓言不够深刻，大家可以看看在交易过程中，在人生的很多时候，潜意识是如何生起和支配意识的。

在交易中，亏损是它的一部分，任何一笔交易都要带上保护，目的是防止突发事件导致的不可逆转的亏损。但绝大多数交易者在一笔交易中亏了钱，通常都会忘记这个原则，从而陷入抓狂的状态。这种抓狂的情绪，轻一点的，需要一定的时间去平复，极端的，直接就走上了反面。例如，情绪化地开仓，直接下重手满仓，发誓要把自己的亏损捞回来，完全忘记了自己的投资原则。

投资者该不该抓狂？理智上，完全不该。一方面，既然参与这个游戏，就要承担相应的风险。另一方面，这一笔亏损了，下一笔完全有可能捞回来，有什么值得抓狂的。再者，无论你抓狂与否，都不可能对市场本身产生一点点影响，市场难道会因为你的抓狂由跌转涨？但交易者总是控制不住自己的情绪，这就是潜意识的作用。人人都怕损失，交易中非常形象地将其称作割肉。割肉的痛苦，让交易者自己控制不了自己。

在交易中，最基本的游戏规则，就是在你的操作级别上顺势而为。但人们总是控制不住自己的冲动。下跌过程中，在没有太多反转迹象的前提下，一次次地去抄底，又一次次地抄在半山腰，反复割肉，以至于自己的资金不断缩水。经过一定时间训练的交易者，不可能不知道顺势而为的游戏规则，但买在低位的幻想以及抄底成功后坐享大利润的希冀，总是让这些人贸然行事。

同样，疯狂上涨过程中，在没有太多反转迹象的前提下，总有一些"聪明人"一次次地逃顶，甚至反向做空。自以为侥幸逃顶的，在后面的大涨中后悔不迭，反向做空的，又一次次演绎血淋淋的故事。他们不是不知道顺势而为的原则，而是太担心自己的盈利被吞没，担心错过做空的绝好时机，这种情绪让人们控制不住自己。

缠论将交易归结为一句话，就是“买点买，卖点卖”。这一点，学过缠论的应该没有不知道的，但仍有无数人在追涨杀跌的道路上疲于奔命。笔者见过很多人，即便是走势远离了买点，仍然会不顾一切地追高，即使远离了卖点，仍然不顾一切地杀跌。当然，追涨杀跌并不一定会有大损失，但追涨杀跌也应当有理有据。

例如，一个日线级别的上涨，特别是加速段，有时候会延续很长一段，这个时候，一个 5 分钟级别的买点介入，足以让你参与这个加速段的延续，这是符合“买点买，卖点卖”的原则的，这样的介入，虽然从日线级别角度来说是追涨，但从 5 分钟级别的角度看，是符合买卖点原则的，是有理有据和风险可控的。

这里说的是那些被情绪驱动的追涨行为，生怕踏空，生怕错过一个妖股，这是最可怕的事情。当人们被恐慌情绪支配，担心踏空或者严重被套，进而不由自主地追涨杀跌的时候，这种冲动让人们自己难以控制自己。

还有一种购物狂型的交易者，见到好一点的股票就想买一点，结果一段时间下来，不大的资金量，手中居然能积累几十只股票。那些大脑被耳朵支配的交易者，听见所谓利好消息就冲动上车，连走势都不看一眼。这种时候，绝大多数投资者自己是控制不住自己的。

交易中是这样，生活中更是经常如此。你有没有碰到这样一种情况，一个之前绝对没有见过的人，第一次与之见面，便会心生好恶。或者极度喜欢，就是那种所谓的一见钟情；或者极度讨厌，横看竖看都不顺眼；要么就是特别无感，接触得也不少，就是想不起名字，记不清模样。另外，为什么你会喜欢他而不是另一个，而有的人却与你刚好相反？除去那些猎奇者，这种喜欢大都是真切的。即便是那些猎奇者，为什么你喜欢这种猎奇，而别人不喜欢？这种好恶生起的时候是不由自主的，自己根本控制不了自己。

上面说“自己控制不了自己”，从语义上说，这两个“自己”肯定是不一样的，否则就陷入同义重复了。其中第一个“自己”，是理智，是显意识，是你认为那个能思考的，能控制一切的“自己”。注意，这个“自己”完全是自己想象出来的，是自己用“色声香味触”五种感官编织而成的，实际上如羚羊挂角，无处可寻。第二个“自己”，不是显意识能够控制的，是自然生起的，这就是潜意识，是超越五种现量认识的存在，是隐藏在背后的真我！

如果将人们的所有意识比喻为一座冰山，显意识只是冰山一角，是漂浮在水面上的部分，潜意识则是深埋在水面下的存在，是这座冰山的主体存在，如图 4-1 所示。在凡夫的世界里，潜意识是超越人类五种现量认识的存在，是不可以用色声香味触描绘的，是离言的，人们只能推测它的存在。

图 4-1 冰山模型示意图

精神病医生弗洛伊德通过对梦的解析，用来治疗患者的心理疾病，依据是什么？他认为，睡梦中绝大多数显意识停止，而梦境是不受控制的潜意识的流露，通过梦的分析，能够触及潜意识，进而通过潜意识来影响显意识。西方有所谓的催眠疗法，催眠疗法的根本原理是，人在催眠状态下，绝大多数显意识停止，传递出来的信息大部分都是潜意识层面的，这是显意识问题的根源所在。通过对潜意识的认知和改造，能够影响显意识。

对于“识”的认识，唯识学是最为深入的，并且这种认识不是通过分析得出来的，而是佛教创始人释迦牟尼经过实证的，这显然是远非世间其他理论可比的。从唯识学的角度出发，可以将世间一切法分为显意识和潜意识两大部分，其中显意识称作前六识，就是上面所说的眼耳鼻舌身识以及第六意识。将潜意识划分为第七识——末那识和第八识——阿赖耶识。所谓“唯识”，顾名思义，即“唯有识”，唯识学认为世界上只有这八种识。前面已经说了显意识包括的前六识，下面分别介绍第七识和第八识。

先说第八识，即阿赖耶识，《摄大乘论》中将之称作“所知依”。“所知”简单地可以理解为凡夫所知的一切法，包括一般所理解的物质和精神。“依”指依靠，“所知依”指的是所有认识的根源。唯识学认为，众生所有的认识，本源就是这阿赖耶识，也可以称作种子识，是种子识产生了我们面前的一切认识。我们面前的一切认识，又作为新的种子，以某种特殊的、凡夫不可知的方式熏回阿赖耶识，不断地为阿赖耶识提供新的材料。

阿赖耶，梵语中意为“摄藏”，因此也称作藏识，意为“能摄藏一切种子”之意。这里的种子，简单地可以理解为我们的记忆，阿赖耶识能够摄藏我们的一切记忆。如经论所说：“由摄藏诸法，一切种子识，故名阿赖耶，胜者我开示。”意思是说，阿赖耶识能够摄藏生起一切法的种子。

阿赖耶识又名阿陀那识。阿陀那，梵语中意为“执受”，意思是说能够执受一切种子识，生起我们的身体以及“器世间”，即我们所生活的物质世界。但阿陀那识非常深细，不是我们凡夫所能知的。如《解深密经》中说：“阿陀那识甚深细，一切种子如暴流。我于凡愚不开演，恐彼分别执为我。”

阿赖耶识也可以叫做“心”。注意，这里的“心”和我们平常定义的心的概念是不一样的。在梵语中，“心”为积集之意，意为能够积集我们所有认识所留下的记忆。如《摄大乘论》中说：“何因缘故亦说名心？由种种法熏习种子所积集故。”

上面从不同的角度阐述了阿赖耶识。阿赖耶识的本质是什么，就是众生无始以来所有认识留下的记忆。这些记忆作为种子，在阿赖耶识中与之前留下的记忆重新组合，生起新的一切认识。

再说第七识，也叫末那识。末那识的主要内容是“我执”，即执着有我，就是所谓的“恒审思量执为我”。这里的“我”，本质上指的是阿赖耶识，第七识执着阿赖耶识为我。按照唯识学的说法，第七识本身是阿赖耶识生起的，并且执着生起它的阿赖耶识为我。

第七识本身是反复熏习的产物。人们的显意识运行离不开人们所执着的“我”。例如，这是我看见的，那是我听见的，这是我感受的，离开了所执着的“我”，根本不可能有显意识生起。世间一切法，从主体与客体的角度又有另外一种划分方法，一部分是我，就是我们所执着的我。一部分是我所，包括我所见的，所闻的，所觉的，所知的。这些见闻觉知，又不断地熏回阿赖耶识，以至于形成了自动运行的机制。

生活中的例子，或许让大家更容易明白这个道理。很多人小时候都有尿床的现象。睡梦中，前六识大部分处于休息状态，但如果你把床尿湿了，你自己会躲开那一片湿的地方。这个时候前六识都已经休息了，是谁让你躲开的呀，是第七识。刚出生的婴儿，本身并没有饥饿冷热疼痛的概念，但如果他饿了，或者躺着不舒服了，他会哭。他们是没有能分别的意识的，是谁让他们哭呀，也是这第七识。再比如，我们炒股票亏钱了，内心会沮丧、痛苦，甚至有很多在股市中破产的人轻生，为什么呀？因为亏损伤害了“我”，以至于要让意识灭了自己的身体。这些都是不加控制，能够自动运行的，它们都是第七识自动运行的体现。

第七识的主要内容有四个：我见、我慢、我爱、无明。我见，就是我执，一执着有我，就是无明，没有智慧。近代哲学有几个最重要的命题：我是谁，从哪来，到哪去。人类社会发展到今天，世间有这么多学问，都没能搞明白我是谁。佛经处处说五蕴皆空，无受想行识，无眼耳鼻舌身意，无色声香味触法，无十八界，无十二因缘，无智亦无得，但一般人总是执着有我，这不是没有智慧是什么？一执着有我，它必然生起认识，认为我跟别人不一样，我最重要，别人可以不考虑，要时刻考虑我自己。这就把我的位置跟我所的位置突显出来了，所以我骄慢，我是世界的中心，我比别人重要。我一重要，我就开始喜欢这个我了，整天围着我转，天天照镜子，认为自己了不起，我喜欢这个，我要那个。人类不断有歌颂自己的文学作品涌现出来，本质上就源自人类的集体我爱。

上面所说的第七识以及第八识，按照通俗的说法，是不能被人感知的，属于潜意识的范畴。唯识学，顾名思义，是说唯有识。这个识大体可以分为两块，一是显意识，包括前六识。一是潜意识，包括执着有我的第七识，以及无始以来前七识所有运行的记忆，即第八识。

三、相互关系

上面简单介绍了唯识学所说的八种识，即作为显意识存在的前六识，包括眼耳鼻舌身意等六种。潜意识中执着有我的部分称作第七识，即末那识。前七识运行留下的记忆称作第八识，也叫阿赖耶识。那么，这几种识的相互关系如何？

首先，按照唯识学，可以将第八识称为种子识，前七识称为现行识。种子识即阿赖耶识，摄藏着众生无始以来所有的记忆——现行识活动留下的信息。这些信息，打个比方，绝大多数都处于暗的状态。这些信息在阿赖耶识这个记忆仓库内是有相互作用的，在这个相互作用的过程中，有一部分种子会亮起来。这些亮起来的种子，称作现行识，实际上就是我们的显意识以及执着有我的第七识。

种子识与现行识二者互为因果。一方面，种子识是现行识的因，种子能生现行。有什么样的种子，就会生出什么样的现行。另一方面，种子识又是现行识的果，亮起来的种子灭掉之后，又保存在种子识中，成为新的种子，为以后的现行生起准备材料。

种子识是现行熏习得到的，有什么样的现行，就会有什么样的种子，就会有什么样的阿赖耶识。众生熏习的，无非就是我见、我慢、我爱以及无明的记忆以及贪嗔痴慢疑等，所以，种子识中都是这样的杂染记忆。但觉醒的圣贤不一样，佛教圣贤熏习的都是无我，无我所，一切有为法，如梦幻泡影，无有贪嗔痴慢疑等记忆，他们的种子识里，都是清净的记忆。

同样，对于股市操作，大部分人熏习的都是追涨杀跌的记忆，贪嗔痴的记忆，或者跟着自己的喜好去操作的记忆，因此种子识中大多数都是这样的熏习。一小部分成功的操作者，他们熏习的是正确操盘理念的记忆，是顺势而为的记忆，是买点买、卖点卖的记忆，是忘掉自我，忘掉自己的贪嗔痴，按照走势类型对走势进行分类进而操作的记忆，他们的种子识中都是这样的熏习。

现行识是种子识生起的，有什么样的种子，就会呈现什么样的现行。如果你的种子识中摄藏的都是关于我执、法执的记忆，总是在贪嗔痴中轮转，那么现行升起来的时候，依旧是这些，不该贪的时候还是贪，不该发火的时候还是发火。控制不住自己，这叫习气，就像那只咬死乌龟的蝎子一样。佛教圣贤阿赖耶识里都是关于五蕴皆空的记忆，是无我、无我所的记忆，所以生起来的时候，也是清净的现行。

经常熏习无我观，当这种记忆在阿赖耶识中的比重达到一定程度，能证得阿罗汉的境界；熏习五蕴皆空，当这种记忆在阿赖耶识中的比重达到一定程度，能证得圣贤的境界。对于操作而言，如果一个人不能系统地学习投资知识，不能把这些记忆熏习到种子识中，或者阿赖耶识中这种记忆的力量不够，那么生起现行的时候，依旧是贪嗔痴，依旧是追涨杀跌，依旧是亏损。反之，如果能够把正确的操作理念，如顺势而为、“买点买，卖点卖”等操作理念熏习到自己的种子识里，当这些种子的力量强大到一定程度的时候，表现在操作上，就是一系列正确的操作。

因为前七识是第八识生起的，所以会出现前面说的“自己控制不住自己”的情况。种子生起现行的时候，是自动运行的，这种机制有它自己的法则，大体来说，力量大的种子先现行。种子也称习气，绝大多数人都是靠习气活着的，只是一般人从来不去思考，不去学习。例如，为什么你感觉辣椒辣而别人就感觉不辣，为什么同样一件事情，不同的人会有不同的看法，这就是习气。

由于第八识是前七识熏习而来，这也为修行提供了一种可能性，你只需要不断地往第八识中熏入高质量的种子即可。当这种高质量的种子达到一定的比例，生起的现行自然会有极大的改变。所谓“命由己作”，任何人的命运都把握在自己的手里，是你自己在往自己的种子识里熏习新的种子，生起的现行完全由自己的熏习决定，任何人都替代不了自己。

四、指导意义

前面简单介绍了唯识学中的八种识以及它们之间的相互关系。这八识及其相互关系，是释迦牟尼亲证的境界，详细请参考佛教经论如《解深密经》以及《摄大乘论》等典籍。明白了这些，无论是对于修行，修出世间道，还是对于世间人做任何事情，都具有指导性意义。

对于修行而言，修行的核心是什么？是智慧。《心经》说：“三世诸佛，依般若波罗蜜多故，得阿耨多罗三藐三菩提”。“般若”是梵语，翻译成汉语意思就是智慧。“波罗蜜多”意为到彼岸。“阿耨多罗三藐三菩提”意为无上正等正觉。这句话的意思是说，一切圣贤都以智慧得度。

智慧有三种，闻所成慧，思所成慧，修所成慧。闻所成慧，是文字般若，意为能够通达义理。思所成慧，也称观照般若，当你通达义理之后，生活中能够时时刻刻从正理的视角看待一切。修所成慧，也称实相般若，是深般若，不光能通达义理，生活中能时刻以正见看待一切，而且能够实证到。《心经》说："观自在菩萨，行深般若波罗蜜多时，照见五蕴皆空，度一切苦厄。"能够得到实相般若，即为"了脱生死、达到涅槃"的彼岸。

如何得智慧，佛教中有四法行的说法，即亲近善士、正闻熏习、如理作意、法随法行。该四法行，在解脱道中为入流之行，即证入初果的学修之正行，而在菩提道中是证入初地之正行。亲近善士，是得正闻之前提。所谓"近朱者赤，近墨者黑"，没有善士引导，便难闻正法，这是修行的前提条件。在善士的引导下，不断熏习正见，这是修行的核心。没有对正见的熏习，是无论如何也无法将正闻正见贯穿于生活之中的。从中可以看出来，正闻熏习才是修行的关键。而如理作意、法随法行，本质上是更高质量的熏习。

修行圣道尚且如此，作为世间法的交易之道，就更不能例外了。缠中说禅说，"炒股就是学佛"，对应于修行，可以做一类比。交易之道，贵在得到智慧。智慧有三种，闻思修。所谓闻慧，就是理论上能够通达。比如说学习缠论，能够知道趋势、走势类型、买卖点，或者对于陷阱有深入的理解等。所谓思慧，随便拿一只股票，能够当下地指出该股票历史上的走势类型变化以及转折，指出中枢、买卖点等关键要素，能够看懂主力资金的动向以及主力意图。所谓修慧，不光能够看懂历史走势，更重要的是在实战中，当操作级别上的买点出来时，能够当下判断并付诸行动，当卖点出现时，能够果断卖出不恋战。刚开始的时候，可能做10笔交易能对两三笔，随着修行日深，胜率也会逐渐提高。当达到不动则已、动则必胜的状态时，就可以说达到了修所成慧的状态了。

如同修行，四法行之于交易智慧的学习，也是关键所在。

首先要亲近善知识。因为涉及利益，所以交易市场中的恶知识简直是太多了，令人防不胜防。投资者首先要擦亮眼睛，笔者建议交易者都能读一读缠论，最好能够把握其核心思想。毫无疑问，在交易理论领域，缠中说禅是一位善士，其交易理论中富含交易智慧。

其次要正闻熏习。正确的道理确实难以听闻，且不说很多人没有得到正确的道理，即便有些人得到了，也不会告诉你。有的人即便愿意告诉你，也许表达能力不足以让他正确表达自己的看法。所幸的是，缠中说禅在交易领域掌握了交易的正见，有表达的意愿，且能够将自己掌握的交易正见正确地表达出来，如果交易者能够遇到，一定要好好珍惜，好好地正闻熏习，把核心理念吃透。当然，学习过程中，一定会有障碍。获取智慧一定不是一帆风顺的，否则千百年来应该有无数人成佛做祖了。如果有障碍，一定是熏习的数量还不够多，质量还不够高，更要进一步提高熏习的数量和质量。等哪一天随便拿出一个走势图，就能够指出其走势类型的起承转合，正闻熏习才算是小有所成了。

进一步来说，实战中，如果你能够当下地指出买卖点，该介入的时候不畏惧，该退出的时候不贪著，你的交易就已经逐渐进入圆融无碍的境界。这时候，你的心、你的潜意识变得极其清净，都是关于交易智慧的记忆，起心动念，符合正法，生起的现行，自然会是好的了。

第二节　成功五法

前面介绍了唯识学中的八识。由于现行识中的第七识是自动运行的，人们觉察不到，所以大体可以说潜意识决定显意识，有什么样的种子识，就生起什么样的现行识。打个比方，众生就像被无数条绳索缚住的囚犯，是不自由的，系缚众生的绳索就是习气，就是无始以来熏习的贪嗔痴慢疑的记忆。大家看起来是自由的，其实是极端不自由的。例如，在面对困境的时候会心生烦恼，在面对顺境时会心生喜悦，这些都是不由自主的。别以为顺境有多么了不起，很多危局的开端就在顺境，当你喜悦的时候会忘乎所以，危机就悄悄地来了。老子说，“福兮祸之所伏”，这种事情太常见了。说得极端一点，你想飞，但是不能飞，只能在地上走，你想跑快点，但百米跑永远跑不进5秒，这都是不自由的表现。

但并不是说人们就一点办法也没有，如果真是这样，那人们就永远无法解脱，修行也就失去了价值。那些修道者，无论是佛、法、僧三宝，还是别的什么教派，都失去了存在的意义，这也与事实不相符。千百年来，还是有不少修行者能得到解脱的，至少佛教的几位圣贤，如释迦牟尼佛、弥勒菩萨、龙树菩萨以及无著菩萨等，都是解脱者。所谓“佛是过来人”，此言不虚。

意识具有一定的主观能动性，种子识里的内容，主要是靠意识熏习进去的。对于一般的人而言，从未觉得自己被缠缚，从未发心去求解脱，一般都是顺着习气去生活的，解脱当然不可能。但一个觉察人生是苦，发心解脱的人，是可以逆习气而行，主动地往第八识中熏习一些有利于解脱的种子的，这就是解脱的原因，是意识主观能动性的体现。

一个被捆绑的犯人，还是有办法挣脱束缚，重获自由的，虽然很不容易。就像电影《肖申克的救赎》中的主人公，虽然被高墙所困，但历尽千辛万苦，终究还是逃了出来，重获自由。监狱中的绝大多数人，都没有越狱的意愿，他们甚至已经习惯了经年累月的监狱生活，如果把他们释放出来，反而不会生活了。即便有人有越狱意愿，也没有为解脱监狱的缠缚做最充分的准备，自然不可能像主人公那样成功逃脱，重获自由。

世间人做成一件事情，主要靠意识的作用。修行，就是意识发挥其主观能动性，把清净的种子熏入第八识中，所以本质上修行就是修心。第八识叫做“所知依”，相应地，有意识地去熏习，这称为“转依”，就是改变你的阿赖耶识。我们做交易，也要靠意识的作用，把关于交易的正念熏入第八识，这也是“转依”，就是用正见替代错误的见解，替代邪见。

意识发生作用，做成一件事情，是有一系列程序的，这在唯识学中称作“别境心所”。这个程序有五个内容，分别为“乐欲、胜解、忆念、定、慧”。世间人要做成一件事情，意识就是如此发挥作用，进而达成目标的，因此，这可以称作是“成功五法”。

还拿前面越狱的故事做例子。主人公首先要生起强烈的逃离欲望，没有这个欲望，就不可能去做准备工作。另外，这个欲望还要很强烈。估计监狱里大多数人都想重获自由，但他们的欲望不够强烈，可能觉得监狱中混沌的生活也还好，这种想法让他们不至于冒着生命危险去越狱，所以就作罢了。而主人公安迪不一样，他的态度是“不成功，毋宁死”，所以才会费尽心机地去寻找越狱的方法。

要想成功越狱，必须对监狱的各种情况了如指掌，以便制定合理的逃跑路线，也必须有工具去挖洞，否则无法逃走。所以，安迪费尽心机搞来了鹤嘴锄用来挖洞，并弄到了一幅影星丽塔·海华丝的巨幅海报贴在牢房墙上，用来遮挡洞口。虽然安迪由于自己的能力得到了监狱长的信任以及狱中一众朋友的支持，在监狱中的生活逐渐得到改善，但他始终不忘逃走的念头，不断谨小慎微地执行自己的计划，心无旁骛。最终，在一个风雨交加的夜晚，他忍受着下水道的恶臭逃了出来，成功越狱，得到解脱。安迪出狱后，领走了部分监狱长存的黑钱，并告发了监狱长贪污受贿的真相，从此过上了世间的自由生活。

现实中，很多人虽然想做成一件事，但不能按照程序走完这几步。这些人或许对所做的事情乐欲不够，意愿不是特别强烈，抱着无可无不可的态度；或者虽然极度乐欲，但不去下功夫对所做的事情达到殊胜的理解；或者虽然有深刻的理解，但实践的过程中总是忘记，经常三心二意，一会儿想干点儿这个，一会儿想干点儿那个，这些都是很难最终达到目标的。

所谓“菩萨畏因，凡夫畏果”。做成一件事的五个程序，是成功的原因，而是否做成是结果。一般人只会对结果斤斤计较，例如通过炒股赚钱，只是对操作的结果耿耿于怀，却从来不反思自己的欲望是否强烈，准备是否充分，能否置心于一处。想考公务员，落榜后，对于自己的分数无限遗憾，却从未想过自己付出的够不够多。心学创始人王阳明参加科举，张榜的时候，别人都在为自己的名次烦恼，王阳明说，你们以落第为耻，我以落第而动心为耻，圣贤的见地果然不一样。

唯识学经典之一——《唯识三十论》，对这五个别境心所有详细的解说，下面以该经论为依据，对该内容做一个简单的介绍，希望对读者有所帮助。

一、乐欲

《唯识三十论》中说："乐欲"者，谓於可意乐事体希欲为性。即可见、可闻等境界可意乐事体，名为可意乐。於此可意乐境界愿见、愿闻等，名"乐欲"。此以能作精勤之依持为业。

这段话的意思是说，乐欲，就是你对于自己喜欢的事情产生了一个欲念，希望得到它，或者希望成为它。依靠这个乐欲，能使你勤奋、精进。

人为什么要修行呀，因为对于世俗之事烦恼，对于圣者所证的境界希欲。人生看似苦乐参半，实际上处处是烦恼。佛教有"人生八苦"的说法，即所谓生老病死、爱别离、怨憎会、求不得、五取蕴。生老病死之苦，自不必说。小孩子生下来就要哭，肯定是因为痛苦。耄耋之年，垂垂老矣，力不从心是苦。人吃五谷杂粮，没有不生病的，这种苦，相信所有人都有体会。死亡，更是无人能够逃脱。其他的，相爱却要分离，互相憎恶还不得不待在一起工作或者生活，所求不可得，失去了还念念不忘，朝思夜想放不下，无一不苦。至于人们所说的快乐，本质上不过是对苦的缓解，但过犹不及，例如有人以吃喝为乐。吃饭其实是对饥饿的缓解，没有饥饿，谁愿意吃饭啊。吃得不够不能缓解饥饿，吃多了又容易撑着，弄不好搞得消化不良，反而会生病。

解脱的境界是什么呀？是"八风吹不动，端坐紫金莲"，一切利、衰、毁、誉、称、讥、苦、乐等都不能使你动摇；是"照见五蕴皆空，度一切苦厄"，什么人生八苦，乃至于一切烦恼障、所知障，都通通消灭。这些解脱境界自然令人希欲。因为人们对解脱境界产生乐欲，才会发愿，才会修行，这是最终解脱的前提条件。

做交易也是一样。如果你对于交易一点乐欲都没有，进入市场只是为了消遣，或者打发无聊时光，或者周围人都做股票，你也跟着做，只是为了大家在一起有一些谈资，那是不可能在市场中长期有所收获的。

或许有的人说，我非常有乐欲啊，我希望在市场中发大财，赚大钱，然后荣归故里，衣锦还乡。对不起，你这乐欲搞错了，那只是对金钱的乐欲。事实上，在拜金主义盛行的今天，世界上绝大多数人对金钱都有乐欲。来股市的人，绝大多数都是奔着金钱来的。股市里赚钱，既不用出苦力，也不用涉及太多复杂的人际关系，多么美好的事情啊。但是，金钱的得失只是结果，而根源在于你的每一笔操作，在于每一次你的预期是否与市场相符，在于你判断正确的时候能否放手大干，判断错误的时候能否及时收手。仅仅有对金钱的乐欲，是不够的，甚至可以说这是你交易的障碍。很多时候，正是对金钱的乐欲，妨碍你看见市场的真实走势。只有放弃对金钱的乐欲，把这种乐欲转到对走势起承转合的研判上，对买卖点的正确把握上，才算是市场生存中正确的乐欲。不信大家可以试一试，放弃对金钱的执着，连续做对 10 笔交易，看看会出现什么结果？结果必然是“眼中无金钱而金钱自来”。

也许有人会说，我对走势有乐欲，希望能够尽可能地把握每一次走势的起承转合，但还是灰头土脸，四处碰壁呀。这里要说的是，仅仅有乐欲是不够的，大家还需要对交易有足够深刻的理解，用唯识学的话说，就是“达到胜解”。

二、胜解

《唯识三十论》中说：“胜解”者，谓於可决定事体如其可决定印持为性。言“决定”者：为遮不决定故。於正理或至教事体，无有犹豫，名为决定。谓若唯以此无常、苦等行相决定为彼事所有，即以如是行相於彼事体其心起解：谓“此如是、非不如是”。如是决定印持，即名为“胜解”。此以不可引夺性为业。谓能珍惜其胜解者，即敌论不能引夺自已立宗。

这句话的意思是说，对于人们所认识到的能确定的事物，要认识到它的必然性，而且保持这个意见不动摇。例如，人从20层楼上掉下来肯定会摔死，你能够认识到这个确定性，不管别人怎么对你说掉下来摔不死，鼓动你去试一试，你都不会去跳楼。胜解最大的特点，是确定和不动摇。比如，如果你说人从20层楼上跳下来摔不死，那不叫胜解。或者你认为掉下来摔不死，别人一忽悠，你又改变想法，觉得别人说的可能有道理，心里犯嘀咕：也许真的摔不死呢。这也不叫胜解。

对于修行者而言，对解脱有了乐欲之后，下一步就要对解脱的途径达到胜解，必须明白解脱的原理以及修行的路径，否则只能是盲修瞎练。对于佛教而言，胜解的来源一般有两个，一是至教，就是经论典籍，这些都是释迦牟尼佛亲口说的。释迦牟尼佛是解脱者，是过来人，解脱境界是他亲证的，所以说出来的肯定没错。如果你怀疑佛说，怀疑经论，那么对于修行一路，肯定是不能达到胜解的。此外，单单的至教还不够，还需要道理。世界上宣称自己是解脱者的人多了，即便佛陀的年代也是如此。“佛陀”这个词，在梵语中是“觉者”的意思。很多外道的祖师，他们也宣称自己是佛，已经解脱了。如何判断谁是真佛呀，就要看他们说的是否符合道理。由至教以及道理，可以理解修行的原理，但还需要坚定不疑，不能今天信佛说，明天又开始练起什么别的大法来了，这肯定不是胜解。其实，如果你学习了至教，但还是朝秦暮楚，根本的原因其实是没明白道理，也就是所谓的“学如不及，犹恐失之”。

对于市场中的人来说，对走势的起承转合有了乐欲之后，下一步，也要对其内在的原理和转化机制达到殊胜的理解，否则仅凭一颗热诚之心在市场中胡乱操作，是很难得其法的。殊胜的理解一般也有两个来源，一是道理。有的时候，交易时间长了，慢慢会悟出一些道理来。例如，老是追高被套，慢慢地就知道追高会有一定的风险，就不太乐意追高了。总是在低位杀跌，慢慢地也就知道杀跌不好，逐渐会在跌势刚开始的时候离开，而不是等跌势将尽的时候再离开。总是不带保护，满仓奔跑，几次爆仓下来，就会逐渐知道控制仓位，设置止损。

只是一个人闷头研究，效果是不太好的。实际上，百年以来，交易行业涌现出了很多能够长期获胜的人，他们对市场的理解，应该是达到了较为殊胜的境界，否则不可能长期获胜。他们说的话，也是值得去深入研究的。站在巨人的肩膀上，总是能看得更远一些。但是要注意，他们所说的必须要符合道理，大家必须仔细甄别。这个市场中，“名师”易得，但“明师”难得，所以要看他们说的是否符合道理。如果学错了方向，在错误的路上越是狂奔，离目标就越远。

缠论，就其核心思想而言，肯定是符合道理的，通过对其核心理念的理解，肯定是可以让你在市场中长期生存的。以缠中说禅的文章所体现出来的才华，绝对不可能是诓骗，肯定是真实的。换一个糊涂蛋，看看他能否有那么高深的见地？对于交易者而言，学习缠论，进而对其核心理念达到胜解，是交易成功非常重要的一步，学习者必须正信之，正思维之。

做任何事情，仅仅达到殊胜理解就够了吗？远远不够！如果把达到胜解比作是对理论有了精确把握，是闻所成慧，这只是万里长征的第一步。例如，很多修行者，对于佛法的理解已经很深入了，五蕴皆空的道理也能圆通，但合上经论就忘了，鼻子还是鼻子，眼睛还是眼睛，这都是有，哪里来的空啊。修行者必须在实际生活中不失念，这样胜解才有用。很多交易者对理论滚瓜烂熟，理念把握得很精到，但一到实盘中就忘了，该追高还是追高，该杀跌还是杀跌，任由习气驱使自己。交易者要不断地在实战中磨练，做到不失念，对核心理念的理解才算有用武之地。

三、忆念

《唯识三十论》中说：“忆念”者，谓於串习事体，令心不忘失为性。串习事体者：谓曾经领受。不忘失者：谓为能续取所缘不失坠因。数数忆念能缘彼曾取事体所有行相、名为明记。唯此明记者、说为忆念性。此以具有不散乱为业。谓若於此所缘，有明记者，即不於馀所缘，或馀行相，散乱其心。是故此念以具有不散乱为业。

所谓“串习事体”，就是曾经领受的，深刻学习的，即前面所说的殊胜理解。所谓“不失忘”，就是你的意识在面对境界的时候，对之前的殊胜理解能够想起来，用起来，不至于丢失和忘记。忆念要求明记，对于曾经深入学习的、能够达到殊胜理解的道理，能够无差错地回忆起来。如果能达到明记，就不会被其他的事情、其他的道理干扰，心不会散乱。

仅仅有殊胜理解是不够的。比如，平时考试答题时，有些题目平时都理解了，但考试的时候就是想不起来，这肯定是拿不到分数的。当你对于所串习事体达到殊胜理解的时候，客观地说，在你的记忆库里是有相关记忆的。但这些记忆的印象不够深刻，力量不够强大，以至于当你要用到它的时候，你的意识无法清晰地从记忆库中将之提取出来。这不叫明记，顶多是模糊的记忆，这种状态在考试中是要丢分的。

中国自古就有“背会唐诗三百首，不会写诗也会诌”的说法，这就是一种明记。仅仅理解唐诗三百首是不够的，只有达到明记的状态，当你要写诗的时候，才能体会到那种笔下生花、文思如泉涌的感觉。

注意，这种“忆念”一定是达到殊胜理解之后的明记。如果没有殊胜理解，仅仅是死记硬背，肯定是不行的。古往今来，能够背下《心经》《金刚经》甚至大部头《华严经》的人不在少数，但很多人都是没有殊胜理解的死记硬背，这种记忆虽然有效果，但对于修行来说，效果并不是那么显著。若能真正通达义理，并在通达的情况下记住，不断熏习，效果才能更好。此外，更重要的是，这种“忆念”要在境界来临的时候不失念。对于修行者来说，布施、持戒、忍辱等，都是最终获得智慧的资粮，如同出门远行，肯定要带够干粮，否则是走不远的。很多修行的人不是不知道，但每当让他拿点钱出来做点善事的时候，就死活拿不出来。每当帅哥美女现前，身心又不受控制地跑了。每当自己遭受委屈的时候，又会不由自主地大发雷霆，这个时候，曾经数数修习、达到殊胜理解的道理，早已被丢到爪哇国去了。这些都不能称作真正的忆念。

对于市场中的交易者来说，这种情况也非常普遍。很多人曾经废寝忘食、夜以继日地学习。那些始终学不透的人自不必说，这些人可能很快就放弃了。即便是那些内心已经通达的，无论是基本面研究者还是技术面研究者，觉得已经达到较为殊胜的理解了，在实际的操作中，并不一定能够运用自如，其中很大的原因就在实盘的时候不能“忆念”。

比如，对于很多基本面研究者来说，这个商品价格是被低估的，是要涨起来的，但上涨需要时间，其间难免上蹿下跳地折腾。一折腾，他们就忘了自己对基本面的坚持，被反复无常的浮盈浮亏搅乱了心性，曾经的数数串习，都忘得一干二净了。很多技术面研究者也是一样，一个趋势买点进去，还没有出现卖点，趋势也没拐头，便开始担心获利回吐，怕煮熟的鸭子再飞了，匆忙获利了结，完全忘记了“卖点卖”的原则，还自以为得计。怎知很多时候刚一卖出，价格立即起飞，后面只能追悔。更多的人是见异思迁，朝秦暮楚，今天看这个股票好，是买点，进去了，两天不涨，趋势也没被证伪，又发现了新的股票，匆忙换股。寒来暑往，频繁换股，搞得疲惫不堪，这都是没有达到忆念的具体体现。

忆念的作用是让人的心不散乱，人要时刻关照自己的念头。有句格言式的说法：关照你的念头，因为它能影响你的行为；关照你的行为，因为它能塑造你的习惯；关照你的习惯，因为它能决定你的命运。儒家修法，有关于“慎独”的说法。孔夫子说“一日三省吾身”，其目的就是治散乱之心。不管什么事情，以散乱的心态去做，肯定是做不好的。

如果能达到对境不失念，就距离真正的智慧越来越近了。当然这还不够，还要增强自己的定力，把所有的心力都集中在一个境界上，即所谓制心一处。制心一处，心力会无比强大。

四、定

《唯识三十论》中说:“定”者，谓於可观察事体、令心专注同境为性。可观察事体者：谓观察功德、或过失。令心专注同境者：谓专注同一所缘性。若心平等运行者，则能如实善了知故，即是能为智之依持为业。

所谓“定”，就是你定一个要观察的对象，专注于这个对象上，心不跑偏。“专注同境”，就是专注同一个所缘的对象，四个字概括这个定，叫做“心一境性”。定有什么好处呢？它能生起智慧，它是智之依持。依靠定力能生起智慧，如果一个人的定力很差，做什么事几乎都很难成功。就如同打井，今天这里挖个坑，明天那里挖个坑，可能挖了10个地方都挖不出水来。有时候，即便挖到离水特别近了，最终还是不能成功。反之，如果就在一个地方挖，只要功夫下得深，迟早会打出水来的。

对于佛教修行来说，勤修止观是解脱的途径。如《解深密经》中说:“众生为相缚，及为粗重缚，要勤修止观，尔乃得解脱。”

止，就是制心一处，令心不散乱。止的方法很多，最常用的就是所谓的“六妙门”修习方法。一开始是数息，一吸一呼记为“1”，从1数到10，循环往复。数的没有什么干扰了，感觉很舒服，也能定住了，心不乱跑了，这个时候就可以不数息了。第二步叫随息。数息仍有比较复杂的思想，你得从1数到10再返回，老有这个思念。随息就是只注意你的呼吸，也就是所谓的“知吸长，知吸短，知吸冷，知吸暖”。你不管它，只注意它，所谓令心专注同境，意识总放在呼吸上，思想跑了再拽回来，慢慢1分钟、3分钟、5分钟，时间逐渐增加，定力随之增强，慢慢地时间越来越长，这叫做止。

只有止是远远不够的，如果人不用意识，那就和植物人差不多了。止的功夫逐渐提高了，在止的基础上还要观。所谓“谓观察功德、或过失”，就是思维法义，定中继续加强对法义的殊胜理解。

比如，《心经》说“五蕴皆空”，就要在定中观察什么是五蕴，为什么五蕴是空而不是有。《金刚经》说“一切有为法，如梦幻泡影”，你就要去观察什么是一切有为法，为什么一切有为法如梦如幻。明明平时觉得一切都是那么真实客观，为什么佛说“如梦”。为什么平时老觉得有我，有肉身，有能思维的思想，佛却说“诸法空无我，远离一切相”。注意，这是在不断地往第八识里熏正见种子。胜解阶段的思维也是在往第八识里熏正见种子，只不过那个质量是比较低的。定中思维是质量比较高的正见种子，力量往往比散心状态要大得多。一旦这个高质量的熏习达到一定数量，就能照见五蕴皆空，就能解脱，度一切苦厄。

对于交易者而言，也需要这种制心一处的状态。首先要专注，操作期间专注于几只甚至一只股票。人的精力是有限的，同时观察太多的股票，对于操作不太熟练的人来说，根本忙不过来。缩小观察范围，能够让大家更了解目标标的的属性。做交易不是撞大运，没有相当程度的了解，交易成功的概率极小。当然，这个专注的对象，最好是经过严格的基本面和技术面筛选，市场整体环境最好不要太差。基本面差的股票容易出幺蛾子，技术面差的股票，要经历很多折腾才能慢慢聚拢人气。市场环境差，买卖点容易失效，这都是需要注意的。

选择好交易标的之后，要对这只股票的方方面面有较为深入的理解。

首先，要能够准确指出该股票历史走势类型的起承转合，了解它的股性。要看一看每一波走势是如何生住坏灭的，每个临界点是怎么产生的，又是怎么打破的。每只股票都像一个人，股票数以千计，股性却千差万别，交易者要像了解自己一样，深入地了解操作的标的。

其次，要对操作级别的当下走势类型有准确的认识。该股票是趋势还是盘整，如果是趋势，那么是中枢、中枢连接段还是背驰段，有没有明显的买卖点出现，等等。总之，要认真了解它的当下情况。

第三，一旦决定介入操作，要对走势未来的可能性进行完全分类，可能会出现什么情况，如果出现某种情况该如何应对。如何使用你的资金，是满仓、重仓还是轻仓，是逐步建仓还是一次性买够，等等。“凡事预则立，不预则废”，你的考虑越周密，越有利于后市的操作。

刚开始大家可能不太熟练，但沿着这个目标努力下去，以这种方式不断实践，不断熏习高质量的种子，终有一天你的所有操作不作意则已，一旦作意，就会按照这套程序自动运行，你的获胜概率也会逐步提升，最终接近“慧”的状态。

五、慧

《唯识三十论》中说：“慧”者，谓般若。即唯於可观察事体极善简择为性。谓由正理所引、非正理所引以及其他，由能简择故、名为极善简择。谓於自能相、共能相、加杂融通等一切法中，能如实或颠倒思择。正理者，即是真实不虚。此复三种，谓至教、比量及现量。由此三种正理所引，是名正理所引。此复三种：一者，闻所生；二者，思所生；三者，修所生。此中以至教为能量而解了者，名闻所生。由思量正理审决所生者，名思所生。依三摩地所生者，名修所生。非正理者，谓非至教、似比量及邪思惟三摩地。由此非正理所生者，名非正理所引。由生得智，及世间语言智者，既非由正理所引，亦非由非正理所引。此具有以断疑为业。断疑者，谓由慧极善简择诸法得决定故。

上面这段话，对“慧”的解释非常明白。所谓“慧”，就是极善简择，就是对于所缘境界，例如，往大里说可以是世界的本来面目，往小里说，对于交易者而言，就是对走势的判断，能够极为熟练地、如实地观察事情，能够明白地知道所缘境界是怎么回事。

这种“慧”是由正理引起的。正理有三种，其一是至教，就是见过真实的人说的话。对于佛教而言，就是佛的言教。其二是比量，就是对于至教能够审慎思择，仔细分析，看其是否符合事实、逻辑等，然后再如理修习。其三是现量，就是对于至教能够不断如理思维，终有一天能证到圣者的境界，能够现量见真实，连分析和推理等比量手段都不需要了。智慧有三种，即闻所成慧、思所成慧以及修所成慧。闻所成慧是道理上通达，思所成慧是可以时时处处以正理关照面前的境界。如此不断熏习，加之以定力，便能够现量看见真实，是谓修所成慧。智慧具有断疑的作用，真得到了智慧，一切疑惑都不复存在了，对于所缘境界是什么不是什么，了了分明，对于应该怎么做，不该怎么做，心无挂碍，这就是一般人难以测度、难以言说的状态了。

交易中的“慧”是什么样的状态？或许缠中说禅的话更有说服力，大家一起来体会一下。

在某个阶段，你可能会形成这样一种感觉：你如同站在重重叠叠的走势中，而当下的趋向仿佛照亮着层层叠叠的走势。那时候，你就可以忘记中枢之类的概念，所有的中枢，按照各自的级别，仿佛都变成大小不同的迷宫关口，而真正的路只有一条，你的心可以当下直观地感应到迷宫的出口。

当有了这种对市场清晰的直觉，你才算到门口了。那时候，看走势就如同看一首诗。如果还从语法等角度去分析，就如同还用中枢等去分析一样。真正有感觉的读者，是不会计较各种字句的纠缠的，整体的直观当下就呈现了。一首诗就如同一个自足的世界，你当下就全部拥有了。市场上的直觉，其实也是一样的，只要那最细微的苗头一出来，就当下地领悟了。

第三节 贪嗔痴慢疑

贪嗔痴慢疑，属于佛教中所说的根本烦恼，这是一切烦恼的根源，是障碍解脱的关键。为什么众生都有这几种烦恼？根本的原因在于人们无始以来的熏习，都是关于贪嗔痴的记忆。例如，人们从小就被教育要有出息，有本事，将来赚大钱，当大官。从小就被教育如果别人欺负你，就要以牙还牙，以眼还眼。特别是现在的小孩子，父母天天念叨“你最棒，你最优秀，最聪明”，不管是不是真的聪明，都这么说。这些仅仅是今生的熏习，如果按照佛教六道轮回的观点，人们无始以来，每一生都是这样熏习的，所以占绝大多数的种子识，都是关于贪嗔痴的记忆。即便有一些清净的戒定慧的记忆，也是少量的，根本不能阻挡这几大根本烦恼的力量。有什么样的熏习，就有什么样的现行，所以众生皆具根本烦恼，也就不奇怪了。

修行，最主要的就是改变这几种根本烦恼，转贪嗔痴为戒定慧，不断把正见的种子熏到种子识里去。如此，再生现行的时候，烦恼自然会少一些，甚至彻底消灭干净。佛教的修行方式，最主要的就是六度——布施、持戒、忍辱、精进、禅定、般若。六度首先对治的，就是这贪嗔痴等三毒。布施对治的是什么呀？是贪。如果一个人是铁公鸡，一毛不拔，那一定是贪著心太重了。反之，如果一个人能勤行布施，贪著心逐渐就减轻了。持戒，则是更大的布施。不杀生，就是在布施生命给其他的众生。你不偷盗了，这也相当于布施财物给他人。忍辱，对治的主要是嗔心。打不还手，骂不还口，这种人肯定是好脾气，不太容易发火。当然，这种忍辱不是说要咬紧牙关强忍着，不是说要打掉牙和血吞，而是在正见指导下的忍辱。如佛在《金刚经》中说，有一世做忍辱仙人的时候，被哥利王割截身体，但仍旧不生嗔恨。这种忍辱不是强忍着，为什么呀，因为得了正见，因为“无我相、人相、众生相、寿者相”。精进、禅定、般若，对治的就是愚痴、骄慢等。般若可以理解为智慧，你得了智慧，哪里还会有愚痴呀。

缠中说禅对于交易市场中的贪嗔痴慢疑有过深刻的阐述，下面引述几段。

在描述走势时，缠中说禅说：

走势是有规律的，这规律是不患的，这不患的根源在于人贪嗔痴慢疑的不患。

消息面、政策面、资金面，这面那面，最终作用的都是人心。人心因预期而交易，这里关系的就是人的贪婪与恐惧，人的贪嗔痴慢疑。

走势反映的是人的贪嗔痴慢疑，如果你能通过走势当下的呈现，而观照其中参与的心理呈现，就等于看穿了市场参与者的内心。

股票从来就不是股票，而是你的贪嗔痴慢疑。没有任何的失败相关于股票，而只相关于你的贪嗔痴慢疑，股票不过是一个幌子，一个道具。

在描述缠论时，缠中说禅说：

本 ID 理论的哲学本质，就在于人的贪嗔痴慢疑所引发的自相似性以及由此引发走势级别的自组性这种类生命的现象。

本 ID 理论，归根结底就是研究贪嗔痴慢疑的。由此也就知道，为什么市场的操作，归根结底就是人自身的比较，为什么本 ID 可以把理论大肆公开而不会影响本 ID 自己的操作。因为只要这世界依然有贪嗔痴慢疑存在，本 ID 的理论就如鱼得水。

在描述自己的操盘经验时，缠中说禅说：

这次游戏之所以经典，就是在整个做顶过程中，根本没拉抬过一笔，都是分批出货，最正常的手法，谁都说不出有任何违规的地方。另外，也没说过任何一句影响股价的话，那么为什么成功了？只是因为那些人的贪嗔痴慢疑。

在描述交易者时，缠中说禅说：

西方真正在资本市场上有成就的人，基本都成了哲学家。没有对市场的洞察，靠整天这消息那题材地折腾，永远只能在散户的区间中震荡。

正因为贪嗔痴慢疑等几大根本烦恼，如此地障碍着人们的修行，障碍着交易者的操作，所以必须深入认识，进而努力对治，否则，就永远在烦恼中轮回，永无出期。当然，由于这几大烦恼力量过于强大，改变它并不是那么容易，并不是一朝一夕的事情，但首先要有个正确的认知，正确的方向，这是对治的前提。

关于这几个根本烦恼，《唯识三十论》中有非常详细的定义，本节带着大家了解一下。

一、贪著

贪著者：谓於后有及受用耽著希愿为性。此具有能遍生起诸苦为业。

贪著，就是对于已经有的身体、身份或者财富等物质条件，已经有的，沉溺其中，没有的希望得到。贪著的作用，就是能生起各种苦。

实际上，人们的各种苦都是由贪著感召而来的。人们主要的贪就是食色。孔子说“饮食男女，人之大欲存焉”。当今社会，吃不饱穿不暖的情况已经不普遍了，对饮食的追求，现在已经外化为对金钱本身的绝对追求了。实际上，对于世间人来讲，没有金钱难以幸福，但金钱有时候反而会拖累你。电视剧《人民的名义》里，国家某部委项目处处长赵德汉，贪污受贿的钱多得没地方放，活得胆战心惊，如履薄冰，被捕了反而如释重负，这就是过度贪财招致的恶果。对于男女之欲的追求，更让人撕心裂肺，痛苦不堪，没婚姻的为得不到而痛苦，有婚姻的又说是掉进了围城。没伴侣的被称作“单身狗”，有伴侣的，又总是把身不由己挂在嘴边……两性关系中，离奇的、荒唐的事情简直太多了，不然怎么会是文学中永恒的主题。

交易中，人的贪著本性更是显露无疑。绝大多数人来市场就是为了发财的，而且希望发快财、发大财。这种追求自然就表现为追涨杀跌，频繁换股，逆势抄底，等等。因为他们的眼中，这样财富会来得更快更多。笔者将这种现象称作“交易者悖论”，一方面，交易者进入市场就是为了盈利，另一方面，始终对浮盈浮亏抱着执念，会让你在市场中一无所获。

贪著心有正邪。修行中，对于色声香味触的贪著，称为邪贪，这是痛苦的根源。对于佛法正见的追求是为正贪，这是解脱的根源。市场中，眼睛只盯着金钱，那叫邪贪，这种贪著越炽盛，越是障碍你的操作。而对于交易智慧的追求，对于每一笔操作的正确性的追求，这是正贪，也是稳定盈利的根源。你每一笔操作都正确，还怕赚不到钱吗？

二、嗔恚

嗔恚者：谓於诸有情损恼为性。即於诸有情心凶暴性。若由此所伏蔽，则於诸有情思作杀缚等损害事业。此具有能作不安住於稳触及恶行之依持为业。

嗔恚，就是对其他有情众生包括自己起凶恶残暴之心。嗔恚生起时，能令人心不安稳，让人变得焦躁。

嗔恚是在自己觉得受到损害时的一种应激反应。例如别人骂你，你觉得自己的名声受到了损害，于是怒从心头起，恶向胆边生。实际上，别人骂你，和你的名声没有任何关系，相反，以德报怨，反而可以增加你的所谓名声。或者自己在市场中操作失败，损失了金钱，于是气愤难平，甚至怒摔键盘，等等。不管怒摔键盘还是怒砸电脑，一点用都没有，反而是一旦失去理智，会做出很多不符合规则的事情。

嗔恚是解脱的障碍。愤怒一起，心便不能安住于稳触，痛苦随之而来，有时候甚至会失去理智，做出很多糊涂事来，这样的例子很多。年轻的小伙子向姑娘求爱，追求不成便心生怒火，拿硫酸毁人家的面容，结果不仅把姑娘毁了，自己的一生也被这怒火毁了。

交易中，嗔恚这种烦恼更是障碍了。被嗔恚支配所犯的错误太多了，最常见的就是在错误的情况下不断补仓，降低成本，试图一举扳回损失。还有一种，本来看多，结果走势与预期不符，马上止损，随后立刻应激性地反向做空，这也是嗔恚引起的焦躁使得自己身心不安导致的。无数人，包括很多所谓的“大佬”，都死在了这种被嗔恚情绪支配的错误操作下。

嗔恚百害而无一利，应该尽量控制。如果实在控制不了，要把这种嗔恚用在对的地方。例如，应该对自己的无明嗔恚，对自己的胡乱操作嗔恚，而不是莫名其妙地被这种习气控制。修行，就是不断地、有意识地逆坏习气而行。对于交易也是这样。

三、愚痴

愚痴者：谓於恶趣与善趣、涅槃与能得彼因，以及彼等诸因与果无倒相连属无知为性。此具有能作杂染生起之依持为业。

愚痴，从唯识学的定义看，意为不知道六道轮回、解脱和解脱的方法，以及六道轮回、解脱的各种因果之间正确的关系。愚痴的作用是生起各种杂染，这杂染以烦恼为首，由烦恼而熏入阿赖耶识，形成种子，这些种子再现行生起新的烦恼，如此循环往复，无有终止。

对于修行者来说，愚痴是所有烦恼、所有苦的根本原因。因为愚痴，才会认假为真，生起贪爱。贪求而不得，进而生起嗔恚，这样贪嗔痴就都有了。愚痴的对立面是智慧，要想解脱，就要变得智慧。所谓智慧，是正知正见，不是邪慧。从唯识学的角度讲，就是正确理解佛法，不断地学习佛法正见，熏习清净种子，这是正确的解脱之路。

对于交易来说，愚痴是所有亏损的根源。因为愚痴，不知道操作标的的基本情况，不知道走势类型及起承转合，不了解自己的习性，不知己不知彼，操作上自然不顺。由不顺生亏损，亏损再生烦恼，总在此中枢震荡，难以出离。要想摆脱此中枢，一方面要深刻掌握交易的正见，掌握缠论的核心思想。另一方面，要对自己有深刻的认知，了解自己的能力圈，并守住自己的能力圈，将自己的能力圈和交易正见结合，找出最符合自己的操作系统，不断修正，不断提高，这才是达到稳定盈利的正确道路。

四、我慢

我慢者：谓一切所谓我慢，均依萨迦耶见生起。此以令心高举为能相，即於诸蕴增益为我及我所之事体，谓“此是我，此是我所”。如是由彼彼差别令自高举，凌慢於他。

此具有能作不谦敬及困窘生起之依持为业。

“萨迦耶”是梵语，意译为“身”。萨迦耶见就是身见、我见的意思，就是执着有我。我慢的定义，就是让心高举，认为自己比别人高明，比别人重要，就是对于本来是五蕴皆空的五蕴，增益为有我，说这是我、这是我所，说“这个是我，这些是我所认识到的、我所拥有的”，等等。注意，这里的“增益”二字，意思是说本来没有，而众生都认为有，是硬加上去的。就这样，大家都认为有我，互有差别，就开始认为自己比别人重要，比别人高明，结果就是不谦虚，不恭敬，相互的矛盾就来了，烦恼就来了。

我慢从执着有我的“我见”而生，从唯识学的观点看，对于修行来说，对于我、我所的看法，是正见的核心。佛教认为无我、无我所，而一般人认为有我、有我所。佛教有大小乘之分，这二乘都认为无我，即我们的身体里没有一个永远不变的灵魂存在，核心的区别就是对于“我所”即面前的一切所谓客观事物是否存在。小乘的修行目标是去“人我”，空掉人我之后，可以证得阿罗汉的果。大乘的修行目标不光要去掉“人我”，还要空掉“法我”，也可以叫做“我所”，我所见闻觉知的一切，即认为我们面前的一切法如梦如幻，都是不存在的，都是意识所分别出来的，修行的目标就是证得五蕴、十八界、十二缘起等都如梦中诸事。我、我所，都是对真实境界的障碍，都空掉，便能扫除障碍，证见真实。但对于凡夫来说，有我见，进而有我慢，令心高举，于是一切烦恼就都来了。

交易中，最常见的我慢就是不敬畏市场。例如，你以某个理由为依据，在某个点位介入了，随后市场出现了与你预期不符的情况。有些人就会想，不应该呀，怎么可能会这样，现在顶多只是个回调，调整完了之后，一定还会涨，于是就逢回调一路加仓。很多所谓的套牢，就是这么来的。我见，以及我见引发的我慢，是交易最大的障碍。一有我慢，便不能以平等心去看待市场，不能从完全分类的角度规划自己的操作。这种情况太常见了，比如一笔交易，你介入之后，很快就赚钱了，于是开始联想，我这想法是对的，还是我厉害，这次要盈利多少多少，好像盈利已经装进了你的口袋一样，于是就开始洋洋得意，对走势的观察就松懈了。殊不知，这种状态往往孕育着危机。即便出现了危机，这种骄慢的情绪也会让你视而不见。交易中通常所说的顺势而为，本质上就是要丢掉我见，以市场之见为我见。如果把市场当作一个合力的结果，淡化我见，就是要把自己当作一个零向量，顺着多空合力的方向去操作，不要让自己的执念障碍对市场合力的观察。

五、疑惑

疑惑者：谓於诸业果、真谛、稀有珍宝、心二意为性。谓疑为有，或为无，起种种异慧，名为二意。此离慧外，别有自性。

唯识学中，把显意识留下的记忆叫做种子。种子是熏习所得，也可以称作熏习。种子可以叫做业，通常所说的业力，就是种子生现行的力量。熏习什么样的种子，就会有什么样的现行，这称之为业果，指的就是因果关系。真谛即真理，这里指唯识学所讲的道理。稀有珍宝，这里特指“佛、法、僧”三宝。所谓疑惑，就是对于真正的因果关系、真理以及三宝等不坚信。比方说，佛教说无我，有人会反问说，你说没有我，踢我一脚怎么也会疼呀。说无我所，有人会反问，你说没有我所，你去银行把钱取出来给我呗。说世界上存在六道轮回，有鬼神等，大多数人都会说，鬼神这东西信则灵，不信则不灵……总之，所谓疑惑，就是心里有两种意见，不能确定哪个是对的。

对于佛教的修行而言，疑惑就是对正见不坚定。前面说过，解脱的关键在于不断地往第八识里熏习高质量的正见种子。如果疑惑了，那么熏习进去的种子要么依旧杂染，要么有一点儿正见，但质量很差，这是与解脱之路相背离的。实际上，按照佛教的观点，每个人无始以来都是听过佛法的，但为什么依旧不能解脱，根本的原因就在于总是学着学着就退转了。之所以退转，就是因为有疑惑。因为疑惑，所以才会不精进。因为不精进，各种后有之烦恼就又生起来了。所以说，疑惑是根本烦恼之一，是障碍解脱的关键因素之一。

对于交易而言，疑惑也是主要的障碍之一。一波周线级别趋势走出来了，有些人总会疑神疑鬼，哪怕盘面上只有 5 分钟级别的扰动，就足以让这些人逃之夭夭。按理论找出了买点，有些人总会犹豫不决，生怕一旦介入就被吃套，这一犹豫不要紧，几个涨停板就错过去了。事实上，很多时候即便买卖点出来，也会有陷阱存在，会有突发的情况存在，也会有吃套的概率，只需为自己的操作带上保护即可，这也是理论所允许的。理论所保证的买卖点，不足以让人打消疑虑，反而是几个涨停板能够打消人们的疑虑，让很多人坚定不移地追高，实际上，操作者的心是被贪著所转了，而不是被正见所转。

还有一些人，对理论本身疑惑，往往因为自己一时操作不顺而质疑理论。这些人从来不会反躬自省，不会从自己的身上找问题。交易的智慧哪里那么容易得到呀，即便有幸遇到，从正见到正行，还有很长一段路要走。按照佛教的说法，一个人对于义理能够达到胜解，称作见道，见道之后才开始真正修道。从开始修道到成佛，还需要两大阿僧祇劫。从发菩提心到见道，只需要大约一大阿僧祇劫。这证明修道远比见道要艰巨，何况对于做交易呢？事实上，很多人对于理论怀有疑惑，但对于其他什么诸如过顶擒龙等独门秘诀，反而是坚定不疑，究其原因，不过是被贪心所转了而已。

上面说了五个根本烦恼，这些根本烦恼相互结合，能衍生出其他很多微细的烦恼，这些都是阻碍人们解脱，阻碍交易者稳定盈利的障碍。实践中，要时刻注意自己的起心动念，不断熏习正见，并以正见指导生活，勤加修习。人们由于共业感召来到这个交易市场，交易中，也要不断熏习正确的交易理念，逐渐对缠论的核心理念生起殊胜理解。

交易中，能够不被行情的涨跌、账面盈亏所转，于正见不失忘，心一境性，如是渐转贪嗔痴为戒定慧，而不是被贪嗔痴慢疑所转。把交易看做一场游戏，在这个交易的游戏中不断认识自心，锻炼自心，勤加修习，这样离稳定盈利就不远了。

正如缠中说禅所说，很多有成就的交易者都成了哲学家。一旦你依此路径达到了稳定盈利的状态，就会发现，不唯对于交易，对于生活，对于宇宙人生的看法，也会有极大的提升。这种利益，是远非交易中得到的些许收益所能比拟的。

第四节　游戏观

和交易者交流时，笔者常说一句话：把交易当作游戏，在游戏中锻炼心。希望朋友们在操作的时候不至于太沉重，能够有一个平静的心态。通过交易这个游戏，能够锻炼自己的心，不断地增长智慧。

做交易和玩游戏没有什么本质的区别，下面以下象棋为例来说明。

玩象棋游戏的目的是为了赢对方。且不说专业的象棋选手，即便是家门口那些退休的老年人，每天下棋时都争得面红耳赤，却依旧乐此不疲，目的都是为了赢。交易者参与市场的最终目的，也是为了盈利。交易者并不像看上去那么轻松，即便是一个长期亏损的人，每天也是看新闻读报纸，混股吧打探消息，乐此不疲。有一句话叫做“股市虐我千百遍，我待股市如初恋”，如果不是为了赢钱，谁愿意这么费劲。

要想赢对手，象棋游戏中，你不能有太大的漏招，要认真走好每一步棋。很多人总是在乎输赢结果，却从来不去考虑结果蕴含在过程中。如果你每一招都能克制对手，结果自然是赢。反之，如果你每一招都被对手克制，自然赢不了。很多关键的时候，一招不慎，就满盘皆输了。交易游戏中，要想长期赢钱，关键在于你的每一笔交易都要尽可能地正确，至少不能出现太大的失误。所谓“凡夫畏果，菩萨畏因”，从交易游戏的角度看，投资者总是去计算每一笔的盈亏结果，为浮盈浮亏斤斤计较，却忽视长期盈利的“因”。在长期的交易过程中，每一个人都赢过，也都亏过，但绝大多数人总体上不赚钱，根本原因在于总是会“退转”，要么赢的次数少，亏的次数多，要么大赢一次之后，就来几次大亏，把这些盈利全部抵消掉，反而损失了本金。这样长期下来，是不可能盈利的。要想长期盈利，必须解决“退转”的毛病。

象棋游戏中，要想尽可能地走好每一步棋，脑子里要有足够多的象棋知识。刚开始学象棋的人，起初肯定要学习游戏规则，不了解规则，连门都入不了。然后就要不厌其烦地打谱，记忆大量的经典棋局。象棋游戏不是今天才诞生的，而是有漫长的发展历史，你所走的每一步，历史上大都有人走过。如何开局，中盘如何厮杀，残局如何处理等，历史上有无数经典案例。学会这些，就等于站在了巨人的肩膀上，自然看得远。专业选手都经过了这个阶段，脑子里记忆了大量的经典棋局，即便是业余中的高手，也是如此。一般的象棋玩家，没有几个人会下这么大的精力，所以永远都是一名业余选手。

交易游戏亦复如是。交易者肯定要先知道买卖的规则，以及盈利的基本原理。如果你连怎么买卖都不知道，或者不知道盈利源于低买高卖，总是反其道而行，那还是没入门。了解了基本的交易规则，就要深入学习交易知识。交易市场从诞生到今天，已经过去几百年了，其中也涌现出了很多杰出的玩家。交易者要深入地学习，看看人家都是怎么交易的，为什么那么交易，出现什么情况买入，什么时候退出，这就是站在巨人的肩膀上去考虑问题。专业的交易者无不如此，即便是民间高手，也一定经历了漫长的学习和实践。市场中绝大多数参与者，即便盈利之心再强烈，也不愿意花时间去学习，去深度思考，自然就成了“臭棋篓子”。

要想玩好象棋游戏，要有足够的知识，脑子里记忆大量的经典棋局，这是必要的，但这还远远不够，棋手还必须有足够的临场分析与应变能力。棋局千变万化，即便再过一万年，也不可能诞生两盘完全相同的棋局，所以，即便你脑子里的棋谱再多，每一局都是全新的。不能临场分析与应变，也不足以对付每一盘棋。为什么同样是记忆了大量棋谱的人，有些业余中的高手，最终也上不到专业的层面，或者有一些初级的专业选手，很难再往顶尖的选手层面再进一步，就是这个原因。

交易也是一样，很多人也学了不少交易知识，能够准确地辨别走势类型，知道什么是顺势而为，知道“截断亏损，让利润奔跑”，知道很多买卖点知识，但是面对千变万化的实盘，就是无法临场应变。这些交易者距离高手行列，也许仅仅隔着一层窗户纸，只需要再继续精进，或者一点别的因缘，便能捅破窗户纸。很多人笑话纸上谈兵的赵括，千百年以来，仿佛赵括已经成为“无能”的代名词。其实长平之战中，赵括的失败不一定是赵括无能，只是碰上了“战神”白起，碰到了实力更胜一筹的秦国。让赵括去打其他战役，不一定就会失败。赵括不是不具备应变能力，只是碰到了更凶狠、更狡诈的对手。

棋类游戏的顶尖高手，除了具备广博的知识和应变能力之外，还需要有强大的意志力。棋类游戏表面看似平静，实则盘中风起云涌，领先、落后，顺境、逆境，相互交织，种种阴隐、算计、圈套、陷阱，数不胜数，容易引发选手的贪嗔痴慢疑，搅乱选手的内心。心一乱，就非常容易出昏招。著名围棋职业选手李昌镐平时寡言少语，比赛时永远都是一副面无表情的样子。他在比赛中能最大限度地做到不受情绪、杂念、诱惑等干扰，因而得到“石佛”的美誉。很多对手都直言李昌镐在比赛中冷静得可怕，因此他可以长期屹立于棋坛不倒。

交易中，盈亏引发的情绪波动有过之而无不及，这也成了绝大多数交易者进入稳定盈利阶段的最大障碍。不信大家去证券交易所看看，有人狂喜，有人大悲，有人尖叫，有人无奈，各种众生相，无非是贪嗔痴慢疑，哪里能出什么高手？反观作为最成功的交易者之一的巴菲特，以及他的伙伴查理·芒格，永远是平静似水，永远按照自己的逻辑去操作，哪里有一般交易者那种被情绪所转的众生相？他们自己能得高寿，本来就是情志健康的标志。很多病都从心起，都是心魔导致的，心清净了，又怎么能不高寿？

从上面的内容可以看得出来，做交易和玩游戏本质上是一样的。成为交易中的赢家，和成为其他游戏中的常胜将军，没有什么本质的区别。

也许有人会说，那不一样呀，交易亏的是真金白银，业余玩游戏又不会输钱。这种说法完全是被金钱障住了心眼的表现。那些市场中能够长期稳定盈利的交易者，一旦发现做错了，割起肉来比谁都狠，比谁都快，但这并不妨碍他们稳定盈利的结果。难道这些钱在你的眼里是钱，在他们眼里就不是钱了？孔子的徒弟颜回“一箪食，一瓢饮，在陋巷，人不堪其忧，回也不改其乐……”颜回也不是那么富裕，难道每天痛苦不堪吗？往大了说，很多追求真理的人，能够舍命不舍见。禅宗二祖慧可大师“将头临白刃，犹似斩春风”，释迦牟尼佛能够以身饲虎，为求半偈愿舍身。对于他们来讲，为了得到正见，宁可舍命。我们大多数人，却连一分钱都难舍，岂不可笑？

其实，交易的输赢，完全和金钱无关，只和你的每一次进出、每一次开平仓、加减仓是否合适相关。举个例子，一个人如果操作正确，1万元变成1000万元，只需要翻10倍，但1亿元变为0，速度也许会更快，只需要1次爆仓就能归零。所以，金钱的盈亏只是你的见解是否正确的反映，与金钱无关。不仅是交易，做其他任何生意都一样。马云能够获得如此成就，主要原因不是他刚开始创业的时候有多少钱，而是他一开始就看准了电子商务的发展趋势，并坚定不移地上了车。另外一个人，即便刚开始比马云有钱，但如果创业方向选择的不正确，比如去卖油条，是无论如何也超不过马云的，甚至还有可能背道而驰。

话说回来，前面说的舍身饲虎、为求半偈愿舍身之类的行为，毕竟是圣者的境界，一般人难以达到。如果实在不能承担亏损，又想参与交易市场，那么就拿出完全不影响生活的资金来做交易，来市场中磨炼，这样能够最大限度地减轻金钱的障碍，不被金钱缠缚。轻装上阵，以游戏的心态参与市场，更容易得到智慧。一旦得了智慧，前面也说了，资金积累的速度和起始资金大小是没有多大关系的。如果还是不行，每天还是很烦恼，不得清净，那么就离开这个交易市场，毕竟不是所有人都适合玩交易这个游戏。世界很广阔，有很多乐趣可以寻找，这才是人生的真谛。

现代人由于共业感召，来到这个交易市场，首先要尽量放下金钱障碍，以轻松的心态参与交易。但要明白，参与交易并不是为了消磨时光，也不是为了寻求快感，最重要的一点，其实是通过交易锻炼自己的心智，增长自己的智慧。智慧，才是长期稳定盈利的根源。没有智慧，叫做无明，无明是亏损的根源。对于整个人生境界而言，无明，没有智慧，是烦恼的根源，而智慧是解脱的根源，是获得幸福的根源。能在交易中熄灭贪嗔痴，勤修戒定慧，于小道而见大道，超凡入圣，才不枉在交易市场中浸泡一番。

那么，什么是“心”？前面介绍过，按照唯识学的说法，心就是人们的种子识——阿赖耶识，以及种子识生起的现行识——前七识，包括眼耳鼻舌身意识以及末那识。阿赖耶识和前七识活动所留下的记忆为其本身。阿赖耶识之所以被称作种子识，是说它能够像种子一样，依据所保存的种子以及种子之间的相互关系生起前七识。也就是说，你现在的记忆、思维方式、生活习惯等，都是由种子识所决定的。

注意，这里所说的心不是凡夫能够见闻觉知到的。所谓“阿陀那识甚深细，一切种子如暴流”，就是说真心非常深细，凡夫看不到。心是能见，凡夫所见闻觉知的，都是所见。所见里面没有能见，所以一般人所看到的，所认为是心的，都不对。打个比方，心就像照相机，照相机只能照世界，不能照自己；心就像菜刀，菜刀能砍菜刀之外的任何东西，但不能砍自身。禅宗中有这么一桩著名的公案：“二祖慧可求安心，达摩祖师曰：将心来，与汝安。曰：觅心了不可得。师曰：与汝安心竟。”这里说的就是真心在众生的见闻觉知之外。

心生万法或者说种子生现行，有个基本规律——有什么样的种子，就会生起什么样的现行，这才是真实的因果。你的第八识里，如果都是贪嗔痴的种子，生起的肯定是贪嗔痴的现行，你的思维模式、生活习惯，包括你在交易市场中的表现，必然是趋向贪嗔痴的。如果都是清净的种子，生起的肯定就不是贪嗔痴的现行，你的思维模式、生活习惯、语言方式等，包括你在交易市场中的表现，肯定是符合正见的。有正见，必然有正行。

为什么要锻炼心，因为无始以来，众生往自己心里熏习了很多染污的记忆，这些染污记忆，主要就是贪嗔痴慢疑，让自己的第八识变得很不清净。心生万法，心不清净，万法自然就不清净了。

心不清净，无法做好交易。心清净了，交易便会顺利很多。大家见过社区里下象棋的那些人吗？从旁观者的角度观察，其中有很多非常有意思的现象。有些人爱争吵，经常吵得面红耳赤，但依旧乐此不疲，仿佛下棋并不重要，重要的是争吵。有些人喜欢悔棋，有时候一次能悔好几步，还振振有词，毫无惭愧。有一些围观者喜欢指挥，就在外面指挥别人，好像自己在玩一样，完全视棋盘上“观棋不语”四个大字而不顾。有一些人爱犹豫，拿着棋子比这里划那里，好像哪里都可以放，又哪里也不敢放，想赢怕输，极度纠结。有些人赢得起输不起，获胜就兴高采烈，一旦败了，脸拉得老长，一下午没有好脸色，甚至回到家还长吁短叹。这些玩象棋的人，内心充满杂染，也就永远只能在业余的段位里打转，永远只能在社区里玩。再看那些职业高手，心里记忆的都是棋谱，都是下棋的正见，具有较好的临场应对能力，能够根据棋局的情况运筹帷幄，决胜千里，而且具有极其强大的意志力，不为各种情绪困扰，静若处子，动若脱兔，这都是内心清净的体现。我们说交易如游戏，试想，一个内心杂乱不安的交易者，怎么可能在交易市场中长期获胜呢？

心不清净，难以做好世间任何事。心清净了，会创造出很多世间奇迹。大家了解心学创始人王阳明平息宁王之乱的那段历史吗？

宁王朱宸濠是朱元璋的五世孙，世袭祖荫，封地在南昌。宁王这个人野心勃勃，不安于现状，他先后贿赂太监刘瑾及佞臣钱宁、伶人臧贤等，恢复已裁撤的护卫，蓄养亡命，随意杀逐幽禁地方文武官员和无罪百姓，强夺官民田产动以万计，劫掠商贾，窝藏盗贼，密谋起兵造反。宁王被告发后，皇帝下旨收其护卫，令其归还所夺之田。宁王不听，开始起兵造反。宁王聚集 10 万大军，北上欲取南京。

这时明朝的军队都在各地驻守，没有军队前来阻止宁王的军队，只有江西巡抚王阳明举兵勤王。王阳明只是个文官，手里没有兵力，怎么去阻止宁王呢？

王阳明假传圣旨，组织当地的民兵进攻宁王。但是民兵终究是民兵，不可能和宁王的军队对抗。这个时候，王阳明心学大师的功力就发挥出来了。他认为宁王倾巢北上，自己的大本营南昌肯定防守薄弱，就去攻打宁王的大本营南昌，宁王果然回防，这样便解了南京的危局。王阳明和宁王在南昌碰面，要在这里一决胜负。王阳明的军队都是民兵，如果硬碰硬，肯定打不过宁王的军队。王阳明用计把宁王诱到水上，用火攻的方式攻打宁王，宁王大败，将士淹死的不计其数，自己也被王阳明俘虏。宁王之乱仅仅经历 43 天便告失败，王阳明几乎是以一己之力，完成了看似不可能完成的任务，这便是清净心的力量。反观宁王，虽然多年蓄力，兵力全方面占优，却一朝溃败，身首异处，其中差别，全在一心。

心不清净，就无法从烦恼中解脱。所谓烦恼，根本在于杂染的第八识现行。要从烦恼中解脱，就要修行。行由心生，修行的核心在于修心。转染成净，是唯一的修心法门，也是唯一的解脱之路。对于唯识学而言，修心的方法就是修止观。所谓“止”，就是停止杂染的熏习，或者尽量少地往种子识中熏习杂染种子。所谓“观”，就是以清净熏习替代杂染熏习，不断提高第八识中清净种子所占的数量和比例。如此止观双运，自然解脱。

布施、持戒、忍辱等，都是获得智慧的资粮，是助缘而不是根本原因。一个人布施的财物再多，如果不能以智慧统摄，都没有用，有著名的禅宗公案为证。

梁武帝号称佛心天子，一生建寺安僧无数。禅宗初祖菩提达摩尊者泛海来华，梁武帝遣使往迎。梁武帝见到菩提达摩后问：“朕即位以来，造寺、写经、度僧不可胜数，有何功德？”菩提达摩答道：“实无功德。”为什么达摩说梁武帝没有功德呢？因为梁武帝不知道修心要旨。

如何锻炼心？首先是正闻熏习。对于修行，就是反复熏习佛法正见。对于玩象棋游戏，就是反复打谱，熟悉经典棋局。对于交易，反复学习缠论核心理念是一条有效途径。

如何锻炼心？其次是如理作意。对于修行而言，就是能够不断地用正见看待人生的一切。在象棋游戏中，就是将所学的象棋知识，记忆的经典棋局用于实战，并在实战中因敌制胜。在交易的游戏中，就是把所学的交易正见贯彻到每一次开平仓、每一次加减仓之中。

出了错不要紧，要反思每一次的错误以及原因，逐渐减少贪嗔痴慢疑，向知行合一的方向上靠拢。当心的境界上升一个层次，不唯对于交易，对于人生的看法也会上升一个境界。

第五章

实战篇：实盘跟踪

第一节 市场周评

本章内容，主要是笔者利用缠论核心思想在市场中的实战演练。

其中的市场周评，是对 2018 年 10 月—2019 年 12 月间大盘指数的分析。笔者有写周评的习惯，这些内容有一部分最初发布在笔者的公众号上（chygsh）。在这一过程中，较为准确地把握了 2019 年 1 月 4 日大盘低点 2400 点。记得当时对身边人说，大盘即将见底，券商将引领大盘走出一波轰轰烈烈的高潮，当时没人相信。1 个月后，这些人后悔不迭。这期间还见证了指数陷阱，也看到过指数在陷阱之后由大金融板块掀起的市场高潮。2019 年 4 月 25 日当周，笔者发出“铡刀初现，风急扯呼”的信号，身边有些人借此在一轮上涨后全身而退。市场杂谈部分，主要是笔者基于缠论对交易的一些感悟。

相对于干巴巴的理论，对走势的当下把握显然更为重要。希望这些当下的分析以及一些活生生的案例，能够对读者提升交易有所帮助。

1. 中短线走势纯技术分析（2018.10.12）

什么叫做“一叶障目，不见泰山”，近期的走势发展便是。什么是“不畏浮云遮望眼”，秉持中长线的操作策略便是。

什么是“只缘身在最高层”，对于指数而言，就是中长线走势。先来看看身处高层，我们能看到什么？

图 5–1 中的向下箭头，是一路跟踪指数走势画下来的。截至本周，图中圆形中的最后 1 个向下箭头，终于可以被画上了。这就是到目前为止指数的大势，周线级别的下跌依旧在持续。

图 5–1 上证指数周线走势图

站在周线级别上，操作策略如图中标记的，就是四个字——“只空不多”。卖空，只能是在高位卖空。2018 年 10 月 8 日的向下跳空缺口，实际上形成了一个非常好的卖空信号。注意，这是大级别的，可以调动更多资金去参与。

从大级别上来看，当然是没有机会做多的。但对大多数股民而言，只有做多这一个通道才能盈利，那么就只能在小级别上做多了。注意，小级别上做多，是和大级别的做空背道而驰的，因此，操作的资金量要有非常严格的控制。有人说，满仓一样可以干呀。当然可以满仓，但这是和资金管理原则相违背的。资金管理的基本原则是“大级别用大资金，小级别用小资金；顺势用大资金，逆势用小资金”。不遵守这个原则，不一定赚不到钱，但在向下概率更大的前提下，一旦出现突发事件，往往会蒙受较大的损失。对于这一点，近期满仓的人应该很有感触。大家要遵守这个资金管理原则。注意，这个资金管理原则有非常强的逻辑基础。非逻辑可以让你赚钱，但逻辑能让你更长久地在市场中生存。

障目的一叶究竟在哪里？就是周线级别的第二个中枢，这一点在之前的文章“大秘密：大底究竟在哪里”一文中，有过非常详尽的解析。下面不妨下降级别去看看走势情况，如图 5-2 所示。

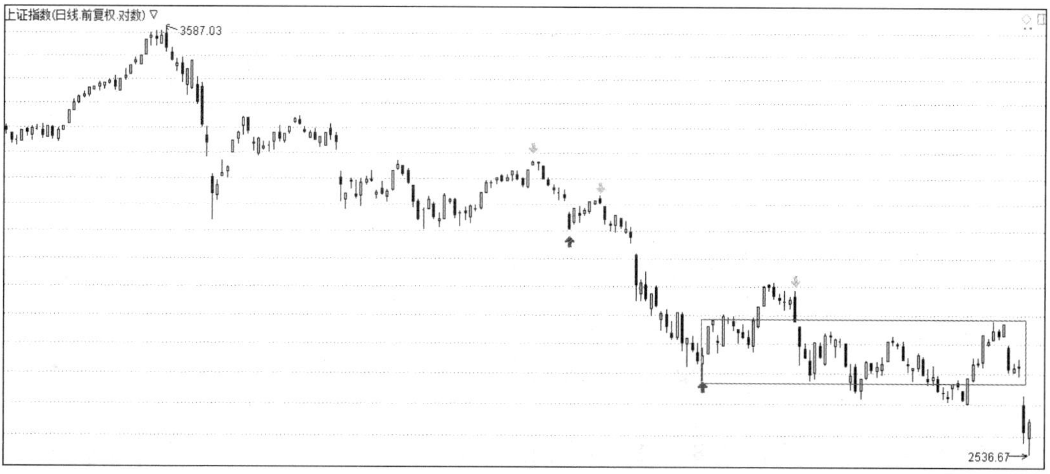

图 5-2 上证指数日线走势图

一方面，是图 5-2 这个日线图上的震荡区间。这个震荡中间夹带着传统技术分析的突破，走势太迷惑人了，很多大 V 都公开宣称启动做多程序，以至于很多散户都在呼喊牛市要来了。

另一方面，对于有些人而言，就是前期浑水摸鱼摸得太顺利了。很多人在这个震荡中一度浮盈不少，导致人们对走势放松了警惕，而危险总是在大意的时候发生。当年乐毅攻齐，连下 70 多个城市，把田忌困在即墨这个城市，最终齐国就是靠着这一个地方实现了复国。请问燕王冤枉吗，乐毅委屈吗？

再者，就是对短线走势的分辨，目前还不够明确。下面分析一下短线走势，其中涵盖着后市可能出现的机会。

图 5-3 为上证指数 60 分钟走势图，对于图中这个中枢而言，第一个机会就是本段 60 分钟级别的线段下跌结束，从而引发一个构筑第三类卖点的走势。当然，从理论上说，第三类卖点出来之前，有可能都是震荡，甚至来一波 60 分钟图上的线段式上涨，重新把这个中枢维持住了。但客观地说，这种概率比较小，因为这段下跌的力度太大了，即便出现 60 分钟级别的线段式上涨，更大概率会引发第三类卖点。当然，具体怎么走，要看当下的情况来定。目前，下跌线段仍未完成，图中圆圈处的 MACD 柱子依旧在放大，因此仍需等待。对多头而言是这样的，但对空头而言，就是个机会了。

图 5-3 上证指数 60 分钟走势图

如果出现线段式上涨或者盘整，触发第三类卖点，一个完美的放空机会就形成了。做空期指的，可以借机开空仓或者加空。从这里可以看出，危险和机会总是相对的，关键是看你的立场。

对于周线级别的操作者而言，小级别的上涨即便不参与，也一定要注意。这个下跌已经出现了 2 个中枢，后面就要密切关注所谓的底背驰了。再下跌一段，然后形成底背驰，这样的机会越来越大。一旦出现这种机会，一波中级上涨是值得期待的。

注意，严格来讲，对于这波主跌段，是不能测底的，要等它自身的能量耗尽再去观察。这里根据技术分析，依旧说几个大概的支撑位，底背驰出现在支撑位附近的概率是很大的。

下面的老调重弹，大家也再温习一下：

熟悉均线的交易者应该知道，均线参数是可以调整的。常用的均线参数就是 5、10、20、30、60、120、250，有时候可以根据走势情况调整参数，例如，用斐波拉契数列里的数字 1、2、3、5、8、13、21 作为均线参数来观察走势。

这里用 233 这个神奇数字代替年线，这就是图 5-4 中上证指数月线图中白色均线的来历。

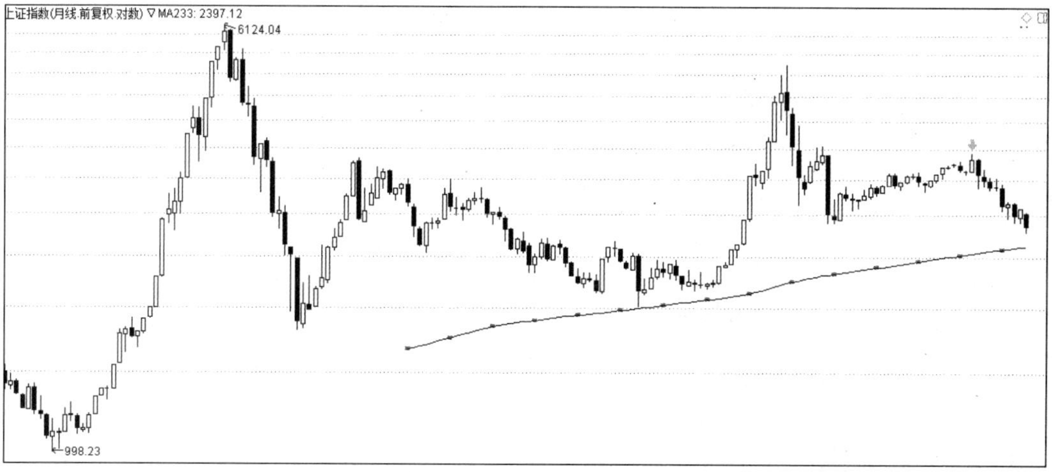

图 5-4 上证指数月线图

从图中可以看到，233 月均线多次精确支撑大盘走势。目前，该均线位的指数为 2397 点，这里大概得出一个本轮下跌的目标点位：2400 点！这个位置极有可能引发大盘的中级行情。

当然，要结合日线走势，再以区间套的方法作综合判断，或者直接等出现周线底分型，等周线底分型出来之后再说。

2. 要打起精神了（2018.10.19）

今天一大早就给大家说，这个 60 分钟线段大概率要结束，并且画了这个图，如图 5-5 所示。

从技术上来看，为什么当时说这个线段大概率结束？这是值得探讨的一件事情，仔细分辨一下。

之所以这么说，最主要的原因，就是今天早上的缺口，属于衰竭缺口的可能性太大了。衰竭缺口后，通常至少有同级别的反趋势。

这个缺口的起因，一方面是对本周四暴跌的延续，另一方面，是对昨晚外盘下跌的

图 5-5 上证指数 60 分钟走势图

一种反应。这种大跌是不出意外的，这个下跌最低探到 2449 点。

其后，强力买盘喷涌而出，快速回补缺口，于是就判断这个缺口属于衰竭缺口的性质，于是就这样说了。后来才知道，有关部门开了个会，会议信息导致其上涨。当然，是会议信息导致上涨，还是下跌导致相关部门召开会议，这都无关紧要，看图上的走势就行了，何必那么麻烦。

其次，大家再去看看 60 分钟图上的 MACD 指标，看看当时发生了什么，如图 5-6 所示。

黄白线双底 + 金叉 + 衰竭缺口，难道不足以引起重视吗？

大家应该知道，本人是最早旗帜鲜明地看到 2400 点的，当时的文章里都有记录，大家可以翻翻看。现在，距离 2400 点也差不了多少了，后市的操作，真的要打起精神了。

目前的指数，小级别上出现了衰竭缺口，大概率将开启一波 60 分钟图上的线段，这一点从衰竭缺口的定义应该能知道，不明白定义的，可以翻看《教你炒股票：缠论与 K 线分析技术》一书看看。目前，这个线段正在走的是第一笔，如无意外，这个线段第二笔肯定会出来，对于想操作这个 60 分钟级别线段但尚未介入的，这是个好机会。对于那些介入了但达不到预期仓位的，是一个补仓的时机，下周一定要打起精神来。

接下来说说后面的可能路径。

这个路径，最重要的是看这个 60 分钟线段的演化，如果力度小，进入不到前面的中枢，将构筑一个第三类卖点。那个时候，按这个上涨线段介入的筹码是要退出的。

图 5-6　上证指数 60 分钟走势图

如果力度大，比如回补了前面突破中枢下跌的缺口，之后再次回调不创新低，那么，这 2449 点就是中期底部了。按照这个 60 分钟线段介入的，要换挡操作，就是在回调的时候补足筹码，坐等收益。

其实，对于笔者来讲，最精彩的走法是向上形成第三类卖点，然后再快速下跌，跌破 2400 点，之后形成陷阱，形成背驰，这是本人最乐意见到的走势。因为如果是今天见底，精彩度不够，毕竟这个底有被政策喊出来的嫌疑，而唯一可靠的，只有资金的搏杀，只有市场自己走出来的底才是真正的底。

具体怎么发展，看这个 60 分钟级别线段的走势吧。

3. 走势已完美，后市如何看？（2018.11.2）

近两周，大盘的走势波折不断，但整体讲，依旧在理论把握的范围内。这里先复一下盘，如图 5-7 所示。

图 5-7 为上证指数 60 分钟走势图。图中圆圈处，对于衰竭缺口的回补，引发了第一轮的上涨，这个当时是有现场直播的，不是绝对的低点，但是相对比较低了。

第二波回调，反复强调将会是一轮非常复杂的回调，后来干脆用 60 分钟图上的 MA60 均线进行分类，说突破该均线会开启第三段。为什么这么说，最根本的原因，一个是走势必完美，再者就是对复杂回调的一个特征的把握。

后来，该均线突破之后，第三段上扬就真正开始了，一直到今日（2018.11.2）收盘。这就是这段时间以来的走势概况。

图 5–7 上证指数 60 分钟走势图

那么，后面的走势该如何走呢？先看图，图 5–8 为上证指数 60 分钟走势图。

图 5–8 上证指数 60 分钟走势图

后面，就要看图 5–8 中箭头所示的 2 段的力度对比，按照盘整背驰的视角去看整个走势。若盘整背驰，大概率将围绕该中枢继续震荡。注意，第二段箭头的走势必须完成才能够进行对比，这一点是必须明确的。

注意，这就是走势的当下。后面，第一步就看这个推动线段的力度，力度不足，市场大概率将陷入盘整，前期上涨的股票可能会借机回调。盘整如果在低位能够撑住，很多个股会借机启动。

注意，一旦真的形成中枢，后面的走势就要围绕这个中枢去把握了。之前的分析中说过 1 种可能性，就是再度跌破 2449 点，形成空头陷阱。目前依旧没有排除这种可能性，也就是形成中枢之后，或者三段反弹结束之后，直接杀下来。这种可能性依旧存在，但那是下一段调整要关心的事情了。

这是关于整个大盘走势的分析。关于板块以及个股，曾经说了几个重点要关注的板块：券商、基建、银行、5G 等相关板块。回过头来看，这些板块大都有表现，特别是券商，基本上就是这波大反弹的急先锋。

为什么说券商？因为它的权重不小。再者，大盘真的逆转的话，对谁是真正利好？为什么说基建、银行？这是从整个宏观经济运行的角度考量的。总体来讲，所谓的当下操作，事情发生前，你不能预判到底谁会带头。只有在逆转的时候当下判断才是最真实的。

市场没有谁能够未卜先知，我们只能根据理论的指导去分类，去当下判断，按照各板块与指数的动态关系，去综合把握市场的走势，如此而已。

4. 做好应对挑战的准备（2018.11.9）

经过 5 个交易日的抉择，大盘今天以一个跳空缺口的方式，决出了短线运行的方向。先来复盘此轮行情，图 5–9 为上证指数 60 分钟走势图。

图 5–9 上证指数 60 分钟走势图

正是对 60 分钟下跌线段衰竭缺口的回补，引发了 2449 点开启的反弹。指数在券商等股票的强力带动下，一鼓作气，两天时间内冲到了前面缺口的位置，之后出现了一波非常复杂的第二段调整。这种走势前面反复说，大涨之后的调整往往会特别复杂。作为经验，我们可以总结一下，一般大涨之后，无论是反弹还是趋势中的加速，都应该先将手里的筹码出掉一部分，对于做空的情况也是一样。

之后，以 60 分钟图上 MA60 均线突破为标志，开启了第三段反弹，这就是对走势必完美的演绎。走势必完美，就是任何一段走势都至少有 3 段。

第三段出来之后，后面要当作盘整背驰来看，特别是 MACD 指标，红柱子面积明显减小，这是一个显著的标志。熟悉缠论的都应该明白，盘整背驰是要进行同级别能量回跌的。

但当红柱子走完之后，指数并未立即下跌，而是进行了连续 5 个交易日的小阴线横盘，如图 5-10 所示。那个位置正是前期缺口的位置，也是第一波上涨的高点。

图 5-10　上证指数日线走势图

当时，如果经过横盘之后能够向上突破 MA60 均线，MACD 能够站上 0 轴，整个市场就会好起来。于是当时跟大家说，市场缺乏一根标志性的 K 线用以指明后市的方向。非常可惜，这个标志性 K 线以 1 根向下跳空低开大阴线的方式出现了，上面又留下了一个非常扎眼的孤岛，所以后面要做好应对挑战的准备了。今天的下跌由银行股领跌，据说是因为民营企业经营不景气给吓的，具体原因不好说，合力的方向就是这样了。

后面的挑战主要有两个，孤岛上介入的筹码，要面临退出的准备，这大部分都是亏损的筹码。没办法，如果按照技术系统操作，就要先退出。你当然可以说，现在这个位置死守着筹码，肯定能回来，那是另一回事，和技术系统无关，就不多说了。再一个就是前期盈利的筹码，要视个股情况决定止盈，这也是挑战。为什么？因为心里的翻倍甚至翻几倍的梦幻泡影，很可能又要破灭了。市场就是这样，对于普通人（天才除外），你可以连亏 3 笔、5 笔，但只要不伤筋动骨就好，保存好实力，一旦行情走出来，1 笔盈利就足够挽回损失了。抱着这样的心态，而不是求全，要求每一笔都不亏，这样会好很多。人总是爱追求十全十美，这是人性。但大家仔细想想，整个世界都是不完美的，我们又何必求全责备呢？

后面，对于短线而言，就有两个可能的选项，中枢震荡，或者结束这个 2449 点开始的反弹，直接往下掉。重点是观察 60 分钟级别上这个缺口开启的下跌，这个后面再具体跟踪。注意，重新跌破 2449 点并非是不可能的事情，本波上涨暂时当作反弹看，控制总体仓位，这个一开始也跟大家强调过。当时说，哪怕真突破之后，再换挡操作也不迟，这是整体的资金管理策略，如果有资金管理系统作为保护，相信进退从容，心理上的障碍也会小很多。

5. 走势的现在和未来（2018.11.16）

关于现在，主要有两个特征，一是中枢震荡，如图 5-11 中所画的区间。再就是 60 分钟图上线段式上涨当下的操作。如果这个 60 分钟图上的上涨线段不走出逆转走势，就持有；如果逆转了，就对比中枢中那一段上涨的力度，力度大就接着持有，力度小，走势就回跌中枢，震荡持续。如何判断逆转，最简单就是等着出现日线顶分型。

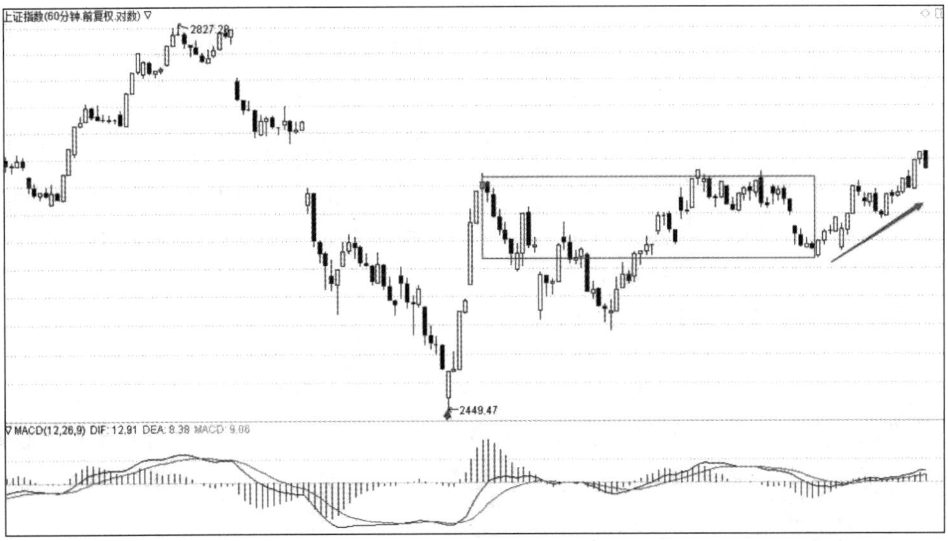

图 5-11　上证指数 60 分钟走势图

关于未来走势发展，有一个非常重要的事情，必须引起大家的注意——任何反转，都是由反弹发展而来的。如果我们将这波行情定性为中级反弹，那么问题的关键就在于，到底什么位置会成为反弹的结束点，或者说，到底对什么位置的突破才会最终由反弹变成反转。我们姑且分析之，先看上证指数周线图，如图 5-12 所示。

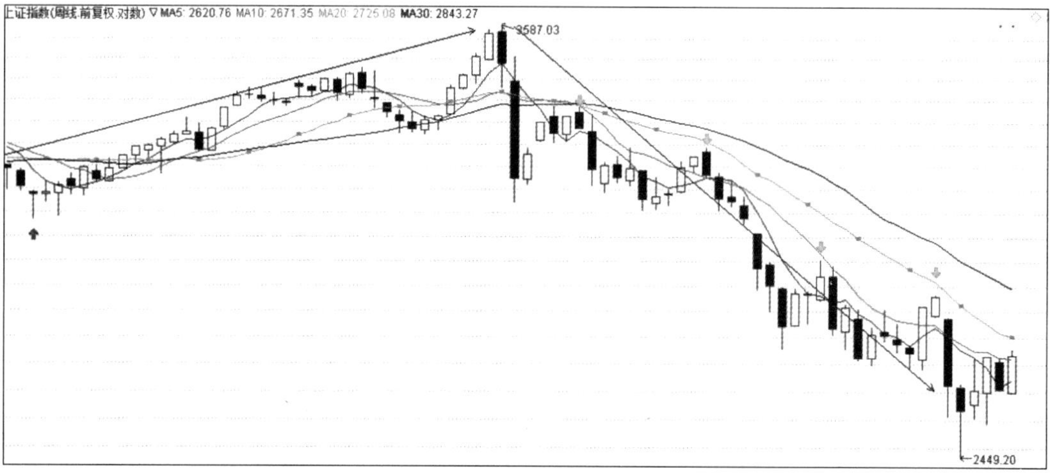

图 5-12　上证指数周线走势图

图 5-12 中的周线下跌，我们是一路跟过来的，从 3000 多点一路跟到 2449 点。这里面有一个巨大的秘密，就是这波中线下跌行情，基本上是在 20 周均线的管控范围。回看图中的箭头标记，这一点太明显了，基本就是碰到 20 周均线就开始掉头。因此，一个大秘密，对于这波行情而言，20 周均线才是对行情真正的考验！

注意，20 周均线之前，任何日线顶分型都要引起注意，这里面又有个分别。顶分型是有力度差别的，如果是比较弱的顶分型，我们顶多只是警觉，毕竟这里也有反弹变反转的可能，要由表及里地去观察。如果是强力的顶分型，如第三根 K 线是跳空缺口那种的，一定要先出来。当然，如果 20 周均线前居然没有日线顶分型，那就是天大的好事。

注意，走势都是逐级生长出来的，反弹和反转也是博弈出来的。以旁观的角度去看各级别多空双方的战争，待决出胜负之后，再选择一方加入，这样会省很多力气。

6. 下周重点关注的点（2018.11.23）

本周的周 K 线，具有很强的指向性意义，如图 5-13 所示。

所谓的指向性，意义有两点，首先是指数再度在 20 周均线的压制下停止了前进的步伐。其次，从 K 线形态上，收出了一个杀跌吞没的形态。如果按照周级别下跌的角度看，大概率是要延续之前的跌势的。

图 5–13　上证指数周线走势图

本周的日线，也具有很强的指向性意义，如图 5–14 所示。

1 根大阴线跌穿了前面的上涨趋势线，之前也说过，股市归根结底是众生心，现在众生心已乱，除非下面来一股神秘力量收复这个趋势，否则就要慢慢往下探底了——也就是顺着周级别下跌的方向继续往下探，至于探到哪里，继续坚持“不测而测”的原则。

图 5–14　上证指数日线走势图

下周观察什么，就是前面反复强调的 60 分钟级别的下跌线段，如图 5-15 所示。

这个图画过多次，现在每天都是这个线段在延续。今天是主跌的一段，什么时候这个线段结束，才有可能考虑探底，否则就一直观察着。

当然，如果懒，就关注日 K 线图上的底分型。什么时候出来底分型，再去分辨走势，寻找领涨的板块及个股。

图 5-15　上证指数 60 分钟走势图

7. 关注这个三角形（2018.11.30）

今天把短线的特征跟大家交代了，短线上（60 分钟图）就是一个扩散的三角形，这个从日线图上可以很清楚地看到，如图 5-16 所示。

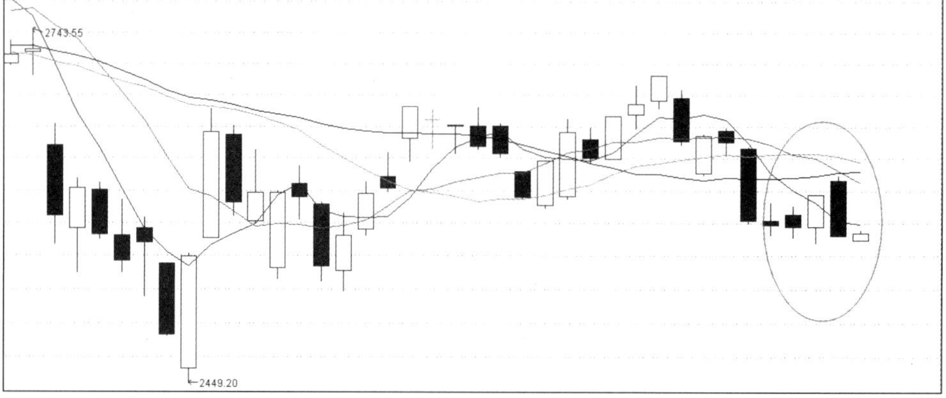

图 5-16　上证指数日线走势图

图 5-16 中这个椭圆里面的形态，是不是像一个喇叭，这就是所谓的扩散三角形。关于扩散三角形的定义，大家可以搜索一下。

前面“学习缠论技术分析的 123”里曾提过，把握走势有两个套路，一个是线段的套路，一个是中枢的套路。这里扩散三角形可以做为一个中枢来看。有人说扩散三角形是大跌的前兆，并不尽然。如果按照中枢的视角去观察，那么理论上就两个方向——向上或者向下，这两个方向都有可能。怎么变，要结合大周期以及顶底附近的当下走势来判断。

图 5-17 是上证指数周线图。如果从周线的角度来看，上周大跌，本周在这个大阴线的脚下收出 1 颗十字星，只是一个下跌中的中继。下周可能向下变盘，当然也可能继续中继，一切还要落到那个扩散三角形上去。

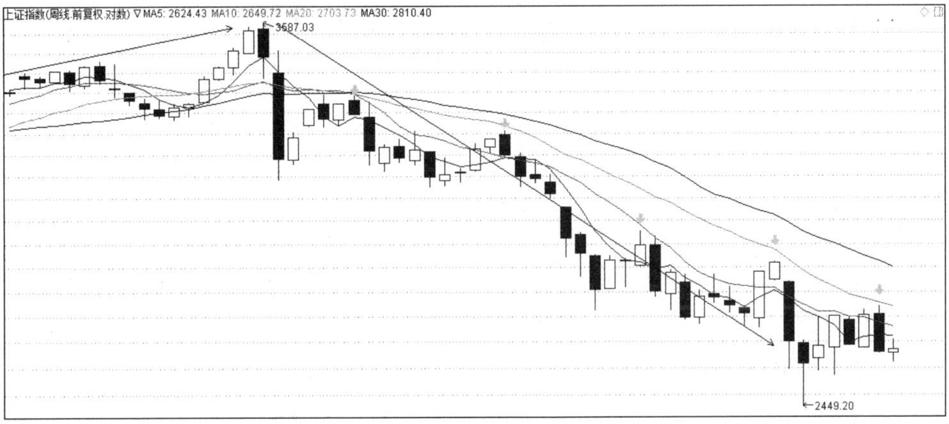

图 5-17　上证指数周线走势图

上周的评论，揭示了本波中级行情的一个密码，就是 20 周均线。注意，在这条 20 周均线走平和被有效站上之前，多头力量很难被点燃，在这之前，任何长线和重仓操作，都要当心一些。

8. 当下的市场分析思路与操作策略（2018.12.7）

上周的文章里曾提到过，在 60 分钟图上，指数呈现明显的扩散三角形形态。本周一，受 G20 峰会成果的影响，大盘以巨大的跳空缺口高开，一举突破了 60 分钟图上的扩散三角形，如图 5-18 所示。

不少朋友在上周五（2018.11.30）大跌的时候买入，然后在周一高开的时候止盈出局，本质上就是利用了这个扩散三角形的特征。值得学习的是这种在识别整体形态的前提下，在下跌的情况下买入股票的这种勇气，其结果就是拉高的时候获利了结，短时间内获取了较大幅度的盈利。

图 5–18　上证指数 60 分钟走势图

不过，绝大多数散户都是爱追高的，于是可以看到，在本周一（2018.12.3）高开的时候，很多人就杀进去了。当然，并不是说追高就绝对不好，只是要根据整体形态来决定是否追高。大盘目前的整体格局依旧是中枢震荡。周一这个跳空高开，一举接近了这个大中枢震荡的上边沿，抛压肯定会很大，所以高开之后，市场并没有快速跟进，反而在其后连续横盘整理，这一定程度上反映出上方的抛压非常大。

其实，熟悉缠论缺口理论的人，应该明白中枢里面的缺口，其性质既不是突破缺口，也不是持续性缺口，更不是衰竭缺口，而是普通缺口。普通缺口，大部分都是要回补的。记得当时有朋友也问过关于这个缺口的性质。关于缺口的概念，不明白的，可以再去翻翻《教你炒股票：缠论与 K 线分析技术》一书。

之前曾提到过市场随机漫步的问题，震荡格局中，随机漫步的概率是很大的，盘面上会呈现一种忽上忽下的特征。本周走势将这种随机性表现得淋漓尽致。先是周三（2018.12.5）大盘承接美股大幅杀跌的影响低开，接着，本周四（2018.12.6）又爆出华为 CFO 孟晚舟女士被加拿大警方逮捕的消息，这个利空导致电信类股票大幅度承压，周四大盘突然出现大幅跳空低开。这个低开的结果，就是 60 分钟图上出现了一个岛形反转，一大部分追高又来不及逃跑的人，被困在了孤岛上，这就是盘整中追高的后果。很多时候，人就是这么被套的。

当然，孤岛上没有及时出逃的买方，短时间内被套已经成了事实。这肯定有不少人，因为凡敢于在这个情况下追高的，大都不会利索地出逃。这归根结底是人心决定的，追高，是贪。反映在了结操作上，就是对转折走势造成的亏损熟视无睹，但好在目前中枢震荡的格局依旧维持着。但这个震荡格局迟早会被打破，惟愿不是这次被向下跌破，惟愿中枢震荡依然持续，给大家短线解套的机会。

操作上，依旧是 2 种思路。

对于短线，就是这个中枢震荡的底部有明显的企稳迹象再介入。大盘是土壤，土质不好，你命中的概率就会低很多。注意，低位必须企稳。所谓企稳，是指 60 分钟图上，要有明显的线段转折迹象，日线上必须出现反转形态或者底分型，否则即便短线介入，即便价格很低，也不建议去抄底，因为依旧有中枢震荡直接转下跌并跌破 2449 点的可能，中小资金要严守右侧交易法则。

对于中线，之前曾提过，这波下跌的秘密就在于 20 周均线，因此，中线的介入条件就两个，一个是 20 周均线被真正有效突破，如图 5–19 所示。当然，真有效突破了，肯定很多个股涨了不少幅度了，但是不要跑，有更多的个股后知后觉，会逐渐走出好的买点。特别是底部阶段，后发制人的策略要安全很多。还有一个条件，一旦这个震荡格局被向下跌破，甚至跌破 2449 点，一定要至少等到周线底分型出来才介入，那个时候或许真正的市场底会走出来。现在的走势之所以如此纠结，很大原因是趁着政策底参与进来的人还没有被洗充分。“多头不死，空头不止”，这是市场里常说的一句话。

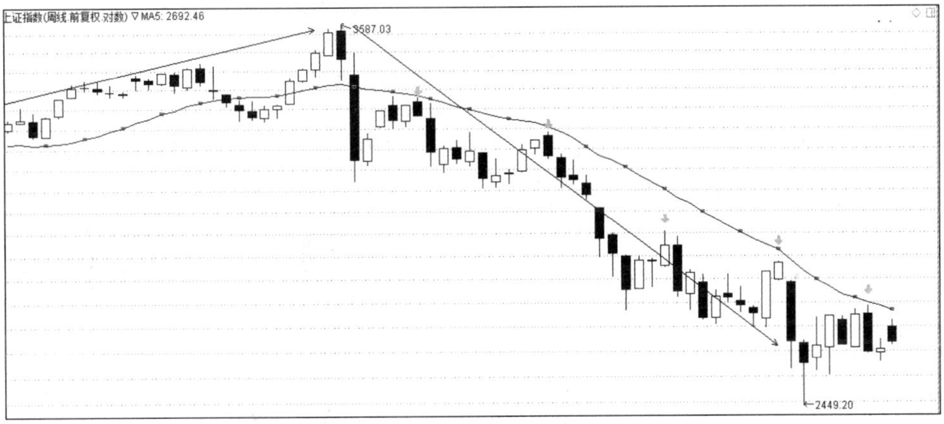

图 5–19　上证指数周线走势图

9. 重拾周线跌势吗？（2018.12.14）

周五（2018.12.14）的走势低开低走，在 60 分钟线上，只是一笔下跌，如图 5–20 所示。这个一笔下跌，就把前面上涨线段的一多半都吃掉了。注意，一般情况下，走势的级别越低，涨跌的动能越大。一笔下跌没有丝毫反弹，可见能量之大。

本周的走势，虽有周四（2018.12.13）放量的一冲，但最终没有升破 60 日均线，随后在空头的打压下，再现黑色星期五。这个日线形态是很恶劣的，直接让这个中枢震荡的性质有点儿变味了。这一堆复杂的 K 线，有了另外一种走势划分的可能性。请看第一种划分方法，如图 5–21 所示。

第二种划分方法，如图 5–22 所示。

图 5-20　上证指数 60 分钟走势图

图 5-21　上证指数日线走势图：第一种划分方式

图 5-22　上证指数日线走势图：第二种划分方式

第一种划分方法，前面一直在用。由于连续 2 次反弹均上不去 60 日均线，所以，这个中枢的力度不算太强，已经有了向下变盘的可能性，所以第二种分法现在变得很合乎情理了。按照第二种划分方法，后面的整体走势会变成图 5-23 所示的样子。

图 5-23　上证指数日线走势图：第二种划分方式及后续划分

图 5-23 中，以箭头代表下跌中的推动段，以椭圆代表下跌中的调整段。注意，中枢本质上也是调整段。如果按照第二种划分方法，那么后面连接的有可能就是新的下跌推动段。果真如此，那么跌破 2449 点就是大概率事件了。

总体上看，目前市场受各种事件以及情绪的影响非常大，虽然指数大体仍旧在震荡区间，但震荡已经逐渐开始转弱。

操作策略，短线已经是越来越难操作，腿脚不利索，不能自由进出的，尽量板凳，中线依旧延续之前的判断。

强调一下上周内容，如图 5-24 所示。

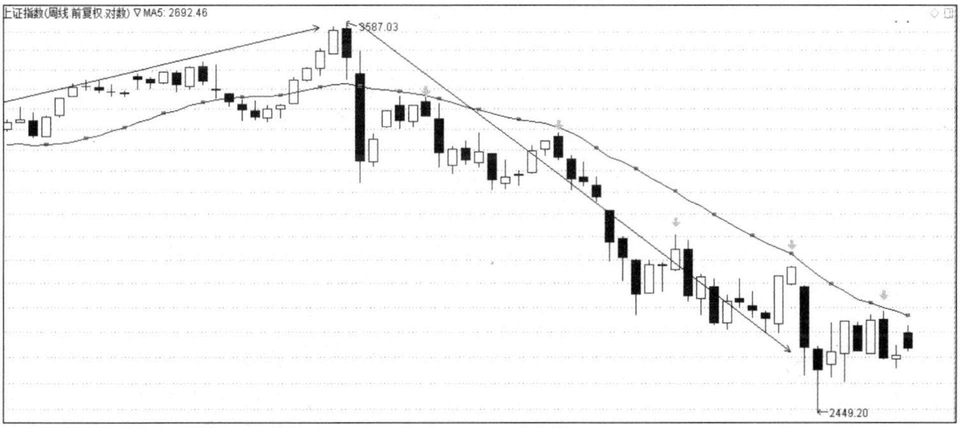

图 5-24　上证指数周线走势图

对于中线，之前曾经提到过，这波下跌的秘密就在于 20 周均线，因此中线介入的条件就两个，一个就是这条 20 周均线被真正有效突破。当然，真被有效突破了，肯定很多个股涨了不少，但是不要担心，有更多的个股后知后觉，会逐渐走出好的买点。特别是底部阶段，后发制人的策略要安全很多。还有一个条件，一旦这个震荡格局被向下跌破，甚至跌破 2449 点，就一定要至少等到周线底分型出来才介入，那个时候，或许真正的市场底会走出来。

10. 上周第二种划分实锤（2018.12.21）

缠论中曾有关于走势多义性的说法，就是说同一走势，按照基本的划分原则，因走势必完美，所以有多重划分方法。另外，缠论中还说，按照走势多义性，寻找最合适的走势划分方法，这是很考验功力的，而且也是最有利于操作的。

上周给出了两种划分方法，一种是中枢震荡持续的划分方法，一种是新的主跌段的划分方法。贴出图来大家品味一番，如图 5-25、图 5-26 所示。

图 5-25　上证指数日线走势图：第一种划分方式

按照第二种划分方法，就是新的主跌段的第一中枢。本周连跌 5 天，基本上就是按照这种划分方法在走的，因此，可以说这种划分方法已经实锤。

注意，两种划分方法，操作思路上是不大一样的。第一种划分方法，是在中枢底部寻找 60 分钟图上的买点；第二种，是要等到新的下跌结束之后再去找买点。至于新的下跌什么时候结束，就要根据走势去当下分析了。

图 5-26　上证指数日线走势图：第二种划分方式

之前在 2449 点的位置，曾提到一种可能性，就是指数跌破 2400 点形成空头陷阱再反拉向上。按照第二种划分方法，就是要考察能不能跌破 2449 点，并且低位是否形成空头陷阱。

现在把走势放在 60 分钟图上，来分析这一波下跌，如图 5-27 所示。

图 5-27　上证指数 60 分钟走势图

目前，2 个箭头标识的下跌推动段，其实盘整背驰已经不成立了。一方面，大家可以看 K 线，连跌 5 天，连像样的反弹都没有，可知下跌力度之大。另一方面，看 MACD 指标，黄白线创新低，而且绿柱子面积也比上一次略有放大，因此，下周即便有反弹，大概率也是形成第三类卖点。目前唯一的希望，就是多头能否依据 2449 点前低的心理支撑，展开一波像样的反弹。鉴于当下外盘走势恶劣，基本面上不时地爆出一些消极因素，总体而言，任何操作均应当谨慎行事。

11.2018 年收官，2019 年展望（2018.12.28）

今天，是 2018 年行情的收官日。月线上的走势本不打算多说，因为正如之前反复说的，做好周线，基本上就得吃得喝了，毕竟鲜有人能有耐心像巴菲特一样把操作定在月线之上。但孔兄邀请，所以试着在季度级别上说道说道，季线之上就算了。

以深证成指为例，下面看看季线图，如图 5-28 所示。

图 5-28　深证成指季线图

图 5-28 是指数从上市以来的所有信息。从季线图中不难发现，中国股市在过去的历史时期中，有两个最主要的特征。

（1）总体呈现上涨的态势。图中用向上的线段表示推动段，用向下的线段或者框线表示调整段。从图中可以发现，推动段不断创新高，而调整段每次都不跌破前期低点，呈现非常明显的上涨特征。

这其实和国运相关，中华人民共和国成立以来，就注定要重回历史巅峰，这是由中国文化、历史、民族等多方面因素决定的。血与火的百年洗礼，重新铸造了中华民族，这是历史演化的进程，谁也阻挡不了。股市是经济发展的晴雨表，而经济基础则是世界主导权转移的最基本的物质保证，这一点从股市上可以得到印证。

（2）推动段，都呈现快速上涨的格局；调整段，则呈现快跌或者久盘的特征。

历史上，市场一共出现了3次主要的推动段。从中可以清楚地看到，3次上涨都是以迅雷不及掩耳之势，沿着5个季度的均线快速地上涨，而且一步到位，之后便陷入绵绵调整期。3次主要的调整段，第一次以急跌的方式进行，后面2次则以久盘的方式进行，包括已经过去的2018年，都是处在漫长的中枢震荡调整中。

其实，快牛和慢熊，它们互为因果关系，因为推动快，所以调整长，或者调整幅度大；反过来，因为调整时间长，所以推动快。其实，这就是涨跌动能的守恒定律，这就是自然法则。

这就是中国股市自诞生以来最主要的两个特征。基于以上两个特征，后面就有一系列的推论。

（1）季线级别的上涨格局将持续。

第一个原因，就是世界主导权的历史性转移。中国必将再度站上历史巅峰，这个进程是历史性的，不可逆转的，这是季线级别上涨格局持续的最根本原因。缺少了这个，或者对这一点没有信心，一切推论都没有落脚点。

从技术的层面讲，上涨将维持自身趋势，直到出现顶背驰。很多人不理解，其实这一点也很简单。如果把小级别走势类比于量子力学，量子的世界是测不准的，那么大级别走势，用牛顿的经典力学则可以测量。大级别趋势遵守惯性法则，因此趋势将持续。目前，顶背驰远远没有出现，当下的这次大级别的中枢震荡，不过是上涨中继的过程，更大的高潮还在后面。

（2）下一波的推动段，必将突破前期高点，而且走势的力度更加凌厉。

上涨格局的基本特征，就是下一推动段要越过前一推动段的高点。历史上如此，未来也必将如此。深证成指的历史高点在19600点，上证指数的历史高点在6124点，那么，下一波推动段，几大指数必将创造新的历史高点，这是毫无疑问的。

前面讨论过，快涨和久盘互为因果。这次调整的时间如此之长，让人非常憧憬下一波推动段。可以预测，下一波推动段大概率将沿着5季均线快速上涨，让所有怯懦者踏空，让所有勇敢者，所有敢于相信中国未来的投资者，所有敢于把自己的资金押在国运上的投资者，赚得盆满钵满。

（3）这一点涉及具体的操作。目前，市场整体上仍然处于中枢震荡的过程中，当下就是针对这个中枢震荡进行操作。可以把这个中枢放大再看看，如图5-29所示。

对于这个中枢而言，显而易见，目前走势已经到了中枢的下沿。本波下跌，大概率将在前期低点6959点左右止跌，之后必然会往中枢上边沿回归。这个回归，最差也是对中枢震荡本身的维持。这个中枢的中枢区间为[6959,14096]，其中位线在10527点（实际上，那轮上涨的高点就在10541点）。因此，一旦反弹开启，第一目标位就是10000

点上下的位置。第二目标位，就是这 14000 点上下的中枢顶部区间。最好的情况就是重新开启一波推动段，那样最终上涨的目标位必然会越过 20000 点。当然，任何上涨都是从反弹开始的，具体会怎样走，到时候再当下把握。

图 5-29　深证成指季线中枢

（4）对于反弹的时间，在此也可以做个大概的预测。对于前面的下跌，可以发现一个基本的规律，如图 5-30 所示。

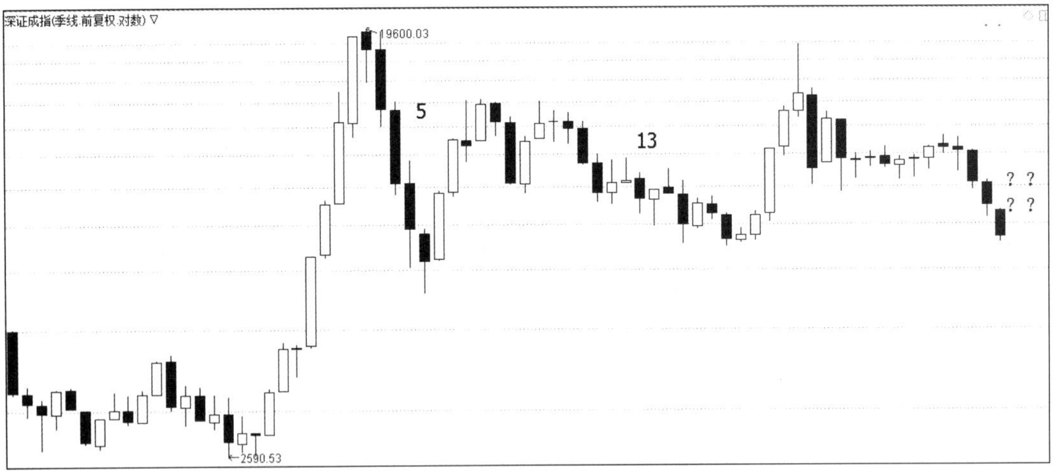

图 5-30　深证成指调整时间周期分布图

从图 5-30 中可以看到，前面中枢里的两次主要调整，第一次用了 5 个季度的时间，第二次用了 13 个季度的时间，这两个数字都是神奇数字。本波下跌已经跌了 4 个季度，按照神奇数字，2019 年的机会，也就是本波下跌的止跌时间，最有可能落在第一季度以及第四季度。前者是调整的第 5 个季度，后者是调整的第 8 个季度。

如果出现在第一季度，那就意味着快速反转（实际上，反转发生在2019年第一季度）。还有一种情况，就是在底部长时间筑底。如果是这种情况，真正出现反转的时间则会落在第四季度。需要注意的是，如果真的出现底部长时间盘整筑底的情况，也就是延续到第四季度，那么上涨的幅度就非常值得期待了，这也是走势的能量法则决定的。

关于后市走势的分析，就说这么多。需要注意的是，任何操作都是当下的。再大的上涨，都不一定保证所有人能赚到钱。大家可以回头看看，即便是2006—2007年的大涨，依然有大量的人亏损累累，还有更多的人倒在黎明前的黑暗里，或者对未来丧失了信心。但是，了解大的框架的人越多，亏损的人就越少；能够认识到未来走势的人越多，就越能形成合力。合力越大，前途也越大！

12. 探水竹竿意味着什么？（2019.1.4）

很多人会觉得，市场跌破2449点不是好事，觉得跌破了，后面就完了。其实，有这种认识的人越多，一小部分人越是高兴，因为这就意味着他们依旧有生意可做，依旧有钱可赚。这句话简单地理解，就是有一小部分人始终以寻觅大部分人的错误为生。

回到盘面，正如文章标题所说，周线上，收出一个很明显的探水竹竿形态，如图5–31所示。

图5–31　上证指数周线走势图

学过K线知识的人应该知道，探水竹竿形态出现在低位意味着什么，简单地说，就是反转形态。这种形态如果出现在高位，影线朝上，就是所谓的避雷针。这两种形态，从 K 线分析上说，都是所谓的反转形态。

正如今天说的，如果配合 MACD 指标，可以明显看到底背离的特征。什么特征？首先是价格不断创新低。从图中可以看到，今天因受到外盘下跌的压力，指数跌破了前面的中级底部 2449 点，但 MACD 指标的黄白线以及柱子，都没有出现新低，甚至绿柱子都没有出现。

《教你炒股票：缠论与 K 线技术分析》一书的核心，就在于不抄绝对低点，使用大级别判定底部，用小级别验证并寻找更精确的买卖点。在周线形成探水竹竿的前提下，下面看看小级别上发生了什么，如图 5-32 所示。

今天，60 分钟图上最明显的特征，就是承受外盘压力跳空跌破 2449 点之后，快速回补缺口，并在低位形成 60 分钟图上的大阳线。

图 5-32 上证指数 60 分钟走势图

所以，今天一早就说："最好是在这个位置磨一磨，跌破 2400 点，来个空头陷阱。现在很多人看到 2000 点，其实没有必要那么悲观，市场总是会出人意料。2400 点左右打起精神，好好观察一下前面画的下跌走势怎么演变。"

一直跟着阅读这些文章的人应该知道，2449 点的位置是怎么产生右侧买点的，和这次非常相像，就是跳空缺口低开，而后迅速回补缺口。上次是证券板块带头发力，这次依然是证券板块带头发力。下面看看证券板块的走势，如图 5-33 所示。

如果说上次证券板块发力构筑了第一类买点，那么这次到目前为止，至少这个第二类买点已经被构筑出来了。上次引发了大盘周线上一笔上涨，这次极有可能重走之前的路。从这个角度来说，新的一波周线笔上涨极有可能来临。

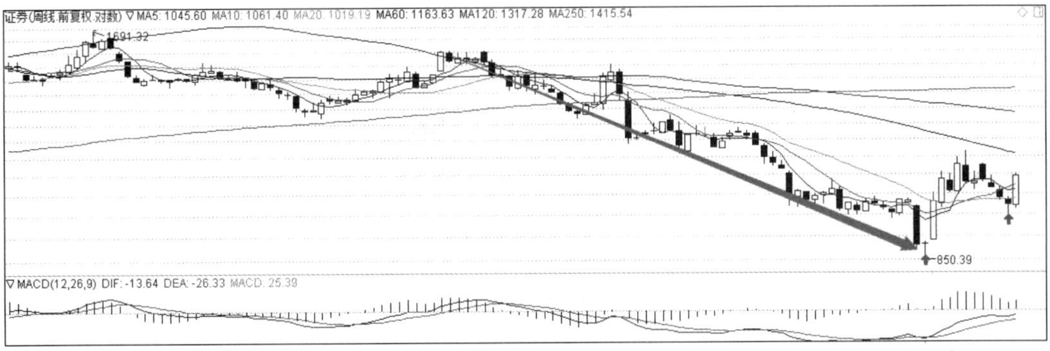

图 5–33　证券板块指数周线走势图

上面说了大盘纯技术走势分析以及这波领头羊板块的走势，还有一些坊间传言就不多说了。多重因素叠加，难道不值得去试试盘吗？当然，如果你眼里就盯着外盘，盯着别人的看法，那也无所谓。从根本上来说，这里的文章也是“别人的看法”，是否参与，怎么做，都需要自己决策。

也有人问今天能不能抄底，这种问题，根本就是思路还没转过来。如果这一波上涨幅度很大，越过前高，那请问是不是反转？预期周线一笔的行情，值不值得你用相应的仓位去操作？如果是反转了，那么，请问你可不可以换挡操作，是不是抄底就成功了？如果这个判断出了问题，被证伪了，你能不能有充足的回旋余地去退出？这里从来不用那些绝对的字眼去说，因为那会害人。不说别的，即便是大牛市，也依然有人亏损累累。理想的状态，就是所有人都不来参与股市，那才是最好的。进入市场，人都变得不正常了。进入股市，是各位的共业，这里尽可能地用严谨的语言去说，是对大家负责。

上面说的是大盘以及证券类股票的走势情况。当然，等整个大盘活跃起来了，等市场上的资金反应过来了，大部分个股都会活跃起来，会出现相应的买点。最简单的，就是等着 20 周均线被升破，再找个股去操作。或者等 5 月均线被突破，再去操作，都没问题。

具体怎么做，请诸位好好想想。

13. 上行结构持续（2019.1.11）

本周的走势，从日级别上看很明显，几个字就可以概括：上行结构持续。下面仍旧回到图上看，如图 5–34 所示。

上周说过，探水竹竿意味着什么，答案都在那篇文章里面，可以回顾。本周，在这探水竹竿的基础之上更进一步，周 K 线上已经出了底分型，所以说上行结构持续并不为过。

日线上，连续几天走出了小阴小阳线，这个预期，本周初期的时候也曾经提过，这并不是不好的状态，大家可以看到，指数连 5 日线都没有真正跌破过，如图 5–35 所示。

图 5–34　上证指数周线走势图

图 5–35　上证指数日线走势图

注意了，小阴小阳线是一种多空平衡的标志，表示市场至少有一半股票在往上走。从图中可以看到，上周收出的大阳线十分关键。证券类股票，本周没有特别抢眼的表现，而是集体陷入调整。其实也可以理解，之前的走势太显眼了。还记得那句话吗：别人抛的，不一定要，别人抢的，一定给！虽然这几天证券板块陷入调整，但结构并未破坏，说不定下周某个时间点爆发一下，把大盘带出目前的沼泽地，最好是能穿过 20 周均线。

具体的操作，还是要多研究一下书本，所有的逻辑，都是从那里面演绎出来的。当然，逻辑你要搞清楚了，自己能去寻找，那是最好的事情了。

14. 中阴状态的现场演绎（2019.1.18）

关于大盘的周内走势，基本每天都会谈到，没什么新鲜的。本周有技术意义的，就是这个短线上的中阴状态。

熟悉佛教的，对中阴状态应该有所了解，缠论原文里面也曾提到。佛教的基本理论是六道轮回，人道结束之后，有些人会有一个短暂的中阴身，然后决定下一世究竟到哪一道去轮回。有的会到人道再来一段，有的会进入地狱、恶鬼等恶道，有的上生天人、阿修罗等。所谓中阴态，就是这种不确定最后方向的中间态。

图 5-36 是近期指数的 30 分钟图，有人在第一个箭头处就开始担心出现第二类卖点。到第二个箭头处，很多人就会恐慌了。特别是周四（2019.1.17）下午盘的连续下杀，很多人都说上涨要结束了。

图 5-36 上证指数 30 分钟走势图

当时就告诉大家说，大盘走势基本没什么问题，没必要太担心，而且说要关注这个中阴状态的变化。当然，对于我个人来说，仍旧是坚定看多后市的。主要原因是这个中阴态往上走，上生天人的概率更大。

理由也说了，第一个就是大盘面临 60 日均线的压力，震荡一下是在所难免的。第二个，5 日线一直都没有被跌破，大家可以看看日线走势图，如图 5-37 所示。

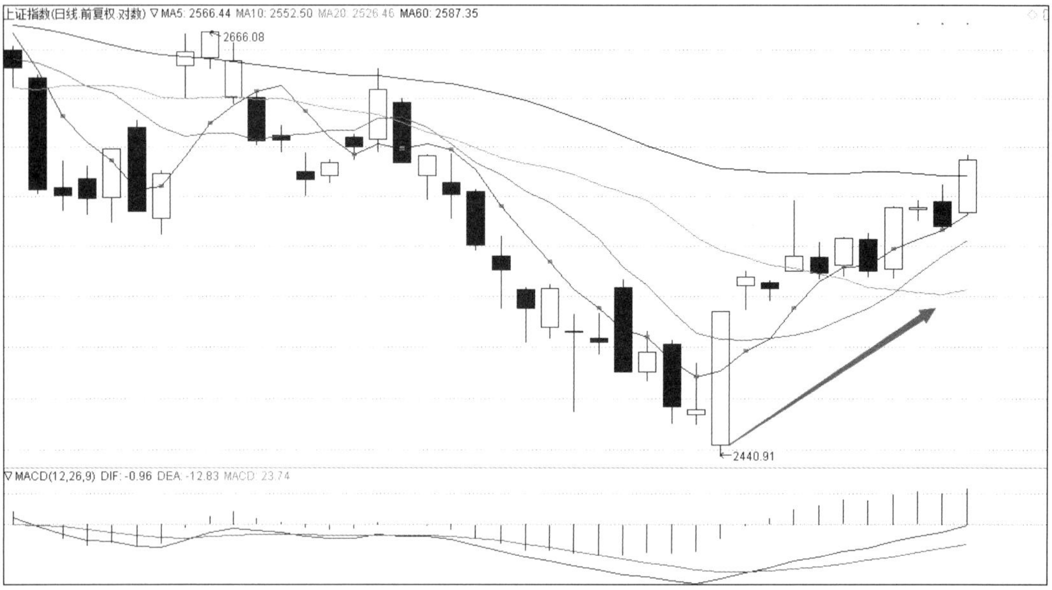

图 5-37　上证指数日线走势图

果然，周五一开盘，指数就快速拉起来了，最终一举突破了 60 日均线。这是万里长征的第一步，非常有积极意义。大的结构仍然维持原有判断，没有问题。

大的结构上，从发出“探水竹竿意味着什么”那篇周评开始的 1 笔，目前仍然在持续中，如图 5-38 所示。但当时也跟大家说了，现在只能算是幼儿期，下周即将面临 20 周均线的压力，磨蹭大概率依然会有，让我们拭目以待。

图 5-38　上证指数日线走势图

下面说一说关于操作的问题。操作盈利，无非 2 种模式，一种就是趋势的延续，另外一种就是趋势的转折。

以日线级别为例，趋势延续，就是在上涨过程中，但上涨还未走完，最强的情况就是推动段依旧在持续。次强的是调整笔结束，推动段重启。最差的就是调整段持续。这 3 种情况中，前 2 种都是可以选择的，唯一不同的，就是第一种情况下，风险控制要严格一些，特别是那些涨停抢进去的。第二种可以大胆一些。对于第三种，最好等它变为第一或者第二种再说。

对于趋势转折，仍旧以日线级别为例，就是做第三类买点。缠论的核心是做趋势的转折，是只坐轿，不抬轿。

大盘说了这么多，操作模式也说了一些，大家可以结合理论去找买点。3 类买点，2 种操作模式，看看哪种口味适合你。

涨跌有先后，对于你手里的任何股票，只要是形态好的，依旧符合你建仓初期的逻辑，不要轻易放弃。很多人今天看见这个涨得好，就追进去，明天看那个涨得好，又要换。换来换去，最后芝麻西瓜 1 个也没抓住，是很可惜的。

15. 方向以及布局（2019.1.25）

近期，陆续看到各类公众号大 V 开始喊多。这些人，绝大多数是所谓的趋势派，就是拾洋鬼子牙慧的那一套东西，无非就是突破呀，双重底呀什么的，没什么新意。我们和他们的套路是不一样的，我们的策略就是，不唯分析而分析，当下地分析和操作。估计全部市场，能在 2440 点当日正面喊多的，除了大校，就是我们了吧。当然，大校还是比我们高明一点儿，毕竟人家兼修玄学的。掰扯一段闲话，下面进入正文。

先说整体格局。从 2440 点以来的周线笔反弹一直在持续，上周周评里曾提过一句，说指数在面临 20 周均线的时候会出现反复。上周的行情，主要是这条 20 周均线的压制，让大家虚惊一场。

但就像上周说的，精确的压制不真实，这句话是什么意思？其实老早以前就跟大家聊过，下跌过程中，所有的支撑都不能成为真正的支撑，不信大家去看，任何所谓的支撑，比如前期低点、整数关口，顶多只能短期支撑行情的发展。即便真正成为支撑，也大多数会来个假突破形成陷阱，然后再转折。没办法，市场走势就是这个样子，会伤害到大多数人。

具体到指数，本周看短期走向，这将决定中期行情的方向，如图 5-39 所示。

上周由于 20 周均线构筑的压力，使得 2618 点成为短线反弹的一个障碍，因此，短线看，这个位置将构筑中枢，反复震荡。在这种情况下，下周初，从短线的角度看，行情走势仍然不乐观，指数大概率会有一个跌幅，从而维持短线中枢震荡的格局。

图 5-39　上证指数 60 分钟走势图

注意，关于阻力，第一个是 20 周均线，这个前面已经兑现了，也就是当下正在试图攻克的。第二个，就是所谓前高阻力，目前的位置大约在 2700 点。攻克这个阻力必须蓄势，必须做陷阱，中枢震荡就是最好的方式。注意，此中枢非常有可能形成“Z”字型，即跌破 60 分钟图的前期低点，这就是中枢震荡中的陷阱。好好看着这个震荡，如图 5-39 所示。

有人问板块布局的问题，这里也说一说。创业板代表的中小盘，从一开始就表现得不如主板强，因此，相关股票应该战略性地放弃。当然，这不是绝对的，有一些个股表现还是很不错的。

主板方面，大略可以分为两类——权重股和概念股。权重股，以证券、银行等为代表；概念股，前期大家也看到了，就是所谓的新 5G、酿酒、新能源、业绩预增，以及其他有资金介入的个股。这轮走势的特征，就是权重压阵，概念纷呈。完备的策略，就是这两个方向都配置，留一些机动资金在这两个方向流动，这是正确的布局手法。

16. 多头炮火依旧强大（2019.2.1）

前面说过，节前最后一个交易日，多头极大可能会搞个偷袭，今天盘面就印证了这个说法。正如本文标题所说，“多头炮火依旧强大！”本来，空头是有机会借助 20 周均线做 1 根大阴线的，但是，经过今天的多方炮火，这个大阴线彻底宣告失败，取而代之的是周 K 线图上的一个十字星，如图 5-40 所示。这意味着什么？意味着从 2440 点开启的周线上涨的一笔仍然在持续中，这是后面做多的一个基础。

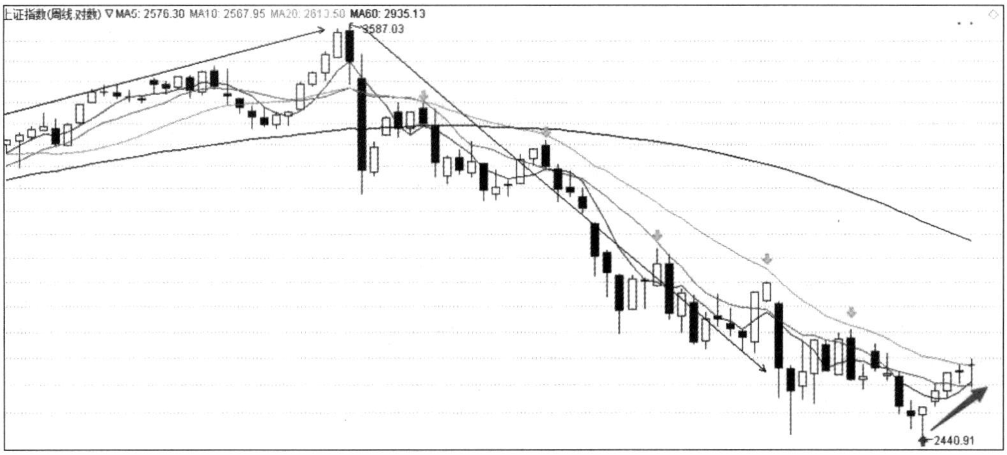

图 5-40　上证指数周线走势图

大家知道，经过前面两天的震荡，很多人都已经开始悲观，或者说经不起这种折腾，甚至笔者身边的一些朋友也开始丧失信心，但本人始终坚持前面谈到的观点。昨天还特别强调，说这是短线挖坑后在构造第二类买点的过程中，如图 5-41 所示。

图 5-41　上证指数 30 分钟走势图

时至今日，一切都已经很明确，多头利用 20 周均线的位置化解压力，然后利用 30 分钟图上的 MA60 均线构筑多头陷阱，利用节前人心散乱的心理特征，围绕该均线构筑短期中枢震荡，进而达到洗盘的目的，最终在节前最后一天，借助利好消息拉出大阳线。图 5-41 非常清楚地表明了本次调整中挖坑，挖坑后快速拉起，之后以短线震荡形态构筑第二类买点的全过程。

现在，这个过程结束了。周 K 线上，依然是上涨笔的持续，这就为节后的多头行情奠定了坚实的基础。今天是年前最后一个交易日，在此祝大家春节愉快，阖家幸福！

17. 泛金融，依旧是当下（2019.3.1）

做交易，就像平时开车，驾驶的关键在于识别不同的路况，并根据路况决定自己的驾驶模式。泥泞小路，肯定跑不出 200 码的时速。若是高速公路，跑得慢就浪费了，甚至时速低于 60 公里还会发生危险。与此相应，操作的关键就是识别不同的市况，并根据市况决定自己的操作标的、板块、个股以及仓位。通俗地说，就是当下操作。

那么，市场的当下是什么？不需要大动脑子，只要用肉眼就能观测出来——就是各路资金蜂拥入市，特别是泛金融板块，带领指数快速暴力拉升，周线一笔上涨尚未结束，就已经从 2440 点冲到了接近 3000 点，如图 5–42 所示。

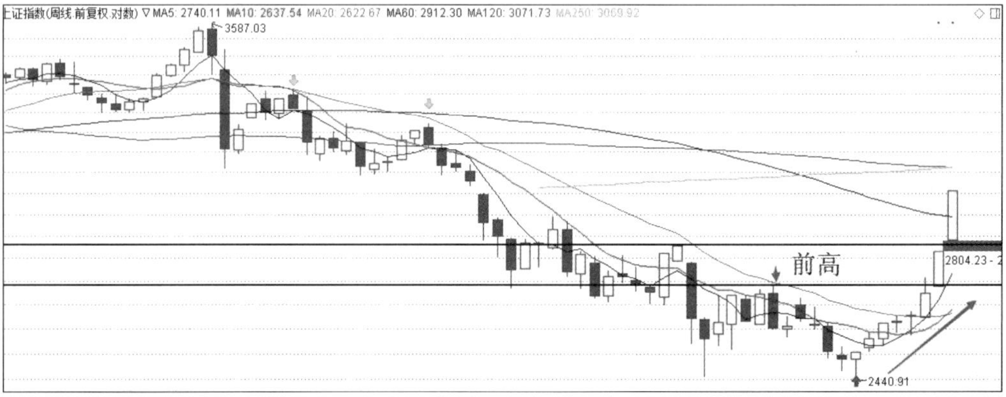

图 5–42　上证指数周线走势图

记得两周以前，有些不太坚定的朋友就开始对行情走势不安。当时笔者很明确地说：周线顶分型还没出来，怕什么？相信这句话，至少没让你错过这两周的精彩。那么当下是什么，从周线笔的角度讲，就是这一笔上涨仍未结束，还在延续；从周线趋势的角度讲，价格早已突破了前期高点，即便是按照市场普遍认同的道氏理论，趋势已经明显发生转折。现在，市场的分歧不在于趋势到底怎样，而在于这一笔的周线上涨到底能延续多久。

那么后市究竟大概率会怎样发展呢？这几天让大家好好琢磨一下所谓的“金融供给侧改革”这个词。历史地看，供给侧改革曾经引发过特大级别的上涨。那是在期货市场，螺纹钢、铁矿石等品种，正是借着这股风，出现了超过人们想象的涨幅。现在，政策上提“金融供给侧”，是不是让人浮想联翩？从这个词的内涵出发，供给侧改革改什么？简单地可以这么理解，就是以前供给的金融产品过剩，或者结构不合理，导致估值过低，要控数量，优化结构和质量。

从上面的分析出发，除非泛金融熄火，否则，这波行情不会轻易结束。现在，泛金融类股票此起彼伏，券商刚刚消停两天，银行、保险又开始蠢蠢欲动，最开始发动行情的星星之火，现在已成燎原之势，一般来讲，行情很难轻易结束了。

从最开始一路看好券商，到后来建议大家一手权重、一手概念地做，再到上周建议低位的筹码不要轻易丢掉，重点观察回调不跌的个股。从一开始，笔者就是最坚定的多头。本人不愿意去预测市场什么时候回调，因为即使回调，回调幅度也不可能太大。即使有那么一点幅度的回调，对于在低位建仓的筹码来讲，也能扛得住。

当前，最希望市场下跌的人，大体有两类，一类是前面被浮盈洗出去的，另一类就是踏空行情的。后面看合力吧，若一路逼空上去，对于被浮盈洗出来的人说，他们的执念较轻，或许还能适时地上车。对于踏空的市场人士来说，最后的疯狂或许就变成了他们表演的舞台。若市场能够适时下调，那真的是太仁慈了，也算是给了很多人难得的上车机会。

最后强调一句，宁可踏空，也不要逆势做空。现在做空，就是在接市场的飞刀，就是在用肉身阻挡迎面而来的火车。做空或许能够一时赚钱（虽然概率不大），但你一念心不清净了，后面会带来无穷的灾难。

18. 大跌，请睁大眼睛！（2019.3.8）

牛市中的暴跌，总是无声无息地到来。就像本周五（2019.3.8）的走势，指数在券商、银行等权重股的领跌下，开盘低开 –2%，随后出现反弹，但并未回补缺口，之后转头向下，全天上证指数大跌 –4%。几大指数中，创业板指数跌得稍轻，这也反映了这次权重股带头砸盘的事实。

对于短线来讲，单纯从指数的角度分析，30 分钟图上还是有一个比较明显的卖点的。如图 5–43 所示，一个小级别的回抽没有回补下跌缺口，转而在 30 分钟图上做出 1 根带上影线的阴线。

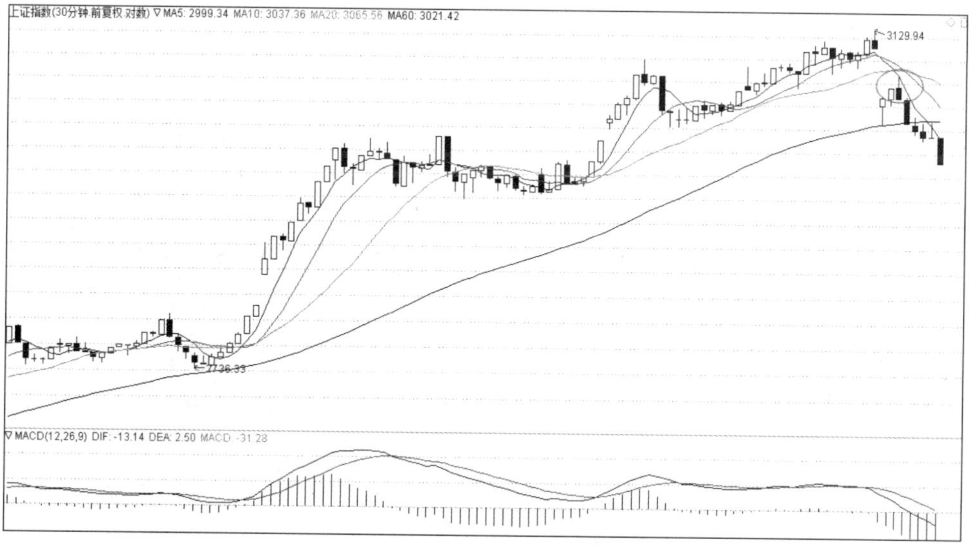

图 5–43　上证指数 30 分钟走势图

大跌面前，技术语言总是苍白的。非要说道几句，从这里也能看出点儿门道。例如，如果是短线操作，近期才介入的，那么图中圆圈处的位置，就是一个好的卖点。没办法，这种极度暴涨的行情，对于短线操作者来说总是极其尴尬的。一方面，中级上涨行情并未结束，你不知道它会延续到什么时候。另一方面，极度暴涨后，总是酝酿着暴跌的动能。

其实，这也是我们一直强调不要追高、谨慎打板的原因，这也是前面一直强调的中级行情启动点介入的重要性。因为追高介入，若上涨趋势延续，自然能带来比较丰厚的利润，但如果很不幸，介入没多久就迎来调整，就会出现现在这种情况。当然，若满仓追高，那么情况更严重——事实上，普通散户被行情吸引进来，满仓追涨，是占有很大比例的。这种情况，对于最开始介入的，比如 2400 点一线介入的，即便是回调 30% 也无所谓，因为大多数都已经有翻倍或者接近翻倍的浮盈，即便出现利润回吐，又有什么关系呢，完全可以从容地等待大趋势真正逆转。

话说回来，对于这次短线暴跌的性质，该如何界定呢？这里很明确地指出，这个调整可以定义为牛市中的“一夜情”——空头一时的狂欢，未来依旧是多头的天下。为什么？请看这轮行情领涨的几个权重指数的表现，如图 5-44、图 5-45、图 5-46 所示。

图 5-44　保险板块指数周线走势图

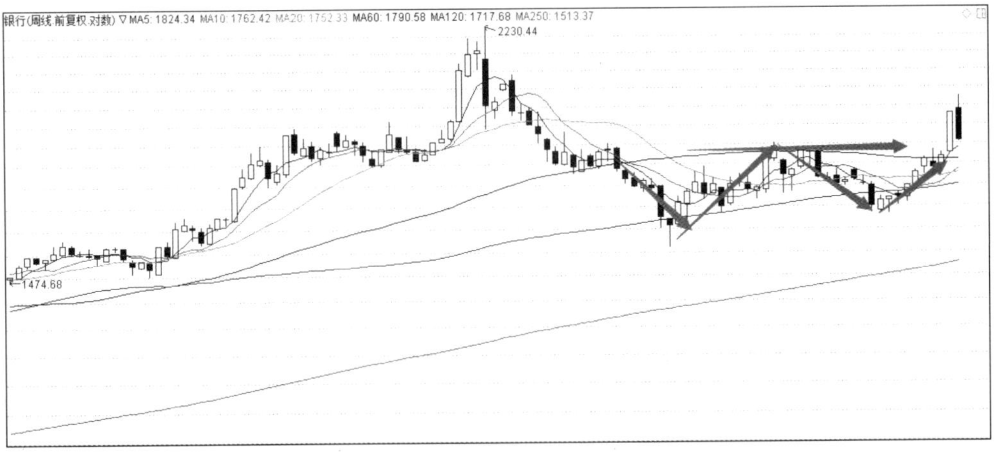

图 5-45　银行板块指数周线走势图

图 5-46 证券板块指数周线走势图

保险板块指数以跳空缺口越过周线上的前期高点，大概率预示着周线级别上涨的开始。银行板块指数，大阳线穿越周线双重底，是明显的标志性 K 线。证券板块指数就不用说了，早已开启上涨趋势，且第三段力度很大。从权重指数的表现看，经过充分的调整之后，大盘指数沿着上涨方向前进的概率仍然很大，因此未来依旧属于多头。现在洗得越干净，后续行情只会更猛烈！

空仓的，后面就要睁大眼睛选股了。着重观察两类股票，首先，券商等权重股依旧需要关注，金融供给侧改革不是随便说说就算了，而且指数止跌离不开它们。技术上，券商板块的周线级别上涨趋势仍未走完，一旦调整到位，便是介入时机。其次，要注意资金向二线股蔓延的趋势，寻找那些前期没有大涨，这波暴跌不跟跌，反而逐渐企稳的股票。当然，那些趁着暴跌挖坑做陷阱的，更是后面选股的极品了。

至于没有空仓且成本较低的，若你的股票中线走势良好，守着一点问题都没有。因为调整的时间和空间都是不可测的，那种今天跌停、明天涨停的案例不是没有。持仓但成本较高的，处理起来复杂一些，要结合个股的走势权衡。

缠中说禅有句话：牛市中，跌就是爹，一跌，就是爹又来送钱了。大跌，就睁大眼睛吧！

19. 板块分化，精耕细作（2019.3.15）

上周五（2019.3.8）的大跌，让 2449 点开始的疯牛行情暂时得到喘息。本周，上证指数整体上处于震荡的状态，可以看看 60 分钟的图表，如图 5-47 所示。

从图中可以看到，对于上证指数而言，已经陷入了三角形整理的形态中。这个三角形以 2960 点一线为底部，上方的高点不断在降低。造成这种情况的原因，一方面，券商、保险等板块经历了前期的大涨之后，全面陷入调整，使得市场暂时失去了领涨的品种。另一方面，其他的二三线品种陷入分化，多空势力此消彼长，从而使得市场整体呈现三角形整理的态势。

图 5-47 上证指数 60 分钟走势图

对于震荡走势，不想费劲的就等着，等着这三角形选择方向。对于这个三角形整理，极度收敛后，再度向上的概率更大一些。但也不排除向下做个陷阱，再拉起来形成 60 分钟级别第二类买点的情况，对于不想费劲的人来说，这是最好的情况。对于有一定功力，不想闲着的选手而言，板块分化正是精耕细作的时代。这个道理很简单，这轮上涨的第一阶段，权重股已经把火点燃，资金的热情很难说散就散，必然会寻找新的出路，这是偏多的基础。资金放弃的那些板块，便会呈现盘整或者下跌的态势，从而总体维持平衡。

说到板块分化，这里也为大家提供一个思路。根据经验，当市场陷入调整的时候，医药类总是作为资金的防守性品种来布局的，以往历次调整，这个经验的规律性还是比较强的。另一方面，从技术上来说，可以看一看通达信医药板块的整体走势，如图 5-48 所示。

该指数前期走出一个大大的双底形态，而这波上涨，很显然将指数带出了双底。更为鲜明的特征是，本轮回调，该板块并未随着调整，而是显著站住了前高的颈线位置，这是走势明显强于大盘的表现，因此可以考虑配置。

当然，并非说除了这个板块之外，别的板块都不行了，诸位可以从各自的角度去发掘。整体上，就是轻指数重个股。随便捞钱的时代暂时告一段落，后面的机会，属于能精耕细作的人。

图 5-48 医疗保健板块指数日线走势图

20. 偏强震荡，依旧偏多（2019.3.22）

自从大金融板块熄火之后，很多人预期的大跌并未出现，连续 3 周，市场都处于震荡的状态。本周，这种震荡逐步朝着偏多的方向演化，并且逐步有了向上突破的迹象。

从一开始震荡就和大家聊，说涨势启动之后，预测调整的时间与幅度是不明智的，至于预测调整的路径，就更不明智了。所以，那个时候说：大跌，就睁大眼睛选股。那时候就说：资金要不断地往更广阔的天地去蔓延。后来又说板块分化，要精耕细作，特别提醒要去寻找那些前期没有大涨，这次趁着大盘回调企稳的个股。后来点出了一条逻辑——医药股。当然，市场逻辑不止一条，每个人都要用眼睛去寻找。所以，这些日子，除了极度看空大盘的人，其他的人只要技术稍微过关，心理不至于太脆弱的，都能有所斩获。

回头说盘面。之所以说本周市场震荡偏强，是有原因的，有两条逻辑佐证这个观点。请看深证成指的日线图，如图 5-49 所示。

（1）第一个向下箭头处的前高，也就是中信证券看空研报导致大跌的那次高点，已经被微弱地突破了。注意，虽然突破的幅度极其微弱，算不上有效突破，但至少被摸到过，这是很积极的信号。想起中信证券发布看空研报时，清楚地记得当时跟周围的朋友说，中国的情况就是越喊跌，市场越要涨。最简单的例子，你看房地产市场，喊了多少年，真正大跌过吗？以至于连曾经的总空头，都已经销声匿迹了。

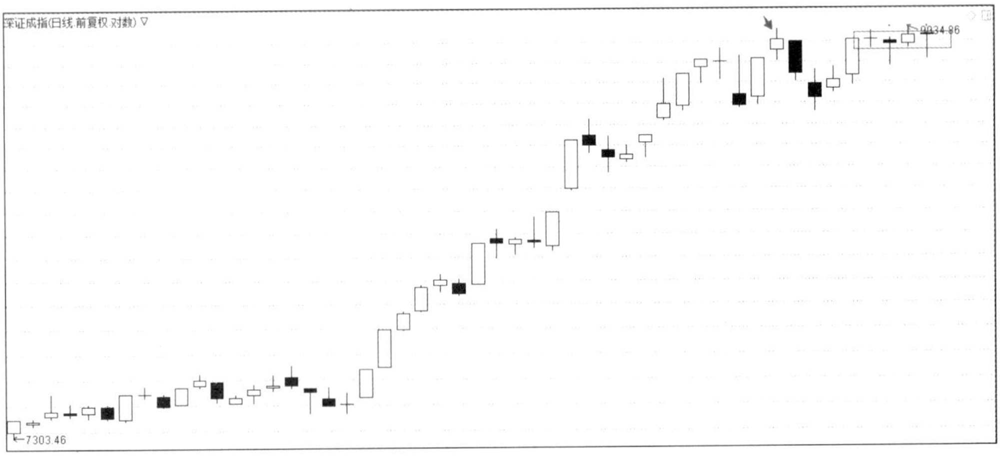

图 5–49　深证成指日线走势图

（2）本周连续 4 天在周一大阳线的上方收十字星。这 4 天，连续好几次盘中大跌，最后总是被拉起，这是非常积极的信号。至此，大家甚至可以将这 4 颗十字星看作是真正有效突破前期高点之前的蓄势。

震荡偏强，加上精耕细作，足够这些日子大家在盘子里遨游了。

另外，从盘面上看，已经逐步呈现出积极的信号。下面来看看 60 分钟图，如图 5–50 所示。

图 5–50　深证成指 60 分钟走势图

顶部维持了 2 周的箱体，本周不再向底部下探，而是选择在箱体顶部窄幅震荡，这是一个更积极的信号。下周，市场极有可能面临方向选择的问题，我们拭目以待。

操作上，若手中的股票没有卖出逻辑，依旧可以持有。没股票的，睁大眼睛寻找买点。还有一点，诸位千万莫认为只有频繁追热点才能赚大钱，稳稳地操作，一样能赚大钱。

还是拿之前关注过的 1 只股票做例子，如图 5–51 所示。

我关注它的时候，是在第一个箭头处，当时的股价是 2.30 元。第一次跟大家提起，是在第二个箭头的位置，4 元上下。第三个箭头的位置又反复说了几次，4.60 元的样子。今天，最高冲到了 6 元多，距离第一个箭头有 2 倍多，距离第二个箭头涨幅接近 60%，距离第三个箭头涨幅达 30%。诸位想想，有追过热点吗，有打过板吗？

图 5–51　*ST 天业（600807）日线走势图

21. 守住阵地，多头重夺主动权（2019.3.29）

多头很明白，本周五如果不拉出大阳线来，后果会很严重。如果今天的大阳线不拉出来，那么周 K 线图上将形成一个反转顶分型，而且走势将跌破 5 周均线，如图 5–52 所示。

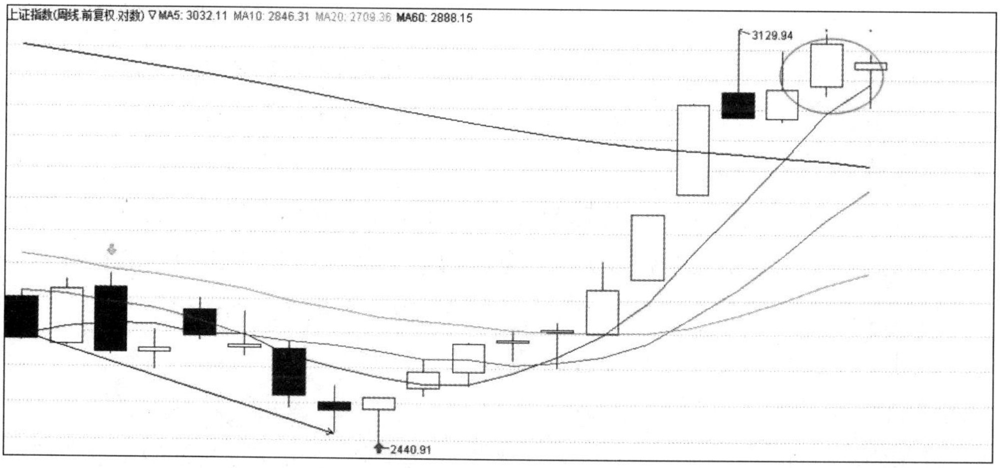

图 5–52　上证指数周线走势图

多头知道，今天如果不拉出来阳线，前期的低点将会面临重大挑战。看下面的日线图，如图 5-53 所示。本周一因外盘等诸多因素，大盘一度低开，于周二收出大阴线。之后在大阴线的脚下徘徊 2 日，大有下跌中继的味道。若再收 1 根小阴小阳线，懂技术的人都知道，如果是连续 2 日收小阴小阳线，问题倒还不大，若是连续 3 日收小阴小阳线，应该看作是下跌中继了。

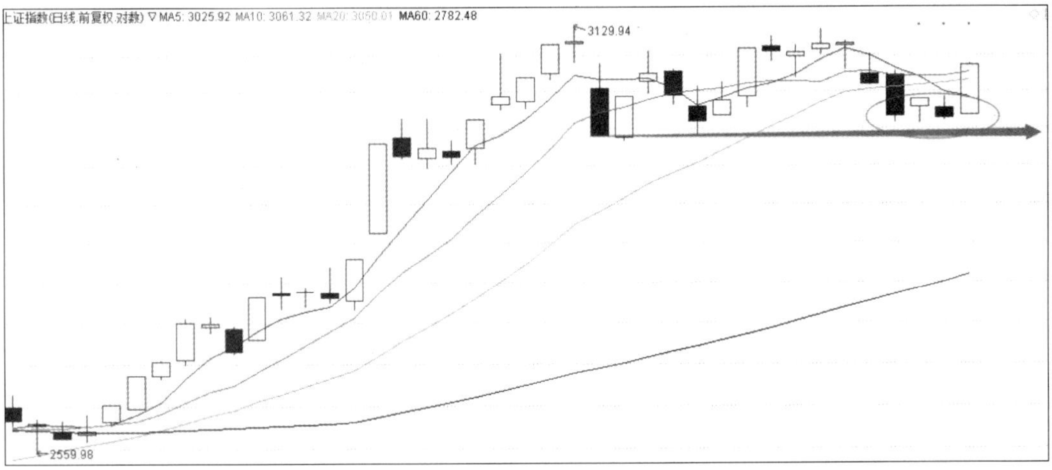

图 5-53　上证指数日线走势图

彼时市场哀鸿遍野，市场不时冒出要跌破 2963 点、大跌几百点，甚至再度回到 2400 点的言论——当时，笔者也不好多说什么，只是根据技术走势，提示要好好关注箱体底部的支撑。那时，如果多头再不发力，前面苦心经营的局面都将白费。那时候，大量筹码会蜂拥而出，给好不容易营造出来的多头氛围以沉重打击，革命的道路会曲折很多。

还好，多头也算识时务，多方还有坚定的主阵地——今天，在大金融的强力拉升下，一举扭转一周的颓势。正如某位同学所说，本日一战，一举把周线上的吓人态势给拉了回来，大盘周线一下子就好看了。这样一来，可以说多头重新夺回了主导权。那些前期割肉离场的人，纷纷"关灯吃面"，那些前些日子高喊大跌几百点的朋友，重新打开电脑，偷偷地下了买入指令。

有人很关心笔者的操作，这种关心其实是多余的，大家最好多关心自己。但既然有人问，这里也不妨借此机会，带领大家一起温习一下这波从 2449 点以来的行情，中间的分析基本都被记录下来了。"温故而知新"，知道前世今生，后面的事情基本上就能猜个大概。本人是很善于记忆和反思的，那里面藏着未来的走势密码。

创出 2440 点新低当日，记得刚好是礼拜五，当时跟大家说，基本可以抄底了。那周的周评里面观点也很明确——"信心，比黄金更珍贵"。从那时候开始，笔者即重仓押注券商板块——在大级别走势的底部不买则已，买就全买，这不正是缠论强调的操盘手法吗？那次买入之前，主要在期货市场上玩儿，因为当时的局势很明显，股市是没有太大机会的。但从创出2440点新低那时候开始，形势逐渐不一样了。

后来，在2018年年末展望未来的时候，希望大家能够豪赌一把，发布了“致所有股民的新年礼物——市场的密钥”一文。当时，笔者也做了一回“标题党”，说那是一篇刻画中国股市未来的文章，有点言过其实吧。

市场一路上行，但在过2600点的时候遇到了坎坷。那个时候情况比较危险，貌似这波反弹就要结束了。记得当时行情是年前最后一个交易日才拉起来的。当时，周评里都做了逐一分析，识别了盘面的陷阱，并说陷阱之后多是高潮。

果然，春节之后，市场在券商的带领下一路大涨，甚至可以说是暴涨。当时发布了一篇文章，揭示券商暴涨背后的逻辑。后来，大金融行情越演越烈，彼时说：泛金融，仍是当下。坚定大家对持有券商等泛金融股票的信心。

当然，再火爆的行情也有停顿的时候，两份中信证券的看空研报，暂时阻挡了市场前进的步伐，那个时候大金融行情也告一段落。笔者在其后的反弹中平掉了一半的仓位，这完全是按照缠论资金管理原则在做事。当然，平掉这部分仓位之后，剩余的部分成本已经极低了。

大金融行情熄火后，其实当时形势很明显，资金已经开始涌动，一线资金肯定已经深入金融板块、二三四线股票，甚至那些刚反应过来的股票。一线资金调仓，肯定要出来干点儿别的，所以当时说：大跌，请睁大眼睛！又说：板块分化，精耕细作。文章中特别提示医药这个板块供大家参考。当然，该板块走势毕竟是不错的，基本上可以带给大家一些慰藉，用于安抚大盘调整期间人们不安的心灵。

今天，市场在泛金融板块的带领下，旱地拔葱似地一跃而起。正如标题所说“多头重夺主动权”，后面要密切关注金融板块，看能否重新聚拢人气。但这不是盈亏的根本，根本在哪里？在你的心里。“人人有明珠一颗，照破山河大地。”好好打磨自己的明镜，好好寻找自己的明珠吧，那才是自己的，没有人能替你磨，没有人能替你找！

22. 剑指3587点？（2019.4.4）

先说说指数的情况，如图5-54所示。从2440点以来的周线上涨，我们是一直在跟踪的。这段走势的力度之强，自不必说，基本上连5周均线都没有跌破过。上周五（2019.3.29）曾一度跌破了5周均线，但最终被多头强硬地拉了回来，于是就呈现了这种格局。

本周一开始，就以跳空缺口的方式向上突破了。注意，这里有人怀疑是衰竭缺口。衰竭缺口一般会出现在两次调整之后的走势中，这轮只是第一次出现缺口，一般不大可能是衰竭缺口。从K线的力度上说，也不大可能是衰竭缺口，突破性缺口的概率更大一些。

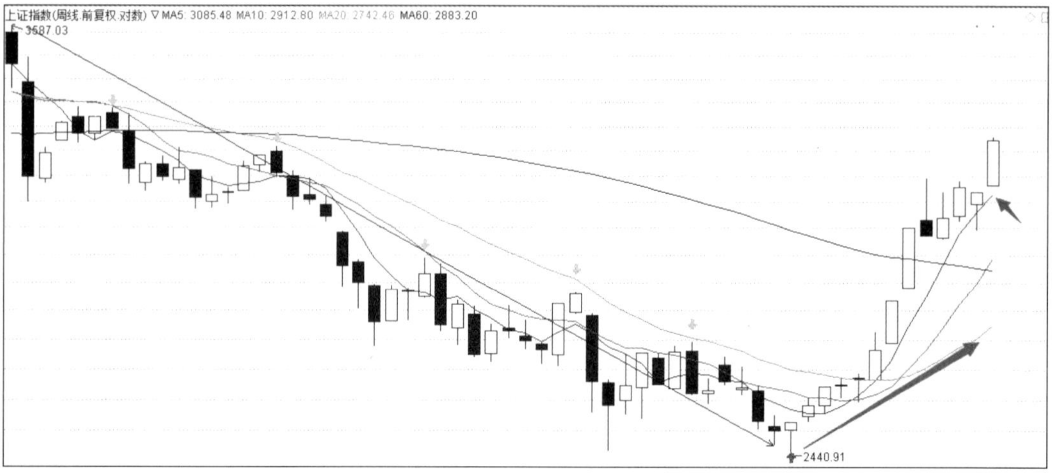

图 5-54　上证指数周线走势图

关于缺口的分类，《教你炒股票：缠论与 K 线分析技术》一书里详细讲解过。从缺口的意义来说，突破性缺口的可能性肯定是最大的。从定义上说，走出上涨，算是突破性缺口，走出调整，也是突破性缺口。如果按照突破性缺口的思路来看，后面真正的挑战就是 3587 点。

上面是从纯技术的角度去分析，从板块轮动的角度来看，更有理由看高一线。这轮行情基本上分为这么几个阶段。

第一阶段，就是熊市的刹车阶段。这个阶段靠的是什么？券商！彼时券商股走出第一类买点。

第二阶段，是 2440 点见底之前的走势，这个阶段绝大多数个股依旧跌幅巨大，暴雷不断，这个阶段券商股走出第二类买点。

第三阶段，是 2440 点之后到大盘突破 20 周均线，这是牛市的预热阶段。这个阶段，主导力量是饥渴的游资等，大家彼时都当作反弹来做，所以表现得都很饥渴。

第四个阶段，是突破 20 周均线之后，也就是节后的时间。这个阶段是大金融板块主导的行情，火爆程度就不多说了。

第五个阶段，大金融板块熄火之后，开始“吃药喝酒”，从而维持大盘整体的震荡格局。这段时间也说了，特别点出了医药股。

从本周一的缺口开始，大盘将进入全新的阶段。这个阶段，曾经的领涨品种调整结束，依旧会延续上涨格局。新的资金进来，必然伴随着新的类别的上涨。本周，我们曾点出过有色和煤炭板块，这就是新的力量。虽然这两个板块前期也有涨幅，但毕竟是不温不火。现在，随着资金的分流，相关板块的机会也会到来。所以，这一轮行情就是二线股不断轮动，而这才是市场上的中坚力量，资金的火种会燃烧起来，所以，指数大概率会对 3587 点形成挑战。

当然，走势是当下的，如果中途出现逆转，到不了 3587 点，也应当下应对，我也依旧会当下预警。但现在这个时间点上，值得对 3587 点有所期待。

23. 后面走势的关键技术点位（2019.4.12）

相较于前面的火热走势，本周的走势可谓是陷入冰点。自 2019 年 4 月 8 日跳空高开之后，当日回落，此后连续调整了 5 日，这让绝大多数投资者都陷入惶恐。但对于走势，对于操作，这种惶恐是要不得的，还是要冷静地去分析，制定出最合理的策略。

其实大家之所以恐慌，一个最重要的原因，还是买点不够有利。下面看看近期 60 分钟的走势图，如图 5-55 所示。

图 5-55　上证指数 60 分钟走势图

图 5-55 中基本涵盖了近期的指数走势。当指数在中枢震荡的时候，笔者现在还记忆犹新，当时有人喊出来要跌破 2963 点。其实，别说没跌破 2963 点，即便是真正跌破了，又有什么可怕的，只不过是又一个中枢震荡陷阱罢了。对于所谓空头，也不过是过过嘴瘾。

后面，指数没有跌破中枢震荡的低位，而是拔地而起，在图中第一个箭头处，拉出了 1 根标志性的 K 线。关于这根标志性 K 线，《教你炒股票：缠论与 K 线分析技术》一书里面说得很明白，不明白的可以去查。那个时候，就是最佳的介入点，就要果断介入了。如果你是那个时候介入的，本周的调整就根本不足为惧。你介入的点位有足够的优势，因此也就能抵御这周的调整。当然，这里最开始是在 2400 多点的时候说抄底，如果你那个时候介入，中线操作，这样级别的调整就更算不得什么了。

最可怕的是，有人是在本周一走出跳空缺口的时候跟着市场情绪进来的，这里无论如何都是不符合买卖点原则的。指数反映的是平均走势，可能有些个股的买卖点和指数不同步，那另当别论，但最起码要符合买卖点原则。

再说说后面的走势，当下，就是60分钟图上的线段式调整。为了看得更仔细，把行情放到30分钟图上去观察，如图5-56所示。

图5-56　上证指数30分钟走势图

图中箭头处，代表着这个30分钟调整的线段，该线段出现了一个线段内的类中枢，目前是离开中枢这一段。注意，这个调整有几个关键的技术点，一个是图中圆圈处的阳线，代表着这次多头主力发力的位置，而且那个区域也是指数突破前面大中枢之后的第一次整理，这个位置是有明显的支撑的。我们看到，本周五收盘，30分钟图上出现了一个底分型，这是一个积极的信号。后面，关键就要看这个底分型是否能发展成一笔上涨。

第二个关键的技术位，就是前面大中枢的高点——3129点。这个位置如果被碰到，代表着指数将陷入一个扩展的中枢，后面的调整时间和规模将变大。若是遇到这种情况，在一个30分钟图上的线段式回抽之后，至少要把手里的筹码减一减，要休息休息了。

应该说，这个30分钟线段要彻底结束，仍旧需要权重股的配合，至少要搭个台子。台子搭好了，各路基金也好，游资也罢，才敢放手去操作。可以确定的是，这些权重股目前都是多头主力的阵地，多头有足够的实力去拉升，这一点从本轮行情启动时候的特征和规模就能看出来。

记住，今年2月以来的上涨，是一场战略性的攻击，这种攻击一定有一个总的司令部。虽然说行情剑指3587点，但这条道路肯定不会直线上去。前进的道路从来不会一帆风顺。要真正像打仗一样对待这次战略性的攻击，审时度势，当下操作。这样，一轮战罢，你的操作才会有脱胎换骨的变化。

24. 蓄势待发？（2019.4.19）

从指数的角度讲，本周走势属于强势震荡整理的过程。下面来回顾一下，如图 5-57、图 5-58 所示。

图 5-57 上证指数日线走势图

图 5-58 上证指数 60 分钟走势图

本周一（2019.4.15），指数一度跳空高开，但尾盘收大阴线，这让我一度产生一种隐忧，于是跟大家说，要进行减仓操作。一个是高开低走这种行情，前面基本上没有碰到。另外，从 MACD 指标的角度讲，也确实进入了背驰段。当时跟大家说，60 分钟下跌线段的延续，大家可以结合个股情况，适当减仓操作。

但周二低开高走（2019.4.16），权重股纷纷护盘，指数收出大阳线，算是暂时稳定了整体的格局。特别需要指出的是，这个止跌的位置刚好就在前面文章指出的第一个关键技术点位。实际上，从那个时候开始，前面的线段式下跌态势得到了扭转。后面的 3 天，其实是对周二大阳线的整固。

今天，一个新的 60 分钟级别上涨线段呼之欲出，尾盘 60 分钟图上的阳线，基本可以看作是新的 60 分钟线段的第一次回调的结束点，后面大概率将进入这个 60 分钟级别上行线段的延续过程。

“蓄势待发”这四个字，如果从日线上看，就更明显了。参考日线图，可以看到，上周的下跌并没有进入前面的中枢，也就是上周周评所说的第二个关键技术点位，这在理论上形成第三类买点。当然，严格意义上，第三类买点是对一个走势第一个中枢的第一个次级别回抽形成的，虽然这个点位有点高，但在一个上涨走势类型中，可能有多个中枢，为方便起见，也可以这么说。

日线上，本周二收出大阳线之后，市场连续 3 天都在这个大阳线的顶端进行小阴小阳式的整理。熟悉 K 线形态的人应该都明白，这属于上涨中继形态。下周前半周，指数能否再上一个台阶，就显得很关键了。

后面，从指数的角度来看，就要密切关注 60 分钟图上的线段走势了。只要不出现逆转，依旧可以大胆地操作。

看到很多人还在频繁地换股操作，这种操作习惯一定要改。在真正的牛市中，大利润基本都是在中线买点入手，中线耐心持股守出来的。除非你运气特别差，否则都会获得不菲的利润。即便是换股，也要抓中线级别的轮动。一个人如果连持股一个礼拜的耐心都没有，是难以承载你在股市的梦想的。

25. 铡刀初现，风急扯呼！（2019.4.26）

这几天，绝大多数人都被这震荡走势搞得晕头转向。今天这一跌，使得周线上隐隐初现所谓“断头铡刀”的形态。图 5–59 中的椭圆处，就是那颗吊着的人头，因此，今天就非常有必要和大家一起从头再梳理一下这波行情了。

最开始，也就是 2019 年元旦的时候，在“致所有股民的新年礼物——市场的密钥”这篇文章里，比较鲜明地阐述了对于后市走势的观点，这里大概提炼一下其中的观点。

（1）市场将迎来大级别的反弹。这半年左右的行情走势已经验证了这一点，深证成指从 7011 点上涨到 10541 点，涨幅达到 40%，无需多言。

（2）这个大级别的反弹，时间窗口将会在第一或者第四季度。本波行情，刚好就是

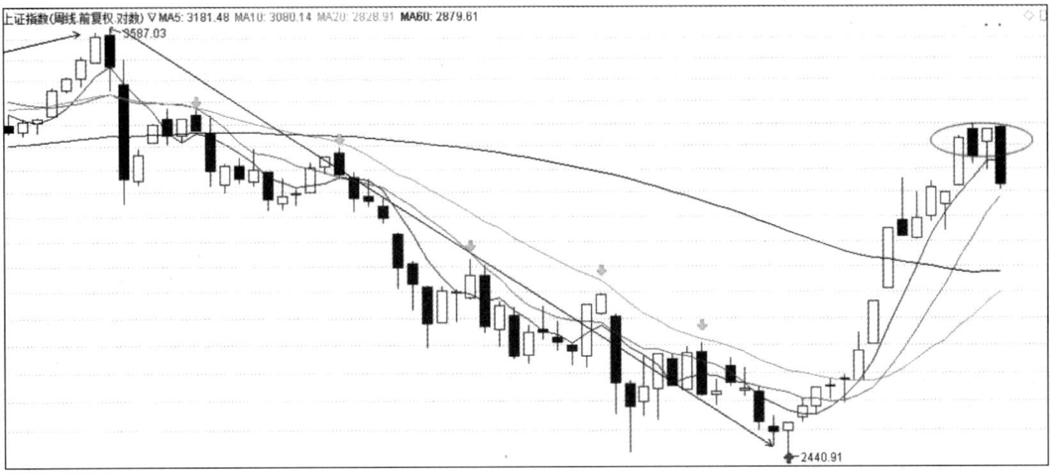

图 5-59　上证指数周线走势图

在 2019 年的 1 月 4 日开启的，时间刚好跨进第一季度。甚至上证指数 2440 点触底当日，就跟大家明确指出了，相信朋友们应该有印象。大家可以参看“信心，比黄金更珍贵”这篇文章。

（3）关于这次反弹的目标位，做了个大概的预测，第一个目标位是深证成指的 10527 点位置。而这次的高点，就在 10541 点的位置，相差 14 个点。文章截图给大家看一下，如图 5-60 所示。

对于这个中枢而言，目前，显而易见地，已经到了中枢的下沿，本波下跌，大概率将在前期低点的6959点上下止跌，之后，必然会往中枢上边沿回归。这个回归，最差，也是对中枢震荡本身的维持，这个中枢，【6959,14096】区间，其中位线在10527点。因此，一旦反弹开启，第一目标位，就是这个一万点上下的位置。第二目标位，就是这一万四千点上下的中枢顶部区间。最好的情况，就是重新开启一波推动段，那样，最终上涨的目标位，必然会越过两万点。当然，任何上涨，都是从反弹开始的，具体会怎样走，我们到时候再当下把握。

图 5-60　2019 年元旦时对后市行情的走势分析

这波行情，最开始让笔者感到丝丝凉意的，就是 2019 年 4 月 15 日这天，这一天的走势全天高开低走，收出大阴线。当时跟大家说：高开低走，不是什么好事情，让人感到一丝凉意，要高度谨慎。同时还提醒已经清仓的朋友先不要上车了，重仓且个股走势不坏的，也要降低一下仓位，防止发生系统性风险。

为什么那样说？这种走势一定是有人借着高开之势放货了，而且这出货的能量绝对非同寻常，居然能把指数压下来！后来，4 月 26 日，指数遇到了第一个关键的技术点位——3152点，硬生生地把指数拉了回来。关于3152点的支撑，大家可以参考这篇文章——“关键的技术点位”。注意看图5-61，这个技术点位3次支撑了指数。

图5-61　上证指数60分钟走势图

2019年4月16日收出的大阳线，一度把指数拉到高位，之后又在高位连续徘徊了3日，如图5-62所示。说实话，这种走势一度让笔者有了一丝乐观，希望它打破整理向上发展，冲击第二目标位。因为从日线上看，你会发现指数又进入了一个强势整理期。但4月22日的高开低走走势粉碎了这个预期，让走势彻底陷入中阴阶段。在缠论体系里面，走势转折的临界状态叫做“中阴态”，意思是可上可下，可神可鬼。

图5-62　上证指数日线走势图

第二次感到寒风刺骨的，就是4月25日的大阴线破位走势，它击破了前述的2个关键技术点位，而且带量杀跌！这是一个什么信号？意味着走势大概率将从中阴向下破位，从而彻底结束这波上涨，开启达到第一目标位之后的第一次中级调整。

有的人可能会说，利润回撤了不甘心。注意一下，利润回撤是这个游戏的一部分，必须从心底里接受，否则就不要碰市场。所谓的“抄底逃顶”，是天才干的事情，作为普通人，吃好鱼身就行了，鱼头鱼尾布施给他人吧。

有的人可能会说，错过了最高的卖出点怎么办？真正的操盘手，从来不会执着于这些东西，逃顶，是纸面游戏，重要的是风险来临的时候，及时识别并作出反应。

有的人可能会说，才刚刚入市，怎么就调整了？不是行情调整得太快，而是你太后知后觉。从1月份到4月份，暴力上涨了4个多月，大盘涨了40%，你才被赚钱效应挟裹着进来，能埋怨市场调整得太快？而且那段时间，笔者的文章更新得还是比较勤快的，最早关注的，怎么着也得有4成的利润了吧。

有的人可能会问，后面怎么办？后面，请诸位清空自己，耐心倾听市场的声音。笔者也会这么去做，放空自己，静听市场的声音，等待另一个轮回。

所有人都借着周末的时间，从市场的狂躁中清醒一下，好好审视自己，直面自己的欲望和野心。当下，如果野心和欲望炽盛，或许有些不应机了。

永远不要试图阻挡迎面开来的火车。看见火车来，一定要先避一避，哪怕事后证明这是虚惊一场。

26. 短线反弹，密切关注持续性（2019.5.10）

自2019年4月26日发出“风急扯呼”的文章之后，大盘短时间内狂泄了200多点。自那以后，这里提示的主要策略就是空仓等待，不动如山。并且文章中还加了一句，“如果抢反弹，要尽量控制好仓位，并且不要贪大，严格止损止盈”。说是止损，因为大势不好，买点随时有失效的可能性。说止盈，是因为总会有一些个股能短线逆势上行，总有人参与，这一类个股要控制好止盈。

应该说，前面的每周、每日分析加上提示的操盘策略，基本能够比较好地保护大家尽可能不受伤害。但是在今天，也就是2019年5月10日，大盘发生了一些变化——收出了1根久违的中阳线。消息面上就不多说了，大家都知道，这里仅从技术面说一说这根中阳线带来的变化。先说说短线，如图5-63所示。

前面一直说让大家空仓等，最根本的原因，就是这30分钟级别的下跌不断延续，没有结束的迹象。今天午后收出的长下影线，则是我们反复提到的标志性K线。

注意一点，这个标志性K线，从当下而言，只能保证30分钟级别上能够有一个线段式上涨，上涨的幅度现在也很难说，后面仍当作反弹看，需要密切关注。如果是短线参与，对于这个反弹的生长要密切把控。简单地分析，就看日 K 线图何时出现反转 K 线组合，稍微精确的，可以参考 30 分钟图上的反转信号。

图 5-63　上证指数 30 分钟走势图

对于中线而言，除非有稳妥的日线第二类买点，否则不建议参与，这种情况目前仍未出现。缠论就是见信号操作，就是右侧买入。靠猜底没有用，不能持久。

注意，中线、短线一个要从资金上加以控制，一个要从心理上加以控制。资金上，从纯逻辑的角度讲，短线使用的资金量一定比中线小，这是毋庸置疑的。从心理的角度讲，中线操作要点，就是要让利润奔跑，如同前面从 2440 点到 3288 点的上涨。短线操作要截断亏损，甚至是截断盈利，这几点都是做决策的时候需要综合考虑的。

27. 时刻提防变盘（2019.5.17）

大盘自 2019 年 5 月 6 日大跌之后，已经连续两个礼拜的时间在低位徘徊了，如图 5-64 所示。这两个礼拜大家也可以看到，成交比较清淡，震荡幅度也非常有限，因此获利空间也是非常有限的。

从那个大跌之后，这里的策略就非常明确了。

（1）坐得住的，尽量休息，有空把书多看几遍，并沉默着保持出击的姿态。

以前跟大家多次提过关于鳄鱼捕猎的例子。你看，没有猎物的时候，鳄鱼绝对不会乱动，而是安静地保持出击的姿态，不断算计自己与猎物的距离。等到胜算较高的时候，果断全力出击。不知道大家有没有注意，在别的行业里，精英都叫做什么老虎、狮子、狼什么的，唯有金融行业称作大鳄，这不是没有道理的。

（2）坐不住的，可以适当参与，但切记控制好仓位，严格止盈止损。

当然，要求所有人全部休息，显然是不可能的。对于操作而言，必须那么说。仓位是必须要控制的，如果上一轮行情你没有满仓操作，绝对是个错误。同样，现在的当下，满仓出击也是错误的。时势变了，不能犯“刻舟求剑”的毛病。说严格止损，是因为现

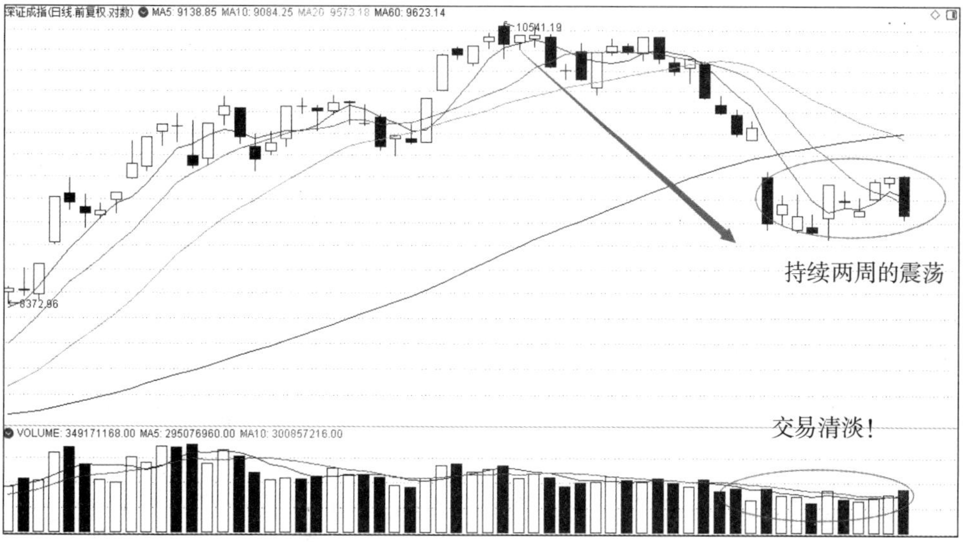

图 5-64　深证成指日线走势图

在的市况早已不是 5 月之前的“大牛不用套”的行情了。你看，在上一轮大涨过程中，笔者只提止盈，基本没有说过止损。为什么呀？因为大涨行情，除了极个别运气特别不好的，就不该亏钱，而只要赚钱走，都是对的。

两周以来，这个策略不断被强调，即便有幅度较大的反弹，笔者也不为所动。当有人号召大家“愉快地抄底”“拼的就是仓位”之类的话时，本人忍无可忍，果断与之划清界限。人之大患，好为人师。有的人，自己愚蠢也就罢了，但要害所有善良的朋友一起殉葬，本人是绝对不能坐视不管的！

言归正传，说一说下周的行情。如标题所言，下周，一定要时刻提防变盘了。先看周线图，所图 5-65 所示。

图 5-65　上证指数周线走势图

不知道大家是否已经淡忘，在上一轮下跌行情中，笔者曾经反复强调过 20 周均线。本轮上涨，正是突破了该均线才开始加速上涨的，大家可以回头再看看。说到这里，再说一句，有人妄言说什么缠论不看均线，看均线的都不是真缠论。之前一直没好意思反驳，现在必须说明白。凡是有人用的指标，都有其价值。任何指标，用的人越多，其价值也越大。为什么呀，因为市场归根到底是人的博弈，指标是博弈的工具，越是常用的工具，越是有人依赖，如此一来，这些指标如均线等，本身就成了市场语言的一部分，怎么可能没用?

上一轮下跌，20 周均线多次有效阻挡了大盘的反弹，直到它被突破，才正式确定了上涨走势。这次的下跌，正好也落到该均线的位置，并在这个位置连续盘整了 2 周。注意，熟悉斐波拉契数列的，应该知道 2、3 这两个数字都是极其敏感的。下周，就是这个盘整的第三周了，一般地说，如果能横住 3 周，就有可能反转向上，2 根横盘的 K 线之后下来，是最常见的走势，所以下周要时刻提防变盘。

另外，从日线的角度看，本周五（2019.5.17）市场再度放量杀跌，下跌幅度不小，颇有标志性 K 线的味道，可以参看上面的日线图。但这中间有变数，就是这周末两天，消息面上会有怎样的情况出现。这个属于不可测的东西，特别是对岸那边的头领，基本上是个“翻手为云、覆手为雨”的人物，一点不怕“啪啪”打脸，推特整天发个不停，所以这里面还是有变数的。但不管怎样，小心为上。

最近基本没有说个股，主要还是因为土壤不好，很难种出好庄稼。但大家要明白一个道理，行市不好的时候，免亏即是赚，节省精力即是赚。知道什么最可怕吗？最可怕的就是你虽然躲过了高位的大跌，但在下次上涨来临的时候，中途把钱亏光了，或者天天折腾，经常受伤，把自己的心态搞乱了！

笔者所提的策略都是在保护大家，一段跌势下来，你会发现自己毫发无损，而身边的小伙伴都被折腾惨了。当他们痛不欲生，绝望地要出市的时候，大概率下一个获利机会就来了。保持内心安定，不要无明妄动，这就是当下生存的最好姿势。

28. 继续观察，耐心等待（2019.5.24）

本周连续 5 天，走势都是比较清淡的，基本上是在上周五（2019.5.17）中阴线的脚下徘徊。成交量持续低迷，短线陷入无方向的随机游走状态，参看图 5–66。

60 分钟图上，如图 5–67 所示，如果从中枢的角度来看，那么依然能够维持着这个中枢。但如果从线段的角度看，就有点向下线段的味道了。因为很明显，上周五的阴线力度太强，以至于一个新的 60 分钟下跌线段的雏形逐渐形成。以前跟大家聊过，利用缠论的两套模式——线段模式和中枢模式综合把握走势，这是符合走势的多义性的。

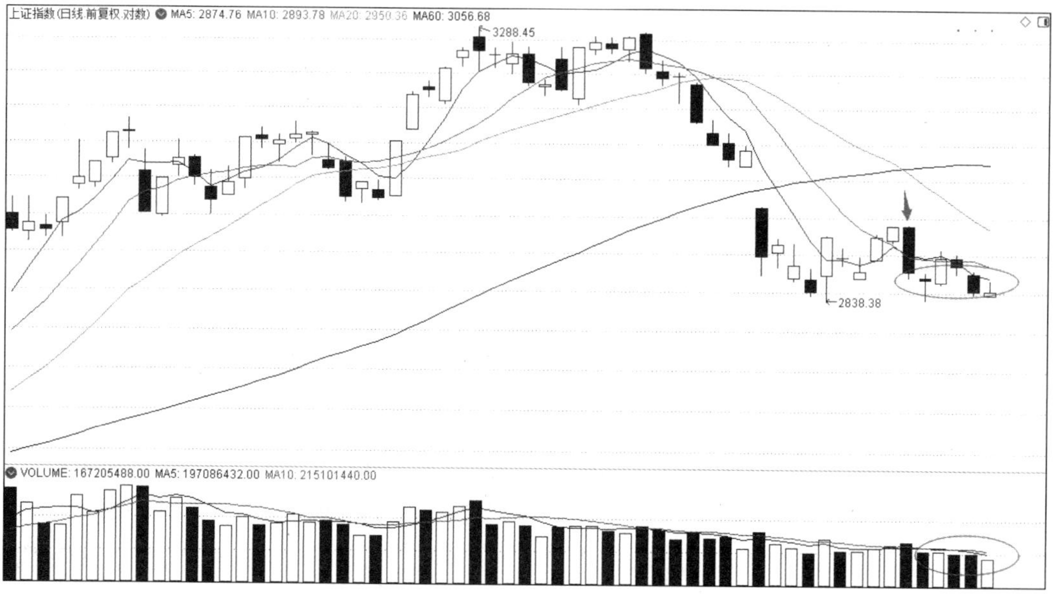

图 5-66　上证指数日线走势图

图 5-67　上证指数 60 分钟走势图

操作上，延续近期以来的策略不变，不愿意折腾的就空着。愿意折腾的，控制仓位，严格止盈止损。这一套策略，足够诸位在相当长的时间内从容应对市场的变化了。

有朋友在这寡淡的市场里反复折腾，结果出力不讨好。这里简单聊一下这种操作心理。

有些人总是用一种思维看市场，潜意识里希望每个月都能从市场里面赚一些钱出来，然后如此实现复利效果，这种固化的思维要不得。市场里面，赚钱基于市场机会，而不是基于时间。时间本身就是假安立（抽象）出来的，哪来的时间？

有些人潜意识总是拒绝利润回吐，出现利润回吐就着急把那些回吐找回来，好像浮盈就是自己口袋里的东西。这种无明妄动，会导致人们忽视市场现实，从而很主观地作出投资决策，这就很难控制操作结果了。

上面说的是潜意识，潜意识里有个“我”，潜意识里“要赚钱”。潜意识是一种根本的习气，这种习气在人类决策中占支配地位，意识只占很少的一部分。坐不住，无明妄动，根源就在于习气。这习气的根源在于：我、喜欢钱、要赚钱。极少有人分析意识的结构，那就永远找不到问题的根本。估计只有在笔者这里才会聊到，下面简单说一说。

改变习气很困难，但还是有方法的，最根本的方法介绍如下。

潜意识都是意识无数次运行之后形成的固化程式。就好像人们说，21 天能够养成一个习惯，其实就是在这 21 天的时间里，意识不断强化一种思想或者行为模式，进而把这种模式深入到潜意识里。这里的行为，根源还在心里。人，根本上就是想法的积集，无他。这样就能明白，改变习气，肯定还是得从意识入手，一个是反复深度思考，一个是不断地正闻熏习。熏的时间够了，习气自然改变！

要在投机市场长期生存，深度思考和正闻熏习是必要条件。但这样做有难度，因为很少有人是真正发心从市场的根本入手去解剖市场，大部分人只是想在里面赚点钱。也很少有人能够真正坦然地面对自己，从而去解剖自己的意识，进而作出根本性的改变。苏格拉底的墓志铭就有这么一句话：认识你自己！太多的人意识都在向外追逐，很难真正面对自己！

上面简单说了几点，只是提供一个思路，能不能真正认识并做到，只能靠自己！

29. 逐渐呈现积极的因素（2019.5.31）

经过近 1 个月的低位盘整，指数逐渐呈现出一些积极的因素。

记得最早在周评里面说，如果低位能够维持 3 周的盘整，那么就极有可能止跌回暖。从本周的周线图上看，如图 5-68 所示，低位盘整时间已经足够 3 周，这说明空头在此无力将指数继续往下砸，多头的承接能力逐步在变强。本周虽然周 K 线依旧受 5 周均线的压制，但收出了 1 根久违的阳线，总算见红。这是积极因素之一。

在每天的分析里，给大家提到了一个简单的判定指数强弱的方法，就是观察 60 分钟图上的 MA60 均线，如果能够站上该均线，表明市场逐渐开始转强。为什么这么说，大家可以看看图，上一轮上涨，基本上就是这条小小的均线在支撑上涨趋势，虽然偶有跌破构成空头陷阱，但无关大局。上一轮行情结束，也是跌破该均线之后开始加速的。本周，从 60 分钟图上看，如图 5-69 所示，本次下跌以来，第一次突破该均线，随后围绕该均线展开震荡整理，这是积极因素之二。

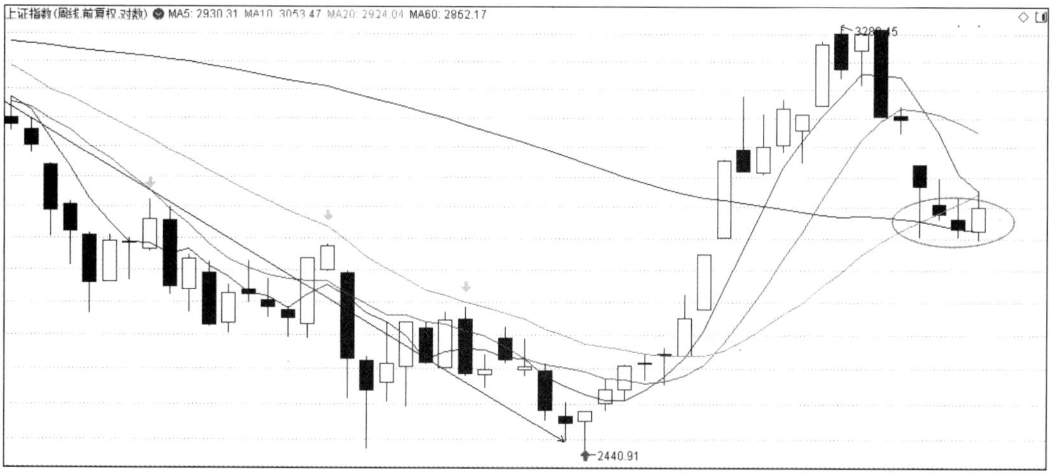

图 5–68　上证指数周线走势图

图 5–69　上证指数 60 分钟走势图

天天观察盘面的朋友，不难发现近期几个盘面的敏感变化，如图 5–70 所示。第一，指数跌破了前期低点，但随后见底收阳。这信号好熟悉呀，似乎 2440 点的时候就见过！第二，2019 年 5 月 28 日，尾盘资金突然涌入，使得本来应该走出来的中枢震荡没有走出来。这显然也是在前面绵绵下跌中所未见的，这是积极因素之三。

从消息面的角度看，前期沸沸扬扬的中美贸易战，对方以举国之力制裁华为，制裁中国高技术企业，特朗普一张一张地往外打牌，似乎这种情况逐渐告一段落。目前消息面上逐渐进入冷淡期，似乎再坏也坏不到哪里去了，这是积极因素之四。

综合以上 4 点因素，笔者隐隐地感觉到，盘面逐渐开始呈现回暖的迹象。目前，指数按照 60 分钟级别的第一个中枢震荡看，这个震荡能维持住，行情走势就没问题，前

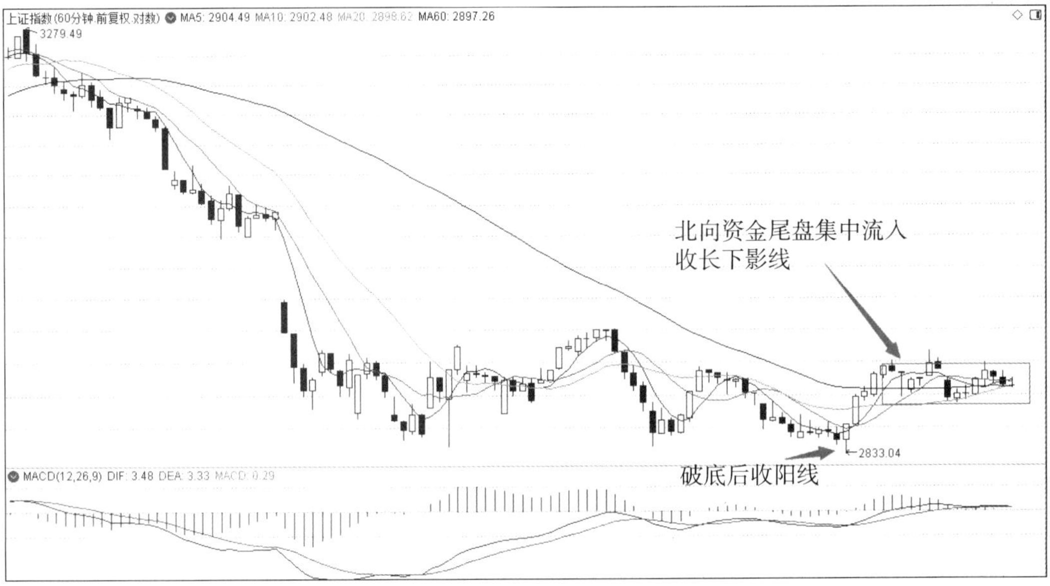

图 5-70　上证指数 60 分钟走势图

期做短线的可以继续搞一搞。如果维持不住，往下砸，那就重新搬起小板凳旁观。如果开始上攻，那么大家基本上就等于又抄到了一个不大不小的底。目前来看，这种可能性是存在的。根据上面的分类依据，当下观察！

30. 沉默地保持出击姿势（2019.6.6）

巴菲特老先生有句话：当别人开始贪婪时，你要恐惧；当别人开始恐惧时，你要贪婪。从纯思辨的角度看，这句话是没问题的。谁都知道，这个市场遵循“二八法则”。当 80% 的人开始恐惧的时候，往往就是那 20% 的人开始贪婪的时候，这样才能总体保持市场的平衡。

注意一点，这个平衡，不是所谓行为金融学的反向思考，而是自动地、无功用地、不需作意地运行。也就是说，你是真的贪婪和恐惧，不是以另外的人群为参照系调整自己的情绪。你贪婪的时候，法喜充满，不断抢进筹码，尽管市场一路下跌，但你没有一丝恐惧感。你恐惧的时候，依旧法喜充满，不断往外卖货，尽管市场一路上涨，但你没有一丝担心，不会担心卖掉之后，后面接着上涨甚至出现翻倍上涨。

再具体一点，当市场开始凶猛下跌的时候，绝大多数人都非常害怕，害怕被深套。你也被深套，但由于看到别人恐惧，然后给自己壮胆打气，说别怕、别怕，潜意识里却怕得不得了。或者当市场凶猛上涨的时候，很多人都进场抢入垃圾股，你看到别人的疯狂行为，意识层面告诉自己，别贪、别贪，潜意识层面却美滋滋、乐呵呵地幻想 1 倍、10 倍的获利。这都不是巴菲特老人家嘴里说的正确的贪婪和恐惧。

如果谁能够无功用地行走在这个平衡里面，正确地贪婪和恐惧，那基本上可以肯定是市场中的赢家了。但注意，这个平衡的难点在于如何量化，如何使之变得具有可操作性，如何让你自己真正成为那个少数派。如果要找一条最合理的路径，那么无疑，利用缠论进行有节奏的操作，是最具有可量化意义的途径。具体的，平时说得够多了，本文就结合近期大盘运行的情况来说一说，用1张图来说说这次所谓的贪婪与恐惧周期，如图5-71所示。

遥想2440点之前，市场腥风血雨的气氛应该不亚于现在。但那个决定性的阳线走出来的当天，一定有人感受到了正确的贪婪所带来的快乐，笔者在当天指出了那个底部。

图中第二个圆圈处，正是过年前后，指数连续在60分钟图上做出空头陷阱，诱骗不坚定的多头交出手中的筹码。春节之后大金融板块的暴动，也一定有人感受到了自己不坚定所带来的烦恼。很多人捂不住，守不住，最终只能沦为大好行情的看客。

图5-71 上证指数日线走势图

图中第三个圆圈处，正是所谓“趋势延续”VS“孤岛反转”的道路之争。最后的结局，估计很多持空头见解的朋友，终于在市场最疯狂的时候贪婪起来，变成了多头。

随着图中第四个圆圈处出现断头铡刀形态，当笔者喊出“风急扯呼”的口号的时候，那些在顶部的疯狂中享受余韵的多头，那些由空转多的人，暗暗开始加码做多。

后面第五个圆圈处，某些反向指标开始抄底。投机市场中，确实有一帮人可以称作是反向指标，这种说法虽然残酷，但却是现实。而笔者在朋友圈里推荐的大的策略，基本就是空仓、轻仓和严格止损。虽然这很无聊，但这就是事实。炒股，就是会很长时间地无聊！当然，你的仓位代表你的见地，这轮下跌，只有满仓者才会不顾一切地喊多；只有空仓、轻仓的人，才会波澜不惊地保持等待的姿势。

是的，正如标题所说，现在，可能真的要沉默地保持出击的姿势了。图 5–72 是上证指数日线图，从图中可以看到，从 3288 点开始的下跌，到目前为止已经经历了 2 个完整的日线中枢，今天破掉前期底部 2833 点，很大概率将开启日线级别背驰段。

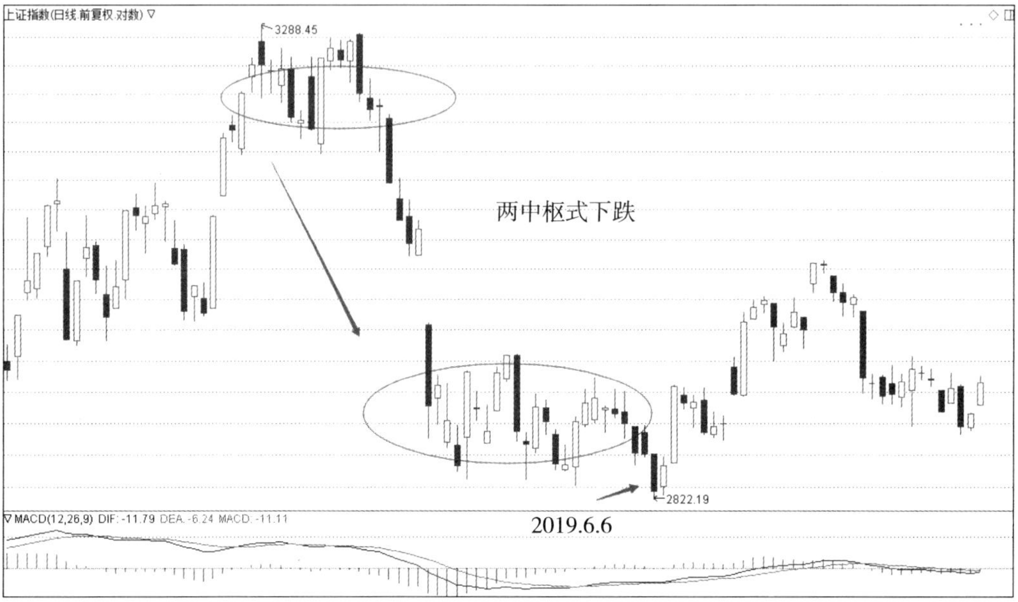

图 5–72 上证指数日线走势图

当然，一个趋势不必然就是 2 个中枢，也可能是 3 个甚至更多。但至少 2 个中枢之后，就十分有必要提高警惕了。好好观察后面的日 K 线图，看看下面一个日线底分型究竟会出现在什么位置。合适的位置出现底分型，或许真的能提供一个“愉快的抄底机会”。如果站在超然物外的角度，你可以看到，第二个中枢被套的人估计已经失望，而高位被套的人，可能已经绝望。必须要说，这些人占市场中的大多数，就是那个“八”。这就是将巴菲特的名言和市场当下结合的最佳路径。

后面如果大家有空，就去好好找一找，找那些抗跌或者已经提前启动的个股，如今，我再一次嗅到了战斗的味道！

31. 两次踏进同一条河流？（2019.6.14）

本周后 3 日（2019 年 6 月 12 日、13 日、14 日），指数基本在周一、周二的涨幅内震荡整理，可以看上证指数 60 分钟图，如图 5–73 所示。自 2822 点开启的一笔上涨之后，后 3 周市场处于温和调整的状态，这种调整似曾相识。图中第一个椭圆处，便是这种整理模式。但那个震荡调整最终选择了向下破底。标题用“两次踏入同一条河流”，就是说，操作上后面要密切关注这个震荡的方向选择。

但是，行情真的会两次踏进同一条河流吗？从 K 线图上看，有 2822 点的破底，空头陷阱的味道太浓烈了！从 MACD 指标的角度看，指标底背离之后，柱子变红，且黄白线站在了 0 轴之上，这都是市场强势的体现，因此，这次走势大概率很难与上次踏进同一条河流。

图 5–73 上证指数 60 分钟走势图

在本周二（2019.6.11）第一个标志性 K 线走出来或者即将走出来的时候入场，大概率是有浮盈的，这便是此次操作的安全屏障。介入得早，便拥有先机，这个先机可以让操作者继续等待这个震荡的变化。

板块方面，券商、酿酒、军工等都值得关注。具体说下这几个板块，我们用通达信的板块指数直观地看。先看券商板块，如图 5–74 所示。

从盘面的角度看，证券指数能进入笔者视野的关键，就在于它收出了带长下影线的锤子线之后，出现了放量大涨的标志性 K 线，这是多头力量爆发的突破点，因此绝对有必要去配置一些。但该板块有个问题，就是年初开启的大涨，基本透支了后面的上涨空间，所以上面抛盘太大，压力重重，昨日走势难以重现。因此，这里只说该板块值得配置，但满仓操作就没必要了。

关于酿酒板块，最大的亮点在于它的强势整理，这是前面所没有过的，如图 5–75 所示。前面的走势，图中圆圈处基本上是一个偏弱的中枢震荡，价格一旦顶上去，就被打压下来。这次并未被打压下来，反而在高位连续收小阴小阳线，表明多头的承接能力已经很强，大有拉一波行情、走出中枢的势头（注：该图为后来补的图，可以看到后面的走势非常凌厉）。

图 5–74 证券板块指数日线走势图

图 5–75 通达信酿酒指数日线走势图

军工板块以及贸易战相关板块，由于中美贸易摩擦的大背景，也可以适当关注。

总之，下周大盘重点关注上述震荡的变化，板块方面重点就是上面说的那几个板块。

32. 顺势展开的行情（2019.6.21）

本周的行情，基本上是顺势展开的，这个“势”在更早的时候已经基本形成雏形。上周的文章“两次踏进同一条河流”里，对前面调整的属性做了一个基本的梳理，并认为结束整理之后，顺势向上的概率较大。既然顺势向上的概率大，就要着手选股了。关于个股，除了跟大家分享过的一些股票外，也重点强调要关注券商、酿酒等板块以及相关个股。本周启动之后，这些板块基本上都顺势展开了，这也最终导致了指数的展开。

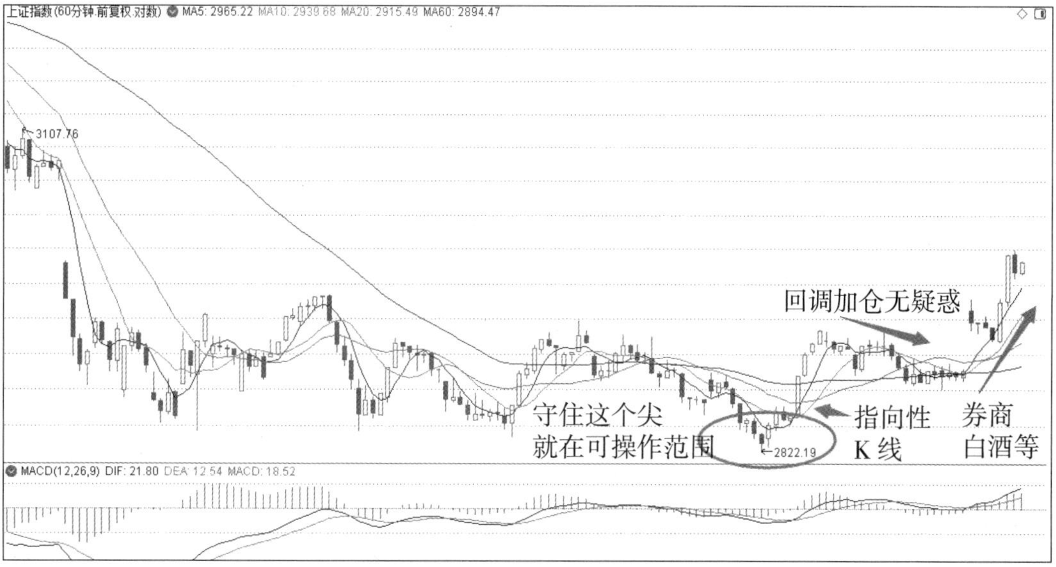

图 5–76　上证指数 60 分钟走势图

对于策略而言，如图 5–76 所示，60 分钟图上的标志性 K 线出来之后，基本就是毫无疑惑地一路加仓了，当然，笔者也在这么干。当时跟大家说，只要守住那个“尖”，就在可操作的范围内。为什么？因为那个尖，背驰的属性太明显了。背驰加上指向性 K 线，导致了日线上的大阳线。记得当时说，“出现这个大阳线，如果都不去赌一赌，那不知道什么才值得赌了”。笔者身边的朋友在恰当的时间敢于下注，也一定得到了回报。

现在，指数在周线图上收出了 1 根放量的大阳线，如图 5–77 所示，这对于周级别的走势而言，当然是一个大大的逆转。整体走势可以做如下的组合。

从线段的角度讲，如果年初的那波行情是周线的第一笔，那么当下这个周阳 K 线开启的行情，有机会去构成周级别线段上的第三笔。如果是那样，这波行情便有很大概率去挑战前期高点 3288 点。

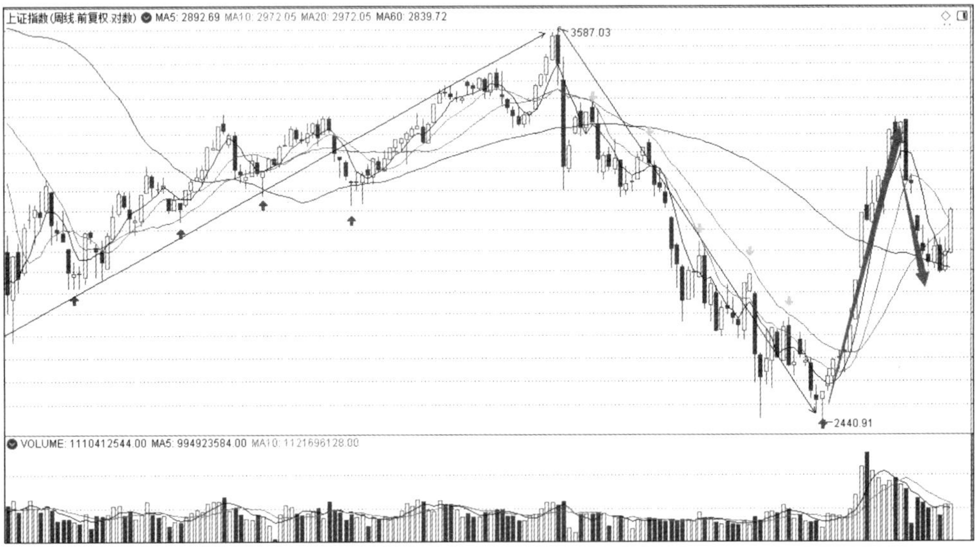

图 5-77　上证指数周线走势图

当然，上面只是一个大概的轮廓，走势是当下的，所以日常走势仍需关注。一个比较重要的阻力，就是日 K 线图上的缺口位置，目前在 3052 点，而这就是本波行情上攻的保守目标位。客观来讲，这个问题不太大，一个最简单的理由，目前券商、保险等板块个股，都处于刚刚开始放量上涨的第一波阶段，有什么理由对后市没有信心呢？（注：实际上，受缺口压制，此次行情的最高点在 3048 点。）

当然，操作的关键依旧是一个先机的问题。如果你把握了先机，那么会有更大的耐心去赌后面的上涨。如果跌了，无非利润回吐。如果涨了，那将极大地拓展涨幅，而且上涨的概率要大于下跌的概率，干吗不去赌一赌？

理念是如此，实践中我们也在日常的问答里都有较为细微的把握。如果这样还操作不好，那真的要好好反思一下了。当然，"反思"不是贬义词，每个人，包括我自己，都需要抽出一些时间远离浮躁的市场，好好反思自己的技术以及心理，只有这样，才有可能持续取得进步。资本市场的旅程一旦开始就很难终止，不进步，便会倒退。

33. 能否冲出重围？（2019.6.28）

近期的走势并不复杂，每天的评论基本都涉及了，周评再度回顾一下。这样按照周、日的组合去解剖走势，其实是非常合理的。周级别的分析可以帮助把握大方向，日盘的分析，有助于厘清细节与大势的关系，弄明白哪里是大势里的陷阱，哪里是大势里的拐点，从而更有利于指导操作。

对于大势的判断，延续上周的基本态度，目前周线的上涨已经发动，仍在继续，并未结束，如图 5-78 所示。

先说“已经发动”。从 60 分钟图上的那根指向性 K 线算起，行情基本就明确了，当时也在第一时间跟大家说了，并且说，如果图中标记“开始”处的大阳线还不值得下注，不知道什么才值得下注。当时还提出明确的操作策略，说逢回调一路加仓不犹豫，不知有几个人做到了。

图 5–78　上证指数 60 分钟走势图

再说“仍在继续”。如果把这波走势放到 60 分钟图上，可以很清晰地看到两次调整，现在是第二次。这第二次调整，正是在对前面的大平台进行回踩。当然，以前也跟大家讨论过，对于多头而言，在回补缺口前，最好先蓄势。对于多头而言，最好的蓄势位置就是这条 60 日均线，如图 5–79 所示。注意，这不是不攻击，而是主动示弱。就像战争，过犹不及，物极必反。当年朝鲜战争刚开始时，朝鲜人民军英勇无比，一路打到釜山，几乎将李承晚军队赶进大海，然而结果如何，还不是被美国军队仁川登陆，将部队拦腰截断。

当然，说“仍在继续”，那就是上涨仍未结束。注意，这只是针对当下而言。对于交易而言，“当下”的思维绝对要有。走势瞬息万变，任何时候都有可能因为各种软硬调控，或者外部各种力量的介入而出现变化，这是始终要明白的。仍以朝鲜战争为例，麦克阿瑟将军的两栖作战，拯救李承晚军队于必败。志愿军的强势介入，又挽回了朝鲜人民军的危局，那个当下，是各方博弈的结果，谁能大胆地完全预测呢？

综上所述，目前的整体策略依旧是偏多，这就是最基本的态度。这和 3288 点高位的时候明确说“风急扯呼”时的感觉完全不一样了，但普涨的情况难以再现，要去优选个股。

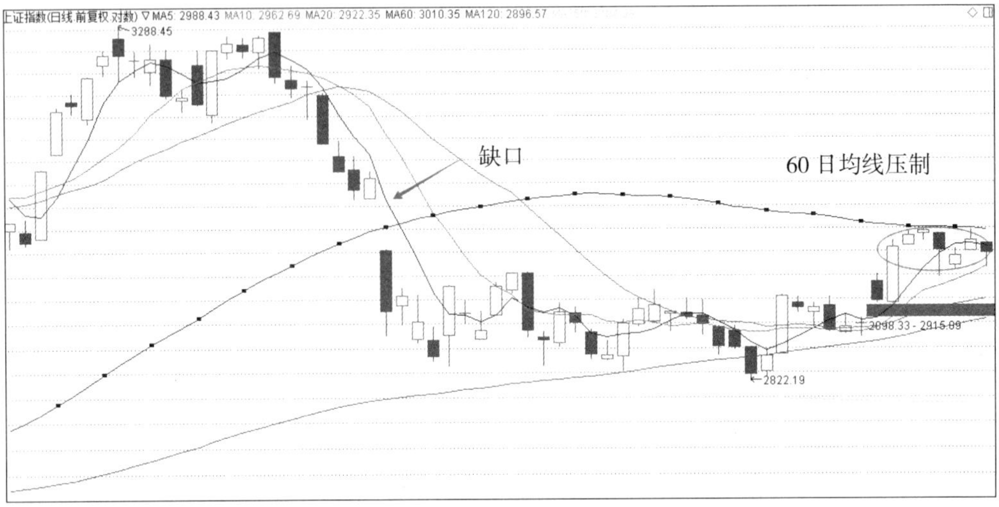

图 5-79　上证指数日线走势图

板块上，本波走势中，提示了几个大的板块，如券商、酿酒以及军工等。可以看到，之前的走势中，这几个板块在反复支撑着大盘，表现良好。当然，有些品种已经出现了不小的涨幅，那就不要追高了，等调整时再介入。从整体上来看，目前的行情中，一枝独秀的板块仍在酝酿中，还未显示出来。但可以预判，几乎不可能是前面一波走势中的大金融品种。大金融如果再来一波疯狂的行情，整体行情就要走到尽头了！

34. 通道式上涨（2019.7.5）

本周指数基本上沿着 60 日均线调整，如图 5-80 所示。之前多次跟大家说了，只要指数不明显跌破 60 日均线，或者不出现明显的右侧信号，都在可操作的范围内。

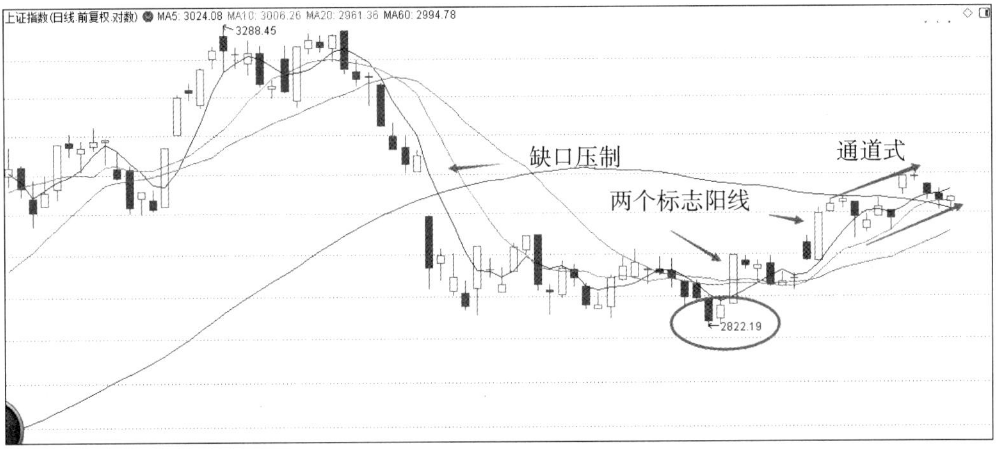

图 5-80　上证指数日线走势图

注意，这个可操作范围，之前曾经多次提到。本来行情刚开始的时候，说逢回调一路加仓不犹豫。那个时候就说，只要指数不跌破 2822 点的那个尖，都在可操作的范围。什么意思？就是说，至少保证了可做多的土壤，多头占优的概率是比较大的。在这个概率的把控下，依旧是赢面大，至少证明会有持续性的热点存在。

为什么 2822 点那个尖如此重要？从技术上讲，可以看作前面从 3288 点开始的下跌的终结点，如果下破了该位置，说明前面的下跌没有结束，依旧是空头主导的走势，当然不能做多了。从心理上讲，那是多头的心理寄托，是无数资金、技术、合力角逐出来的位置，如果跌破了，多头的灵魂将无处安放。

本周，指数没有明显跌破 60 日均线，也没有明显的右侧信号。从图上可以看到，本轮行情出现了 2 个标志性阳线。本周一的高开缺口，本有机会构成第三个标志性 K 线，但最终在前期缺口的压力下，持续温和地调整了 4 天。目前，指数仍旧保持通道式的上涨格局，意味着市场依旧在可操作范围之内。注意，中枢的形态有多种，通道式也是中枢的一种方式。

另外一个方面，是关于缺口压制过于精确的问题。多年的经验让我明白一个道理，一般来说，越是精确的压制，越有可能压制不住；对支撑而言也是如此，越是精确的支撑，越有可能最终支撑不住。因为有一个道理，越是大多数人认知的逻辑，越容易出错，否则，市场便会雨露均沾了。当然，有没有特别精确的压制，肯定是有的，若真出现，见信号行动即可。

板块方面，前几周甚至本次行情刚开始的时候，提示了白酒这个板块。其实大家可以去看看白酒板块指数，一直处于周线笔的上涨过程中，如图 5-81 所示。周线上，已经出现了四连阳，而且仍在持续中。本轮开始笔者重仓的白酒个股，目前已经获利颇丰了。

图 5-81　酿酒板块指数周线走势图

基于此，该板块目前仍旧值得轮炒，逢低介入。另外，其他的强势板块，一定会有轮动的机会。周末好好做功课，只要大势不结束，通道式上涨持续，仍旧会有非常好的盈利机会。

35. 周线顶分型形态（2019.7.12）

本周开盘之前，大盘在技术形态上一直维持着通道式的上涨形态，如图 5–82 所示。这种上涨，对于个股来讲一定是涨跌互现的。例如，当时笔者持有的白酒股等，就一直处于上涨的形态之中，没有出现任何异常变化。

图 5–82　上证指数 60 分钟走势图

注意，通道式上涨通常是比较温和的。一般情况下，通道式上涨末期，经常出现沿着趋势方向加速的走势。关于这一点，很多人纷纷留言说看到了所谓的技术指标顶背驰，那是他们没有见过通道式上涨之后的加速段，如果见过，就不会再如此说了。注意了，背驰一定是在趋势中才最有效果，“没有趋势，没有背驰”。对于通道式上涨而言，通道本质上就是一个中枢，你在中枢中用背驰去判断顶底，通常情况下是用错了地方。

当然，走势是当下的，你所谓的 90% 概率的可能性，都抵挡不住当下的现实走势。本周一，该通道式上涨的裂变出现了，突然出现一个向下的跳空缺口。由于有思想准备，周一跳空低开，笔者就当下地反应了。记得当时好像对大家说过，“如果今天超跌，对后市极为不利，宜减仓甚至清仓”。后来的变化，大家都看到了，1 根长阴破位，破坏了通道式上涨的形态，甚至破坏了本轮自 2822 点启动以来的大级别反弹。

本周，周线图上的顶分型形态已经很明确地出现了，如图 5–83 所示，这对后市是一个非常不好的信号。仅从周线的角度看，指数只有再度站上该顶分型的顶部，即 3048 点，才能将这个顶分型证伪。对于大级别的操作者而言，这是后面首先要关注的一个点。当然，也不排除后面慢慢折腾出一个新的底分型，那是后面的事情了。

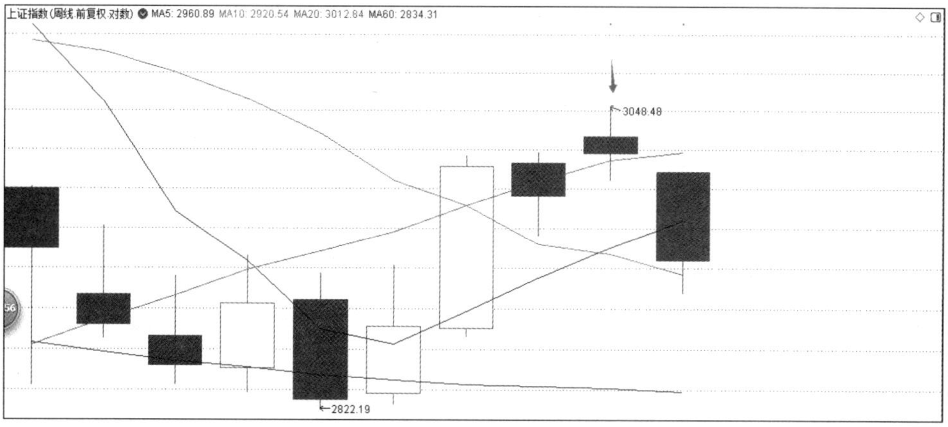

图 5-83　上证指数周线走势图

当然，更精细的分析，可以去观察日线图，如图 5-84 所示。今天跟大家说，现在调整的时间不够，建议大家在学习中等待。是的，我们可以看看日线图，今天虽然指数勉强击破了 5 日均线，但整体上，连续 4 日收出的小阴小阳线，一直徘徊在周一长阴线的脚下，读者可以去翻看一下《教你炒股票：缠论与 K 线分析技术》这本书，查查经典的 K 线形态，看该形态意味着什么。如果没有记错的话，这应该是很典型的下跌中继形态，后市延续下跌的概率是极高的。

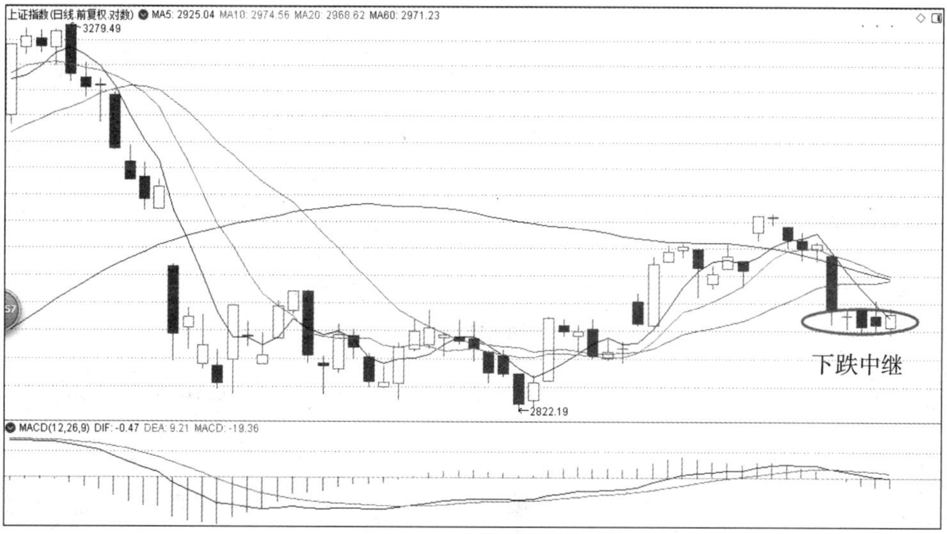

图 5-84　上证指数日线走势图

当然，具体的走法仍需当下观察，当下反应。但有一句话送给大家：文武之道，一张一弛；交易之道，亦复如是！

36. 犬牙交错的一周（2019.7.19）

本周的行情，用“犬牙交错”这四个字来形容再贴切不过了。基本的节奏——眼看要破位的时候，底部突然会涌现出一阵“洪荒之力”支撑大盘。当第一波洪荒之力消耗完，后续的力量跟不上，便再来一波砸盘。总体上，空头力量始终未能占据压倒性优势，多头也始终不能维持一个短线向上的格局，使得本周内总体上呈现复杂的中枢震荡格局。当然，如果从基本面上解释，认为大盘指数可能在等待科创板落子也不为过，这并不妨碍当下走势的直观判断。

图 5-85 是上证指数 60 分钟图，从图中可以清楚地看到，本周一的长下影线以及之后的大阳线，似乎有标志性 K 线的味道，但最终没有能够形成突破的格局，以至于连第一次回踩都不能站稳，随后便掉了下来。注意，如果是真正的标志性 K 线，其后的回撤往往会是很温和的，极少会出现当前盘面呈现的错综复杂的走势，因此，对于后市，多头的力度就值得怀疑了。

图 5-85 上证指数 60 分钟走势图

如果从周线上去分析，就更明显了，如图 5-86 所示。上周形成的顶分型结构，本周没有任何实质性的改观，只是在长阴脚下收了一个十字星而已，对于中线走势并无任何大的影响。所以，总体上看，目前的走势依旧可以是看作是在前面破位的长阴脚下的一个震荡。

对于上周的顶分型，有人说不符合缠论的精神，原因在于在那个顶分型之前，并没有出现符合缠论定义的笔。这让笔者想起《金刚经》里的一句话："法尚应舍，何况非法。"在学习理论的阶段，最好是按照定义去划分，这属于"法"的范畴，主要是用来破"非法"，用来破普通投资者杂乱的操作。但对于操作而言，重要的是市场的当下直观，直观地分析多空力量的对比变化，之后顺应这个变化。如果拘泥于定义，拘泥于所谓的"法"，罔顾市场的当下，是要吃亏的。

图 5-86　上证指数周线走势图

学佛的次第也是一样，先用佛法空非佛法，最后要空的是佛法。这就好像你去渡河，第一步是要找船找舟楫过河。对于修行而言，佛法就是那个舟楫，对于投资而言，缠论就是渡河的舟楫。但当你过了河，还要背着船走，那无疑是愚蠢的。过了河，当然要把船丢掉，这样才算得上究竟。

本周有人问策略：记得当时说"中线不明朗，短线随意"。中线走势何时明朗，需要当下判断。短线现在很明朗，就是震荡，因此存在局部性的机会。本周也有朋友短线做得不错，但要记住，这个震荡是偏空的，一定要谨防风险。

当然，偏空的震荡有没有可能直接转为多头主导，这种可能性绝对是有的。作为一个操盘者，分析是手段而非目标。作为一个操盘者，一定不要排除所有的可能性。如果后面震荡转向多了，也要忘记所有的可能性，拥抱事物的当下性。

操作的关键在节奏，只要节奏没问题，其他弱一点，操作一般不会有太大问题。本质上，这里的市场评论一直着力于带着正确的节奏去走，而这节奏到目前为止基本没错过。

37. 该跌不跌，后市看多（2019.8.2）

上周的行情走势可以用“犬牙交错”来形容。多空交错中，仍旧偏向空头走势。本周，可以强烈地感受到，在多头的共同努力下，盘面已经开始明显拒绝下跌，并且逐步展现利多的迹象，如图 5-87 所示。

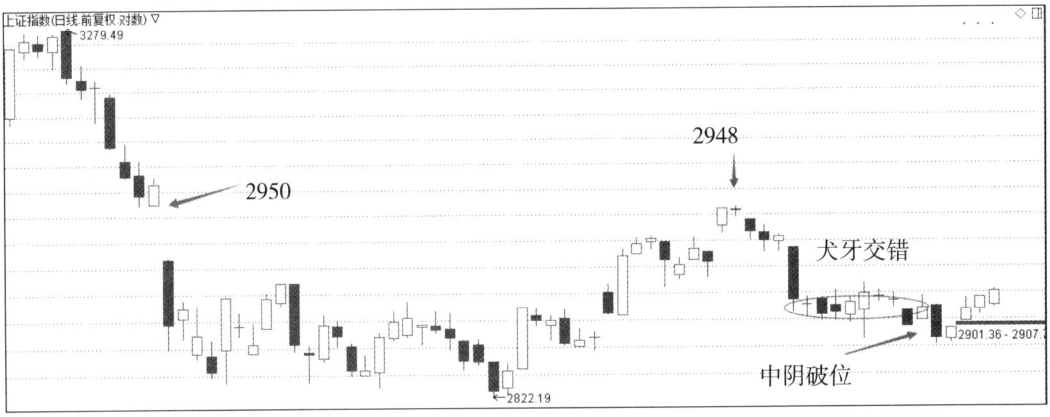

图 5-87　上证指数日线走势图

在上周的犬牙交错之后，本周一（2019.7.22）空方能量集中释放，全天收中阴，大有继续破位下跌的气势。然而，周二指数并没有延续跌势，而是在中阴线脚下收出 1 根小阳线。第三天，指数更是在保险以及芯片等板块的带领下跳空高开。本周连续 4 天走出小阳线，幅度上已经吞没了周一中阴线的幅度，并且来到了盘整的高位。总体而言，本周后 4 天没有延续周一的跌势，反而反包周一的阴线，这对多头来讲是个比较积极的信号。60 分钟线上，则明显看出了多头蓄势的味道，如图 5-88 所示。

60 分钟图上，MACD 指标出现底背离的特征，这已经早早跟大家交代过，这里再分辨一下。上一轮 60 分钟级别的下跌，MACD 绿柱子出现 3 次，第一次是明显放大的，因而不可能出现拐点。第二次，价格在犬牙交错的中枢震荡中，且没有创新低，所以虽然绿柱子面积缩小，黄白线也不创新低，但仍不足以判断底背离。第三次，价格跌破犬牙交错的中枢创新低，但绿柱子面积与第一次相比明显缩小，黄白线不创新低。最重要的是，周二的第一个 60 分钟，指数在保险、芯片板块的带领下跳空收大阳线，一举来到前面中枢的高位。之后的横盘整理，就颇有蓄势的味道了。

目前，该 60 分钟图上的蓄势区间仍在维持，下周重点关注方向选择的问题。结合日线图分析，偏多的概率较大。前两天盘面出现偏多信号，相信圈里已有不少朋友开始介入，略有盈余的概率较大。后市一是关注手中个股的变化，再就是关注大盘土壤的变化。

当前的行情，一旦当前的蓄势区间被向上突破，那么就有理由看高一线了。再参考

图 5-88 上证指数 60 分钟走势图

上面的日线图，图 5-87 中有 1 个明显的上一波下跌留下的缺口，在 2950 点的位置。上一轮上涨，最高点 2948 点，差 2 个点没有回补。这波行情一旦启动，保守的目标位就是那个缺口的位置。

退一步讲，即便是蓄势区间没有向上突破，大盘仍旧维持震荡的状态，也依旧有很多股票可做。像上面说的保险、芯片等板块，有不少个股已经开始走出亮眼的表现。

择其善者而从之，其不善者而改之!

38. 反弹夭折，后市如何看？（2019.8.2）

上周，走势一度看到转多的曙光。周评里也说：60 分钟线上，则明显看出了多头蓄势的味道。本周一，这个短线的多头蓄势并没有落空，请看上证指数 30 分钟图，如图 5-89 所示。

从图中可以明显看到，周一一开盘，30 分钟图上就走出强劲的第三笔上扬。即便是之后的连续小阴线调整，也没有超出上涨线段的范畴。然而，非常当下地，在周二开盘之后，1 根 30 分钟图上的跳空低开大阴线，打破了这种反弹的格局，那是一根典型的标志性 K 线。记得当时跟朋友说：“60 分钟走势出现断裂，密切关注手中个股的情况。”后来有人问减仓是否符合节奏，当时给出了肯定的回答。

为什么要减仓？因为走势出现了不确定性。这种不确定性主要表现为两个方面，一方面，若能守住图中底背离的位置，那么即有可能开启新一波 60 分钟图上的上涨。另一方面，若守不住图中椭圆处的底背离位置，走势将变得更加复杂。

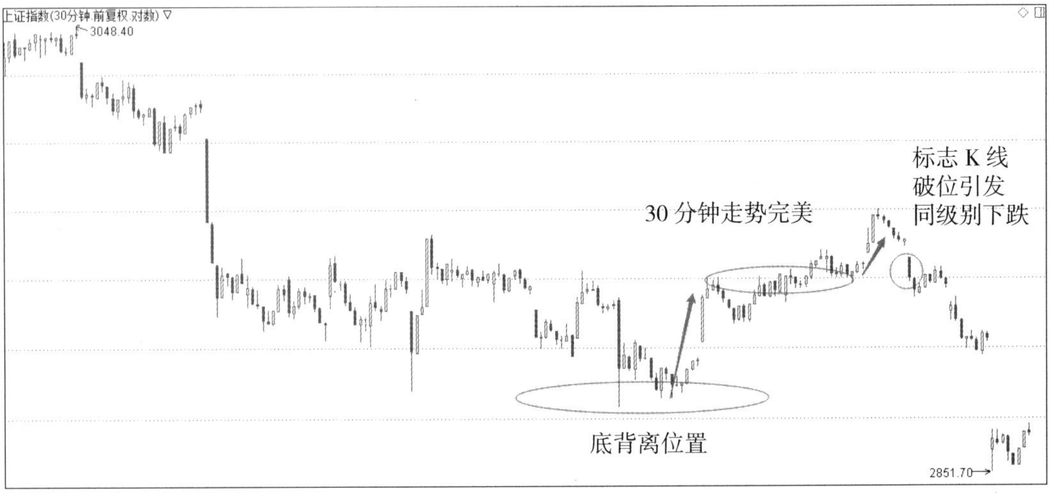

图 5-89 上证指数 30 分钟走势图

今天，受国际政治因素的影响，全球股市低开，A 股以向下跳空缺口的形式跌破了前面底背离的位置，于是上面提到的第二种可能性变成了一种确定性，整个走势便可做如下组合了。

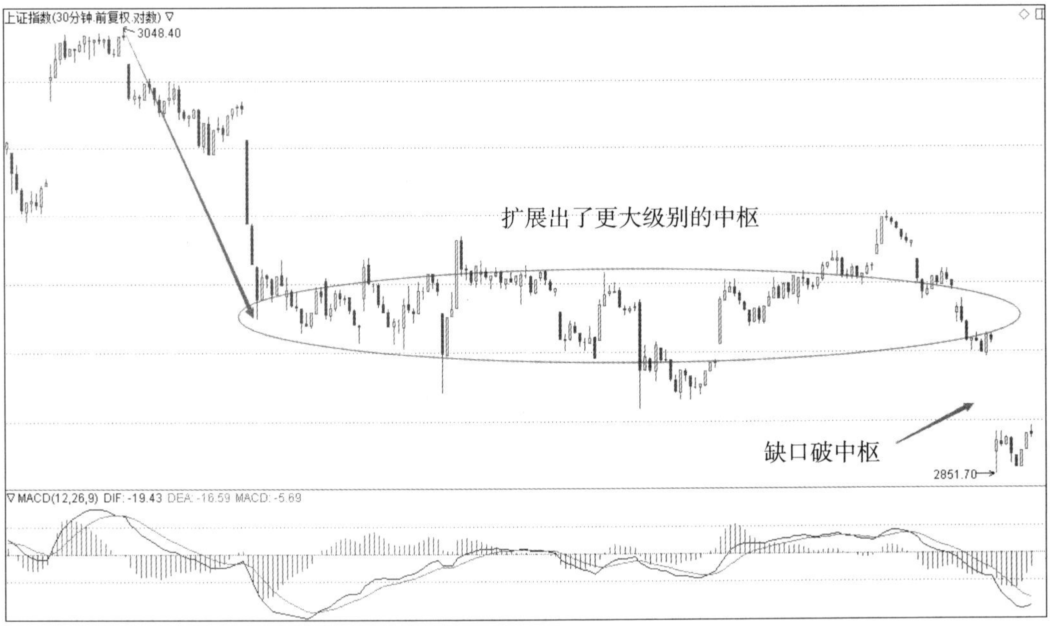

图 5-90 上证指数 30 分钟走势图

如图 5-90 所示，图中椭圆处的位置，扩展出了更大级别的中枢，而且该中枢被缺口破掉，自 3048 点开启的下跌仍在延续中。后面，大家仍可以继续以中枢震荡的视角观察走势，但这个震荡明显偏弱。后面若无较大的利好消息提振，单单靠目前盘面上少数几个板块的带领，领涨板块势单力孤，回补缺口的概率极低，大概率将延续自3048点以来的日线级别下跌。这一点在周线图上也能印证，如图5-91所示。

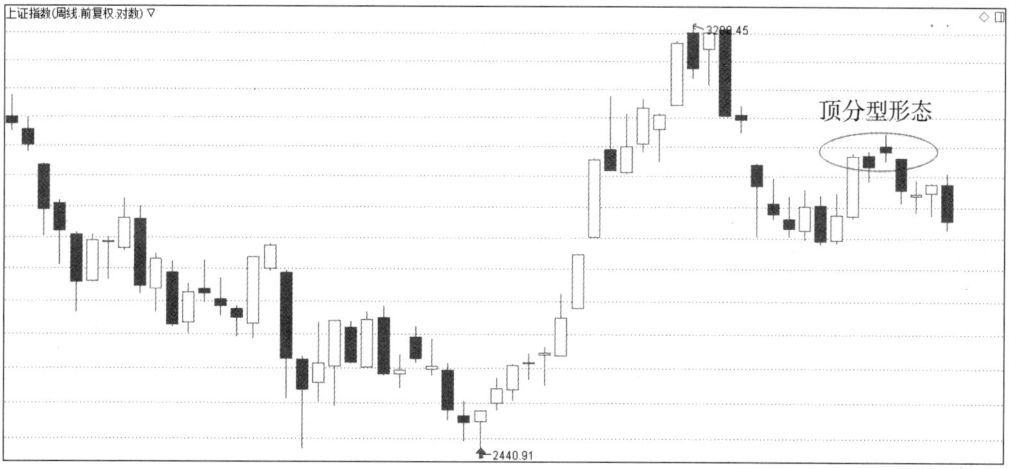

图5-91　上证指数周线走势图

周线图上，前几周给大家说的顶分型形态，目前没有任何改观。如果你是中线做多操作，从大的面上讲，因为没有一个稳固的底分型，目前还是等待为好。注意，目前不存在周笔以上的行情，所有的参与都是周笔之下的行情。从这个角度讲，对多头而言，中线等待，或者在严格控制仓位、严格止盈止损的前提下做短线，这是总的操作原则。

39. 不妄动，才能稳得住（2019.8.9）

上周和朋友说，日线收出分手线，后市利空。然后本周一市场应声大跌，再度创下本轮新低，彻底破了前期多头的心理防线2822点。其实不光从那个时候开始，从更早的时候，60分钟图上出现断裂的时候，笔者就旗帜鲜明地说反弹夭折，要减仓。我们回顾一下这次断裂，大家也再加深一下体会，看一下上证指数60分钟走势图，如图5-92所示。

图中线段处，如果放到30分钟图上看，是一个典型的线段式上涨，而且走势很完美，3笔结束。结束的具体位置，就是图中椭圆处的位置。在那个位置，有朋友问，按节奏是否应该减仓，当时给出了肯定的回答。从那个位置到现在，大家可以去计算，又跌去多少了。

本周一，市场探底回升，日线收十字星。当时跟大家说，指数有回抽5日均线的需求，如果连5日均线都上不去，那是没有什么太大的参与价值的。应该说，本周绝大多数时间都在回抽5日线，如图5-93所示。本周五一度承外盘上涨，高过5日均线。但收盘再度收中阴线，基本上这次对5日均线的反抽大概率就结束了。注意，典型的下跌

图 5-92　上证指数 60 分钟走势图

图 5-93　上证指数日线走势图

是一浪低过一浪的，这次就要看前面的 2733 点在日线上能否守住，守得住，至少还有盘整的短线可做，守不住，中线依旧按兵不动，上面就是下周大体的策略。

本周特别想说的是：不妄动，才能稳得住。

经过上半年的折腾，不少人应该是浮盈的。浮盈本来不值得太大的庆贺。老子曰："反者道之动。"往往因为盈利的操作模式导致盈利，然后盈利模式失去市场基础之后，交易者来不及反应，或者根本没有反应，反而导致更大的亏损，这种事情太常见了。所谓"无招胜有招"，刚入门的，基本是无招的选手，适应一段时间，学得一招半式，市场再配合的话，或可盈利，但这是市场配合的结果。人往往认为自己聪明无敌，殊不知当风向变化时，这一招数就失效了，亏损便接踵而至。市场大部分人处于无招的状态，少部分有招。投资者首先要认清自己，认不清自己，也认不清市场，就会无名妄动。无名妄动不仅稳不住盈利，连本金也难稳住。

当下，要控制住自己着急赚钱的心理，免亏即是赚。这样等待市场春天的到来，之后才有足够的力气去争胜。

40. 本周市场简评（2019.8.23）

先说短线，看上证指数日线图，如图 5-94 所示。

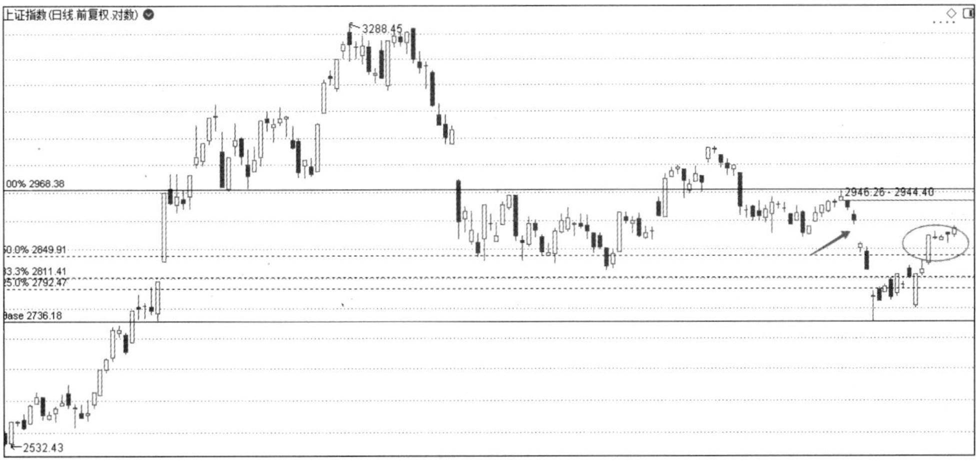

图 5-94　上证指数日线走势图

本周一的大阳线，使得原本日线级别下跌中继的格局有了很大程度的改观。但那天也说了，当下的市场，不具备总体连续拔高的势能，而且，上方遇到前面的下跌缺口的压制，本周后 4 天，基本在周一长阳线的脚下连续盘整。当然，盘整便有机会，这机会就体现在某些局部性的机会如科技股、贸易战受益相关股票上。

再说中线，如图 5-95 所示。

中线上，连续两周收阳线，扭转了之前周顶分型引起的一笔下跌，底部收出了底分型的形态。但是，从周线级别走势类型总体去分析，当下可以看做一个周级别中枢震荡的向上返回段，还应理性地看待。客观地说，近期的反弹，创业板和深圳成指是强于上证指数的，这也是这几个指数成分股不一样的原因。深证、创业板包含更多的中小企业以及科技股，因而走势表现相对较强。上证指数成分股更多地是传统产业的股票，因而反弹相对弱一些。但不管怎么说，它们的总体格局一致，都可以当做周级别的中枢去看。

大势上，总体的思路就是看中线做短线，密切关注日线图上的上涨。首先是本周连续 4 天形成的震荡区间之后的方向选择，警惕日线上的上涨格局出现异变。若无，安心持股，或者可大胆找股票操作。若有，则要注意风险。

图 5-95 上证指数周线走势图

41. 中阴状态的生存策略（2019.8.30）

近期指数明显处于不上不下又可上可下的中阴状态，下面看上证指数 60 分钟走势图，如图 5-96 所示。

图 5-96 上证指数 60 分钟走势图

走势上，最近曾两次提示短线风险，原因就在于一方面价格创出新高，另一方面，如图中箭头处所示，MACD 指标不断背离，不创新高，但两次背离最终都顽强拉回。日线上，指数始终不能摆脱 60 日均线的压制，每每要突破，都被空头反压，如图 5-97 所示，这是很明显的中阴状态的标志。

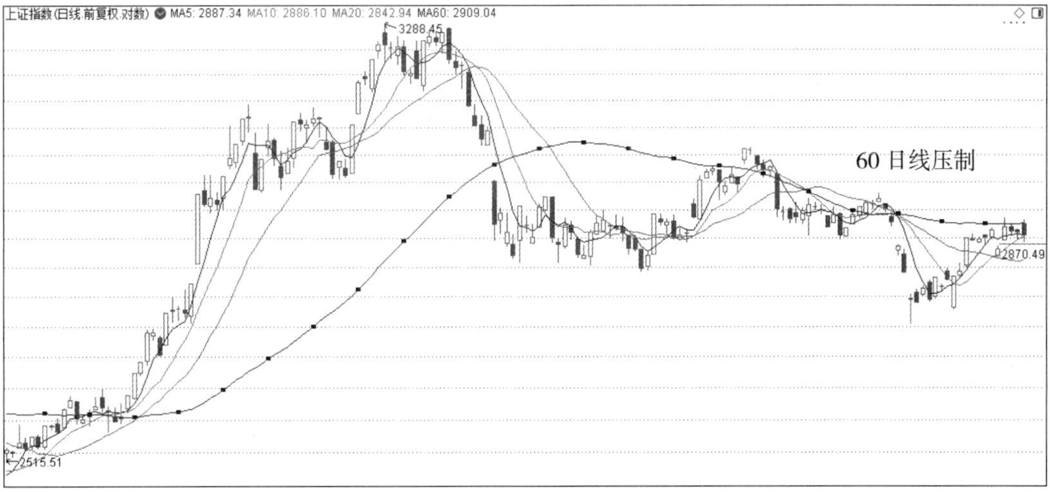

图 5-97 上证指数日线走势图

深证成指走势稍强，能够运行到大的箱体上边沿，但形态基本一致，始终无法形成有效突破，如图 5-98 所示。

图 5-98 深证成指日线走势图

太多的细节不用多说，随机漫步的状态，本来就没有多少规律可循，今天主要聊中阴状态的生存策略。中阴状态基本上有两种策略，一是空仓，二是轻指数，重个股。

先说空仓，这类人一般是着眼于中线或者长线的角度去考虑的。从周线的角度讲，目前的指数走势仍旧不是特别乐观，这个大的背景不容忽略。以较强的深证成指为例，如图 5–99 所示。从图中可以清楚地看到，在周线第一笔下跌之后，出现一个周级别的调整段，这个调整段目前看就是以图中箱体震荡的方式来进行的。这个箱体，下跌中继的味道还是比较浓厚的，除非深证成指能够有效站上箱体。上证指数更弱。所以，从中长线的角度而言，空仓是没错的，空仓又不会亏钱。资本市场可操作的品种很多，技术娴熟的，期货难道不可以玩吗，而且生命里又不是只有资本市场，又何必过于纠结呢？

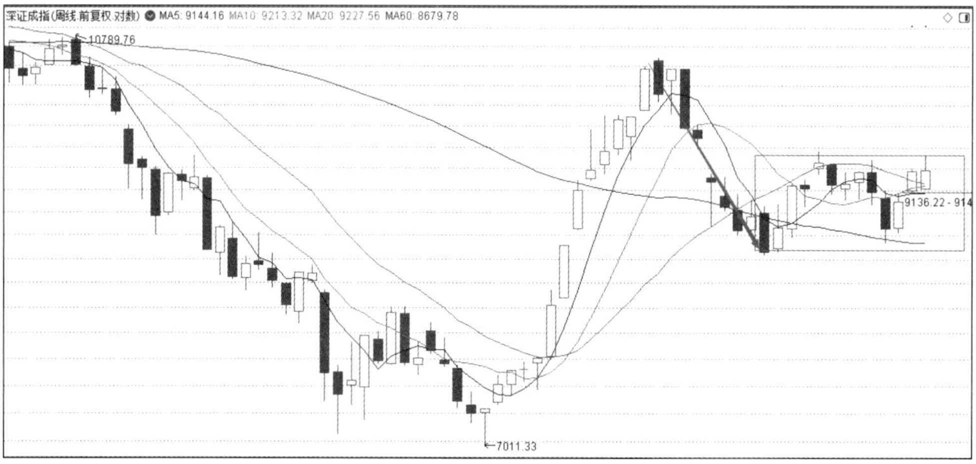

图 5–99　深圳成指周线走势图

再说所谓轻指数、重个股。中阴状态，从整个市场个股走势分布的情况看，必然是涨跌较为均衡的，这样才能形成平均的合力，这就有机可乘了。之前曾提到过的一些华为概念股、白酒股以及黄金概念股，近期表现都不错。唯一要注意的是仓位的问题，一般以中线为主的交易者，或者资金规模较大的交易者，都会适当控制，从而使自己的交易策略整体上更加立体，更加有弹性。当然，这和个人风格有关，有的人 30 分钟级别的上涨就满仓，而且做得不错。风格千差万别，有多少人就有多少风格，关键是你是否得心应手的问题。这个心，也只是你的心。本周一直说照顾好手中的个股，并说即便转折也有先有后，其根本原因就在这里。

下周，重点仍在这个中阴状态，看走势是持续还是向上或者向下。中阴急转直下的，大家也一起见过，例如上一轮大涨的高点，就是以这种方式直接下来的，前面的文章中称之为断头铡刀，如图 5–100 所示。

中阴之后的上下，往往都是快速的，这就是缠论里说的交叉缠绕之后的高潮走势。就像温水煮青蛙，越是交叉缠绕，大家越会放松警惕。就像那个一直喊“狼来了”的孩子，喊的次数多了，人们都不相信了，往往这个时候狼就真的来了。

图 5-100　深圳成指日线走势图：中阴转向下走势

42. 一颗红心，两手准备（2019.9.12）

本周是大盘周线收出坚实阳线之后的第一周，上证指数面临前高的压力，收出小阳线，可以看作是在上周阳线上方的强势休整，目前一切尚属正常，如图 5-101 所示。

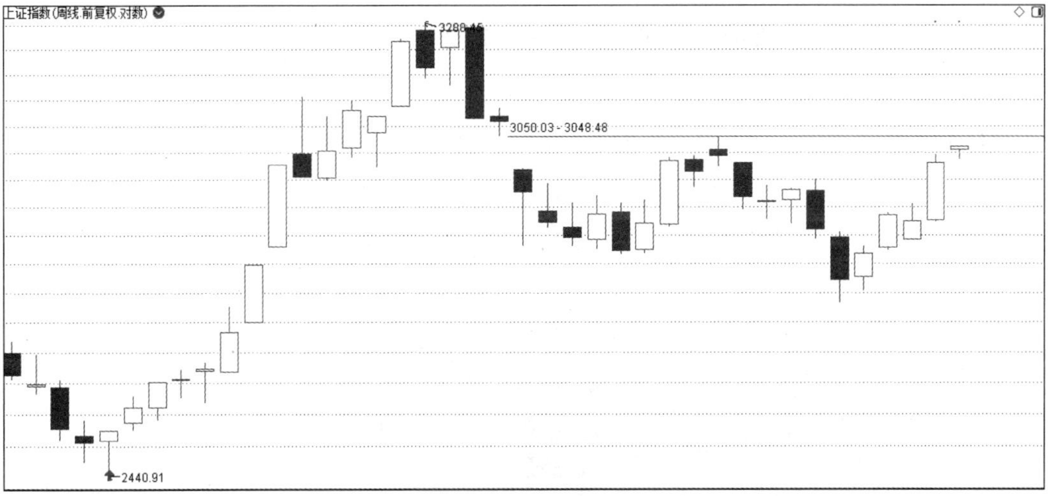

图 5-101　上证指数周线走势图

60 分钟级别上，如图 5-102 所示，本周连续几天在周一形成的阳线范围内调整，目前可以看作是一个高位的中枢，后面关注该中枢的方向选择。不过，连续几天的回调都没有回补 2999 点的缺口，周五收盘又有些上涨的冲动，算是比较强势的休整了。

下周指数重点关注两个技术点位，下方就是 2999 点附近的缺口是否回补。上方，

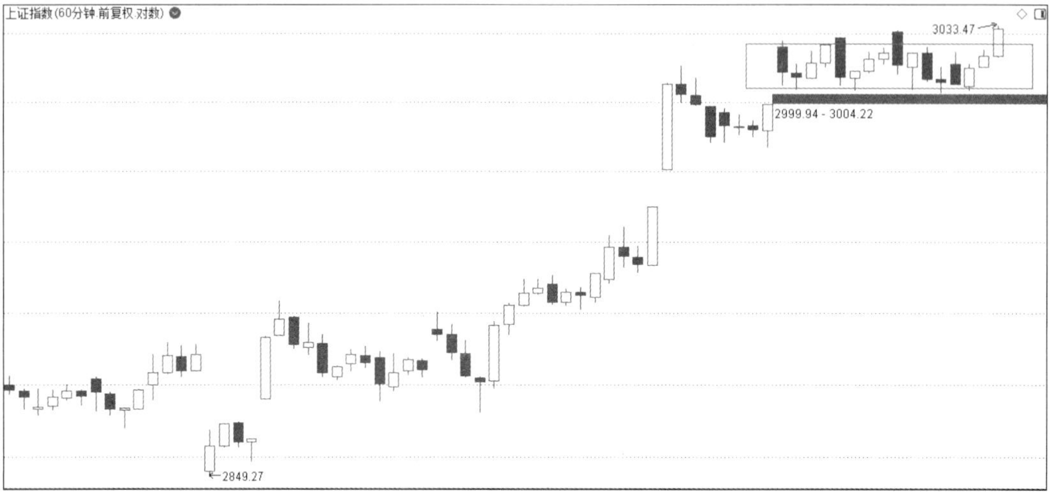

图 5-102　上证指数 60 分钟走势图

马上要兵临 3052 点的缺口，如果能够站上，后市行情会继续向纵深发展。这一切的关键，就在于 60 分钟图上箱体震荡的方向选择，下周拭目以待。

如标题所言，在非典型的上涨行情中，要保持“一颗红心”，但要“做两手准备”。

所谓典型的上涨行情，如同今年 1 月份开启的上涨，基本就是普涨。这种格局，市场参与者的趋同性极强，个股基本属于普涨的态势。这种行情下，要点是持股，比拼的是耐心、恒心、决心。谁能够心如磐石，满仓持股，谁能获得大利润。心不坚定的，往往吃不到太大的利润。

所谓非典型上涨行情，就像现在的行情一样，走得比较犹豫，进两步，退一步或者等一步。这种市场的趋同性不是特别强，就需要时刻保持警惕，看看这趋同性是逐渐加强，还是逐渐削弱甚至反向。这种行情下，板块个股表现各异，就不是持股那么简单，要把技术系统贯彻在其中，该止损止损，该止盈止盈。当下的行情，要机动灵活一些。周线上，“一颗红心”，以多头心态看待。短线上，“两手准备”，关注两个技术要点。个股按技术操作，走得好就拿，走坏了就退出，又不是没有换股的空间。这就是当下的策略。

43. 关注小级别变化（2019.9.20）

指数在周一挑战 3050 点的前高以及缺口位置失败之后，周二快速回跌，创造了本轮上涨以来的最大跌幅，随后连续 3 天均以小阳线报收，如图 5-103 所示。

在小级别的 30 分钟图上，如图 5-104 所示，市场没有承接周二的大阴线连续下行，而是走出线段式的上涨行情，目前在 MA60 均线附近震荡整理。下周，对于指数而言，关键就在这个线段的演化。

图 5–103 上证指数日线走势图

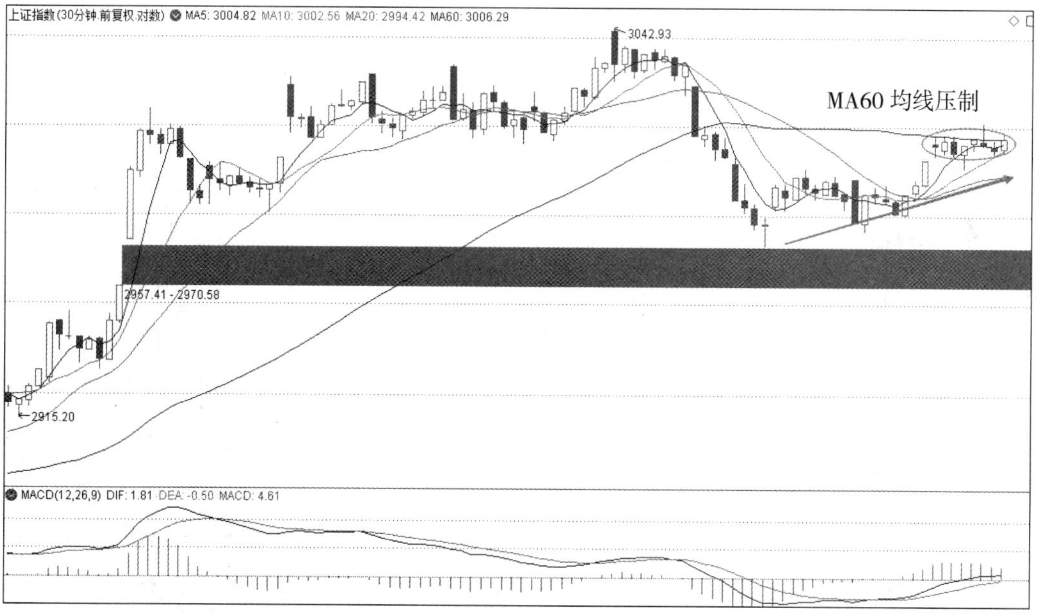

图 5–104 上证指数 30 分钟走势图

44. 迎国庆兼论当下走势的关键（2019.9.30）

有必要系统梳理一下本轮行情，以便使大家对这轮走势的变化做到心中有数，如图 5–105 所示。

图 5–105 上证指数日线走势图

[2986,3052] 处的日线缺口，已经两次压制了指数的反弹。上一轮指数止步于 3048 点，没能完全回补上面的缺口。本轮指数最高摸到 3042 点，再次受到上面 3050 点处的日线缺口的压力，没能冲过去。自从指数日线上收出标志性阴线那天，整体上已经转入防御的状态。

注意，在综合决策系统里，市场强度是一个很重要的子系统。一般来说，市场强度弱，个股即使走出买点，也通常不牢固。反之，若市场强度好，买卖点才要大抓特抓。缠论的买卖点原则，是在大牛市的前提下提出的，这一点已经无数次和大家强调了。

目前的行情是，在 3052 点缺口的压制下，已经走出 3 段非常明显的次级别行情，这 3 段次级别行情构成了一个大的中枢。这个 3052 点的缺口位置，已经成为该中枢能否向上突破的关键位置。

30 分钟图上的变化则更加明显，如图 5–106 所示。在日线走势上出现标志性 K 线之后，指数连续 3 天出现了小阳线反抽，对应到 30 分钟图上，出现了类似线段式的反弹，随后以跳空缺口的方式向下跌破。记得出现跳空缺口那天休市之后，和朋友们说宜减仓，不知大家是否减仓应对了。如果按照乘法原则的思路，首先日线上出了标志性阴线，其次，连续 3 天的反抽不能吃掉标志性阴线，再次，出现跳空缺口，这 3 种因素综合作用，使得指数向下走的概率太大了。

从 30 分钟图上去分析，指数就是从 3042 点处开启的下跌，已经走出了第一个中枢，目前破中枢向下。这个向下的走势什么时候结束，我们不知道，唯一知道的，就是这个下跌必然会结束。下跌结束必然会出现底背驰以及其后的第二类买点。

图 5-106　上证指数 30 分钟走势图

客观地说，目前，该下跌底背驰的条件还不具备，从 MACD 指标的角度看，绿柱子还没有出现回抽 0 轴之后面积缩小的情况，所以当下位置并没有底背驰的迹象。如果国庆节期间没有什么有分量的利好消息，节后大概率仍将延续这个下跌，直到做出底背驰。或者可以不用看底背驰的信号，干脆就关注均线。目前，该 30 分钟图上的下跌，主要的压制均线就是 MA60 均线。从图中可以看到，无论在前期的上涨中还是在本轮的下跌中，该均线都起到了关键的支撑和阻挡作用。从这个意义上讲，该均线一日不走平并被升破，行情就没有参与的价值。

注意，当下，在日线图上大级别中枢震荡的格局下，一旦 30 分钟图上再次出现底背驰，那么就是下一波机会，指数大概率将重新展现一波升势。从这个意义上讲，当前的下跌，其意义在于为下一波上涨准备空间，下跌的空间越大，后市的涨幅也就越大。

中华人民共和国建国 70 周年了，按照国家之前制定的战略，21 世纪中叶，我国将建成中等发达国家。从目前的发展态势看，赶英超美的战略目标应该会提前完成，甚至到 2050 年左右，中国将成为世界上唯一的超级大国。在几千年的发展历史上，中国基本都处在这个位置上，现在只是回归常态而已。这也意味着，再过一二十年，所有人的物质生活都将变得富足，这才是真正的大势！“莫道昆明池水浅，风物长宜放眼量！”

45. 再度向高地发起冲击（2019.10.11）

节前的文章里说，走势的关键在 30 分钟图上的 MA60 均线。本周，这个障碍已经被扫清了，我们看上证指数 30 分钟图，如图 5-107 所示。

图 5-107　上证指数 30 分钟走势图

图 5-107 中显示，MA60 均线已经被大幅度地越过了。实际上，这次行情在 2891 点的位置再次收出跳空低开后的金针探底，而且对应着 MACD 指标的底背离。跟踪文章的朋友应该不会感到奇怪，从 2440 点左右开始，市场好几次见底都是以这种方式出现的。但为什么特别强调均线，因为这是最稳妥的方式。另外，总是去判断市场的绝对底部，其实是一个不太好的习惯。对于操作者而言，捕捉一个相对的底部就足够了。

这个 30 分钟图上的突破，顺带着让周线上走出了一个反包的形态，这对于大级别的走势是比较有利的，如图 5-108 所示。

本周的周 K 线一出来，使得整个上证指数呈现出非常典型的底部形态——头肩底，颈线位就是前面一直说的两次压制大盘的 3050 点的位置。此次展开攻击，绝对是权重股先行的。

前面曾说过光大银行的出水芙蓉形态，该银行经过近期的折腾，已经从最初的出水芙蓉变成气冲霄汉了。周五的盘面，大家应该也特别留意了，大盘一度陷入颓势，正是午盘前券商的一波拉升把指数带了起来。所以，可以说本次行情金融权重股再度先行出击，如图 5-109 所示。

图 5-108　上证指数周线走势图

图 5-109　银行板块指数周线走势图

目前看，银行板块指数在稳健地上行，周线上收出坚定的阳线，这是极好的兆头，是大盘冲击 3050 点的有力武器。如果指数能冲过并站稳 3050 点的颈线位，便会把全盘带活，坐实那个头肩底，后面的量度升幅是比较可观的。

46. 温和调整不再温和（2019.10.18）

指数本周一在银行股的带动下跳空高开高走，使得指数在突破 30 分钟图上的 MA60 均线之后达到了高潮，如图 5-107 所示。记得当天本轮银行板块的指标股光大银行一度涨停，随后陷入连续3天的温和调整，如图5-110所示。盘面上看，调整没有什么异样的地方。银行股高潮持续一段时间之后，出现一定程度的不应期，实属正常。

图5-110 上证指数日线走势图

但本周五的下跌，使得这个调整不再温和，1根中阴线破坏了这个温和调整的形态。30分钟图上看，关键的MA60均线周五下午被击穿，这是个很不好的信号，如图5-111所示。按照支撑、阻力转化原则，阻力线被突破之后，应该转为支撑线。但周五的下跌中，该均线没有任何反抗的表现即告失守，这是很不正常的情况。当走势出现严重违反常识的行为，例如该涨不涨，或者该跌不跌的时候，就要多多留心，后市通常会往反方向发展一段时间。

后面的走势，可以从两个角度把握，一是30分钟图上的下跌线段，这个线段不逆转，风险就没有释放完。二是日线图上的60日均线或者前低的位置。那个位置如果守不住，从周线上看，多头辛苦营造的周线头肩底形态即宣告暂时失败，下一个周级别的启动点要换下一个当下去观察了，如图5-112所示。

走势模型是一回事，实盘操作又是另一回事。盘面的变化是当下变化的，如同行军打仗，战场的变化永远是敌我双方当下博弈出来的结果。如同抗美援朝战争，麦克阿瑟打到鸭绿江边的时候，很自信地告诉部队要回家过圣诞节，但当志愿军秘密入朝作战后，形势一下子就改变了。麦克阿瑟虽然对这种局面极端不情愿，但也不得不低下高傲的头，退到“三八线”以南。

可能有人很怀念去年年底到今年年初的日子，那种行情很难得，但后面一定会有。“鸡飞狗跳”的行情中，只要保护好自己，一定有机会拥抱下次的大行情。

图 5-111　上证指数 30 分钟走势图

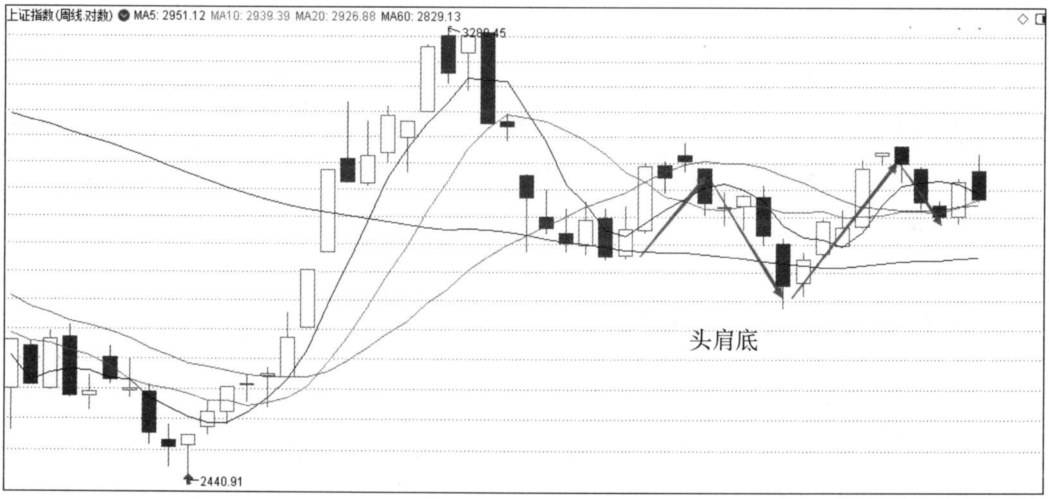

图 5-112　上证指数周线走势图

47.60 日均线再发力（2019.10.25）

上周的文章曾提出，对于大盘短线而言，60 日均线是多头防守的关键位置，多头必须发力守住，才能初步稳住走势。下面再来看看这个关键位置，如图 5-113 所示。

图中标记箭头的位置，前两次大盘在突破 60 日均线之后，搞了多头陷阱，随后开启下跌。第三次，走势是在该均线之下反复蓄势之后才得以站上。第四次，该均线起到了关键的支撑作用。因为该均线数次在关键的转折点发挥作用，所以称之为多头的生命线不为过。

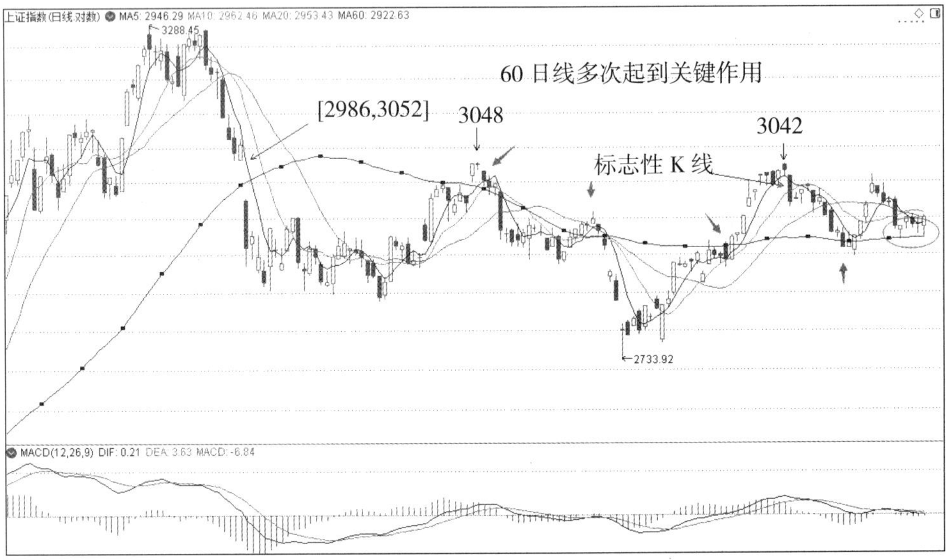

图 5-113　上证指数日线走势图

本周的走势，主要是围绕该生命线展开争夺。周一，大盘承接上周五的跌势，低开高走，最终收出长下影线。记得当时是工商银行为代表的权重股暴走得以起来，当日实质上走出的是日线的第三类买点。对第三类买点不太熟悉的朋友，刚好可以好好研究一番。工商银行本周表现一直都比较坚挺，周五也再度发力，延续着第三类买点后的一笔上涨，如图 5-114 所示。当然，除了银行股之外，本周一沉寂已久的猪肉股也再度发力，这些合力使得大盘在周五站稳 60 日均线。

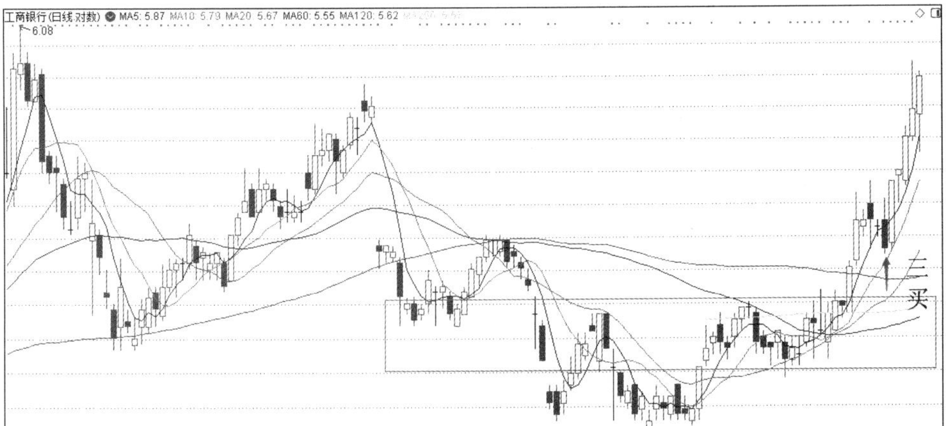

图 5-114　工商银行（601398）日线走势图

目前，60 分钟图上，如图 5-115 所示，指数今天突破昨天说的 MA60 之后，已经初步出现了一个双底形态。昨天说了，这个位置搞个中枢，然后再择机突破中枢，这才是多头的生机。否则，一旦跌破日线上的 2891 点，中线上多头人气就要涣散了。人心一旦涣散，再想聚拢起来，还要大大折腾一番。从大盘两次坚守 60 日均线的角度看，对于后市走势，没有必要过分悲观。

图 5-115　上证指数 60 分钟走势图

后面，短线上的关键点就是这双底形态的中枢。目前，指数已经运行到双底的颈线位，下周要观察指数在颈线位的表现。如果能够突破并站稳，大市的热度将再度起来。否则，就继续维持这个低位的中枢，直到决出方向。

48. 中短期走势再梳理（2019.11.1）

关键时刻，60 日均线再度发威。今天早上特意和朋友说，对于多头而言，60 日均线可以被触碰，但不能被大阴线击穿。如果该均线被击穿，市场风向将发生一个很大的转变。今天早上，指数虽然一度跌到该均线之下，但随即被收上来，所以并不是有效跌破。

有些朋友对所谓的“有效突破”这个概念还是有些不太明确，这里不妨说一说。关键位置仅仅是被上下影线突破，并不能称作是有效突破。最有力度的突破，是被标志性 K 线突破。如果不能被标志性 K 线突破，至少是被 K 线实体突破。另外，突破后，如果有次级别回调站稳关键位置，也可以称作是有效突破。

说回指数，如图 5-116 所示，60 日均线再度发威之后，短线形态上已经出现一个较为明显的收敛三角形的图形。这个三角形以 60 日均线为底边，上面的高点依次降低，形态比较标准。所以，尽管今天收出阳线，但后面的走势不一定会一帆风顺。即便是这一波能够向上突破三角形的上轨，一般也会有一个回调去确认这个三角形的突破。

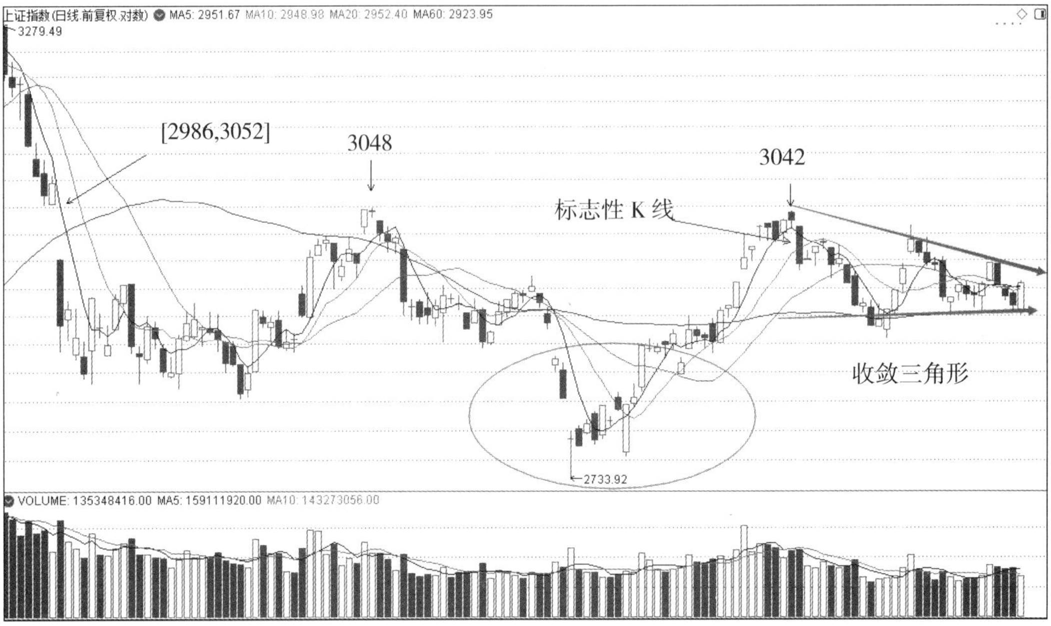

图 5-116　上证指数日线走势图

从大的形态看，2733.92 点的位置颇有空头陷阱的味道，周线上的头肩底形态并未出现显著的破坏。目前指数上重点关注的就两点。中线上，就是大的头肩底的颈线，反复强调的 3050 点一线是否突破，短线关注这个三角形的上下轨突破情况。所谓的完全分类，就是要把所有的情况都考虑到。一旦能够有效突破该三角形的上轨，突破 3050 点向上便是大概率事件。

49. 尚未有效站稳（2019.11.8）

本周五指数高开，一度让人看到站稳的希望，但在前期领涨品种如银行、猪肉类个股的拖累下，指数高开低走，短线并未站住上周文章里所说的三角形上轨，从而再度陷入震荡。后面，观察的重点仍是这个中枢震荡区间。

注意，中枢震荡是通常的说法，震荡会呈现多种比较典型的形态，如三角形、矩形等。形态不同，但实质都是一样的，都是多空的拉锯战。最终是否能走出三角形整理形态，关键仍是两点，一是标志性 K 线，在这儿就是突破之后的回抽能够站稳。本周虽然一度突破上轨，但那个阳线非常萎靡，并且还带有上影线，而且其后的回调未站稳，因此仍旧需要观察该震荡，如图 5-117 所示。既然是震荡，那就不排除再度回落到 60 日均线的可能，下周要提防这种情况。

图 5-117　上证指数日线走势图

现在的格局，深强沪弱的形势比较明显。我们看看深证成指的走势，如图 5-118 所示。

图 5-118　深证成指日线走势图

相对于上证指数的中枢震荡，深证成指早已突破中枢，并且能够在中枢之上维持一个高位的盘整。另外，在本周五的高开中，指数一度突破了上一轮上涨的高点，这是非常值得注意的方向，这意味着每次大盘出现危局的时候，权重股往往会出来护盘。例如上一波下跌，正是银行股出来力挽狂澜。之前曾经说过的工商银行、光大银行等两轮发力，使得上证指数没有跌破 60 日均线。每次走出危局后，又是中小盘、题材概念股等出来唱主角。后面，恐怕这种格局仍旧会持续下去。

中枢震荡不适合大展拳脚，就像一个人被缚住了手脚，想伸展都困难，只适合浑水摸鱼，只适合开慢车。仓位上尽量把控，按照技术形态去止盈止损。唯有如此，才不至于在反复震荡中变得神经，在反复的盈亏折腾中被极大地瘦身。唯其如此，熬过震荡，迎来春天的时候，方能大展拳脚。

50. 诱多之后的杀伤力（2019.11.15）

上周五的 K 线高开低走收阴线，周一也跟朋友们聊过，这具有诱多的性质。市场很多见底的情况，都是以低开高走大阳线的形态出现的，例如，前面经历过的这段时间，很多次短期底部都是以这种方式出现的，包括上一波 2440 点见底的位置，也是以这种方式出现的，本人记得很清楚，不知大家有没有印象。近期，很多次短线见底都是这种方式，请看上证指数 60 分钟走势图，如图 5-119 所示。

图 5-119　上证指数 60 分钟走势图

为什么低开高走的阳线常常会引发见底，因为这低开的一下，特别是以跳空缺口低开的情况，具有强烈的诱空性质。反之亦然，高开低走收阴线，大多具有诱多的性质。诱多或者诱空，按照这里通常的说法，称之为陷阱。陷阱之后，常有高潮。周五高开低走收阴线，诱多构筑多头陷阱之后，便出现了本周一的下跌。

本周一的下跌，是以标志性K线跌破60日均线的方式开启的，如图5-120所示，这根阴线也同时击穿了前面维持了一段时间的中枢，从而使得整体走势继续向偏空的方向演化。

图5-120 上证指数日线走势图

跌破中枢底部之后，并没有出现快速回抽的现象。通常情况下，对于中枢而言，价格上的跌破与升破，有时候其实并没有那么重要，关键是这跌破的力度以及其后能不能快速收回来。典型的中枢震荡持续，要么是支撑位被较小的力度跌破，这通常不至于引发恐慌盘；要么是中枢被大力度跌破之后很快收回来，这往往会构成买卖点陷阱，反而是个好的重新上车的时机。这次跌破，是在中枢底部形成了一个60分钟图上的横向整理，如图5-121所示。这表明多头暂时无力收回中枢，行情继续维持震荡，多头需要重新聚集能量。

本周五早盘大盘一度翻红，但这种翻红并不足以打破60分钟图上的震荡格局。当时也和朋友们说：要么向上出现标志性K线，要么形成第三类买点，否则，即便今天收红，也不能说明什么问题。下午盘，市场在5日均线的压力下开始新的下探，再创新低。

图 5-121　上证指数 60 分钟走势图

后市，指数上要关注上周五的阴线开启的下跌段，和前面 3042 点开启的下跌段之间的力度对比。如果后面日线出现有效的底分型，且和那段力度对比出现了盘整背驰的情况，便可以寻机介入。如果不能出现盘整背驰，就要再观察了。如图 5-122 所示。

图 5-122 上证指数日线走势图

个股上，重点寻找那些周线上走势依旧不坏，日线逆势调整但不破位的股票，以及出现卖点陷阱的股票。前者是在借大势下跌去洗盘，后者则制造1个卖点陷阱，是最激烈的洗盘行为，其后走势往往会轻装上阵。

51. 中枢级别扩展后的走势，兼谈一只陷阱个股（2019.11.22）

本周一的高开低走走势，使得30分钟级别的下跌走势呈现小级别背离的状态，这一点从MACD指标上不难看得出来，如图5–123所示。周一当日，日K线图上收出一个所谓曙光初现的底部反转K线组合，使得短线上存在向上拉一波的可能性。周二的走势，承接30分钟的底背离收出中阳，形成了一个底分型的形态。

图5–123 上证指数30分钟走势图

但这种强势并没有延续多久，1次30分钟下跌笔的调整，就使价格重回原中枢区间。这种走势使得原来的30分钟走势中枢出现了级别扩张，原30分钟下跌的最后一个中枢，扩展成为一个新的中枢，如图5–124所示。

下周，大盘即可以从这个视角观察，最好的情况就是向上突破这个中枢并回抽站稳；次好的情况是能够维持这个新中枢，等待后面的方向选择；最差的情况是破中枢而下，走出这个扩展后走势的第三段下跌。

如果下周走出前两种情况，那无疑是较好的情况，都有浑水摸鱼的机会。浑水摸鱼，前面说过，一个思路就是寻找趁着下跌挖坑的股票。上周曾建议朋友们研究一下三七互娱这只股票，该股技术上就存在明显的陷阱，如图所示。有人问该股的操作思路，本周文章说一说。

首先一点，该股周 K 线是向好的，这是操作的基础。从图 5-125 上可以看出，该股站稳了 MA120 这一重要压制均线。

图 5-124　上证指数 30 分钟走势图：中枢扩张

图 5-125　三七互娱（002555）周线走势图

其次，日线上，如图 5-126 所示，出现过明显的陷阱信号。从图中可以看出来，大阴线砸盘之后连续横盘整理，一般情况下，这是下跌中继的表现。但该股横盘后不跌反涨，这是一个陷阱信号。

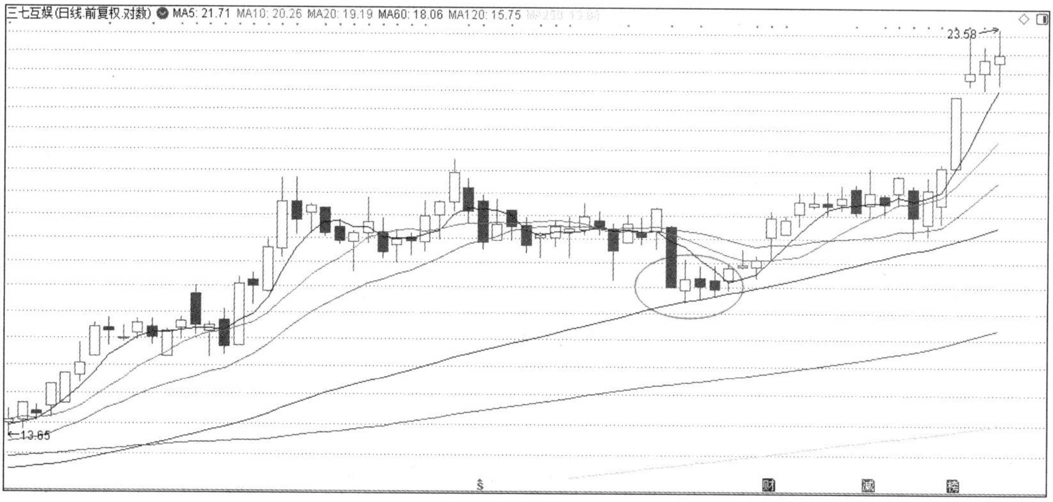

图 5-126　三七互娱（002555）日线走势图

第三，该股制造了陷阱之后，能在前高附近强势整理，这种走势属于上涨中继的味道太浓了。特别是强势整理中出现大阴线砸盘，之后又被反包的情况，这也可以视作一个买卖点陷阱，等于是双重陷阱的信号。陷阱，本质上就是最剧烈的洗盘，往往会把盘面洗得干干净净。为什么呀，因为一般人是逃不掉潜意识里的贪嗔痴的，这是人性。

多种因素共振，该股就起来了。当然，现在说，不是让大家都去买，本人从来不推荐股票。人本身千差万别，一只好的股票，有人能做好，有人做不好。一只坏股票，同样有人能玩得风生水起。股票只是载体，关键是思路，要透过这种思路认识自己。说到底，每只股票都在于你用什么眼睛看，眼睛不同，股票就不同。

如果下周大盘能够维持中枢，甚至能够破中枢而上，完全可以用这种思路去找一找值得操作的个股。当然，若是下周走出最坏的情况，例如破中枢单边直下，那就另说了。这种思路相信对大家有益处。

52. 周线将迎来关键考验（2019.11.29）

本周走势乏善可陈，可以看得出，市场参与者的积极性都不高，成交量也极度低迷。整体走势上，依旧在上周文章的分析框架内——短线上，市场仍处在扩展后的中枢震荡之中，而且这个震荡也偏弱。图 5-127 是上证指数 60 分钟走势图，从图中可以看到，价格屡创新低，并且其后的反弹也没有什么出彩的表现，每次都不能突破上一次的高点。

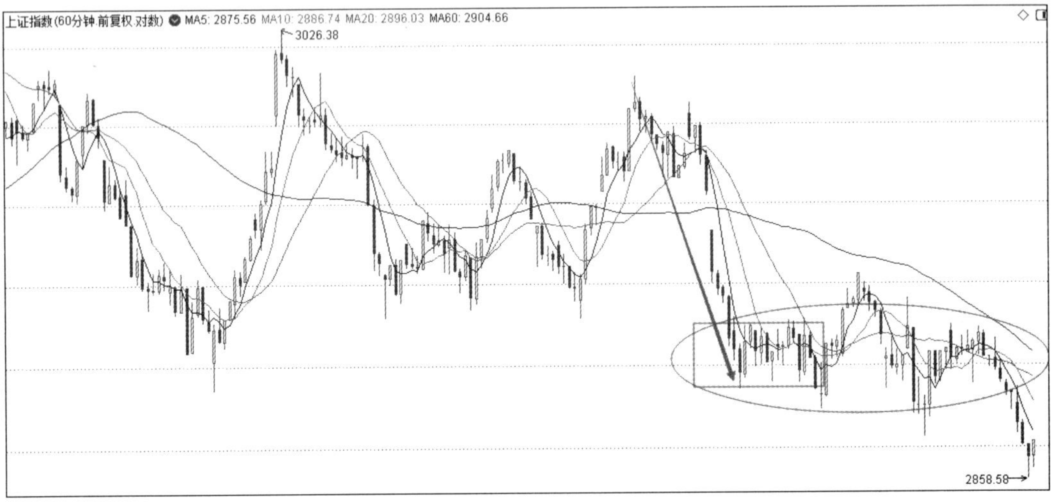

图 5-127　上证指数 60 分钟走势图

可以看得出，这个 60 分钟图上扩展后的中枢，一直被 MA60 压制着，于是就有了一个最简单的分类标准，大盘能够有效突破该均线，则这种弱势震荡行情或有改观，否则难言乐观。

从周线的角度看，指数即将面临关键的考验，这个关键的考验就在 60 周均线处，大家可以看一看上证指数周线图，如图 5-128 所示。

图 5-128　上证指数周线走势图

从上证指数的周线图上可以看到，该均线两次阻挡大盘下跌。第一次，有今年 4 月份的“风急扯呼”之后，止住了第一波断崖式下跌。第二次，断崖开始的第二轮下跌，指数在该均线下面搞了一个小型的空头陷阱，之后重新冲击 3050 点。下周，指数将再度考验该均线，若能守住，周线头肩底形态仍旧未被证伪，后市有机会再度挑战 3050 点的颈线位。周线上若能来 1 根坚挺的阳线，便可以开始选股了。

53. 中短线思路再梳理（2019.12.13）

如果认真看过每周五的周评文章，其实不难发现大盘的逻辑。大盘的逻辑，其实是绝大多数个股逻辑的缩影，因为参与的人基本一样，贪嗔痴慢疑也基本一样，所以才具有研究价值。如果大盘走势的逻辑能搞透了，个股操作，从技术的角度讲，也就不在话下了，需要磨炼的，就是“诗外”的功夫了。

对于过往的周评，恐怕有些朋友难以静下心来看，所以有必要经常梳理梳理中短线思路。在“周线将迎来关键考验（2019.11.19）一文里，曾经对中短期走势提出过非常易于把握的分类标准，引述如下。

图 5-129 是上证指数 60 分钟走势图，从图中可以看出，这个 60 分钟图上扩展后的中枢一直被 MA60 压制着，于是就有了一个最简单的分类标准，大盘能够有效突破该均线，则这种弱势震荡行情或有改观，否则难言乐观。

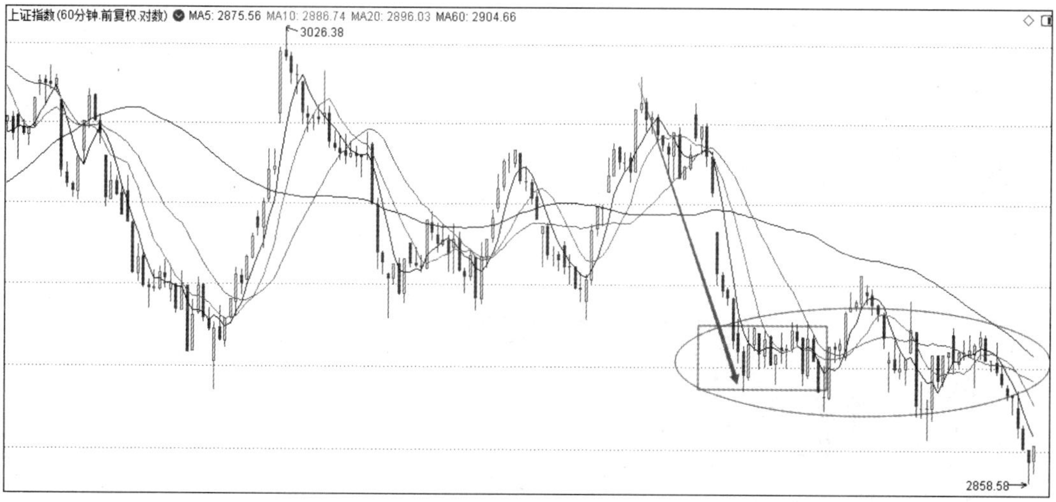

图 5-129　上证指数 60 分钟走势图（2019.11.29）

中线上，当时的文章是这么说的：从周线的角度看，指数即将面临关键的考验，这关键的考验就在 60 周均线处。看上证指数周线图，如图 5-130 所示。

从上证指数周线图上可以看到，该均线两次阻挡大盘下跌。第一次，从今年 4 月份的“风急扯呼”之后，止住了第一波断崖式下跌。第二次，断崖开始的第二轮下跌，指数在该均线下面做了一个小型的空头陷阱，之后重新冲击 3050 点。下周指数将再度考验该均线，若能守住，周线头肩底形态仍旧未被证伪，后市有机会再度挑战 3050 点的颈线位。周线上若能收 1 根坚挺的阳线，便可以开始选股了。否则，情况将变得更加复杂。

这两周的中短线走势，便是对上面所说的两个标准的极好验证。

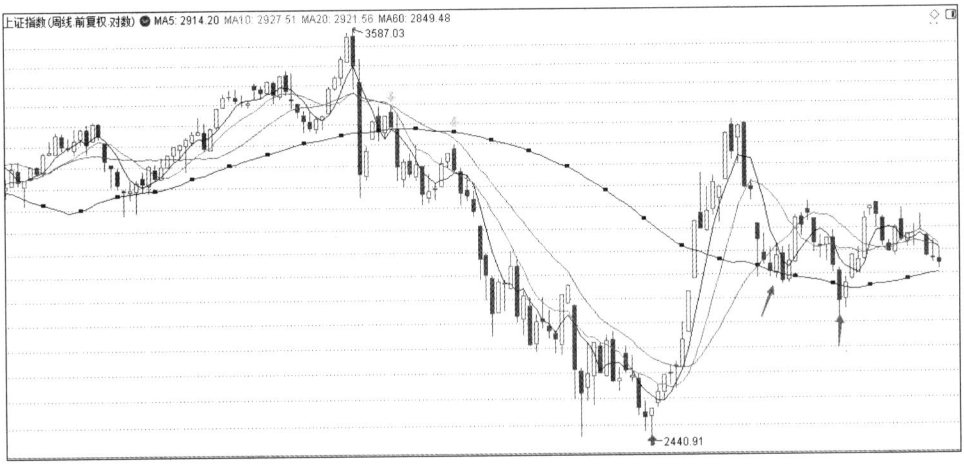

图 5-130　上证指数周线走势图（2019.11.29）

先说短线。60 分钟图上指数突破 MA60 均线之后，便一直在该均线之上，以中枢的方式晃悠，直至今天被快速突破，如图 5-131 所示。

图 5-131　上证指数 60 分钟走势图

周线上，如图 5-132 所示，上周在 60 周均线之上收出 1 根阳线，基本算是止跌了。所以，上周的简评里说：日线上若能回踩站稳，可以调高预期。注意，这个回踩不必然就是一笔下跌，完全有可能是以横向整理的方式进行的。像这次整理的方式，就是 60 分钟图上的一个小中枢，表现在日线上，并未出现显著的一笔向下调整，如图 5-133 所示。

图 5-132　上证指数周线走势图

经过本周五的发展，周线上，如图 5-132 所示，指数头肩底形态的右肩可以说已经呼之欲出了，而 60 周均线诞生了这头肩底的两个肩膀。60 周均线之下，之前的周评也说过，空头陷阱的味道太浓烈了。

图 5-133　上证指数日线走势图

后面，指数将再度挑战 3050 点的位置，这是该头肩底形态的颈线位。短线上，这个位置的争夺不可避免。一旦冲过该位置，前期高点 3288 点将对中线行情构成严重的挑战，而那个位置正是头肩底形态的量度升幅，需要高度注意。当然，这是后话了。

54.3050 点一线拉锯战（2019.12.20）

上周五的文章里曾经提到过，3050 点一线大概率会构成短线的压力。本周指数承接上周五的涨势，再度冲击 3050 点的颈线位，最高冲到 3039 点，如图 5-134 所示。但在短线压力下，始终未能冲过该阻力位，并在该位置连续休整 3 天。从心理因素的角度考虑，由于前面上涨速度较快，因此，低位介入的筹码面对几次阻挡指数的 3050 一线时，有些人会倾向于离场观察，因此盘面上呈现出了这种对应的 K 线走势格局。

图 5-134　上证指数日线走势图

观察指数的周线图，如图 5-135 所示，自从在 60 周均线的支撑下收出阳线之后，市场已经连续 2 周持续上涨了。从 K 线组合的角度看，构成所谓的红三兵形态。成交量上，也呈现温和放量的态势。目前看，走势仍然比较健康，并且日线连续拉涨，这充分表达了多头的意志，这种意志并不容易那么快地消弭。综合而言，中线走势仍旧较为强势，多头仍在主导行情。当下的调整，极有可能是对短线涨幅过大的一种修正。

当前，30 分钟图上已经开始呈现出较为明显的下跌线段特征，如图 5-136 所示。结合前面的判断，从指数的角度讲，一旦该线段出现逆转，且日线图上没有出现向下的标志性下跌 K 线，便提供了第二次介入的机会。冲过压力线之前先进行蓄势，这并不是坏事，只要不出现特别明显的形态破坏，后市走势仍旧值得期待。

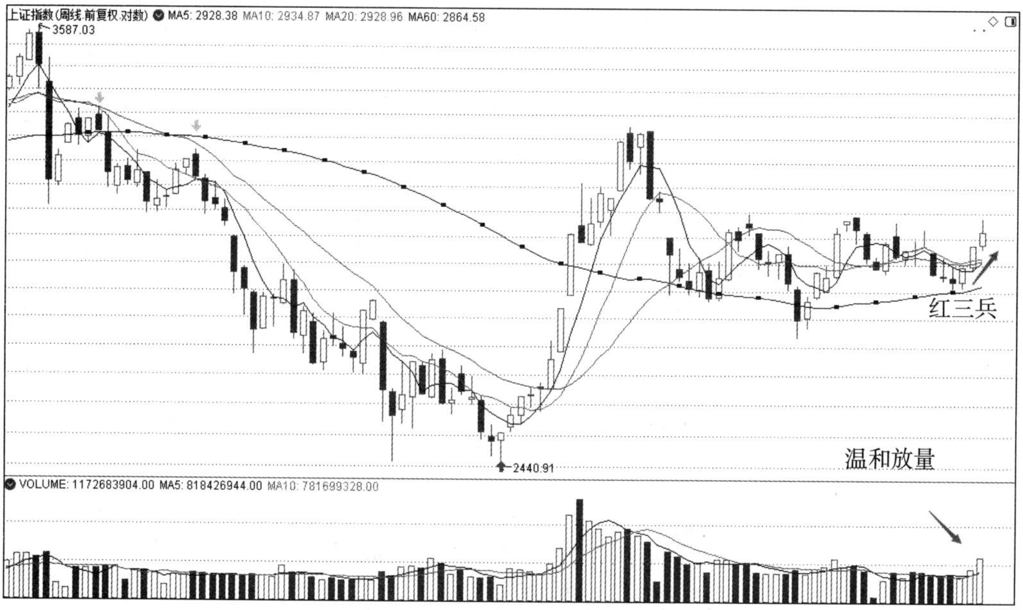

图 5-135 上证指数周线走势图

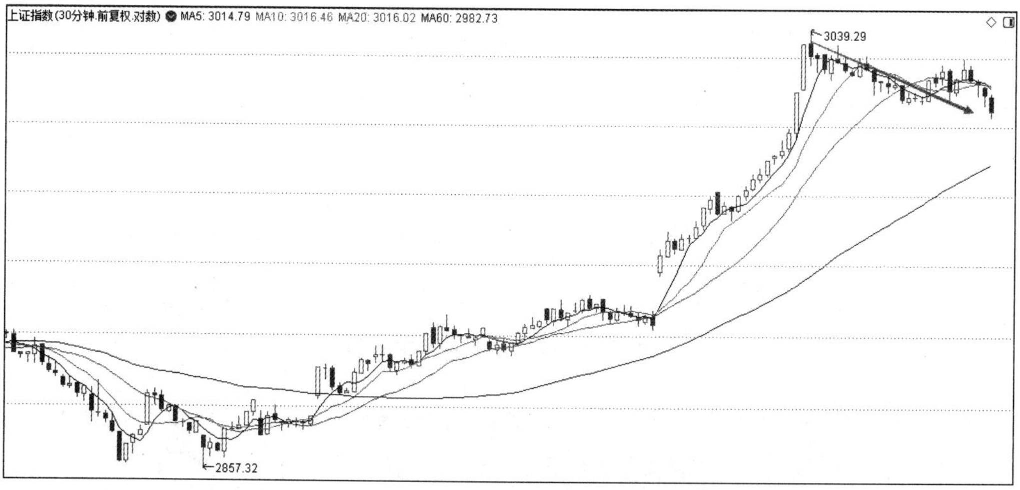

图 5-136 上证指数 30 分钟走势图

从个股操作的角度讲，由于当下大势格局仍旧不是特别明朗，因此最好能够保持机动性。如果小级别图表中出现特别明显的卖点，完全可以先抛一部分，然后再观察后市的演化。这样操作，一旦走势出现逆转，至少能锁定一部分利润。若短暂修正之后再延续上涨，可以伺机回补筹码，也许有更好的回补点位，顺便也做了一些差价。

55. 走势渐强，较大概率过颈线（2019.12.27）

本周五指数一度冲高，再次来到前高的3039点一线，最高达到3035点。最终因空头打压，短线未能进一步向上突破，而是出现了一定程度的回撤，日线上收出1个长长的上影线，如图5-137所示。

前面数次提到周线头肩底，以及关键的颈线位3050点一线。而指数，无论中线还是短线，均多次在该位置附近受阻，这充分说明该形态以及压制位的重要性，并已经成为多空双方的共识。这次要说的是，多方火力渐强，有较大概率冲过该颈线的压制，从而进一步打开向上的空间，向头肩底的量度升幅，也就是前高位置3288点一线挺进。

之所以这么说，这是由指数数次在该关键位置的表现体现出来的，可以回头再捋一捋前面数次指数在该位置的表现，如图5-137所示。

图5-137 上证指数日线走势图

在今年4月份的断崖式下跌之后，指数第一次冲击到3048点是在今年的7月2日，后面随即大幅滑落，连一点像样的反弹都没有，就直接跌下去了。

2733点开启的反弹，在今年的9月16日结束，最高冲击到3042点。其后下跌出现标志性阴线，后面出现了连续3天的弱反弹，随后下跌。这次下跌，已经比第一次反弹之后的下跌曲折很多了。

本轮反弹最高冲到3039点，随后开始下跌。但这次没有直接跌下去，而是在30分钟下跌线段结束之后，走出一个上涨线段，将指数带到3035点。这种反弹的力度是前面所没有的，也是多头信心逐渐增强的体现。

从上面的 3 次反弹中，可以总结出两个简单的规律。

第一，反弹的最高位从 3048 点到 3042 点再到 3039 点，高点逐渐降低。这是市场双方对头肩底形态的认可，因而打了提前量。

第二，短线见顶之后，每一波反弹的力度逐渐增强。第一次是没有反弹直接跌下来。第二次是有 3 日的弱反弹，随后跌下来。这一次开启了较大规模的 30 分钟线段式反弹，险些将 3039 点吞没，深证成指甚至过了前期高点，这说明多头反扑的力量在增强。

鉴于上面的走势现象，不妨做一个大胆的猜想——由于多头力量渐强，这一次有可能冲破颈线位。由于市场双方对头肩底形态的认可，一旦冲过 3050 点，回补前面的大缺口，指数有可能展开凌厉的上攻，直冲 3288 点。

当然，上面的那个猜想必须结合短线走势来做进一步研判，一旦短线能够配合，将对上面的猜想形成有力的支持。

当下，短线观察的角度主要在于这个 30 分钟级别的线段，如图 5-138 所示。今天的走势虽然遭到空头打压，日线上收出上影线，但当下的 30 分钟线段并未遭到完全破坏。这种走势只是短线用力过猛，孤军深入，后继乏力，才遭空方突袭，大幅回撤。若能够在图中标记的 MA60 均线之上形成一个小中枢，便为冲过 3050 点一线蓄住了力道，可以结合前面的猜想放手一赌。不然，仍宜谨慎行事。

图 5-138　上证指数 30 分钟走势图

再具体一些，下周前半周的走势，重点观察的就是这个 30 分钟级别上可能的一笔反弹。若该笔力度足够大，能够再次冲过前高 3035 点，周线上过颈线，前面的猜想大概率是要实现了。若反弹不能冲过 3035 点，那个猜想也要暂时搁置，留待后面再判断。当然，若当下 30 分钟的一笔下跌连反弹都没有，直接下坠，那是最差的预期，仍要做好指数再次下探的准备。

值此关键点位，个股操作若遇到小级别的扰动，仍要灵活应对，以备发生不测。

第二节　市场杂谈

1. 一个收益超过 20% 的实盘案例（2018.9.18）

这只股票——卫士通（002268）是一个典型的通过趋势陷阱构造转折的走势。首先我们要识别这个陷阱，如图 5-139 所示。

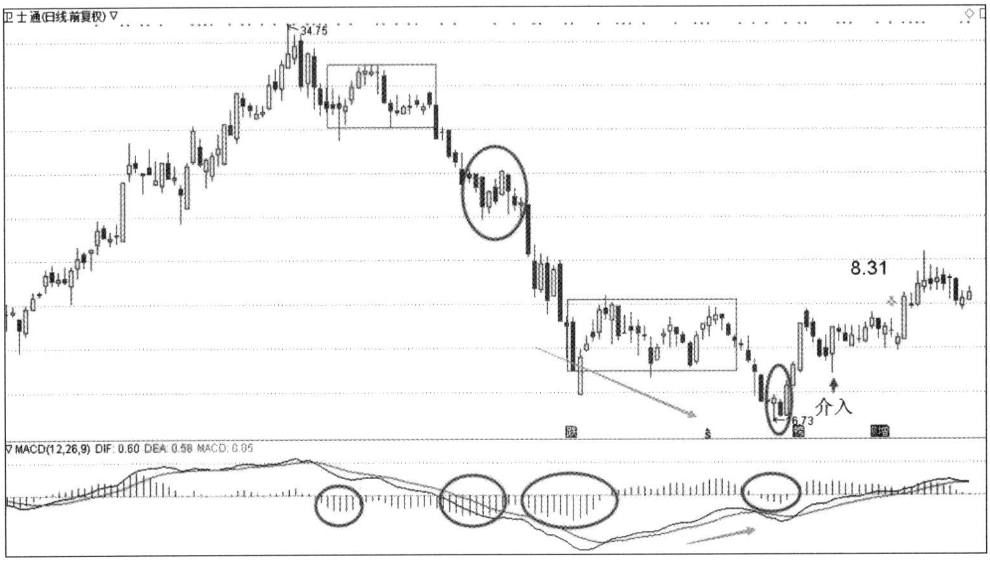

图 5-139　卫士通（002268）日线走势图

这只股票，下跌中的底背驰其实是非常明显的。可以先看其前面的一段下跌走势，绵绵下跌过程中，先是出现了一个中枢，然后出现了一次笔调整，这两次反向调整，对应的 MACD 绿柱子是一次一次地放大，黄白线也一路向下走。最后一个中枢调整，把黄白线拉向 0 轴。最后一波下跌跌破中枢之后快速下跌，但绿柱子面积明显缩小，而且黄白线也不再创新低，这是一个底背驰的信号。底部出现的底分型，就是这轮上涨的第一类买点。

如果这只股票是那时候发现的，必然要全力介入。很可惜，发现它的时候，第一类买点已经出现，随后的走势上攻凌厉，一举冲到前面下跌趋势最后一个中枢的上沿。这个时候，就要等第二类买点了，于是耐心等待。注意，第二类买点是理论所保证的，如果忽视这一点，一发现就介入，而不是等待最好的买点，很可能要忍受入场不久即出现浮亏的局面。如果等待出现第二类买点时再介入，显然需要很大的耐心，因为出现第二类买点之前走势会折腾很久。

后面，第一段下跌教科书般地出来了。在图中标记“介入”的位置，盘中明显异动，这个时候无论如何都要介入了。最终，尾盘收出大阳线。注意，该股大阳线出现之后，并未立刻出现日线笔式的上涨，这对很多人构成了挑战。但如果你有严密的操作体系，这些挑战应该都不是问题。对于这只股票而言，那就是依据当天的 K 线介入的话，最机械的退出法则，就是那根 K 线的最低点被破掉。换言之，只要这个最低点不被破掉，就可以持有继续等待。其后的走势虽然有起伏，但这个低点一直没有被触碰到，这就给了你足够的时间去观察走势类型的生长。

实际上，该股最终围绕前下跌最后一个中枢的位置，形成了一个极为窄幅的震荡。这种走势也很容易理解，这个位置的套牢筹码最集中，哪能让他们一下子解套跑路呀。

图 5-140 是卫士通的 60 分钟图。从 60 分钟图上可以看到，该股形成了一个 60 分钟级别的中枢，介入时候的一段 60 分钟级别上涨所形成的上涨结构并未被破坏。有了这个认识，就可以大胆地在 60 分钟级别中枢底部加仓了。

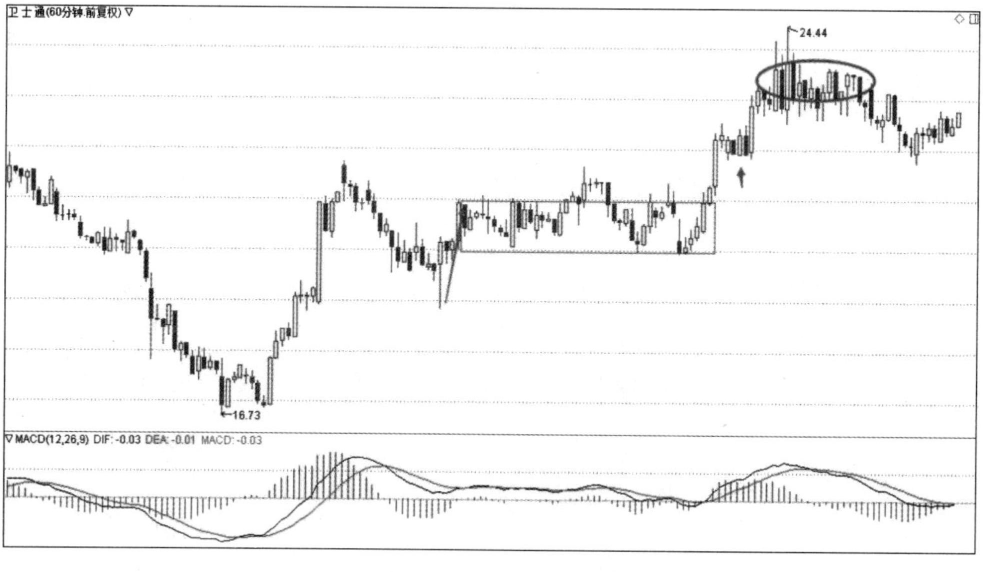

图 5-140　卫士通（002268）60 分钟走势图

最终，走势必完美，中枢也必完美，一波由底部贯穿起来的上涨破掉中枢，在上面形成第三类买点之后，扶摇而上。这个第三类买点可以加仓，也可以不加仓。有的人加仓了，有的人基本都是在中枢区域的筹码，这涉及操作风格的问题，对于盈亏影响不大。

图中椭圆形区间，大盘快速下跌，科技股集体下挫，硝烟散去，于是也就了结了此次操作。

这个操作最大的难点，就在于大家都不能忍受那个区间盘整。有的在盘整区间退出去追别的股票了，有的被盘整的上蹿下跳吓到了，甚至有的人亏损离场。能坚定地在盘整区间加仓且耐心持股的，最终都获得了不菲的收益。

这只股票调整完了之后，可能还有下半场，但整体市场弱势的情况下，能够录得超过 20% 的收益，已经是很理想的操作了。

2. 突破后调整的主要原因（2018.9.27）

有朋友问，为什么弱势市场条件下，突破所谓的阻力位之后，往往会出现调整？答曰：因为突破！这是突破之后调整的主要原因，特别是在市场强度较弱甚至是中枢震荡的情况下。这往往在小级别上构成趋势陷阱，或者造成本级别上的中枢震荡陷阱。

是不是很多人会对此感到诧异？按照常理，突破了是要买入的，并且由于这买力的推动，是会引发连续上涨的。市场通常的表现也太不理论，太不“教科书”了。如果所有的走势都“教科书”了，哪里还会有人亏钱，随便买本书，学个三招两式的，都能在这市场里赚钱，这可能吗？如果所有人都能轻松地在市场中盈利，那么所有人都会涌入这个市场，试问，还会有其他产业存在吗？这是最简单的归谬法。

在弱势市场里做投资有个大忌，就是绝对不要去追高。一波中级下跌的短线反弹过程中，筹码运动的最简单模型，就是遵循在低位集中，然后在高位分散这么一个简单的过程。筹码在低位集中，就是为了拉高之后的分散，这是一个兑现的过程。遵守这个过程的操作，就是筹码集中期买进，在分散期退出。一般情况下，逆于这个运动规律的操作都是要浮亏的。当然，浮亏不等于亏损，如果你能坚持到下一波筹码集中期，然后在下一波筹码分散期退出，也没有问题。但大多数人坚持不到就认亏了，或者即便下一个分散期再度来临也不知退出，这就是最根本的无明。

当然，也有追高能够获利的情况，但这是在市场各方高度趋同的前提下才会出现的。试问，现在的市场有这个条件吗？另外，任何快速拔高的走势，都是在低位启动的，为什么不在低位启动的时候动手？

这波行情，本人朋友圈的粉丝，基本都是在低位启动的时候介入操作的。有在 2600 点以前做多期指并拿到 2800 点一线的。对于多头而言，这就是很好的操作节奏。

除此之外，再看一个今天发生的“血案”，看看市场最残酷的一面。这一根 K 线，就差把屏幕击穿了，如图 5-141 所示。

图 5-141 北汽蓝谷（600733）2018 年 9 月 27 日前后日线走势图

注意，这种“黑天鹅”，但愿所有的人都别碰到。事实上，大部分交易员，特别是奉行追高买入逻辑的，在你的职业生涯中，或早或晚都会遇到这样的“血案”，甚至是低位介入的，也偶尔会遇到。这种事件之所以被称作“黑天鹅”，就是因为它的不可预测性，就像夏天的暴风雨，说来就来，毫无预兆。

从这个角度讲，资金管理无论怎么强调都不过分。一定要从中感悟资金管理的重要意义，明辨之，笃行之。

3. 应变能力，是交易中最重要的事（2018.10.10）

这两天基本面上非常热闹，先是外围大跌，然后国内降准，真是你方唱罢我登台，闹个不休，只是苦了普罗大众的交易者了。如图 5-142 所示。

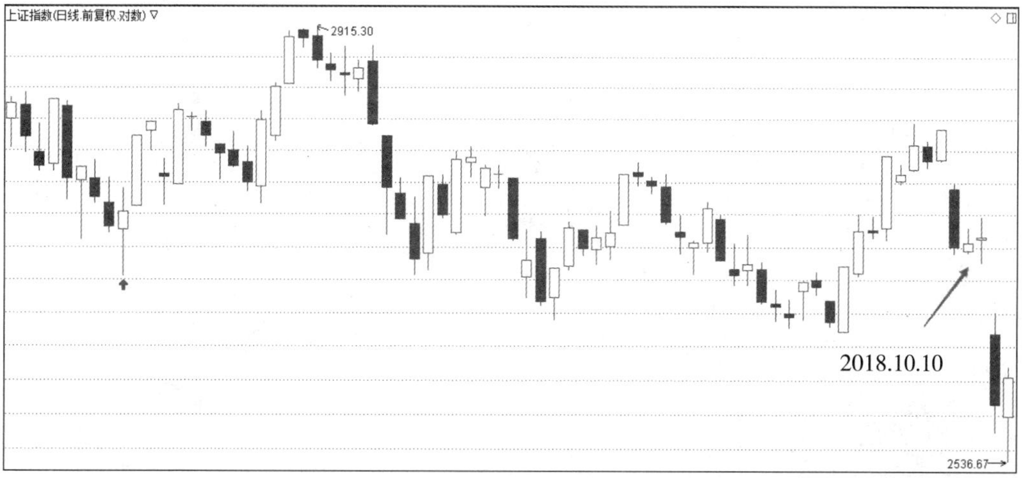

图 5-142 上证指数 2018 年 10 月 10 日前后日线走势图

首先一点，本人观点一向明确。节前很多交易者呼喊牛市要来了的时候，我就给很多人泼过冷水。当时说："其实，说牛市还是熊市没有太大意义，市场反弹多了，就反转了，反弹少了，就熊市延续。关于这一点，你只要能够正确地分解走势，就没有多大问题。"

节前曾给大家画过图，都是以中枢震荡格局来看的，如图 5-143 所示。

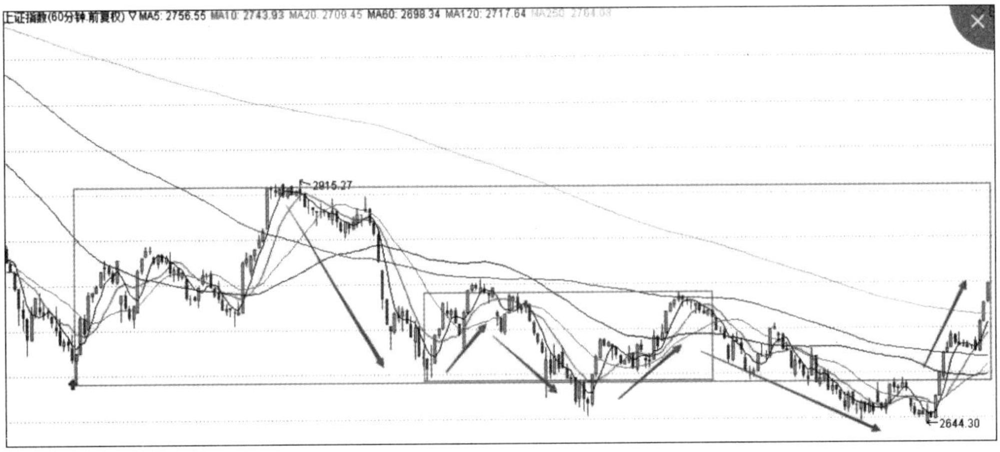

图 5-143 上证指数 2018 年 10 月 1 日前后 60 分钟走势图

注意，图中小方框是日线级别中枢震荡持续的情况，大方框就是这小级别中枢结束，最终扩展为周级别中枢的情况。

节后交易的第一天（2018.10.8），指数跳空低开，节前那个上涨的线段就结束了，并没有跳出小方框的范围，依旧是震荡持续中，如图 5-144 所示。

图 5-144 上证指数 2018 年 10 月 8 日前后 60 分钟走势图：中枢震荡持续

整体的格局辨别明白了，事情就好说了。首先是不要恐慌，一旦在中枢底部企稳，就又提供了浑水摸鱼的机会。前面，我们利用这种类似浑水的机会确实是摸到了不少鱼。当然，这是对于空仓者而言的。持仓的，只要个股走势不是特别恶劣，也可以再等等，看这中枢区间底部的走势情况，毕竟后市依然有再来一个 60 分钟上涨线段的可能性。

这里最想说的一句话是：交易中最重要的事其实是应变。就如同行军打仗，临场应对的重要性一点儿也不亚于战前的布局。好的将军，一定是先庙算胜，然后在战场上灵活机动地制敌。炒股就像将军指挥打仗一样，既要制定战略战术，也要根据战场情况灵活机动。市场，绝对不会完全按照你的预想去走，而是时不时飞来几只“黑天鹅”或“灰犀牛”。更重要的，就是一旦出现危机你该怎么办？如同这次出现大的向下跳空缺口，你怎么应对？肯定是先抛掉一部分筹码，然后再观察。后面如果企稳了，且大的格局没有被破坏，完全可以回补抛掉的筹码，这相当于摊薄了成本，何乐而不为。如果大的格局走坏了，那就找机会出掉剩余的筹码，也减小了你的损失。

4. 学习缠论的一二三（2018.10.24）

从逻辑的角度讲，有两种研究事物的方法，一是归纳法，一是演绎法。

归纳法是对观察、实验和调查所得的个别事实，概括出一般原理的一种思维方式和推理形式，其主要环节是归纳推理。演绎法与归纳法相反，是从一般原理推演出个别结论的方法。

目前，大多数交易理论都是建立在归纳法基础上的。好一点的，分析的样本多一些，适用性强一些。坏一点的，不负责任的交易理论，很多就是简单枚举，有些甚至 1 个案例就能推导出 1 套理论。

归纳法推导出来的交易理论，顶多算是经验，但总会有样本。在归纳的规律之外，因为市场永远在运行，没有一个终点，所以完全归纳是不可能的，因此，其失效率就大大增加了。而那些简单枚举，或者干脆臆测出来的理论，就不用说了。

缠中说禅交易理论，其基础是演绎法。演绎法，通俗地说，就是由公理推导出定理，由定理推导出应用。例如，由于三角形内角和是 180 度，那么给出两个角的度数，第三个角必然能够算出来，这就是演绎法的具体应用。演绎法，才是市场技术分析的根本，因此，讲良心话，缠论非常值得大家去认真研习一番。

这几天与大家沟通，总结出了“学习缠论的一二三”，这里详细解释一下，为诸多投资者提供个方便。

（1）一条线。最小级别的定义—分型—笔—线段—高级别中枢—走势类型—走势类型的转化，从你所定义的最小级别开始迭代。注意，这个最小级别是你自己定义的，原则是适用、规律、顺手。例如，你可以把 60 分钟图作为自己的最小级别，也可以把 30

分钟图作为自己的最小级别去应用，也可以根据具体走势来选择。在最小级别上，使用分型、笔、线段，构造出最小级别的线段，这里可以将线段作为最小级别上的走势类型，进而构造高一级别的中枢、走势类型以及转化。

（2）两个套路。一个是中枢的套路，另一个是线段的套路。中枢的套路，就是所说的动力学套路，可以按照背驰段、买卖点、中枢、中枢移动段、盘整背驰段这个视角去看走势。线段的套路，其实就是所谓的形态学套路，就是把分型、笔、线段以及其他的形态用到你的操作级别上去。注意，这两个套路是可以综合使用的。缠中说禅也说过，这相当于对同一走势用两种视角去观察，这是天大的好事。

（3）三个关键点。就是级别、走势类型、买卖点。一切操作都不离这三个关键点。注意，如果只说买卖点，其实隐含了其他两个因素：级别，走势类型。你的介入，一定是某级别的买点，这个级别就限定了。另外，你要介入，一定是你认为的走势类型是确定的。比如，上涨，你去做多，或者下跌，你去做空，然后是买卖点。例如，操作日线级别的上涨，你要在日线级别的买点介入。如果要加仓，就在日线的次级别，例如60分钟级别去加仓。每一次加仓，都当做一次全新的操作来看待，这样整个操作就立体了，整个操作的逻辑也自洽了。

所以，最关键的就是级别、走势类型、买卖点。

通过对上面所说的学习缠论的一二三的梳理，沿着这条逻辑线路，相信经过一番学习，这些技术都是能够把握的。这一轮行情，一路追下来，所用的技术方法，都是上面的方法，毫无保留。相信经过市场的一番磨炼，以后机会来了，大家一定能够学以致用的。这是前人留给大家的宝贵财富，是需要倍加珍惜的。

5. 梦想，是活人的剑，也是杀人的刀（2018.10.29）

周一开盘前，有朋友说："今天开盘，大家的心情怎样？"注意，大部分人对于开盘都是抱着非常复杂的情绪的。盈利的，估计一个周末都在盘算这手单子应该赚多少钱，然后就怀着激动的心情，等着周一开盘，梦想照进现实，大盘按照规划的走势一步一步来落实。亏钱的，周末可能会拼命找各种值得依靠的消息，泡股吧，看外盘，与人聊天，然后怀着忐忑的心情去等待开盘，看看能不能少亏点，甚至扭亏为盈。

对于这个问题，本人答曰：不应有什么心情，一两天的行情决定不了什么。另外，真出现了拐点性质的行情，有所期待反而对操作不利。

首先，一两天的行情真的决定不了什么。长期战胜市场，靠的是可靠的技术加上良好的习惯，长期稳定盈利就是这两者结合的产物。有句俗语，叫做"菩萨畏因，凡夫畏果"。想长期稳定盈利，要先反观自性，问问自己的技术根基扎实吗？交易习惯好吗？当然往深层次和不可知论的角度说，就是看你的德性、福报怎么样，这里就不多说了，说了也没人信。

其次，有所期待对操作不利。这是很明显的，市场从来不会按照个人的想法来走，而是会沿着自己的轨迹走。注意，这里说的轨迹，好像剧本都已经编排好，其实并非如此。市场无时无刻都在博弈中，市场的轨迹就是合力的轨迹，这个合力的轨迹是测不准的。任何宣称测得准的，要么是骗子，要么活该被打脸。如果你有所期待，该退出的时候，幻想会阻挠你，该加仓的时候，恐惧会阻止你，最终导致你亏损累累。所以说，梦想是“活人的剑，也是杀人的刀”。

还有朋友说：“茅台和美的都崩了，看来市场得继续寻底了。”

答曰：也可以理解为资金撤退，抄底低价位买点上的股票。是否要寻底，还得看市场合力。从这个意义上说，茅台这种股票出现中期调整不是坏事，2400 点一线出现中级上涨行情的概率越来越大了。

事实是这样的，近期，之前所谓的白马股都纷纷高位崩盘，出现了急速下跌的走势，于是很多人都认为市场会再次寻底，如图 5-145 所示。但换位思考一下，如果市场有见底迹象，很多上涨空间更大的股票，前期操作白马股的资金，会不会调仓换股，去寻找在低位有更好的大级别买点的股票呢？

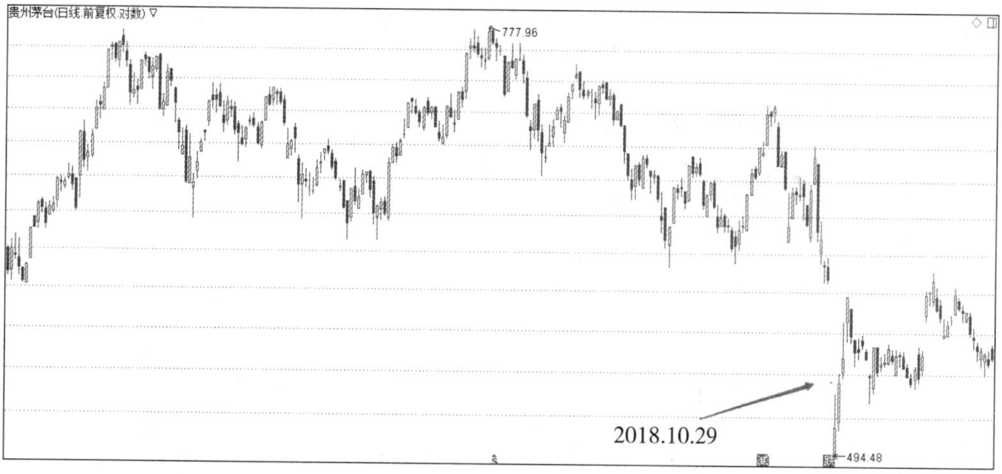

图 5-145 贵州茅台（600519）2018 年 10 月 29 日前后日线走势图

其实这么说，并非是资金必然调仓换股了，当然，也完全有这种可能性，但更主要的，是破除相当一部分人强拉因果的这种执念。一个结果，可能有 A、B、C 等各种原因，有人说原因是 A，有人说是 B，各执一词，其实没有太大的意义。强拉因果，后果都是很严重的。比如，市场一降准，你就以为是利好，就跟着入市，那基本上混几年市场上就只剩下你的故事了。

市场是合力的结果，最终以各级别 K 线的方式表达出来，交易者必须学会读懂市场语言。假设有一个市场先生存在，市场先生会以盘面作为它的语言，告诉你它的计划和行动。操作要顺着它的表达来，这样就会安全很多。当然，市场先生也有骗人的时候，于是盘面上就会表现出各种各样的陷阱，识破并运用之，有时候反而能更加高效。

那么，市场的当下是什么？用两张图说明，如图 5–146、图 5–147 所示。

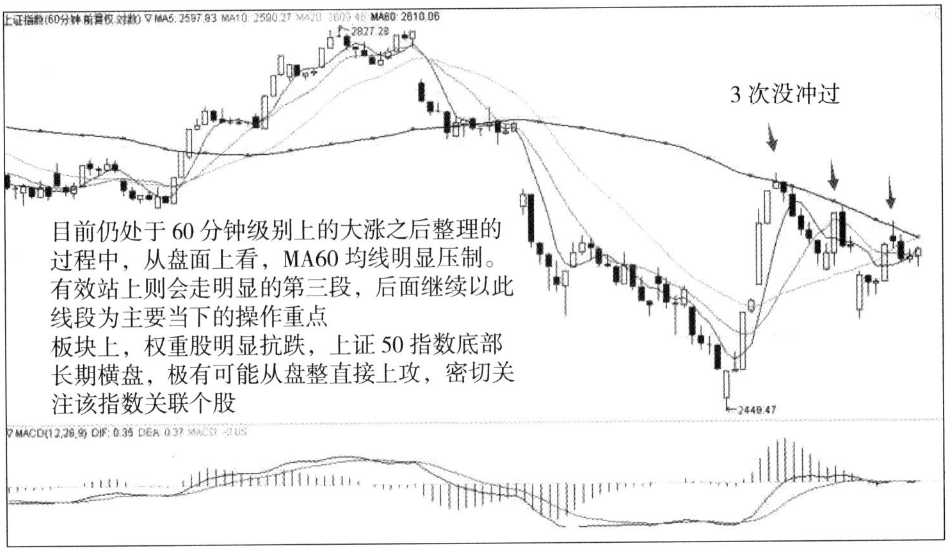

图 5–146 上证指数 60 分钟走势图

图 5–146 中，上方的均线阻力位置处，3 次没冲过，所以今天顺势再一砸，也就没那么意外了。后面的关键位置依旧是这条均线，站不上就没有机会。

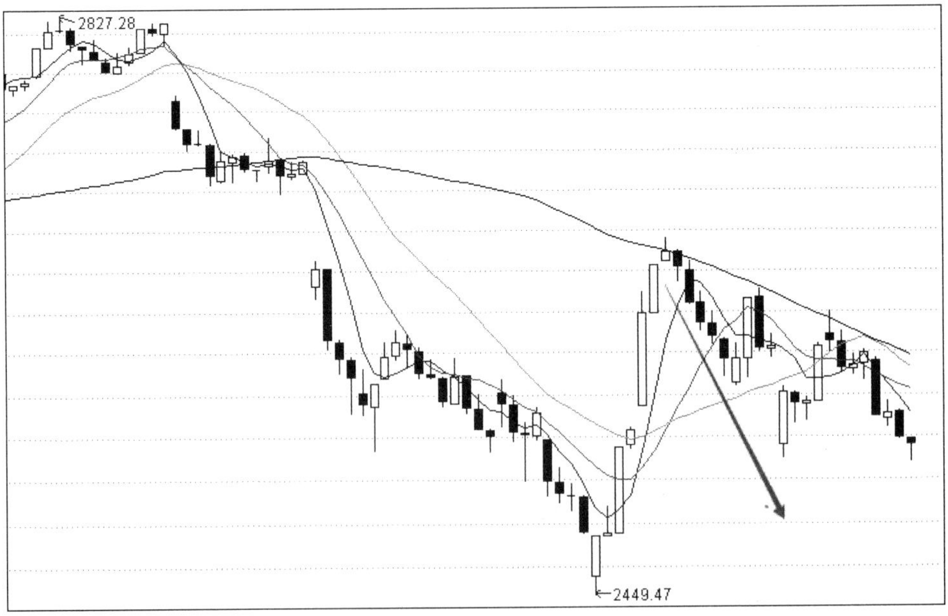

图 5–147 上证指数 60 分钟走势图

图 5–147 中，就是指数一波暴力上攻之后连续的复杂调整所展现的形态。注意，暴涨之后，要么暴跌，要么就出现复杂调整，这基本上是很规律的事情了，本人在《教你炒股票：缠论与 K 线分析技术》一书里面曾多次提及。调整要结束，这个线段必须止跌，标志就是线段上的第一类、第二类买点，或者标志性大阳线，否则，跌破 2449 点也不是不可能的事情。

6. 当下操作，首先要破执（2018.11.5）

前几天，有朋友问某只股票的走势，引发一段对话，内容涉及走势细节，但是很重要。这种细节，只有在实盘里面才会碰到，书里面怎么也说不到。今天拿出来做个延伸，如图 5–148 所示。

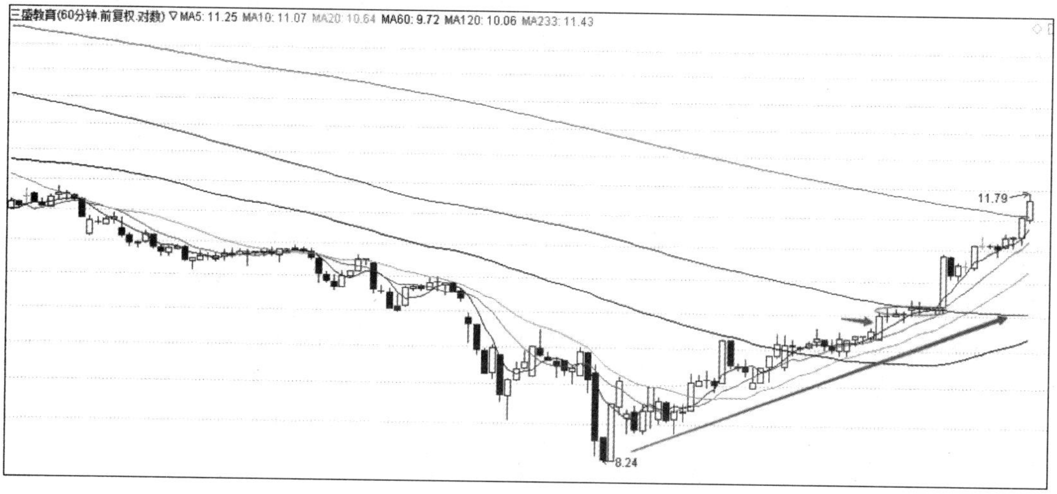

图 5–148　三盛教育（300282）60 分钟走势图

当时给出的解释是，在 60 分钟线上，这是一个上飘旗形的整理走势。对于上飘旗形，如果是参与 60 分钟的上涨走势，那就等上飘旗形抉择出方向。若向上突破站稳，可考虑参与。如果不参与 60 分钟级别的上涨走势，那就等一笔回调再决定。

那位朋友估计应该是一直在等 60 分钟的 1 笔回调，等形成日线级别第二类买点再入手操作。直到今天，该股票的第二类买点也没等来，这上飘旗形向上突破之后，站稳并延续了 60 分钟的上涨。从这个意义上讲，有点踏空的味道。这是操作上非常细节的东西，今天借着这个案例说几句。

有人会很固执地等待所谓的第二类买点或者第三类买点，这种心理，根本上仍旧是对于模型的一种执着。学过缠论的，都知道第一类买点、第二类买点、第三类买点，于是这些标准的程式，很自然地在脑海里打下了烙印，认为就会按照顺序次第展开，但这种情况其实并不是必然的。

实盘中，有的一浪整个行情就走完了，等回调再买入，就鸡肋了。有的会强势回调，第二类买点、第三类买点重合。有的第二类买点的位置甚至比第一类买点还低，这都是实盘中经常看见的。

不测而测，不仅是点位不测，买卖点也不测，一切只有当下。例如，那天说是上飘旗形，股价完全有可能一个 60 分钟级别的走势就涨很多，然后行情就结束了，这是难以测度的。唯一可以确定的是：当下是一个 60 分钟的上涨，如果愿意参与，可以。如果不愿意参与，就等日线上的第二类买点，也可以。但这第二类买点出来是好还是坏，就要等另一个当下判断了。

上面的话可能很绕口，但必须要说。就好像很多人卖股票，要等标准的第三类卖点，实践中有没有见过一波就跌很多，根本不给反抽机会的？这种例子太多了。这就是模式化思维，而不是当下思维。按照标准买卖点，在股票上操作可能效果还会好一些，要是做期货、外汇什么的，是很危险的，爆仓的概率实在是太大了。

所以，当下操作，首先是要破执，破除对模型的执着，甚至破除对盈亏的执着。

记起王阳明先生有一句话：你未看此花时，此花与汝同归于寂；你来看此花时，则此花颜色一时明白起来。对于某级别买卖点而言，如果没有符合你的标准的介入点，行情走势就和你无关，又有什么踏空不踏空之说？甚至说，如果你从未关注过股市，那么这个市场完全是你的心外之物，股市涨跌和你又有什么关系，你还会为市场的涨跌悲喜吗，还有什么踏空不踏空的说法吗？

7. 一个案例：说说走势分解的多样性（2018.11.8）

这个案例，也是一位朋友问起的，比较典型，其中涉及走势分解的多样性问题。这个问题经常碰到，拿来说说。先说一下走势多样性分解的基础，走势多样性分解的基础就是结合律，因走势分解具有多样性，所以大家可以依据结合律，做有利于操作的分解。具体可以参照《缠中说禅：教你炒股票》这本书，这里不再赘述。

下面讲解一下这只股票的走势，如图 5-149 所示。

图 5-149 中是本人给出的一种划分方法。朋友问：中枢为什么选取的不是 2018 年 8 月 2 日开始的这个大的日线中枢。回答曰：这样分析有利于操作。和 MACD 指标对应一下，不难发现，依据 MACD 指标划分走势，标记的第一个线段对应的是一个日线级别的调整，而标记的第二个线段，正是对应这段上涨，这样非常有利于利用该指标辅助操作。

若从 8 月 2 日的中枢开始分解，也是没问题的。实际上，这个中枢延伸出了 9 段，中枢的级别就扩大了，原日线中枢就扩展成了周线级别的中枢。如果按照这种方式分解，最有利于操作的，其实是在周线级别上，如图 5-150 所示。

图 5-149　汤臣倍健（300146）日线走势图

图 5-150　汤臣倍健（300146）周线走势图

图 5-150 是按照周级别进行的分解。按照这种分解方法，后面就可以根据背驰段去分析。严格讲，第二个中枢之后的上扬，可以看成背驰段，但这完全有可能被破坏，然后再形成第三个中枢，没人规定中枢只能是两个。

那么，为什么当下要按照第一种划分方法去划分呢？除了上面所说的和 MACD 指标对应的问题，另一主要原因就是操作起来方便。我们的操作一般是从小级别开始的，如果小级别走势符合预期，再逐渐换挡到大级别。例如对于止损，在小级别上止损，一定比在大级别上止损损失小很多。这一点在股票上可能还不太明显，期货上就明显得多，甚至会很要命。另外，走势是由小级别开始逐渐生长的，从小级别切入，更有利于当下的观察和操作。

走势的分解方法也不是一成不变的，例如，对于该股，从日线的角度去分解，就有下面的方案：目前日线次级别的 1 段上扬已经突破中枢了，后面对应的就是中枢震荡持续或者第三类买点。

若后面走出第三类买点，就可使用周级别分解的方法，去期待一个日线级别的上涨。如果是中枢震荡，那么依旧可以用第一种分解方法去操作，那就是首先要操作一个日线级别的一笔上涨。

走势的分解是有技巧的，上面这个案例，以一家之言抛砖引玉，希望大家逐渐积累操作经验，以后的应用就会越来越得心应手。

8. 当下观察指数的视角（2018.11.13）

上周五（2018.11.9）周评“做好应对挑战的准备”一文中曾说：“后面，对于短线而言，就有两个可能的选项，中枢震荡，或者结束这个 2449 点开始的反弹，直接往下掉。可以参考日线图中上一次的反弹走势，重点是观察 60 分钟级别上这个缺口开启的下跌。”

引用部分周评的意思，就是要从 60 分钟线段的角度，按照中枢震荡的视角去看，去关注这一个下跌线段结束的标记。如果这个标记一直不出来，那就是要跌破 2449 点。如果这个标记能够在中枢区间中出来，那么短线上就又可以接着做多了。注意，这就是缠论中经常提到的大家耳熟能详的“不测而测”的理念。

对于指数而言，如果说昨天（2018.11.12）的上涨还只能归类为前面缺口延续的一个 60 分钟级别下跌线段的反弹，那么，今天指数受外盘的压力低开之后，60 分钟级别上快速回补了这个缺口。对于线段来讲，这就是一个标志性的 K 线，也可以说对于线段，这就是该线段的一个合适的买点，如图 5-151 所示。

也许有人会说，昨天线段的最低点，怎么能够确认是线段的转折？抱歉，对于本人的交易系统而言，60 分钟级别的线段通常是最低级别的，而线段的逆转是结合 K 线与线段转折综合判断的，是纯形态学上的内容。如果你要寻找更精确的转折点，可以使用这种方法：下降级别去寻找。

当今天早上 60 分钟图上低开大阳线走出来的时候，熟悉本人在《教你炒股票：缠论与 K 线分析技术》一书中所提三级联立系统的朋友，就可以对这个标志性 K 线下降级别去验证了。下面下降级别去看看，如图 5-152 所示。

图 5-151 上证指数 60 分钟走势图

图 5-152 上证指数 30 分钟走势图

30 分钟图上，低开大阳线之后，连续收出 2 根小阴小阳线，从 K 线组合的角度来讲，是 1 个所谓的上涨中继形态。至此，可以去预期一个 60 分钟级别的线段的第三笔了。

后面仍旧以中枢震荡的视角去观察整个走势，首先要等这个 60 分钟级别的线段结束，然后与该中枢上一段上涨的力度做对比。如果能破前高的 2676 点且不盘整背驰，就可以考虑换挡操作了。如果破不了前高，那么中枢震荡持续；如果破了前高，但出现盘整背驰，依旧是要回到中枢震荡中去。了解缠论的，对这一点应该很熟悉了。如图 5-153 所示。

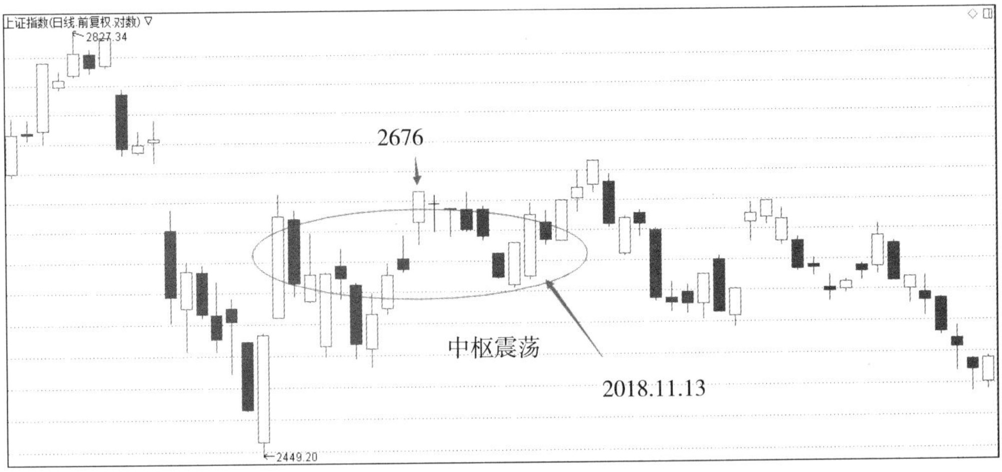

图 5-153 上证指数日线走势图

目前几大指数走势力度有强弱差别，创业板是最强的，深证次之，上证最差，这主要是因为权重股在本轮行情中起到了煽风点火的作用。火烧起来之后，二三线的股票都压抑太久了，一下子就“干柴烈火”了。

大盘是土壤，只要这个土壤还可以，就可以操作，如果有适合自己操作级别的买点，就可以做多。有完备的交易系统，可以大胆干，住当下生心，后面的事情后面再说。

9. 今天的大跌，要高度警惕（2018.11.20）

上周五（2018.11.16）周评“走势的现在和未来”一文中说，当下的走势，关键就 3 点：20 周均线、顶分型以及顶分型的力度。

下面从该文章中节选出来几段，回顾一下上周的走势，如图 5-154 所示。

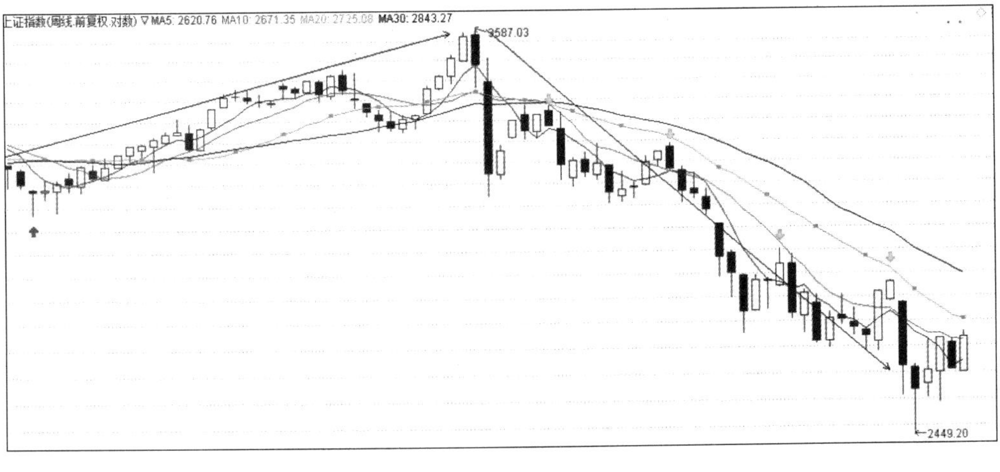

图 5-154 上证指数周线走势图

“上面的周线下跌，我们是一路跟过来的，从3000多点，一路跟到2449点。这里面有一个巨大的秘密，就是这波中线下跌行情，基本上就是在20周均线的管控范围。回看图5-154中箭头标记的位置，简直太明显了，基本就是碰到20周均线就开始掉头。因此，一个大秘密就是，对于这波行情而言，20周均线才是对行情真正的考验！

注意，20周均线之前，任何日线顶分型都要引起注意。这里面又有个细节，顶分型是有力度差别的，如果是比较弱的顶分型，我们顶多只是警觉，毕竟这里也有反弹变反转的可能，要由表及里地去观察。如果是强力的顶分型，就是第三根K线是跳空缺口的那种，一定要先出来了。当然，如果20周均线前居然没有日线顶分型，那就是天大的好事了。”

这段文字表达的，主要就是20周均线之下的任何日线级别顶分型或者顶分型的预兆，都要引起高度警觉。昨天，创业板指数的顶分型成立了，这一点在小圈子里已经提示过。今天，主板的顶分型也成立了，并且在小级别上是以缺口的方式低开的，如图5-155所示。

图5-155 上证指数30分钟走势图

如果说收盘形成的顶分型是最终的结果，在30分钟图上今天以跳空缺口的方式低开，就是很明显的预警信号了。大家请看图5-155，一直强调的这段上涨，在向下箭头的位置，MACD指标发生了什么？如果这个还不能确定，那么今天跳空缺口低开，就一定能够确定一些事情了。所以，今天一早，就在小圈子里多次呼喊：关键位置的顶分型，一定要引起注意，关注30分钟缺口的回补情况。本人的良苦用心，大概能起到一定作用吧。

图 5-156　上证指数 2018 年 11 月 20 前后日线走势图

图 5-156 是上证指数 2018 年 11 月 20 日前后的日线图，大家可以对比观察，对日线顶分型后的走势有一个了解和把握。

上面的分析方法和路径，希望大家都能够了解一些。真了解了，赚大钱先不说，至少能少受一些伤害。对于交易而言，大盘是土壤，土壤不好，很难种出什么作物来，所以要提高一下警惕。当然，这只是对绝大多数人说的，如果你是超人，那就另当别论了。

10. 随机漫步市场的特征（2018.12.5）

近期的盘面走势极尽随机、复杂之能事，或出现复杂的扩散三角形，或大幅度跳空高开、跳空低开、形成孤岛，等等，但总体处于中枢震荡之中。如图 5-157 所示。

图 5-157　上证指数 2018 年 12 月 5 日前后 60 分钟走势图

震荡，随机漫步的特征就比较明显。随机漫步，就是不可测。市场就是这样，不可测是绝对的，可测是相对的，就像说风险是绝对的，道理一样。对于操作而言，也没必要有什么挫败感，本来都是在虚妄中立法，非要去执着一个定法，那不是自寻烦恼吗？

关于走势的趋势性与随机漫步性，有如下论述，供读者参考。

自系统的交易理论诞生以来，关于走势的特性，一直有两派非常明显的分野。

一派认为，走势是有规律可循的，所谓“历史会重演”，投资如山岳般古老，太阳底下没有新鲜事，因为人性亘古不变，这是典型的趋势派。趋势派认为，“价格以趋势演进”，只要你能够识别并顺应趋势，就一定能够在投机游戏中获得丰厚的回报。

另一派认为，走势毫无规律可循，即完全是随机漫步的状态。该理论认为，当前的股价已经包含了市场上所有的有效信息，证券价格的波动完全是随机行为，是不可预测的。市场上所有的新信息都是公开的，证券价格会直接快速地消化这些信息，会对新信息的影响快速作出反应。由于新信息都是随机发生的，是不可预测的，因而市场的价格走势也是随机的，证券资产的收益回报也是不可预测的，这样就形成了一个随机市场。

那么，市场究竟是有规律的还是随机漫步的呢？个人认为，完全没有必要用二元对立的思维去考虑这个问题。理论研讨只限于学院中，在实际操作中，如果走势完全是规律性的，那么就不会有那么多人亏钱，那么多的“黑天鹅”频频飞出；反之，如果完全是随机漫步的，那么，投机历史上也不会有那么多赫赫有名的大师出现。

实际上，规律性与随机漫步性，是对立统一地存在于走势之中的，二者是你中有我、我中有你的状态。一段趋势，其中某阶段会出现随机漫步的特征。一段随机漫步的盘整中，也会有次级别非常有规律的趋势性走势。交易者一方面要抓规律，抓趋势，因为这是你主要的利润来源；另一方面，心理上也要有随时应对随机漫步的准备。

经过长时间的实践，对于规律性与随机漫步性的相互关系总结如下。

（1）盘整中，更多地是随机漫步的走势；趋势中，更多地是规律性的走势。

（2）趋势中的推动段，更多地是规律性的走势；趋势中的调整段，出现随机漫步的概率较大。

（3）短线走势，更多地体现随机漫步的性质；中长线走势，更多地体现出规律性。

明白了这几点，就可以将规律性和随机漫步性有机地统一起来，在实践中有效利用规律性，规避随机漫步带来的风险。

11. 时代的主题或已悄然改变（2018.12.6）

据说 G20 峰会期间，中美两国元首在友好坦诚的气氛中进行了两个半小时的深入交流，远远超过了预定的时间。这次会晤达成了重要共识，为今后一个时期的中美关系指明了方向。

据说贸易战不打了，关税不加了，中美之间收起了剑拔弩张的局面。剧情急速反转，就像吵架的情侣，又开始有了恋爱的味道。

受此消息影响，中国股票市场周一大幅度高开，盘面上留下了一个美好的缺口，好像指数要一鼓作气冲出底部区间，迎接这个“新时代”的到来。

随后，一则消息刷爆中文媒体：在中美达成“不升级贸易对抗共识”后3天，加拿大政府官方发布消息，“应美方要求于上周六逮捕华为首席财务官孟晚舟”。孟晚舟为华为创始人任正非的长女。美方给出的理由是孟晚舟“涉嫌违反美国对伊朗的贸易制裁”。

受此消息影响，今天A股走势大幅度低开，并一路走低，在上证指数60分钟图上留下了一个大大的“孤岛”，如图5-158所示。熟悉股市的交易者应该知道岛形反转的威力。

图5-158　上证指数2018年12月6日60分钟走势图：孤岛反转

12. 交易中最重要的环节——等（2018.12.11）

最近的行情，确实如鸡肋一般。受国内外局势以及消息的影响，指数忽高忽低，忽然喇叭形，忽然又孤岛反转，不好操作。当然，对于有技术的，可操作的机会多了去了，大可到期货市场遨游一番。技术一般的，手脚不利索的，还是专注股票市场，等待最好的机会出现。

今天有位朋友说了一句话：“不做也是做。”这种境界相当高明。其实做投资最终比拼的是境界，是胸怀。当然，境界是以技术作为基础的，最基本的，你要能够看懂市场先生的语言。

是的，炒股绝对不是天天来回折腾。“不做也是做”，“不做与做，无二无别”。这句话很绕口，但如果你能从中品出“色即是空，空即是色”的味道，估计也快“缠中见禅”

了。今天说说交易中非常关键的环节——等待。

等待，一般可以分为空仓等待和持仓等待。既然是最重要的操作，那么二者的意义，对于操盘而言也是显而易见的。

空仓等待，就是始终让自己处于准备出击的状态，直到适合自己的机会出现，再给予雷霆一击。空仓等待，一方面是保全自己的方式，没有机会的妄动，只能空耗自身的能量。另一方面，就是要寻找最适合自己的机会，或者说最有把握的机会。

见过鳄鱼捕食的过程吗？鳄鱼，一种跑得不快、跳得不高的爬行动物，却是食物链最顶端的杀手，一种存在了几亿年的动物。鳄鱼总是静静地潜伏在水源的隐蔽处，潜伏在猎物的必经之地，耐心等待猎物的出现。没有猎物，或者是量级比较小的猎物出现，鳄鱼根本不会出击，直到出现符合自己胃口的猎物，它才会全力出击。

市场最大的一个特性，就是一直开着，并且各种机会都有。特别是短线，每次波动，理论上都会构成一个机会，这是对投资者最致命的诱惑，它会诱惑你频繁交易。但这机会适合你吗？就像等待捕食的鳄鱼，一只蚊子飞过去，它也去咬一口吗？抓一只蚊子，获得的能量远远小于耗费的能量。更重要的是，当你费时费力地抓蚊子的时候，可能一只水牛从旁边过去了，你也就错过捕食水牛的机会了。

对于顶尖操盘手而言，当市场没有符合自己的机会时，他们就会等待，并让自己保持出击的姿势。

持仓等待，就是一旦出现符合自己的机会，就主动结束空仓等待的状态，果断介入，然后就一直等着，等着这机会被证伪，或者这机会被证实，之后全身而退。

还是鳄鱼的例子。鳄鱼一旦得手，就会咬住不放。当然，最开始咬住猎物的时候，肯定会遇到挣扎。但猎物每挣扎一次，其力气就耗费一分，然后鳄鱼就咬得更紧一分，直到猎物耗尽力气，不再反抗。当然，也会有一些猎物反抗的力度非常大，大到可以伤到鳄鱼自身，这时候鳄鱼也会主动放弃。这就是一个捕猎的过程。

持仓等待，是获得大利润的源泉。如果你是大趋势的买点介入的，那么大趋势的运行可以让你获得真正的大利润。曾经做出惊世一单的著名投资家斯坦利·克罗先生，以1.8 万美元的本金入市，在市场中持仓等待 5 年之久，最终为自己赚取了数百万美元的利润。他的名言就是："钱是'坐'着赚回来的，不是靠操作赚来的。"这是对持仓等待的意义和价值的最高诠释。

正确操作的满足感，远远比盈亏来得更大。很多交易者在市场中总是频繁地关注自己的账户盈亏，情绪随着浮盈浮亏的变化而变化，这是非常坏的习惯。盈亏，本质上和盈亏没有关系，真正决定盈亏的，是你操作的对错。按照缠论的操盘方法正确操作，盈亏只是生出的结果，真正有趣的是你的操作过程，那是对你人性的不断挑战。能够持仓等待，正确操作完一波趋势，这是对你人性的升华。这种升华一定会让你盈利，而且其带来的满足感也会远远超过盈利带给你的满足感。

13. 交易与学佛（2019.2.11）

“交易”这个概念，涵盖的范围是非常广的。广义地说，从最开始的以物易物，到后来以货币为媒介进行商品交换，都可以称作交易。通俗地讲，你买一件衣服，或者上班出卖自己的劳动力换取工资，都属于交易的范畴。

这里所说的交易，是狭义的，特指在股票、期货、外汇等资本市场进行的以获取差价为目的的买卖操作。

其实，资本市场的交易和买卖衣服、出卖劳动力赚取工资，从交换的角度讲，本质上没有什么差别。例如，如果你从事的行业是智力密集型行业，而且你的水平不断提高，那么单位时间的劳动换取的报酬，大概率是会不断增长的，这类似于筹码的上涨；反之，如果你从事夕阳行业，报酬则会随着通胀实际上不断在减少。进入人工智能时代，很多原来需要人工完成的工作都会被淘汰掉，这就类似于下跌甚至退市。

关于交易，大家的认识还是比较容易统一的，但说到学佛，可能认识的分歧就比较大了。在很多人眼里，学佛就意味着念经、吃素、敲木鱼。也有很多人认为学佛就是行善、积德、得福报。有一部分人把佛当作“保镖”，祈求保佑平安健康。有一部分人把佛当作摇钱树，祈求发财富贵。

可以肯定地说，上面这些不是真正的学佛。佛教有它的仪轨，这些仪轨本来不是佛，只是亲近佛智慧的一种方便。行善积德也不是学佛，只是在为自己积累资粮。至于把佛当作摇钱树，当作“保镖”的，就更是颠倒见了。当然，这些行为有时候会奏效，但这种奏效也是一种让你亲近佛的一种方便。

那么学佛的目的是什么？佛学内容博大精深，这里只简单说。

第一个目的，就是求解脱，即通常所说的涅槃。“涅槃”是梵语，翻译成中文，就是灭苦。真达到了这第一步，至少你的人生不会再有粗的烦恼。想一想，不再有生老病死等苦，不再为金钱、名誉烦恼，这是多么快乐的境地。

第二个目的，也是终极的目的，就是证得一切智。注意，这一切智是超出人们想象的。佛经中常说“不可思议”，这不是夸张，确实是你的思考、议论难以勾画其轮廓的。无论是思考还是议论，都要用到语言，而佛的一切智是离言的，是语言无法描述的。当然，真正的修证，是离不开语言的，例如佛法都是用语言说的。但这所有的语言，都是为了让你证到离言境界，是不是很神奇？

那么，交易和学佛有什么关系呢？为什么把交易和学佛扯到一起？这里面当然有关系，而且有极大的关联。这里也简单说说。

从学习交易的角度讲，通常有技术面、基本面、交易心理三面，这三个面都要明白。技术面的依据是什么？就是众生心！不信你看一看，技术分析的几个前提是什么？第一，市场行为包含一切信息。市场行为——买卖是什么触发的，是众生心。众生心对什么信息会产生什么市场行为，这都可以通过对人的心理分析得知。第二，价格以趋势演进。趋势理论特别强调沿阻力最小的路径演进，请问这阻力怎么来的？还是众生心。买力构成下跌的阻力，卖力构成上涨的阻力。第三，历史会重演。这更是众生心的反映。历史为什么会重演？还不是因为人的贪嗔痴不变？当然，也许有人会说，如果人都没有贪嗔痴了怎么办？那时候，资本市场就不存在了！技术面如此，基本面也是如此。例如国家战略层面形成的决策，你认为会不会推动相关产业有很大一波涨幅？

如果说技术面和基本面主要分析众生心，那么，交易心理层面更加关注自己的内心。买点出现的时候你不敢买，是不是恐惧了，嗔了？卖点出现的时候你不愿意卖，是不是贪了，幻想毕其功于一役？看不清走势类型的发展方向，无法对其进行正确定位，是不是愚痴了，无明了？从交易的角度讲，可能层次越高，交易心理的影响越大。

如果想做好交易，就必须对自己的内心以及众生心有所了解，而佛学无疑是最好的教材。无论是断烦恼还是证得一切智，都要从心入手。

从学佛的角度讲，交易这个行当或许是最好的修行地。释迦佛发愿，到五浊恶世度化刚强众生。请问佛祖为什么来五浊恶世？因为没有苦恼，众生不会发愿灭苦。试想，一个富二代花花公子，不知人间疾苦，如何去灭苦？一句流行的话：烦恼即菩提。这句话的意思就是说，即转烦恼，即成菩提。请问，如果没有烦恼，哪来的菩提？从这个角度讲，烦恼越重，往往解脱的可能性就越大。

如果说五浊恶世，对于绝大多数人而言，可能这世界上再没有比金钱更污浊的东西了。交易市场正是金钱交汇之处，因此可以看到市场搞得很多人神魂颠倒，家破人亡的亦有。青灯古卷是学佛，交易之道也是学佛求解脱。真正的自在，是要经得起考验的。你说你修行得很好，八风吹不动，结果美女一坐怀就乱，一涉及阿堵物，就开始心堵，那肯定是不行的。

当然，这里绝对不是让所有学佛的人都来做交易，那是罪业，最好大家都不要来。但如果你刚好由于业力感召来到了这个交易市场，如果你正好沉浮其中，无法摆脱，那么学一学佛说，正好借交易市场修心修行。

14. 券商暴涨背后的逻辑（2019.2.26）

从指数 2440 点见底开始，笔者一直都非常看好券商类股票。2019 年 1 月 4 日周评文章“探水竹竿意味着什么？”一文中，曾经非常明确地指出过。

之所以如此看好券商，其实是有原因的，其中的原因都跟大家交代过。券商连续大起，差一些的也有了百分之三四十的涨幅，相关的逻辑不妨在这里说一说。

先从基本面上说。

前期为什么特别强调券商股？记得曾跟身边的朋友说起过，券商股是“团战”。注意，什么叫做团战？显然是有计划、有目的的团体行为。熟悉中国战争史的，一定知道百团大战吧，这就是团战的经典案例，其所造成的影响，显然是平型关大捷这样的战斗没法比的。当然，更大规模的决定性的淮海战役，更是一举奠定了中华人民共和国的基业。

当时特别提了科创板的事情，必须高度注意科创板这件事的政治属性，就像当年的“千年大计、国家大事”一样。在中国做事，不懂政治，不明白国家意志的力量，是根本不行的。

明白了这些，对于券商股的动作，就很好理解了。事实上，前面绵绵下跌的过程中，券商股的异动特别明显。大盘跌的时候，会出现百股、千股跌停，但唯独它不跌。一旦大盘需要反弹，券商股往往是急先锋，因此早早地领先于大盘止跌了。这是什么信号，必然有人趁着市场大跌吸筹码，而且是集体吸筹码。试问，这么大的板块，市场里面的游兵散勇能承担得起来？

从根本上说，指数不回暖，市场根本起不来。指数回暖，需要权重股来支撑，这一点，市场上的绝对主力比我们要明白得多，所以，绝对主力早早就策划了这个团战。

再说技术面，给 1 幅证券板块指数的综合走势图，如图 5–159 所示。

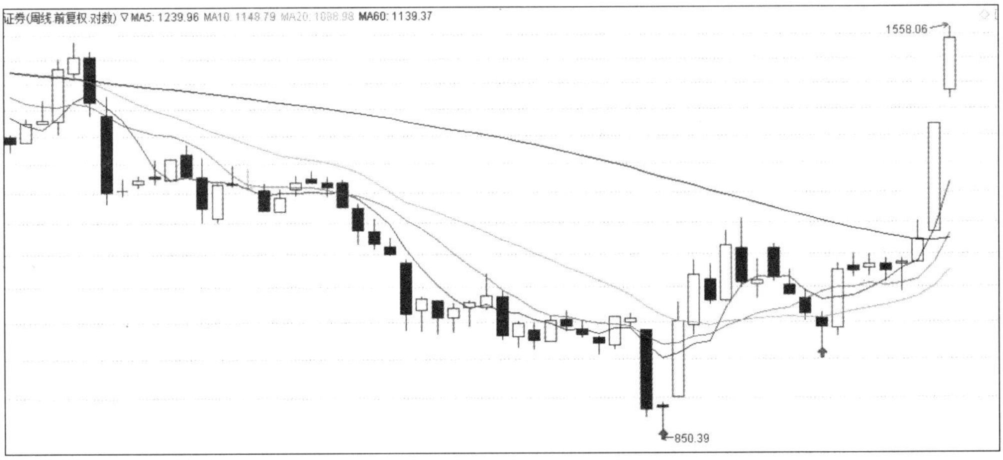

图 5–159　证券板块指数周线走势图

技术面就很简单了，非常明显，图上有一个周级别的第二类买点。前面有基本面的分析作为基础，再看技术面，就一目了然了。

操作证券板块，最大的难点在于图中第一个箭头之后，出现了连续 1 个月的横盘整理。横盘过程中，有的券商股在拉升，大部分券商股都在下跌。证券板块回调期间，盘面上呈现出百花齐放的景象，5G、新能源等你方唱罢我登台，板块热点极度混乱。

很多小伙伴都是在券商股回调的过程中被洗出来了，这不得不说是非常遗憾的事情。实际上，券商股暴动前的板块混乱都是开胃菜。最开始大家都把指数当反弹看，都抱着赚一票就跑的态度操作，这就是券商股前期只点火、不拉升的根本原因。关键时刻露峥嵘，只有在冲击 2700 点、2800 点的时候，券商股才配合消息面上的发言，连续拉出两次集体涨停潮，由此可见此次市场最大主力的精心策划和决心了。“陷入开胃菜”不能自拔的，都进入市场最大主力的彀中了。通俗地说，就是被横盘折磨走了，或者被陷阱坑杀了，或者因为见异而思迁了，这不得不说是很可惜的事情。

上面就是这次券商股暴动背后的逻辑。这种分析必须以技术为基础，结合基本面以及市场心理，对市场进行一个整体和综合的把握。所有的内容，这里都是当下把握，没有事后诸葛亮那一说，也不是拍脑袋想出来的。最好的猎人只会用眼睛去看，而不是用脑袋去抽筋。

15. 散户进阶的终极障碍（2019.2.27）

交易心理障碍，是所有交易者成长过程中绕不开的一座大山。不管你的技术、理念多么厉害，只要心理不过关，就永远不能进入成功交易员的正途。这种心理障碍，是每个交易员都会碰到的，连“大神”索罗斯都会在每次作出重大战略决策的时候出现神经性的背疼。除非你是天生的交易者，否则都会遇到交易心理障碍。

天生的交易员有没有？有！孔子也说，“生而知之者，上也”，这证明确实有人具有一种天生的禀赋——生而知之。这种天赋，从根本上说就是宿世因缘。你前几辈子都是搞交易的，或者做与交易同构的生意，抑或你这一生一直从事与交易同构的事情，转入交易行业，就会有得心应手的感觉。

但这些人毕竟是极少数。证券市场才诞生多少年，能容得下多少宿世？另外，交易本身是反人性的。正常的人性就是贪婪和恐惧，这是人类这个物种从诞生以来就积累下来的习性。试想，如果第一个走出非洲大陆的智人迎面碰见袭来的豺狼不是躲到树上，或者遇见猎物的时候不是一次性捕足够以备寒冬，怎么会有我们这个物种的现在？

人类的习性如此强大，但巴菲特却说，成功的交易者，最简单的心理模型就是“别人贪婪的时候你恐惧，别人恐惧的时候你贪婪”。你说交易是不是反人性的？成功的交易员，需要逆着人类诞生以来积累的强大习气去做事，你说困难不困难？你说那些生而知之者能有多少？

所幸，不是生而知之也不意味着世界末日。孔子又说，“学而知之者，次也”。这就强调了主动学习相关心理知识及迈过心理障碍这座大山的可能性。

一般人的学习路径通常是这样的：最开始都是因为赚钱效应入市的，希望在市场里面赚到大钱、快钱。入市之后，却发现根本不是那么回事儿。可能会有一些新手运气好，因为新手入市的时候，往往是市场高涨的时候。除非你运气特别好，否则一般都要被市场折磨一段时间，然后就开始学习。学习有两条路径，一部分人会从基本面入手，大部分人会从技术面入手。学习基本面分析本身是有门槛的，不像技术分析那样，所有素材都是公开的。从这两条路开始，几乎绝大多数人都一直走在路上，难有出期。但有少数精进者，或者因缘殊胜，能碰到善知识的人，可以从技术面或者基本面的学习里面走出来。接下来，会碰到终极障碍——心理的大山。有时候，明明技术上出现了买点，市场却止不住下跌，或者出现理论上的卖点，实际上却涨个不停，或者该买的时候不敢买，该卖的时候不敢卖，这个时候，其实是遇到了最难过的心理墙。无数人，聪明者有之，勤奋者有之，最终都过不去这个心理关。

"学而知之者，次也，困而学之又次也，困而不学，民斯为下也。"有的人受困，逐渐知道所困之处在哪里，开始慢慢学着认识自己的内心，认识市场参与者的心理。这种情况虽然次之，但若能摸到门径，也会有所成就。最可惜的是那些撞了心理墙却摸不到门径最终放弃的，白白浪费了时间，耽误了青春，最终一无所得。

上面明确说了，跨越心理大山的方法肯定是有的，即便如愚公一样一点一点地搬山，也能达到目标，但那是最笨的方法。事实上，有更简单、更究竟的方法值得探究。

可以告诉大家一个秘密，在交易行业，特别是中国，真正的成功者非佛即道，要么就是一个哲学家、思想者。为什么？因为佛学也好，道家也罢，或者哲学家，都是与心打交道的，市场不外乎众生心的变现。佛家说，三界唯有心，一切唯心造。佛家的核心是什么，是般若。"般若"是梵语，翻译成汉语，简单地说就是智慧，这是最直接的研究心的学问。

乔布斯创立了苹果公司，开创了智能手机的时代，他就是个佛教徒。索罗斯，量子基金的创立者，其本身对哲学有很深的造诣，早年提出的反身性理论，就是基于群体心理学作出的描述。缠中说禅，是缠论的创立者，他的 ID 名字就包含了佛性，"缠"是市场，"禅"是静虑，是佛教修行的一个法门。"缠中说禅"，本意是求广大散户在缠缚的市场中得到清净、自在、解脱。

因此，可以肯定地说，佛学等学问和思辨，对广大散户是有极大裨益的。往小了说，是解决心理障碍的终极法门，往大了说，真学好了，何止赚钱这一点利益，你的人生会更加洒脱、自在！

16. 暴力上涨第一锤（2019.3.4）

最近，笔者开始担心市场的短线走势。为什么？因为笔者看到许多媒体、自媒体开始所谓的"蒙眼奔跑"，开始计度"2019 年到底是股市赚钱，还是楼市赚钱"。这意味着什么？意味着"砖家"们又重新活跃起来了，意味着"韭菜"的热情再度高涨起来。

笔者曾多次给大家推演所谓"韭菜跑步入场"带来的后果。从人性的角度讲，高度趋同性会带来极度高涨的行情，同时，一旦行情崩塌，后果也很严重。

本文的标题，说的就是暴力上涨的第一锤。首先，前面的走势，说是暴力上涨，肯定算得上。2 个月的时间，指数从 2400 点上升到 3000 点，这涨速放到股市发展历史上也排得上号了。其次，懂技术的人应该明白，今天盘面上收出了 1 根高位的锤子线，而且量放得比较大，如图 5–160 所示。

图 5–160　上证指数日线走势图

这说明了什么？说明有人在高位倒筹码了，而且是大量的筹码。没有大量的筹码放出来，不会出现这么长的上影线。其实今天大部分时间，市场延续前面的强势，一路高举高打，却在下午遭遇大量抛单，这就是今天全天指数的变化。

今天有朋友问这个调整的时间以及幅度，答曰："上涨趋势中，如果非要去测一测，就以这个 60 分钟顶分型为起点，先看对应的底分型什么时候出现。"

不过，标题用"第一锤"，这么浓烈的氛围，一锤就能砸死吗？不得而知，但至少这是个预警，是需要提高一下警惕的。话又说回来，笔者是在 2440 点当周开始看多的，这应该在国内甚至全世界都是最早的一批，对于一帮在底部建仓的人来讲，我管你一锤还是几锤，中长线已经转变，只有四个字：欢迎回调！当然，对于短线追高的人来说，一番心理挣扎在所难免，近期要密切关注这第一锤之后会发生什么了。

17. 一个案例：关于买卖点的考量（2019.3.6）

现在市场虽然连续大涨，但其实已经没那么关键了。为什么这么说，因为笔者包括笔者圈子里的人，大都早早建好了仓，正舒服地坐着轿子。有人说，万一市场回调怎么办？前面文章“暴力上涨第一锤”里面提到四个字：欢迎回调！说实话，真怕市场不回调，这样一直拉上去，后面的大调整可就复杂了。

市场的关键是在春节前，特别是最后一个交易日（2019.2.1）。关于最后一个交易日的走势，前面的文章也曾有过详细的分析，毫不夸张地说，基本就是市场的剧本。有兴趣者，可以翻看 2019 年 2 月 1 日那篇周评：多头炮火依旧强大。

前面曾经跟身边的人提到一只股票，该股是年前最后一天（2019.2.1）提及的，当时价格大约在 25 元左右。今天再看看，晃荡晃荡也到了 35 元了。今天有朋友问该股票的走势，这里带着大家再回顾一下该股票，顺便复习一下关于这只股票买卖点的考量，如图 5-161 所示。

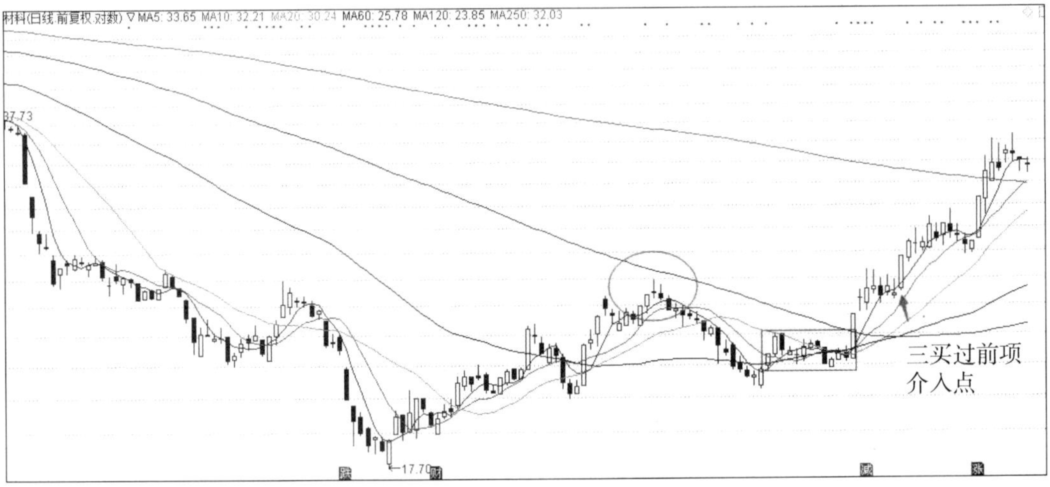

图 5-161　天赐材料（002709）2019 年 3 月 6 日前后日线走势图

这只股票的介入点，是一个典型的第三类买点，非常典型。光是这第三类买点，就足够去游戏一番了。该股还把第三类买点弄在了前顶的位置，这不是明晃晃地让你去做吗？当然，也有人说，这才涨了 40%。现在市场反转了，人的口气都变大了！

今天有小伙伴说一直拿到现在，让点评一下。其实很简单，就问问自己，该股有卖点吗？是第一类卖点、第二类卖点，还是第三类卖点？市场的风向转向了吗？大市要逆转了吗？如果大市没有中级调整的迹象，市场强度较好，个股也没有出现卖点，就该干吗干吗。无明之心不要妄动。如《六祖坛经》说：不是风动，不是幡动，仁者心动！

当然，如果你对走势类型看不明白，趋势也看不懂，级别、买卖点更是一塌糊涂，那就最好趁着这大好的行情，买只股票躺着，好好学习一番技术。教材，这里都有的，简单的教材有 2 种：一种是《教你炒股票：缠论与 K 线分析技术》，这个更侧重于理论性的知识。另外一本书名叫《教你炒股票：缠论精解与实战应用》，更侧重实战，都是笔者所著，有缘者可以参考。

18. 略谈交易之道与四法行（2019.3.7）

四法行，即亲近善士、正闻熏习、如理思惟、法随法行，简称师、闻、思、修。

学过佛的，应该都听过小乘、大乘的说法。虽然佛祖在《法华经》中说，只有一佛乘，无二亦无三，但这里随顺通俗的说法，依旧沿用小乘、大乘的分法。小乘，称之为解脱道，目标是空人我。大乘，可称之为菩提道，目标是在空人我的基础上，继续空法我，即我们通常说的“五蕴皆空”。

小乘四果，大乘十地。四法行在小乘中是证入初果的学修之正行，在大乘中，亦是证入初地之正行。

下面逐条分解之。

第一，亲近善士。善士也叫善知识。佛教中，最根本的善知识就是佛。娑婆世界，就是释迦牟尼佛。为什么叫本师，因为是最根本的老师。其次是圣者，小乘圣者为四果罗汉，大乘圣者为十地菩萨。为什么是这些人，因为他们见到了世界的真相，实证到了宇宙人生的真理。当然，末法时期，如果因缘不具足，那么能够对佛法达到圣解的人也可依止，但邪师是绝对不行的。所谓邪师，不是说这个人多邪恶，而是其见地与正法相悖。

第二，正闻熏习。首先你要去闻，去听。这要求什么？要求你要能够容得下不同的见解。笔者见过很多我见深重的人，他们的心里就只有自己，只有自己的看法，从来容不下另外一种看法。一说佛，直接嗤之以鼻，就说迷信。这种人且不说正闻，连听闻的机会都没有。其次是正闻，要闻正见。什么是正见，对于佛家而言，就是佛以及圣者所说的经论，这种因缘很殊胜。所谓“人身难得，正法难闻”，你现在能听到就是福报，要珍惜。熏习，就是反复地听。有句话叫做“近朱者赤，近墨者黑”，这就是熏的结果。正见，不是学一天两天，听一次两次就好了的，要反复、大量地学习。用唯识学的说法，就是要把正见种子熏到你的第八识里面去。

第三，如理作意。也叫如理思惟。《法蕴足论》第一卷说：“云何名为如理作意？谓从善士，闻正法已，内自庆慰，欢喜踊跃。奇哉世尊！能说如是深妙正法……彼由如是内自庆慰，欢喜踊跃，引摄其心，随摄等摄作意发意，审正观察深妙自义，如是名为如理作意。”简单地说，就是用听闻的正法统领你的意识，也就是孔子所谓的“从心所欲，不逾矩”。

第四，法随法行。随顺正法，自心中受持此法，精进修行。

各位由业力牵引，共业所生，来到这投资场所，首先就要修习投资正道。有些人整天很热闹，熙来攘往的，表面繁华，于道何干？能得交易之道，才能长久生存。不能，则纵使一时热闹，最终徒劳而无用。

获得交易之道，依旧可以用四法行的方法修习之。

首先，亲近善士。没有几个人愿意教你。这市场里面，绝大多数能够赚钱的人都是闷声发大财，唯有慈心济世者，有悲心悯人者，才愿意出来调服股市众生心。因此，若遇此等善士，且行且珍惜。当然，这需要因缘具足，没遇到，就好好积累资粮吧。

其次，正闻熏习。股市里面邪见太多了，市面上很多讲盘口的，还有什么十线开花，过顶擒龙，奇招异术，光怪陆离，这些顶多算得上是相似的真理，绝大多数都只是哗众取宠而已。得正闻不易，一旦有缘遇到，就要一念生净信，否则朝秦暮楚，不能认真熏习，终无益处。

第三，如理作意。获取正闻，不是一蹴而就的，一旦于道理上能够通透，接下来就要在事上磨炼了。每一笔交易都要符合正闻，不能今天学了买卖点，明天又去打听消息，后天再去追高。要做到知行合一，否则你所谓的正闻根本不正。

第四，法随法行。在市场里面精进修行。你每笔交易都如理作意了，几次下来，于交易之道也就通达了，而且会积累很多财富，这个时候就要布施、回向。当然，即便你得了道，得了财富，也要像没有得到那样，毕竟这都是一场梦幻呀！

上面，就是市场这个修行场里的四法行——师、闻、思、修。因缘具足，遇到好的理论、听闻正法、以正法统摄自己的意念，在每笔交易里修行，如是，交易之道可得矣！

19. 他山之石——浅谈禅定与交易系统（2019.3.11）

一套成熟的交易系统的重要性，对于一个交易者而言，怎么强调都不过分。真正的大作手，都有自己的交易系统，那也是他们的标签。什么是标签？就如同当年宋江打出“替天行道”的旗号，刘备高呼要“恢复汉室”那样，那就是他们的旗帜。

利弗莫尔是趋势交易法的鼻祖。他的学生，有中长线暴利大师之称的斯坦利·克罗，其操作手法基本就是他老师的操作手法在月线级别上的演绎。巴菲特大概率是他倡导的价值投资法，他的强项在基本面。索罗斯基本都是依据他的反身性理论，场内和场外两手操作，他对人性的理解非常到位。

对于普通交易者而言，如果你还没有自己的交易系统，那么无论你已经入市多久，5 年也好，10 年也罢，可以肯定地说，你仍旧是市场的新兵蛋子。新兵蛋子始终是免不了要挨打的，这种人在市场里面不是太少，而是太多了，包括很多 10 年、20 年的投资者。

构建交易系统本身并不难，难在触及本质的正见交易系统。构建触及本质的正见交易系统，本身也不是那么难，难在始终如一地坚持正见交易系统。

先说第一句：构建交易系统并不难。交易系统的要素很简单，就是买进、卖出、仓位等三个大要素，你以任何一个标准作为参照物，都可以去构建交易系统。例如，以单条移动平均线为参照系，就可以构建交易系统，价格突破某条均线买进，跌破卖出，仓位多少根据自己的情况定一下，这个简单的交易系统就完成了，这是从技术出发。实际上，你可以从很多角度，例如市场情绪、财务指标等对企业进行分类，然后打造出一个简单的交易系统。

做交易的大都明白，这个交易系统绝大多数时候都是不靠谱的，如果依据这个交易系统来操作，十有八九是要亏损的。所以，这个交易系统只是相似的正见，不能称作触及本质的正见交易系统。

什么是触及本质的正见交易系统？是从市场根本出发推演出来的交易系统——市场的根本是什么？就是众生心的纠缠；是从演绎法而不是归纳法的角度去构建交易系统——前面说以单条均线作为参照物构建的交易系统，是从某个特定时空的市场特征出发构建的交易系统，属于典型的归纳法。

什么是触及本质的正见交易系统？打个比方，就如同开车，有些人只在路上没人的时候会开车，有些人上了山路就不敢开了。真正会开车的，应该是不管什么路况都能够应付自如。触及本质的正见交易系统，应该有这样的品质。

再说第二句：构建触及本质的正见交易系统，本身也不是那么难，难在始终如一地坚持正见交易系统。这里主要讲缠论，以缠论的方法来把握市场。诸位可以看本人出版的书籍或者文章，对大盘的解析都是公开发布的，基本分为两个阶段：从 2018 年 4 月份，一路避开下跌，到 2019 年 1 月份见底，然后从 2019 年 1 月份见底到现在，一路做多。实践证明，这是一套触及本质的分析体系。

从缠论出发构建交易系统，本身也不是那么难，你有这篇文章内容可以参考，也有一整套书籍可以学习，还有缠中说禅“教你炒股票”108 课原文可以参考。解读这些文字资料，构建缠论交易系统，虽然需要花费一些时间，但最终也能成体系。但这只是第一步，真正难的是什么，是对你所构建的触及市场本质的交易系统的坚持！

比如，你在第一类、第二类买点介入了，但市场稍微一波动，你就被洗出来了，完全忽视了对卖点的等待。你在一个买点介入了，但没多久就再度上车，完全陷入对暴利的幻想，忽视了对买点的等待；你赌一个买点，赌错了，然后就内心嗔怒，开始满仓操作，试图把亏损补回来。你重仓赌一个买点，赌对了，然后就一路疯狂加仓，资金管理毫无计划，坐视自己的成本不断被推高，忽视了市场不断积累的风险……凡此种种，在交易中太常见了。根本原因在哪里？就是脑子里放不下盈亏，盈亏干扰了你对市场的判断，干扰了你对交易系统的坚持。

对交易系统的坚持，和佛家对于禅定的练习，道理是相通的。标题用“他山之石”这个词，也是期望读者一方面能够对佛门禅定的方法有所了解——这里面的利益简直是太大了，最直接的就是禅定修好了，你的心会更清净，进一步会有神通出现。另一方面，也能够对坚持交易系统有所启发，这更是会让你直接受益——如果你始终不能坚守你的正见交易系统，在市场上是难有大成的。

禅定的目标是解脱。什么是最究竟的解脱，就是《心经》说的，“照见五蕴皆空，度一切苦厄”；就是《金刚经》说的，“一切有为法，如梦幻泡影，如露亦如电，应作如是观”；就是《永嘉证道歌》里说的，“梦里明明有六趣，觉后空空无大千”；就是《西游记》里说的，“跳出三界外，不在五行中”。一切和目标相背离的，都是把目标搞错了。有人把延年益寿、占卜算卦、预测未来当作目标，这些最终依旧逃不脱业力牵引，六道轮回，遑论解脱。

交易系统的目标是什么？一般地说是长期生存，稳定盈利，赚大钱。注意，上面 3 点是有次第的。有人想一夜暴富，有人想毕其功于一役，但是太多的人大赚一笔之后出现大亏，然后痛不欲生，这种案例太多了。真正的财富是建立在长期生存、稳定盈利基础上的财富，除此之外，都是把目标搞错了。

禅定的前提是正见，修定只是让你心力更强。定中思维正见，效果更强，更容易证果、登地，舍此无他。这一点，很多学佛的人都不甚了解，或者说根本不知道。坐禅，本身是通外道的，也就是说，不仅佛家练习，其他外道也都练习。但外道顶多是延年益寿，强身健体，和真正的解脱是没有关系的。为什么？因为见地不一样，这是根本。

做交易也是一样，长期生存，稳定盈利，赚大钱，前提一样是正见——对市场根本的把握，以及由此构建出的正见交易系统。如果没有这个，只知道简单地坚持一套交易系统，运气好的时候顶多赚些钱，一旦好运消失，就会回吐。也就是说，于真正的稳定盈利毫无益处。

看得出，对于做交易，目标明确了，功课做足了，后面只要辅以合适的方法，自然水到渠成。股票只是小道，多少人于大智慧证道、开悟，又岂是小道可比的？

20. 坟头上的香，还是孤岛上的囚？（2019.3.12）

用这个标题，是有缘起的。今天下午，当大盘冲高回落最凶狠的时候，笔者有朋友开始看空后市，并给上证指数提出一个非常别致的名称：坟头四炷香。请看图 5-162，4 根长长的上影线高高耸立，是不是很形象？

“孤岛上的囚”，是笔者给走势起的名字。同一个事物，从不同的角度去看，会得到不同的结论。上面的图形，如果从下往上的角度看，也可以看作是孤岛反转，请看图 5-163。

从图 5-163 中可以看到，圆圈前后都是跳空缺口，就像在一望无际的大海上孤悬的一处岛屿，就像当年囚禁拿破仑的圣赫勒拿岛。那些空头或者被震荡下车的滑头，就像

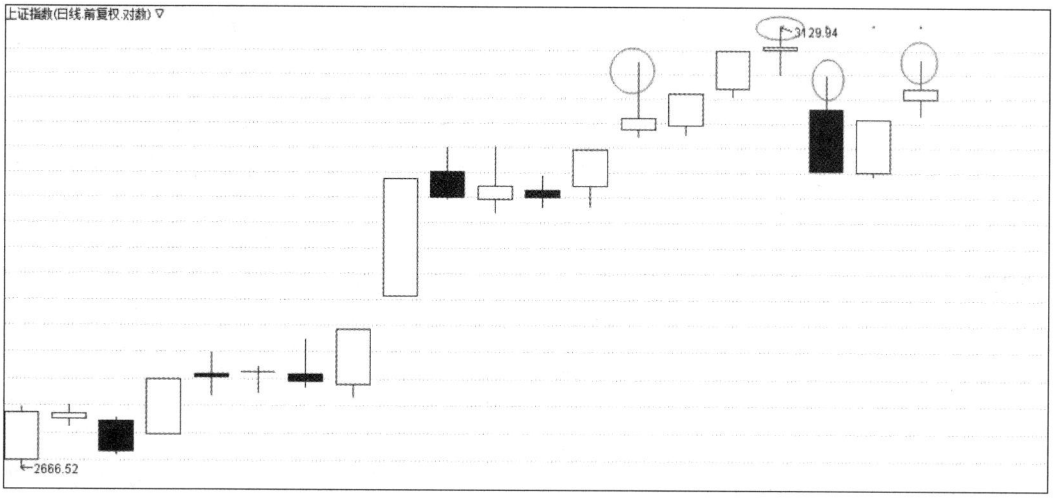

图 5-162　上证指数日线走势图

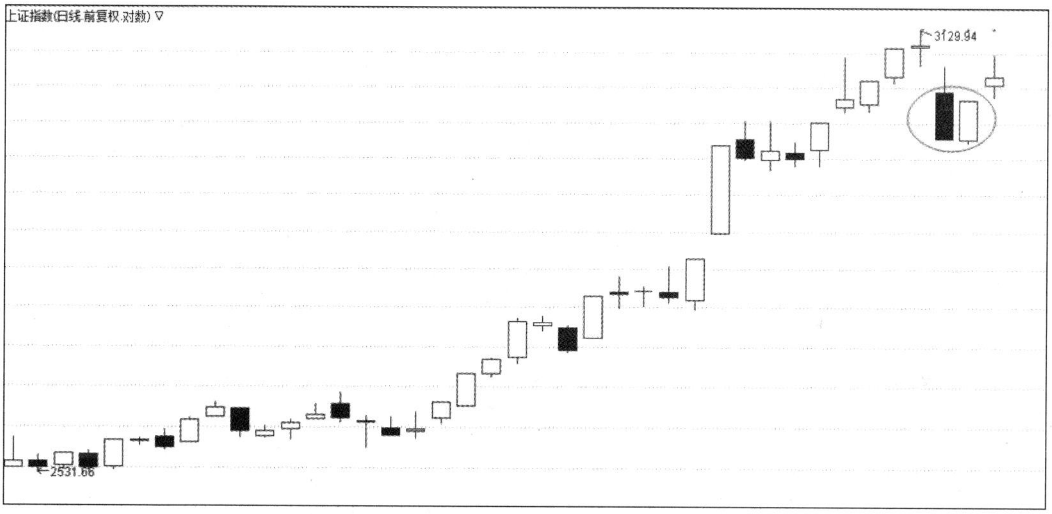

图 5-163　上证指数日线走势图

是囚犯，被困在岛上。

这件事，深入思考一下，会衍生出很多问题。例如，为什么对同一事物会有两种截然不同的看法？其实，这主要是看待事物的倾向不同造成的——你是什么，你就容易把你的世界解释成什么。《华严经》说：心如工画师，能画诸世间，示现一切色，各各不相知。任何人，你所知的世界都是你的世界，都是你的意识给你描画的世界，与其他任何人无关。市场，就是所有参与者的世界叠加而成的一个综合体，任何人都参与了市场，也描绘了市场，就是这样。

话说回来，究竟是“香”还是“岛”呢？这里也表达一下态度：“大势向好的情况下，去赌回调是不明智的，不宜过分看空。即便是短线，还有坟头四炷香和孤岛反转的区别。

即使真的回调，也没什么可怕的，欢迎回调。”其实，对于大盘，笔者一直说：对于个人而言，欢迎回调！为什么？有人免费帮咱洗盘，岂不乐哉？

今天，还有小伙伴问牛市里的回调一般会持续几天？回答他说“一夜”。何尝不是一夜啊，牛市里的回调早有定义，称为“一夜情”。别想歪了，这一夜，刚好可以容纳空头做个黄粱美梦呀！

21. 干柴烈火一相逢，又岂在朝朝暮暮（2019.3.13）

市场里的人总是分化的，没有分化，就没有图形，这就是所谓的“非完全绝对趋同”。对市场的描述加上这个条件，是出于逻辑严密的考虑，实际上，绝大多数市场都是非完全绝对趋同市场，只不过趋同度不同罢了。市场总是分化到趋同，再到分化、趋同，循环往复地进行着。如果谁能发明一个指标，叫做趋同度，配合技术面对行情走势作分析，那应该列为综合选股系统的子系统之一，能大大提高判断的准确率。

想起以前一些事情，就在本轮创出 2449 点低点当日，中午出去吃饭，告诉身边的人说：现在可以抄底了！几个人听后哂笑，不发一语。这两天，他们又回头来找笔者，说后悔呀，要是当初买入，闭着眼也有 50% 的盈利了。没办法，当时有人叫嚷着要做好跌到 2000 点以下的准备，抄底做多的话谁会相信呀。

涨了这么久，这大盘一调整，很多人就开始受不了了，整天疑神疑鬼的，一会儿要跌到 2200 点，一会儿又要涨过 3587 点。股市就有这样的魔力，能让一个在生活中非常正常甚至很聪明的人变得不正常，能让平日里非常聪明的人变得不那么聪明。

于是就有了文章的标题：“干柴烈火一相逢，又岂在朝朝暮暮。”这是两首诗的化用：“金风玉露一相逢，便胜却人间无数”“两情若是久长时，又岂在朝朝暮暮”。

笔者觉得，用干柴烈火来形容资金和走势之间的关系，更为妥当。跌了那么久，亏了那么久，就像关在笼子里的恶狼，一旦放出来，还不饿狼扑食吗？所以，就有了指数这第一段的疯狂上涨。

说“又岂在朝朝暮暮”，资金和走势，就像久别重逢的夫妻，哪能说散就散？缠中说禅说走势和性是同构的，干柴和烈火也有累的时候，你还不允许人家休息休息，喘喘气？

回到盘面，图 5-164 以前多次画过，那个轮廓也在这轮牛市启动之前和大家交代过，可以参考一下 2018 年 12 月 28 日的那篇周评“2018 年收官，2019 年展望”。今天，在这里有必要再画画。

图 5-164 中标划的是大的轮廓，前面每一波上涨、下跌，可以容纳多少 K 线，这次的上涨，才有多少 K 线？对于中长线操作而言：莫道昆明池水浅，风物长宜放眼量。

图 5-164　上证指数月线图

当然，这是中长线策略。对于短线而言，可以看见的是，前期领涨的权重品种又纷纷陷入调整。不过，目前这次行情，有反应迟钝的三四五线资金还没进场，也有人在前期赚了钱，现在要调仓，还有慢慢建仓的，资金逐步开始呈现扩散的迹象。后面，就要考验交易者精耕细作的功夫了。

22. 坑有多深，竖有多高（2019.3.14）

人性，总是会诱导人们犯错误。比如，跌破总是会引发抛售潮，突破总是能引发跟风潮，因为这总能触动人们内心深处的贪婪和恐惧，而这一点最容易构成盘面里的交易陷阱。作为对手盘，当你的对手犯错误、落入陷阱的时候，就会给你带来极大的利益。

当然，最高明的，不是作为对手盘参与直接的争斗，而是坐等人性弱点必然导致的错误，看着对手落入陷阱，然后利用陷阱，进入盘内掠夺胜利果实。

图 5-165 所示的这个案例，可谓是一个很经典的陷阱——中枢震荡陷阱。这类陷阱，如题目所说，往往"坑有多深，竖就有多高"。这样的走势，很多人真的是被陷阱坑了。

周线上，可以非常显著地看出这个底背驰，这是第一大类陷阱——趋势类陷阱。简单地说，就是价格跌破最后的中枢，急跌但力度衰减。这一点从心理上很容易描绘：价格盘了很久又重新下跌，下跌速度又快，谁能受得了账户快速缩水？凡人都是受不了的。

一般的股票，挖一个坑，一般人都跑完了，然后就可以反手拉起。这只股票比较经典的地方在于，日线上依旧有一个陷阱，如图 5-166 所示。

看得出，该股票周线见底之后，经过 1 段拉升，进入了一个中枢震荡的过程。但这第三段突然加速下跌，而且跌破了前期低点。跌破前期低点，对于绝大多数技术派而言是致命的，而且跌得那么急，用脚趾头都能想明白谁在得意，谁在懊悔吧？

经过 2 次陷阱，这只股票本波的拉升幅度和时间就非常理想了。注意，所谓的阻击主力，怎么阻击？就是这么做，眼看它计谋得逞，你突然立马横刀，抢他一口，他难受也得忍着！

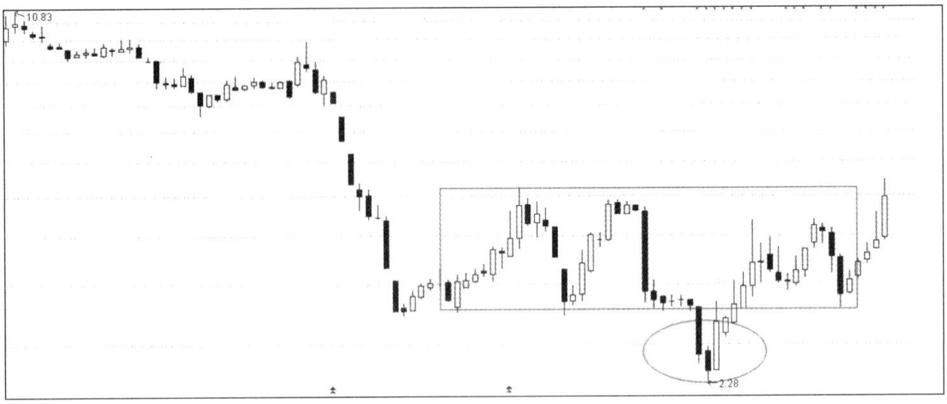

图 5-165　某股票周线走势图

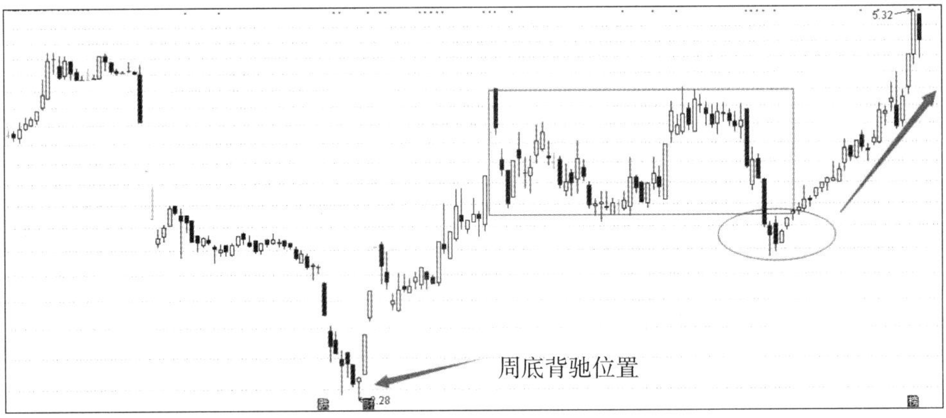

图 5-166　某股票日线走势图

上面的这个案例大家可以体会一下，看看对你有什么启发。操作中，不要光想着盈亏，多换位思考，以免内心充满由盈亏带来的不安。操作既要坚持原则，又要适当灵活。原则是该看多的，那就一路看多，绝不回头。该看空的就坚决看空，绝不动摇。灵活性，就是各级别联动。关键是你要有一颗不为外物所动的心，心一动，一切就都完了。怎么修心，笔者常在文章里说点唯识、觉性之类的，不正是这个目的么？

23. 陷阱之后，必有高潮（2019.3.18）

近期的口号就是四个字：精耕细作。如何精耕细作？一个思路就是利用陷阱来操作。刚好，有小伙伴问一只股票，这只股票也有一个典型的陷阱，于是就拿这只股票当案例来说说。如果你能一路跟着这只股票，并识别该股走势中的主力伎俩，那么毫不客气地说，这段时间你至少会有 5 成左右的利润。如图 5-167 所示。

该股在周线图上是一个典型的中枢震荡陷阱。从图上可以看到，第一个向上的箭头位置股价见底之后，经过一段拉升，随后陷入中枢震荡。该中枢的第三段跌破前低，从而构成空头陷阱，这就是一个经典的“Z”字型中枢。

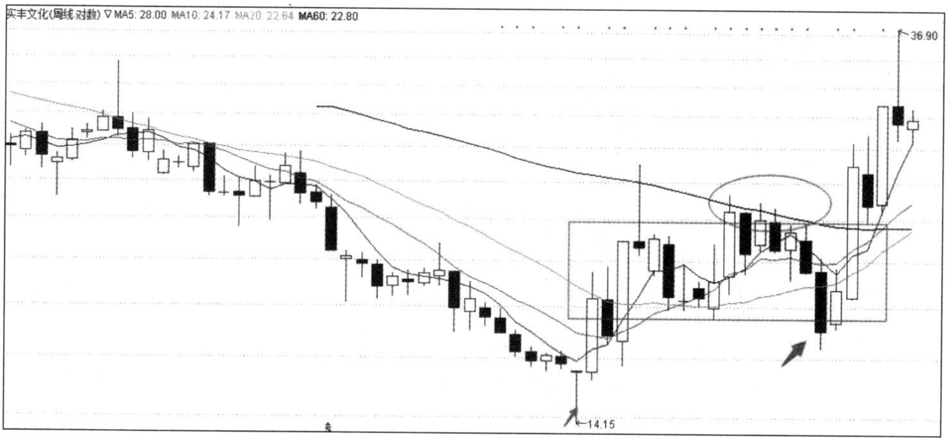

图 5-167　实丰文化（002862）周线走势图

技术上，该股比较值得注意的是中枢的第三段，有一段时间股价连续贴着 60 周均线行走，处于引而不发的状态，如图中椭圆处所示。注意，这种引而不发的技术形态，通常意味着某种目的。引而不发，必有所图。

对比日线图，可以看得更明白，如图 5-168 所示。图中方框处是个周线中枢。图中椭圆处，是构筑陷阱的位置。之后图中的第一买入点也标记出来了。为什么这里是第一买入点，因为之前的小阳线都可以看作反弹，只有标记处的第一买入点，真正否定了所谓的反弹，真正验证了那个陷阱的有效性。

图 5-168　实丰文化（002862）日线走势图

至于后面的第二买入点就很简单了，大力度突破中枢，之后的回调难道不能构成一次买入机会吗？

该股构筑陷阱之后，从第一买点开始，经过一次调整，最终涨幅达到了1倍。笔者常说，“陷阱之后，必有高潮”，通过这个案例，大家可以再验证一下。

精耕细作，这种带陷阱的股票，是不是值得考虑一下呢？

这里多说几句。有人说，看均线者，都不是真缠论。还有一次，有朋友质问我，难道你认为2400点就算见底了吗？他执着地认为，后面还有新低。

其实，第一类人是彻底把理论和市场搞颠倒了。理论是手指，市场是月亮。学习理论的目的，是通过手指的方向找月亮，而有些人只对手指感兴趣，这不是颠倒了吗？第二类人是典型的市场预测派，以预测正确与否作为乐趣，预测对了就疯狂炫耀，错了就躲到角落藏起来，这种人见的真是太多了。

这些人总是莫名其妙地骄傲，莫名其妙地去争执。冷静想一下，这样做有什么意义呢？这就是根本的“无明”，典型的“慢”和“嗔”！谁不爱看均线就不看吧，最好你能用天眼看；谁认为能跌到2000点就这么认为去吧，反正笔者以及身边的朋友，对2449点之后的这波大金融行情基本都吃到了，至于牛市不牛市的，争执这种名相有意义吗？真跌到2000点，高兴还来不及呢，哪有时间去争执这种无聊的问题！

24. 涨跌，就是你的呼吸！（2019.3.20）

上周末与朋友交流，说到走势的问题，当时说了一句话：想象一下，你就是走势本身，涨跌就是你的呼吸，这样会对走势有感应。

呼吸，道家称之为吐纳，佛家称之为安般，这是所有生物的本能。当然，对于凡夫而言，这本能仅仅是维持生命形态的必要条件，但对于有一定觉悟的人而言，却是生命形式升华的关键。例如，吐纳之术，就是道家修仙法门，佛家的安般法门则是超凡入圣的要旨——如来八万四千法门，独将此安般法门传给了自己的儿子——罗云（也称罗睺罗），可见其重要性。

走势与吐纳之术，此二者具有极大的相似性，下面作一类比。

对于呼吸，一般而言，年轻人总是入息长于出息，中老年人一般出息长，入息短。对于走势，上涨趋势中，总是推动段长于调整段，下跌趋势中，主跌段要长于主升段，这是常态下的情况。有的时候市场气息杂乱，忽长忽短的，这种随机漫步状态，一般可类比于盘整走势。

对于呼吸而言，如果你深吸一口气，通常可以闭气较长的时间，或者如果不闭气，其后的出息往往可以维持较长时间。类比到走势上，往往大涨之后，要么久盘，要么就是长时间的下跌。大跌之后的情况也是如此，有心者可以观察。

见过人死的刹那的，应该知道，临死之前的最后阶段就是在倒气，出息越来越长，入息越来越短，最后一口气上不来，就驾鹤归西了。同样，对于走势而言，有太多一笔暴跌结束前期上涨，或者一笔暴涨结束前期下跌的情况。一般暴涨暴跌之后，又是一个轮回。

上面简单罗列几个类比，有心人可以如是观想：假设你就是走势本身，涨跌就是你的呼吸。当你入息长，出息短，一定是“春风得意马蹄疾，一日看尽长安花”。当你出入息杂乱，或许正处于焦虑、焦灼的状态。当你的出息开始长于入息，很可能就要进入“夕阳无限好，只是近黄昏了”的阶段了。

如何观出入息，这里把佛陀教法拿出来，大家或许可以从中受到启发。据《增一阿含经》记载，佛陀对其子罗云说：

罗云，若修此法者，应当于闲静无人处，正身正意结跏趺坐，心无杂念。意念鼻端，出息长知息长，入息长亦知长；出息短知息短，入息短亦知短；出息冷知息冷，入息冷亦知冷；出息暖知息暖，入息暖亦知暖；尽观身体入息出息皆悉知之。有时有息知有，有时无息亦知无；如感觉息从心出，知从心出，感觉息从心入，亦知入。能如此修习安般法，则无愁忧、烦恼，获大果报，如饮甘露。

观出入息，或者说安般法门的效果怎样，这里也有一段文字，是佛的儿子罗云修证的境界：

罗云尊者在一棵树下结跏趺坐，依佛所传授的方法，一心精修安般法门……不久，他就在坐上生起了殊胜觉受，身心无比轻安自在，渐证入了初禅。以后继续精进修持，继而入二禅、三禅、四禅……

25. 炒股与谈恋爱（2019.4.1）

在大盘调整期间，笔者简单浏览了一下各大媒体、自媒体、财经大V关于市场走势的判断，基本上是众说纷纭，不知所以。有的说北上资金大幅逃离，有的说外资开始撤离，有的干脆预测要跌破2440点。市场的参与者，就是被这纷乱的信息不断拨动着心弦。信息杂乱，怎能奏出美妙的乐章？

说句实在话，在智能网络越来越发达的今天，人们的认知已经距离真实越来越远了。以前，至少你还能直接地用眼耳鼻舌身意去感触世界，现在，你所了解的世界，基本上都是透过小小的手机屏幕传递出来的，而那些基本都是别人想让你了解的世界。熟悉媒体的人都应该知道，媒体特别是大众媒体都是眼球经济，怎么吸引你的眼球怎么做。什么最能吸引眼球？一定是最能触动人们贪嗔痴慢疑的东西，而不是真实，真实的东西总是平淡无奇的。例如战争，人们总是喜欢看险中求胜、绝地反击的案例，但没有几个人知道，平淡无奇的胜利才是最高级的胜利！

有人可能会问笔者的观点，这很早就已经不是什么秘密。在本轮调整最开始的时候，笔者就发文说“干柴烈火一相逢，又岂在朝朝暮暮”，以此坚定大家的信心。

当然，依旧有不少人被琐碎细节迷惑，只见树木不见森林；依旧有不少人被贪欲勾引，无明妄动，白白耗损自己的耐心与精力。正是因为无明，才会出现如朋友所说的这种情况：人什么时候最可悲，就是别人给你一块金子，你却认为是个石头。

其实，换个角度看，操作股票就像处对象一样，你分明已经找好了一个人，然后一见别的美女，就开始嫌弃自家糟糠了，这肯定是要出问题的。美女好，地球人都知道，但喜欢的人也多呀，凭什么嫁给你？最讽刺的是，美女追不到，回头一看，自家糟糠也不错，但可惜她已经离你远去。

是的，太多的人今天喜欢 A，明天追求 B。遇到稍微有点姿色的，自己的荷尔蒙便失控了，这是绝对要不得的。做交易，一个最基本的前提就是心定。一旦做出决策，要么中间有什么突发的情况，出现了不得不走的理由，否则就一定要见个分晓。

谈恋爱，首先要专注，做股票也要如此。特别是在中国这个男性超量的社会，本来资源就稀缺，一个不留神可能就错过了，哪容得那么多“唧里个唧”的？当然，这一切的前提是首先要选好对象，不能看得过于走眼。如果你是 20 岁的年轻人，非得喜欢容嬷嬷那种类型的，到最后不见异思迁就奇怪了！

不经意间，说到了谈恋爱。选对股票，这也是炒股票很关键的一环，你有没有做对呢？

最后，告诉大家一个秘密，主力最喜欢的就是聪明人，最喜欢的就是浪人，主力最怕的是笨人！牛市里面，你敢砸盘，我就敢接，最终一定要让你做轿夫，试问这样的人哪个主力不怕，除非他把自己给废了！

26. 操盘的四大心法（2019.4.4）

操盘不成功的原因很多，有技术的问题，有基本面的问题，有心理的问题，也有操盘手法的问题。这些问题不光散户会遇到，绝大多数所谓的机构操盘手也不能逃脱。说交易行业是世界上最难的行业，一点也不为过。就好比木桶，别的行业都是几片木板构成的，所以漏了还好补，这个行业的木桶都是用很细的竹篾箍成的，补起来就更难一些。

技术层面不多说了，有《缠中说禅：教你炒股票》等一整套的图书供你选择。但是，你必须自己去学习，自己去寻找。自己是主因，其他任何人都只是助缘。很多人只想要一根金手杖，自己拄着就行了。很多人都是只想要股票，所以荐股等行业才大行其道，你看交易软件中经常弹出的广告，就是某某股票如何如何，这就是人们肤浅的一面。没有良好的技术作后盾，即便给你好的股票，你也抓不住。

很多人爱抬杠，总说大盘不重要，个股才重要，这又体现出人们肤浅的地方。大盘的重要性，至少是和个股同等重要的，甚至比个股更重要。本轮行情从2440点见底之日，一直分析到今天，没有这种做多的环境，谁敢放手去投入？

回到正题，说说操盘的四大心法。

兵学圣典《孙子兵法》“军争篇”谈到用兵时说：“其疾如风，其徐如林，侵掠如火，不动如山，难知如阴，动如雷震。”蜡烛线鼻祖本间宗久——一位曾支配日本大米市场、富可敌国的传奇人物，在其投资专著《酒田战法》中，也着重强调四大心法——风、林、山、火。

“风”，指的是“疾如风”。原意是军队的行动要反应迅速，犹如疾风掠过，以迅雷不及掩耳之势战胜敌方。在投资分析以及实际操作里，引申为“果断的行动”。当买点出现时，要果断建仓或者加仓，毫不犹豫。当进场逻辑被证伪时，果断清仓，不至于引起大患。

“林”，指的是“徐如林”。原意是当军队缓慢行军时，犹如静止的森林，肃穆，严整，不惊动敌人，不打草惊蛇。投资里引申为“舒缓的节奏”。在行情盘整时，或者在中枢震荡中，无论是建仓、调仓还是清仓，要放慢步调，边观察边行动，不至于因过于露头或者过于激进和保守引起损失。

“火”，指的是“掠如火”。原意是当进攻敌人时，要如同燎原的烈火，以锐不可当的攻势结束战斗，取得完全的胜利。投资里说的是“顺势的侵掠”。在单边趋势市道里，牢牢守住当前的仓位，坐拥利润，并根据趋势的演进合理加仓，绝不犹豫手软，大开大合，鼓噪前行。

“山”，指的是“不动如山”。原意是当军队驻守时，要如同山岳一样，严阵以待，随时做好投入战斗的准备。投资里，很多时候市场走势不明，没有趋势，勉强进场不但无法获利，反而把自己暴露在极大的风险中，这时必须安坐不动。当在趋势开始阶段建好仓位，后市的发展证实了你的看法，也要安坐，不动如山，一直做到趋势完结。

上面说了操盘的四大心法，在实际操作过程中，投资者要逐步体会，进而加以贯彻。实际操作过程无非是介入阶段、退出阶段以及等待阶段，其中等待又分为空仓等待和持仓等待。某个阶段，具体该贯彻何种心法，必须要结合具体的走势确定。

例如，在建仓阶段，若是市场处于中枢震荡中，当然就要“徐如林”，特别是资金量大的交易者，动作太招人眼，太过招摇，就会引起不必要的麻烦，这时候要“偷偷地进村，声张地不要”。在建仓阶段，如果恰好遇到第二类、第三类买点，必须“疾如风”，快速建仓不手软。建仓后，若预期被证伪，退出的节奏也要根据市场情况来定。若被证实，其后当然要“侵掠如火”。若建仓阶段仓位不满，逢次级别买点加仓绝不手软。在期货市场，就是要坚决浮盈加仓，扩大盈利。底部的仓位要安坐，不动如山，直到行情结束。一旦行情结束，走势发生转折，或者进入无方向的状态，也要清仓安坐，不动如山！

上面做了一个简单的讲解，实际操作中还要结合具体的实例，因时因地制宜。

27. 追高，大都是向死而生（2019.4.8）

今天的走势，确实够那些心力不够强的人喝一壶了。即便尾盘又拉了回来，但对于那些追高买入的投资者，在这样的行情走势中，心灵肯定会受到极大的伤害。当然，如果你受到伤害还不反思，这伤害就算白受了，并且只能永远地恶性循环下去，不断地重复这伤害。

如果你不愿总结，这里就帮着那些思维懒散的人总结一下。当然，真正想在交易市场长期生存的人，这项工作必须自己做。做交易，玩的就是脑子，一个思维懒散的人，是没有资格在市场中生存的。

图 5-169 是上证指数 60 分钟走势图。笔者在朋友圈里，本波行情除了在前面震荡低位（图中椭圆处）说可以大胆进入抄一波之外，后来的上涨基本上就没有再喊过追进了。个中原因，一是行情已经走出来，没必要再去喊了。另外一个，也是最为重要的，是因为笔者知道，追高大都是向死而生！在一波行情中，如果没能占据一个有利的位置，其后很大概率将沦为鸡肋。

图 5-169　上证指数 60 分钟走势图

追高，绝大多数情况下意味着向死而生。走势，如同佛教里的六道轮回，是分段生死的——任何周期的图表，拿出来都能发现可以完整地划分为上涨、下跌和盘整 3 种走势类型，走势在这 3 种模式中不断切换。不同的是，佛教里是六道，这里只有三道。

任何一个走势类型，从其诞生之日起，就面临着死亡，这就是所谓的生住坏灭。任何一个人，只要生下来，就要面临死亡。生门即死门，就是这个道理。同样，任何一个上涨，从它的 3 类买点开始，其后都是在不断地逼近死亡——极端情况下，连第三类买点都不给你，就直接夭折了。

任何一段走势都会结束，同时，一段走势结束以后，必然会向其他两类走势转化。例如，上涨转盘整，上涨转下跌，等等。追高，若运气好，趋势不断延续，或许是一个好的造化。但若不好，轻则落入盘整，消耗大家很多的时间和精力，重则落入反趋势，那就是万劫不复的境地了。

当然，并非所有追高都有问题，3 类买点之后，有可能走势逐渐进入化境，但谁能保证它就必然进入呢？进不进入，和整体市场强度相关，也和市场的位置相关，这对看盘功力以及风险控制的要求极高。在做这个事情之前，最好先衡量一下自己的能力，不要被业力驱使，做与自己能力和德性不匹配的事情。

上面从纯逻辑的角度探讨追高的问题。从大资金运作的角度来讲，知道 3 类买点代表什么？对于一个走势来讲，就是主力运作的成本区间。一旦股价脱离成本区间，主力想怎么玩就怎么玩，它可以洗盘，可以拉升，也可以在形势不妙的情况下出货——总之，想怎么玩就怎么玩，请问你有何胜算？

当然，并非所有追高都是错误的。例如，本轮上涨中的券商、通信板块行情，都是可以追的，但与其追高介入，何不在底部把筹码拿足了？

与其向死而生，不如向生而生！

28. 欲知过去世，今生受者是（2019.4.9）

笔者经常爱拿佛经中的道理来类比股票走势，这当然有其原因。从本源来说，佛法是关于“心”的学问，佛法强调一切唯心造，心外无物，唯识无境，而不是大多数人以为的布施、乞食、光头等仪轨。走势，就其自性而言，正是人心合力的体现，无论是上涨还是下跌，背后都是一个个鲜活的面孔。更究竟的，就是一颗颗充满贪嗔痴的心。不光股票市场，期货、外汇市场莫不如此。所谓“一月普现一切水，一切水月一月摄”，如果连简单的股票走势都不能去类比，何谈一法遍含一切法？今天又有一个类比，读者可以细心品味。

佛学的一个最基本的世界观是分段生死，六道轮回，说的就是这个事情。一个有情，基本在那六道里面不断地生死，一个道结束，转其他道。例如，人道结束转天道或者阿修罗道，之后再转，如此循环往复。

股票走势也是分段生死的。任何周期的图表，拿出来都能发现，它们可以完整地划分为上涨、下跌和盘整3种走势类型，走势在这3种模式中不断地切换。为方便起见，可以把这称作三道。没错，股票的走势就是三道轮回。任何一段都会结束，同时，一段结束以后，必然会向其他两个道之一转化，例如上涨转盘整、上涨转下跌等。

也许有人会问，那怎么知道当下的走势类型结束之后转为哪个走势类型呢？没错，如果这个问题解决了，那么交易的所有问题都解决了。试想，如果你能在上涨初期介入，一直拿到这个上涨走势类型死亡，然后不断循环往复地重复这个过程，用不了多久，你所有的野心都能实现了。

如何去把握呢？

经曰："欲知前世因，今生受者是；欲知来世果，今生作者是。"这句话说的是，今生所受的善恶果报，都是自己曾经所种的业因造成的，是自种因，自受果。现世造作的业因，又导致自己来世应受的果报，前因后果，循环不息。

3种走势类型，这里做个简单的类比，把上涨比作天道，盘整比作人道，下跌比作鬼道。注意，这里的天道、人道都是善道，里面乐受多于苦受；鬼道都是恶道，相应地苦受大于乐受。

对于要把握走势类型起点的交易模式来说，可以再进一步详细分类。

天道会转为人道、鬼道。

人道会转化为天道、鬼道。

鬼道会转化为天道、人道。

从三道转化的角度讲，若鬼道行将结束，无论怎样，后面都必然转入善道。不过，如果直接转天道，那效果肯定是最好的。如果转人道，即便不如天道，也有足够的乐受。操作中，特别要辨明的，就是这下跌结束的标志。一旦有了标志，后面无论转入盘整还是上涨，都会非常从容了。

如果是天道行将结束，后面最好的情况就是转为人道，不好的，就直接掉进鬼道中去了。注意，天道未必就是好事，从佛法的角度讲，天道都是乐受，没有苦受，没有烦恼，相应地就不知道修行了。天道中最高明的是"非想非非想天，寿长八万四千大劫"，但却是八难之一。为什么，因为没有苦受就没有修行，就不能解脱。操作中，要特别注意走势的转化，危险通常在你最大意的时候到来，你执乐受为实，那危险离你就真的不远了。

如果当下是人道，后面进入善道和恶道的概率对半。从佛法的角度讲，人道是最适合修行的。所谓人身难得，鬼道苦无尽，无法修行；天道乐无尽，也难以修行；唯有人道，苦乐参半，才会让人产生修行的念头。佛法难闻，释迦牟尼2500年前在印度示现八相成佛，就是在人道。如果你刚好在人道听闻了佛法，精进修行，很大概率于修行能不退转。从操作的角度讲，盘整，就要密切关注。一般来讲，均线缠绕之后，通常会有高潮。好的高潮是直入天道，坏的高潮就是堕入鬼道中去了。

前面说："欲知前世因，今生受者是；欲知来世果，今生作者是。"操作股票，第一个关键点就是对于未来的预期。对于把握走势类型起始点的交易模式而言，走势的未来就在当下之中。

当下明辨析，勤耕耘，来世果必然不差。当下一念无明，不能心一性定，精进耕耘，未来大概率也不会有什么好的果报。例如，如果当下是下跌，那就等它跌完，不要无明妄动，否则鬼道持续，那种苦受谁遇到谁知道。如果当下是盘整，那刚好是勤耕耘的乐园，你可以用最大的资金量来回做。一旦它升仙飞天，后面就是"好风凭借力，伴你上青云"了。

29. 人人有明珠一颗，照破山河大地（2019.3.28）

缠论系列文章里曾说：人人有明珠一颗，照破山河大地。相信很多学习缠论的人，应该对这句话耳熟能详了。但多数人对这句话的含义都不甚了解，今天就来说道说道。

在交易市场中，"人人有明珠一颗"，就是说人人都具有进化为成功者的潜质，人人都有在市场中取得成功的可能性。注意，这是指的"能"，而不是"所"，是能成为，而不是所成为。如果是"所"，那这里就不需要说交易了，不需要"教你炒股票"了。

在交易市场中，"照破山河大地"，就是照破市场的下跌、上涨与盘整，明确分类，观走势如观掌中果。当买卖点来临的时候，当下直观，直指根源，用眼睛看，而不是用脑子想，用现量感受而不是比量分析地去捕捉。没有买卖点的时候，就"任凭风浪起，稳坐钓鱼船""敌人围困万千重，我自岿然不动"。

这句话绝对不是瞎掰，而是有根源的。据《华严经》记载，释迦佛在菩提树下睹明星而证道，第一句便指出："奇哉！奇哉！一切众生皆有如来智慧德相，只因妄想执着，不能证得。我当教以圣道，令其永离妄想执着，自于身中，得见如来广大智慧与佛无异。"

这句话说的是什么？一切众生，都具有智慧德相，都能于自身中见到与佛一样的广大智慧。结合前面所说的"人人都有明珠一颗"，见到广大智慧，还能不"照破山河大地"吗？

有人说，你总是引用佛经的内容加以印证。其实，我们现在的人都是生活在梦中的人，生活在梦中，以梦为实；我们现在的人，都是生活在妄想中，生活在妄中，以妄为常。佛是什么，是觉者。什么是觉，就是从梦中醒来。从梦中醒来能看见什么？就是真实。这很容易明白，你晚上睡觉做恶梦的时候，梦里不会以为那是梦。但当你从梦中醒来，看到了现实，也许会笑话自己，一场梦而已，至于这么恐惧吗？梦中，总不自知。佛是看见真实的人，佛经是看见真实的人说的话，还有什么比这更可信呢？

为什么不能证得智慧德相，或者说，为什么人们不能见到自己的一颗明珠呢？其实上文已经有答案了——只因妄想执着！

妄想是什么，就是这个世界！其实，这个世界都是人心妄想出来的，所谓“一切唯心造”。别误会，这里的“心”，肯定不是我们想象出来的意识，而是那个能意识的。我们与真实，其实就隔着一个世界的距离，什么时候你不见这个世界了，就是见到了真实——所谓“梦里明明有六趣，觉后空空无大千”，就是这意思。

交易市场也是一样。当然，毕竟还是世间法，就用世间的逻辑去说，交易市场有妄想吗？简直就是妄想支撑起来的，没有妄想就不会有股票市场了。最大的妄想就是想赚钱，人们仿佛都是被这个妄想驱使来到股票市场的。与想赚钱对应的，肯定就是怕亏钱，这是不能证得一颗明珠的关键之一。笔者常常跟身边的人提到“游戏论”——把交易当游戏，在游戏中锻炼心，其目的也是为了破这个妄想。

执着什么，最重的就是执着于“我”。西方哲学家一直在追问所谓的终极问题——我是谁，从哪里来，到哪里去。西方哲学到现在都搞不明白什么是我，但人们总是在执着。注意，这里的我，不是指的肉身的我。如果你指着肉身说是“我”，那么西方哲学的大问题就这么简单被你解决了？！

交易市场亦复如是，笔者见过太多人执着于我见，做一笔单子，如果做错了，就千方百计去为自己找借口。如果做对了，就拿出来做各种炫耀对比，这只是执着有我的一种病。其他贪嗔痴慢疑，哪一个不是执着于我的原因？这正是让人在市场中不断轮回的主要原因。

“人人都有明珠一颗，照破山河大地”，但因妄想执着，不能证得。《摄大乘论》中说，“众生罪不现，如月于破器”。就是说，因为颠倒妄想，不见真实，就像拿一个破器去映月，不是月亮有问题，而是破器是破的。

如何破除妄想执着，证得明珠一颗，除了不断正闻熏习，如理作意，别无他法。于修行，于交易，都是如此！

30. 必须明白，绝大多数人是不适合炒股的！（2019.5.9）

这两天市场一阵折腾，于是坊间骂声一片，哀鸿遍野，这是可以理解的。正像4月26日文章“铡刀初现，风急扯呼”里说的那样，很多被前面赚钱效应裹挟着进来的，势必刚来就被打蒙。很多沉寂多年的账号，刚一活跃起来，就立即陷入亏损。很多人即使前面赚了一些钱，但一次大的调整，就足以让你把所有的利润回吐干净。最痛苦的，可能就是那些在前面上涨中不仅没赚到，反而亏损的交易者。那篇文章也给出了应对策略，说得很明白了，不知道有几个人能真正践行。

公众号欢迎各方亏损的投资者来吐槽，作为一名唯识宗爱好者，如果屡次在大盘关键节点发布观点算是法布施的话，让大家来吐吐槽，权当作是无畏施吧。

吐槽归吐槽，但有些道理还是要讲明白。交易者进入市场，都是来赚钱的，或者说，都是相信自己能够在市场中赚到一些钱的，否则也就没人会来。的确，理论上，市场的波动能够给大家带来盈利。但是必须明白，绝大多数人是不适合参与市场的。你觉得你适合参与市场，那或许只是一种错觉。你觉得市场蕴含着暴富的机会，这机会对于少数人是机会，对于大多数人来说，生机里往往蕴含着杀机。这一波行情，将股市的生杀演绎得淋漓尽致。

为什么说绝大多数人不适合炒股呢？

股市是三百六十行里面竞争最激烈的行业之一，为什么？这需要从人性最深处去挖掘。孔子说“食色性也”，就是说食物和色欲，是人类的本性，它们等同于生存资源和性资源，人类对这两种资源的贪欲是无止境的。现代社会，已经把这两种资源外化为金钱、权力了，因为一般地说，拥有了金钱和权力，就直接或者间接等同于拥有了生存资源和性资源。因此，凡是与金钱、权力相关的领域，都是争夺最激烈、最污浊的地方。股市即是如此，争夺那么激烈，如果不是有什么过人之处，凭什么胜出的是你呀？

另外，在一般的行业里，你只有受到足够多的专业教育，才能够成为该行业的精英，因此，其他行业的大门相对来讲就比较窄。比如，你要成为一名好的程序员，必须经过多年的训练，这就能卡掉很大一部分人，使得竞争相对没那么激烈。股市不一样，随便一个人，哪怕是卖茶叶蛋的，扫大街的，只要开个账户，存上足够的资金，就可以参与市场。因此，这个行业的大门是敞开的，会有无数人一波一波地涌进来。你要面对的，就是这一波一波涌进来的无数人。对手数量庞大，且不断在变化，如果你不深度学习，花上数年甚至数十年的时间去钻研，凭什么胜出的是你呀。当然，不客气地说，如果没有好的因缘，没有遇到好的老师，没有好的理论，有的人一辈子也学不出来。即便有好因缘，能遇到好的老师，一般人也需要 5 年左右的功夫，请问你花了多少心思在上面？

上面说的只是表面的原因，深层的原因，在于一般人深深的无明，即所谓的贪嗔痴慢疑见，全都是错乱的。无明众生，总是不知道自己是无明的，总是觉得自己是聪明的、智慧的。一瓶不响，半瓶晃荡的人，笔者见多了，这几乎是所有无明众生的基本特点，执着于自己的判断，执着于金钱的得失。大家可以看看，即便笔者在 4 月 26 日说“铡刀初现，风急扯呼”，那时候有几个人能退出来？当然，全身而退的也有不少，很多人后来纷纷表示感谢。笔者不需要你们的感谢，那是你们的善缘。更多的人则是讥讽，有的说笔者这是在显摆，有的说如果能指出 5 月 6 日的大跌，就是股神。看看，自己亏损了，就要咒骂全世界，自己颠倒，就觉得全世界都和他一样颠倒，这就是人的劣根性。试问，不显摆，你怎么能相信？你要是不相信，怎么能帮到你？本人不是股神，没有能力画出市场的剧本以及路线图，更没有能力指出 2019 年 5 月 6 日的大幅度下跌，只是在大跌出现的前一周，便喊出了“风急扯呼”的最强音，并提醒身边人把仓位减到完全无压力的位置。你没听见，或者说视而不见，又能怨谁？

因此说，绝大多数人是不适合炒股的！谁要是主动拉人来股票市场，谁就是做恶业。谁要是忽悠人不断追加资金投入市场，谁就是诈骗。谁要是鼓噪普通投资者加杠杆，搞融资，那就是赤裸裸的犯罪！